U0452821

教育部中国民法课程虚拟教研室建设教材

中国民法学教程（全四卷）

总主编　李永军

副总主编　谭启平　徐涤宇　金可可

婚姻家庭继承法教程

Family and Inheritance Law

中国民法学教程第三卷

徐涤宇　主编

张力　孙维飞　刘征峰　副主编

法律出版社
LAW PRESS·CHINA
——北京——

图书在版编目（CIP）数据

婚姻家庭·继承法教程／徐涤宇主编． -- 北京：法律出版社，2025． --（中国民法学教程／李永军总主编）． -- ISBN 978-7-5244-0102-5

Ⅰ. D923

中国国家版本馆CIP数据核字第2025GL7214号

婚姻家庭·继承法教程
HUNYIN JIATING · JICHENGFA JIAOCHENG

徐涤宇　主　编
张　力　孙维飞　刘征峰　副主编

策划编辑　沈小英
责任编辑　毛镜澄
装帧设计　李　瞻

出版发行　法律出版社　　　　　　　　　开本　787毫米×1092毫米　1/16
编辑统筹　法治与经济出版分社　　　　　印张　18.5　　字数　497千
责任校对　张翼羽　　　　　　　　　　　版本　2025年5月第1版
责任印制　吕亚莉　　　　　　　　　　　印次　2025年5月第1次印刷
经　　销　新华书店　　　　　　　　　　印刷　固安华明印业有限公司

地址:北京市丰台区莲花池西里7号(100073)
网址:www.lawpress.com.cn　　　　　　　销售电话:010-83938349
投稿邮箱:info@lawpress.com.cn　　　　 客服电话:010-83938350
举报盗版邮箱:jbwq@lawpress.com.cn　　 咨询电话:010-63939796
版权所有·侵权必究

书号:ISBN 978-7-5244-0102-5　　　　　　定价:86.00元
凡购买本社图书,如有印装错误,我社负责退换。电话:010-83938349

主编简介

徐涤宇

法学博士，中南财经政法大学法学院教授、博士研究生导师、博士后合作导师，享受国务院政府特殊津贴，全国文化名家暨"四个一批"人才、国家"万人计划"哲学社会科学领军人才，中国法学会民法学研究会副会长、中国法学教育研究会常务理事。在《中国社会科学》《法学研究》《中国法学》等国内外核心期刊发表学术论文80余篇，独著或合作著(译)作10余部，主持国家社会科学基金重大项目等省部级以上科研项目近10项。

副主编简介

张力

　　法学博士，西南政法大学民商法学院教授、博士研究生导师、博士后合作导师，西南政法大学民商法学院院长，入选教育部青年长江学者、重庆市高层次人才特殊支持计划（哲学社会科学领军人才）、第四批重庆市学术技术带头人、"巴渝学者"特聘教授，中国法学会民法学研究会理事、中国法学会婚姻家庭法学研究会理事、中国法学会比较法学研究会理事。

　　在《中国法学》《法学研究》等学术期刊发表论文170余篇，在《人民日报（内参）》《光明日报》《检察日报》等发表文章10余篇；出版专著4部，主编教材4部，参编教材2部；作为主研参与国家社会科学基金重大项目（A类），主持国家社会科学基金2项及其他科研项目20余项；曾获省部级以上科研成果奖10余项、教改教学奖项10余项。

孙维飞

　　法学博士，华东政法大学法律学院副教授，中国法学会民法学会理事。在《中外法学》《法学家》《清华法学》《华东政法大学学报》等期刊发表论文20余篇。

刘征峰

　　法学博士，中南财经政法大学法学院教授、博士研究生导师，入选湖北省楚天学者计划，中国法学会民法学研究会理事、中国法学会婚姻家庭法学研究会理事、中国婚姻家庭研究会理事。在《法学研究》等核心期刊发表论文20余篇；出版专著《论民法教义体系与家庭法的对立与融合：现代家庭法的谱系生成》，参编《中国民法》，合著国家级规划教材《票据法》；主持国家社科基金青年项目、司法部国家法治与法学理论研究课题、中国法学会部级法学课题后期资助项目和民政部婚姻家庭建设理论研究课题。

撰稿人简介

陈 汉　意大利罗马第二大学法学博士,中国政法大学民商经济法学院副教授、硕士研究生导师,民法研究所党支部书记。中国法学会婚姻家庭法学研究会副秘书长。发表《未成年子女利益之保护:意大利法的经验与借鉴》等论文,出版《资本市场中的家事法》等著作。

于程远　德国波恩大学法学博士,中国政法大学民商经济法学院副教授、硕士研究生导师。发表《论法律行为定性中的"名"与"实"》《民法上目的性限缩的正当性基础与边界》《论先合同信息风险分配的体系表达》《<民法典>时代家庭契约的效力审查体系》等论文,主持教育部人文社科研究青年项目两项。

季红明　法学博士,中南财经政法大学法学院讲师。发表《论夫妻共同财产制体系中的管理权模式及其对债务形态的影响——以<中华人民共和国民法典>(草案)的完善为中心》等论文,参与翻译《法律解释》《德国继承法》等著作。

缪 宇　法学博士、博士后,中国政法大学民商经济法学院副教授、硕士研究生导师。在《中外法学》《法学家》《清华法学》《环球法律评论》《法商研究》《法学》等期刊发表论文多篇,主持国家社科基金后期资助项目、中国法学会部级课题青年调研课题等项目。

石 雷　西南政法大学和英国牛津大学联合培养博士、美国伊利诺伊大学香槟分校博士后,西南政法大学民商法学院副教授、硕士研究生导师,加拿大英属哥伦比亚大学访问学者。重庆市2019年来华留学全英文授课品牌课程建设项目负责人,首届西南政法大学122人才工程"教学新秀"奖(2019年),《人口与计划生育法》修正案及配套法规研究专家课题组骨干成员,兼任中国法学会婚姻家庭法学研究会会员、国际家庭法协会会员、中国医院协会医疗法制委员会委员。主要研究方向为婚姻家庭法、医事法、弱势群体权益保障。在国内外核心期刊发表论文多篇;出版专著《功能主义视角下外国代孕制度研究》《英国现代离婚制度研究》,译著《医事法与伦理》《贫困医疗化》《法国家庭法精要(第十七版)》《家庭法和私生活》;担任部分SSCI期刊杂志外审编辑,重庆市一流课程"婚姻家庭法学"教学团队和重庆市思政示范课程"婚姻家庭法学"教学团队骨干成员;主持并参研国家级、省部级课题10余项。

石 婷　民商法学博士,任教于西南政法大学民商法学院婚姻法教研室,兼任中国法学会婚姻家庭法学研究会理事、重庆市少年法学研究会常务理事。在《私法研究》《北方法学》《青少年犯罪问题》《人民法院报》等期刊、报纸发表学术论文20余篇;出版专著《遗产管理制度研究》;主持和主研国家社科基金项目、司法部项目、重庆市社科联项目等科研课题10余项;曾获中央综治办、共青团中央、中国法学会联合主办的"未成年人健康成长法治保障"主题征文一等奖,中国法学会婚姻家庭法学研究会优秀科研成果三等奖3次。

撰稿人简介

孙　文　德国科隆大学法学博士、华东政法大学法学博士，华东政法大学法律学院特聘副研究员。在《中国应用法学》《中德私法研究》《中德法学论坛》等期刊发表论文、译文数篇，出版德文专著1部；曾获上海市白玉兰人才计划青年项目支持。

朱　凡　法学博士，西南政法大学民商法学院教授、硕士研究生导师，西南政法大学外国家庭法及妇女理论研究中心执行主任。兼任重庆市法学会首席法律咨询专家、中国法学会婚姻家庭法学研究会理事、重庆市妇女理论研究会理事、重庆市公证质量评审委员会委员、西藏自治区公平竞争审查专家库专家。2022年重庆市高校课程思政教学名师，重庆市一流课程负责人；曾获重庆市人民政府颁发的优秀教学成果一等奖，社会科学优秀成果二等奖、三等奖等。

张作华　法学博士，中南财经政法大学法学院副教授、硕士研究生导师。研究方向为民法基本理论、亲属法。在《政法论坛》《法律科学》《法商研究》等期刊发表学术论文20余篇，出版《亲属身份行为基本理论研究》《民法讲义》，主持或参与各类研究课题10余项。

撰稿人分工

续　　编　徐涤宇
第一编　张作华
第二编　孙维飞　孙　文
第三编　朱　凡　张　力　石　雷
第四编　陈　汉
第五编　季红明　刘征峰
第六编　于程远　陈　汉　缪　宇
第七编　石　婷

总　　序

中国政法大学、中南财经政法大学、华东政法大学、西南政法大学(以下简称四校)之所以联合编写本套民法学教程,主要基于以下原因:(1)四校曾经共同隶属于司法部,当时就有一起进行教学研究和编写教材的传统。(2)尽管后来因为国务院各部委职能调整和各地院校政策的调整,四校分属于不同的主管部门,但相互之间的学术交流、教学研究依然非常密切,"一家亲"的情谊并没有为院校调整所影响。此次共同编写教程仅仅是合作传统的一种延续。(3)四校在我国法学教育领域具有重要地位,体现在三个方面:一是招生人数远远超出综合性大学中的法学院。二是师资人数也具有较大优势。例如,中国政法大学仅仅是从事民商法学教学和研究的教师就超过60人,这个数量差不多是很多综合性大学法学院教师的总数。三是四校在我国公检法司和律师行业中具有巨大影响,几乎每个与法律相关的部门中都有四校毕业生的身影。因此,可以这么说,四校与中国其他从事法学教育的兄弟院校共同构成了中国法学教育的脊梁。因此,我们决定编写一套民法学教程,以供教师和学生使用。

就本套教程与马克思主义理论研究建设工程教材《民法学》(高等教育出版社出版)一书的关系来说,本套教程作为后者的辅助性教材供学生使用。本套教程可以起到补充作用,有助于学生更好地理解和掌握民法原理。

编写本套教程所坚持的原则是:(1)坚持贯彻习近平法治思想。(2)坚持将社会主义核心价值观融入教材。我国无论在《民法典》的编纂中,还是在最高人民法院的司法解释中,都坚持了这一原则。例如,《民法典》第1条就明确规定:"为了保护民事主体的合法权益,调整民事关系,维护社会和经济秩序,适应中国特色社会主义发展要求,弘扬社会主义核心价值观,根据宪法,制定本法。"最高人民法院《关于适用〈中华人民共和国民法典〉合同编通则若干问题的解释》(法释〔2023〕13号)第17条第2款规定:"人民法院在认定合同是否违背公序良俗时,应当以社会主义核心价值观为导向,综合考虑当事人的主观动机和交易目的、政府部门的监管强度、一定期限内当事人从事类似交易的频次、行为的社会后果等因素,并在裁判文书中充分说理。当事人确因生活需要进行交易,未给社会公共秩序造成重大影响,且不影响国家安全,也不违背善良风俗的,人民法院不应当认定合同无效。"因此,本套教程也必须坚持这一原则。(3)必须坚持本土化原则。我们力图编写一套适合我国法学教育的教科书,因此,就必须坚持本土化原则。而本土化原则最重要的体现,就是必须坚持立足我国《民法典》和相关司法解释、习惯来阐释民法的规范制度。因为,《民法典》、相关司法解释和习惯是本土化最直接的体现。

编写本套教程力图实现两个基本目标:(1)力图为构建中国自主的民法学知识体系作出应有的努力。我国的民法学研究发展到今天,民法学界应当有能力构建中国自主的民法学知识体系。在达到和实现这一目标的过程中,需要注意两个问题:一是不能为"自主"而自主。不能为了故意彰显自主而有意抛弃那些已经为人类法律文明达成共识的基本原理和制度,单独搞一套标新立异的东西。二是要坚持基本的逻辑体系。《民法典》之所以能够成为法典,是因为它是一个符合逻辑的体系；如果不符合逻辑，就成了法条的堆砌，也就无所谓体系了。司法实践也必须坚持符合逻辑，用老百姓的话来说就是要"讲理"。三段论是司法实践不可或缺的手段，而"三段论"的大前提与结论恰好来自《民法典》和其他法律的规定。既然《民法典》的编纂、司法实践都要求符合逻辑，那么我们在构建自主的民法学知识体系时，也必须坚持符合基本的逻辑。(2)力图实现法律规范体系与知识体系的有机统一。所谓有机统一，是指既有结合也有分离。尤其是在我国《民法典》的编排体例之下，坚持这一原则具有重要意义。例如，我国《民法典》在关于债与合同、侵权之债的体例上具有独特性。从民法学原理上看，必须基于《民法典》的整体结构正确地对债的体系进行阐述。从《民法典》第118条的规定看，合同、侵权行为、无因管理、不当得利都是债的发生因。但是，从《民法典》的分编来看，合同与侵权独立成编，债的一般规则规定在合同编通则部分。在这种情况下，我们在阐述债的一般原理时，就不能把债的一般制度作为合同的一部分，而必须从《民法典》的整体结构来正确阐述，即"债的关系"是一个上位概念，而合同、侵权、不当得利与无因管理仅仅是引起债的关系发生的具体原因。因此，本套教程中债法教程的基本逻辑体系就是：债的一般原理、意定之债（合同之债）、法定之债（侵权行为之债＋不当得利之债＋无因管理之债）。这是既符合逻辑、也符合我国民法典内在制度的知识体系。

在编写本套教程的过程中，我们坚持反映最新教学成果和科研成果的原则。一本好的教程与专著的区别，不仅在于教程要反映一般的观点，更重要的是教程不只要反映最新的科研成果，还要反映最新的教学成果。我们依托"教育部中国民法课程虚拟教研室"，把最新的教学成果写入本教程。从所有参加教材撰写的作者可以看出，都是在民法教学第一线的教师。这种写作阵容更能直接把教学经验和成果反映到教程中。此外，我们坚持四校教师"融合"的做法——每一卷的主编、副主编和撰写人员都由四校老师组成。这样不仅能够取长补短，而且更利于同仁之间的相互交流与融合。

尽管我们全体编写人员在编写本套教程的过程中付出了最大的努力和真诚，但我们也做好了接受批评的思想准备。这主要是因为，一方面，我们自身的研究能力和视野等方面存在限制；另一方面，民法学人对于民法学体系认识存在差别，毕竟民法学界对于如何构建我国自主的民法学知识体系尚未达成足够共识。本套教程是我们在这种共识达成过程中的一种努力。

希望学界及业界同仁不吝批评、赐教。

编　者
2024年5月28日

目　录

序　编 …………………………………………………………………………………… 1

第一编　婚姻家庭法总则

第一章　概述 ………………………………………………………………………… 9
第一节　婚姻家庭法的概念与立法 …………………………………………… 9
第二节　婚姻家庭法的性质与特征 …………………………………………… 11

第二章　家庭关系 …………………………………………………………………… 16
第一节　亲属的种类 …………………………………………………………… 16
第二节　亲等 …………………………………………………………………… 18
第三节　家庭成员 ……………………………………………………………… 20

第三章　基本原则 …………………………………………………………………… 22
第一节　国家保护婚姻家庭原则 ……………………………………………… 22
第二节　婚姻自由原则 ………………………………………………………… 25
第三节　家庭成员平等原则 …………………………………………………… 27

第二编 婚姻

第一章 结婚
第一节 概述 ... 33
第二节 婚约 ... 33
第三节 婚姻的成立 ... 35
第四节 无效婚姻与可撤销 ... 37

第二章 夫妻关系
第一节 夫妻关系概述 ... 41
第二节 纯粹身份性权利义务 ... 43
第三节 夫妻财产制 ... 47
第四节 其他夫妻财产关系 ... 63

第三章 离婚
第一节 离婚概述 ... 68
第二节 协议离婚 ... 74
第三节 诉讼离婚 ... 80
第四节 离婚的法律后果 ... 87

第三编 父母子女关系和其他家庭关系

第一章 父母子女关系的类型
第一节 父母与亲生子女 ... 105
第二节 养父母子女 ... 111
第三节 有抚养教育关系的继父母子女关系 ... 120

第二章 父母子女间的权利义务
第一节 概述 ... 123

第二节　抚养、教育和保护 ·· 127
　　第三节　赡养、扶助和保护 ·· 131

第三章　其他家庭关系 ·· 134
　　第一节　兄弟姐妹之间的关系 ·· 134
　　第二节　祖父母与孙子女、外祖父母与外孙子女的关系 ···························· 136
　　第三节　其他家庭关系中的几个问题 ·· 139

第四编　继承法总则

第一章　概述 ·· 143
　　第一节　继承的意义 ·· 143
　　第二节　继承法的概念 ·· 143
　　第三节　继承法的性质 ·· 144
　　第四节　继承法的基本原则 ·· 144
　　第五节　继承法的沿革 ·· 145

第二章　遗产 ·· 147
　　第一节　遗产的概念 ·· 147
　　第二节　遗产的范围 ·· 148

第三章　继承的开始 ·· 152
　　第一节　继承开始的原因 ·· 152
　　第二节　死亡时间的确定 ·· 153

第四章　继承权和受遗赠权 ·· 154
　　第一节　继承权的概念和性质 ·· 154
　　第二节　受遗赠的概念和性质 ·· 155
　　第三节　继承权与受遗赠权的接受与放弃 ·· 155
　　第四节　继承权和受遗赠权的丧失 ·· 158

第五编 法定继承

第一章 法定继承概述 ·· 165
    第一节 法定继承的概念和特征 ································· 165
    第二节 法定继承的适用范围 ····································· 166
    第三节 法定继承的依据 ·· 168
    第四节 法定继承人的范围 ··· 169
    第五节 法定继承人的继承顺序 ································· 181
    第六节 法定继承中的遗产分配原则 ·························· 186
    第七节 法定继承中的遗产酌分 ································· 187

第二章 代位继承 ·· 191
    第一节 概述 ·· 191
    第二节 代位继承的要件 ·· 192
    第三节 代位继承的效力 ·· 195

第三章 无人继承遗产的归属 ······································· 196
    第一节 归国家所有 ·· 196
    第二节 归集体所有制组织所有 ································· 197

第六编 遗嘱处分

第一章 遗嘱与遗嘱继承 ··· 201
    第一节 遗嘱概述 ··· 201
    第二节 遗嘱继承 ··· 208
    第三节 遗嘱的形式 ·· 209
    第四节 遗嘱的撤回 ·· 216
    第五节 特殊的遗嘱形态 ·· 218
    第六节 遗嘱的解释 ·· 221

第七节　遗嘱的效力 222

第二章　遗嘱信托 226
　　　第一节　概述 226
　　　第二节　遗嘱信托的当事人 227
　　　第三节　信托财产 229
　　　第四节　遗嘱信托的其他问题 232

第三章　遗赠 234
　　　第一节　遗赠的概念 234
　　　第二节　遗赠的形态 237
　　　第三节　遗赠的效力 242

第四章　遗赠扶养协议 248
　　　第一节　遗赠扶养协议的概念 248
　　　第二节　遗赠扶养协议的成立和效力 251
　　　第三节　遗赠扶养协议的履行和解除 253

第七编　遗产的处理

第一章　遗产处理概述 259
　　　第一节　遗产处理程序的基本构造 259
　　　第二节　遗产处理的基本原则 261

第二章　遗产管理人 265
　　　第一节　遗产管理人的产生 265
　　　第二节　遗产管理人的职责 268
　　　第三节　遗产管理人的权利 272
　　　第四节　遗产管理人的损害赔偿责任 273

第三章　遗产债务清偿 275
　　　第一节　遗产债务的类型 275
　　　第二节　遗产债务的清偿顺序 277

第四章　遗产分割 ……………………………………………………………… 280
第一节　遗产分割的原则 …………………………………………………… 280
第二节　遗产分割的效力 …………………………………………………… 282
第三节　遗产分割前的转继承 ……………………………………………… 283
第四节　应继份 ……………………………………………………………… 285

序　编

我国《民法典》采总分结构,婚姻家庭编与继承编位于物权编、合同编、人格权编之后,侵权责任编之前。我国《民法典》所采总分结构并非典型潘德克顿体例,分则按照主观权利及其保护的体例展开。[1]　总则编"民事权利"一章专门规定了身份权(《民法典》第112条)和继承权(《民法典》第124条)。前者规定在人格权之后,后者位于财产权规定之中。这种安排足以表明,婚姻家庭产生的人身权利在性质上与人格权更接近。与此相对,继承权与其他财产权在性质上更接近。这种性质上的区分在苏俄法学理论中被放大,并一直延续至如今的俄罗斯。按照俄罗斯主流法学家的看法,"家庭法的特点始终被认为是非财产因素高于财产因素和国家最低限度地干预家庭关系(而且主要是为了维护幼年和无劳动能力家庭成员的利益),以及婚姻家庭关系的自愿平等性质"。[2]　在实定法上,这种观念表现为家庭法独立于民法典,而继承法属于民法典的一部分。这种立法模式被不少国家继受(典型者如越南、乌克兰、土库曼斯坦)。在后续的法典改革中,不少国家放弃了这一模式,回归大陆法系的传统立法模式(典型者如捷克、匈牙利、立陶宛),不再过度强调家庭法的特殊性,家庭法不再独立于民法典。

在以《德国民法典》为代表的典型潘德克顿结构中,与物权法和债法根据法律后果的相似性进行构造不同,家庭法和继承法被认为是按照生活事实的相似性进行构造的。[3]

在我国《民法典》中,所谓的身份权和继承权只是一种概括描述,并不是根据法律效果的相似性提取公因式的结果。身份权和继承权不过是描述在法律效果上完全无公因式可以提取的权利群。即使是采狭义身份权概念,将身份财产权排除在外,夫妻间的权利也与父母子女间的权利在内容上大相径庭。法律效果指向的是权利的作用,而财产权与非财产权(包括人格权和身份权)区分的标准并非效果,而是标的物。[4]　在主观权利层面,"继承权并非对整个遗产的统一支配权,而是一系列单独权利和义务的总称"。[5]

在以《法国民法典》为代表的法学阶梯体系中,并没有独立的家庭法和继承法。家庭法规范依其性质分别被规定在第一卷"人"和第三卷"取得财产的各种方法"中;继承法规范被规定在第三卷"取得财产的各种方法"中。但是,在法学阶梯体系的后期发展中,家庭法规范被逐渐整合,并入人法与家庭法(典型者如《意大利民法典》)中或者独立成编(典型者如《巴西民法典》)。

本书之所以将婚姻家庭法和继承法合二为一,并不是因为二者在实定法中所占比例较小,

---

[1]　参见王利明:《民法典编纂与中国民法学体系的发展》,载《法学家》2019年第3期。
[2]　[俄]E. A. 苏哈诺夫主编:《俄罗斯民法》(第1册),黄道秀译,中国政法大学出版社2011年版,第14页。
[3]　参见[德]迪特尔·梅迪库斯:《德国民法总论》,邵建东译,法律出版社2000年版,第21页。
[4]　参见王泽鉴:《民法总则》,台北,王慕华发行2014年版,第111页。
[5]　Hans Brox/Wolf-Dietrich Walker, Erbrecht, 23. Aufl. 2009, S. 2.

而是因为二者之间存在紧密的联系。有学者将二者均纳入广义身份法的范畴。在比较法上，亦有立法例将二者合二为一，单独设编（典型者如《埃塞俄比亚民法典》）或者单独成法（典型者如《阿尔及利亚家庭法典》）。虽然在当今社会，自然人死亡后的财产不一定转移给家庭成员，但是财产转移给家庭成员仍然是其主要形态。部分国家的立法例规定，一定比例的财产或者由法院酌定一定比例的财产，在自然人死亡后强制转移给家庭成员，表明立法者仍然有意维持这种形态。其背后的社会动因在于，伴随社会福利体系的完善，家庭的经济扶养功能被削弱，但时至今日，家庭扶养并没有被社会扶养所替代，财产转移给家庭成员在某种程度上可以被认为是家庭扶养的延续。无论是这种强制比例以家庭成员身份为要件，还是叠加了扶养需求要件，都源于家庭团结的理念。[1] 我国《民法典》未采纳固定比例的特留份模式，而是规定了必留份，即《民法典》第1141条规定："遗嘱应当为缺乏劳动能力又没有生活来源的继承人保留必要的遗产份额。"除对被继承人尽了主要赡养义务的丧偶儿媳、女婿外，其余继承人实际上均为家庭成员，这一规定实际上属于身份叠加扶养需求双要件模式。

更重要的是，在我国法下，法定继承只能以家庭成员身份为前提。不同于典型大陆法系国家，我国区分遗嘱继承和遗赠并不是根据遗嘱处分客体，而是根据受益主体进行区分的。《民法典》为二者设置了不同的放弃规则。根据《民法典》第1124条的规定，遗嘱继承人不作放弃书面表示的，视为接受继承，而受遗赠人在知道受遗赠后60日内未作接受遗赠表示的，视为放弃受遗赠。这种区分亦能凸显继承法维持家庭团结的立场。实际上，《民法典》婚姻家庭编亦确定了夫妻、子女的继承权。根据《民法典》第1061条的规定，"夫妻有相互继承遗产的权利"。根据《民法典》第1070条的规定，"父母和子女有相互继承遗产的权利"。

正是二者之间存在如此紧密的联系，抛开实定法上的分离，将二者集中于一书讨论并非本书首创。比利时鲁汶大学教授瓦尔特·平滕斯（Walter Pintens）主编的《国际法律百科全书系列：家庭法与继承法》（*IEL Family and Succession Law*）即为典型。[2] 该系列目前包括国际部分3册、国别部分43册。在德国，多数教科书并未将二者合并，家庭法和继承法往往单独成书。亦有少量教科书将二者合并，如拜罗伊特大学克努特·维尔纳·朗格（Knut Werner Lange）教授和罗伯特·菲利普·提舍尔（Robert Philipp Tischer）博士合著的《家庭法与继承法》。[3] 在法国，家庭法与继承法教科书通常也分别成册。

在日本，"家族法"一词在狭义上仅是指与民法典第四编对应的亲族法，在广义上不仅包含亲族法还包含继承法的内容。[4] 采纳狭义概念之典型教科书如东京大学大村敦志教授所著《家族法》，[5] 采纳广义概念之典型教科书如立命馆大学二宫周平教授所著《家族法》，[6] 东京经济大学利谷信义教授所著《家族法》，[7] 立命馆大学本山敦教授等人所著《家族法》。[8] 也

---

[1] See Kenneth G. C. Reid, Marius J. de Waal, Reinhard Zimmermann eds., *Comparative Succession Law: Comparative Succession Law: Mandatory Family Protection*, Oxford University Press, 2020, p.741.

[2] See https://ielaws.com/index.php/iel-family-and-succession-law/; https://kluwerlawonline.com/Encyclopedias/IEL + Family + and + Succession + Law/717.

[3] Vgl. Knut Werner Lange/Robert Philipp Tischer, Familien-und Erbrecht, 6. Aufl. 2022.

[4] 窪田充見『家族法——民法を学ぶ 第3版』（有斐閣,2017年）2頁以下参照。

[5] 大村敦志『家族法 第3版』（有斐閣,2010年）参照。

[6] 二宮周平『家族法 第3版』（新世社,2011年）参照。

[7] 利谷信義『家族の法 第2版』（有斐閣,2005年）参照。

[8] 本山敦＝青竹美佳＝羽生香織＝水野貴浩『家族法 第3版』（日本評論社,2021年）参照。

有学者直接用"亲族法·继承法"命名教科书,典型者如早稻田大学近江幸治教授所著《民法讲义Ⅶ 亲族法·继承法》,[1]立教大学前田阳一教授等所著《民法Ⅵ 亲族·继承》,[2]庆应义塾大学犬伏由子教授等所著《亲族·继承法》,[3]大阪大学松川正毅教授所著《民法 亲族·继承》,[4]一桥大学川井健等所著《民法概论5 （亲族·继承）》,[5]东京大学我妻荣教授等所著《民法3 亲族法·继承法》,[6]成蹊大学高乔朋子教授等所著《民法7 亲族·继承》。[7]不难发现,在日本民法学界,家庭法和继承法合并模式为主流。"将家庭法和继承法作为一个与财产法对立的整体是日本独有的,很大程度上受到了中川善之助博士的影响。"[8]这实际上表明,无论是亲族法还是继承法均以家族为对象。[9]实际上,是否采纳合并模式的关键在于是否认可亲族法与继承法之间存在大量异质要素,继承法是否已经逐渐脱离以家为中心的模式。[10]

在中国传统社会中,不存在现代私法意义上的继承。现代私法意义上的继承是建立在原子化个人关系之上的。在中国传统社会中,财产继承并不是单独存在的,而是融入包含身份继承、财产继承与继嗣继承的宗祧继承之中。宗祧继承依托父权制,否认妻对夫财产继承的权利。[11]在现代社会,财产继承从家的延续中的脱离。

在我国,现行教科书多采合并模式,常冠名"婚姻家庭继承法学"。二者均属于广义家事法范畴。典型的教科书如陈苇教授主编《婚姻家庭继承法学》,[12]夏吟兰教授主编《婚姻家庭继承法》,[13]马忆南教授著《婚姻家庭继承法学》。[14]亦有使用"亲属法与继承法"标题者,如杨大文教授主编《亲属法与继承法》。[15]当然,亦有单独成书者,如余延满教授著《亲属法原论》,[16]杨大文教授主编《亲属法》,[17]郭明瑞教授等著《继承法》。[18]相关课程开设亦多采合并模式。这实际上表明,我国学界认同婚姻家庭法与继承法宜置于同一范畴进行讨论。在我国,虽然继承处理的是财产关系,即死者财产的清算处理问题,但由于继承法的典型适用场域仍然是财产从死者向其家庭成员流转,继承法的内在体系不可能脱离家庭伦理。继承法主要通过将继承与扶养相挂钩,以贯彻家庭伦理。在继承人的确定上,法律褒奖对公婆尽了主要赡养义务的丧偶儿媳、对岳父母尽了主要赡养义务的丧偶女婿,将其拟制为第一顺序法定继承人

---

[1] 近江幸治『民法講義Ⅶ 親族法·相続法 第2版』(成文堂,2015年)参照。
[2] 前田陽一=本山敦=浦野由紀子『民法Ⅵ 親族·相続 第5版』(有斐閣,2019年)参照。
[3] 犬伏由子=石井美智子=常岡史子=松尾知子『親族·相続法 第2版』(弘文堂,2016年)参照。
[4] 松川正毅『民法 親族·相続 第4版』(有斐閣,2014年)参照。
[5] 川井健=良永和隆『民法概論5 （親族·相続）補訂版』(有斐閣,2015年)参照。
[6] 我妻榮=有泉亨=遠藤浩=川井健=野村豊弘『民法3 親族法·相続法 第4版』(勁草書房,2020年)参照。
[7] 高橋朋子=床谷文雄=棚村政行『民法7 親族·相続 第6版』(有斐閣,2019年)参照。
[8] 前田陽一=本山敦=浦野由紀子『民法Ⅵ 親族·相続 第5版』(有斐閣,2019年)2頁。
[9] 近江幸治『民法講義Ⅶ 親族法·相続法 第2版』(成文堂,2015年)續言参照。
[10] 大村敦志『家族法 第3版』(有斐閣,2010年)14頁以下参照。
[11] 参见瞿同祖:《中国法律与中国社会》,商务印书馆2010年版,第122页。
[12] 参见陈苇主编:《婚姻家庭继承法学》(第3版),高等教育出版社2022年版。
[13] 参见夏吟兰主编:《婚姻家庭继承法》(第3版),中国政法大学出版社2021年版。
[14] 参见马忆南:《婚姻家庭继承法学》(第5版),北京大学出版社2023年版。
[15] 参见杨大文主编:《亲属法与继承法》,法律出版社2013年版。
[16] 参见余延满:《亲属法原论》,法律出版社2007年版。
[17] 参见杨大文主编:《亲属法》(第5版),法律出版社2012年版。
[18] 参见郭明瑞、房绍坤:《继承法》(第2版),法律出版社2004年版。

(《民法典》第 1129 条)。在继承份额的确定上,法律设置了特殊规则,褒奖尽了主要扶养义务的继承人,惩治有扶养能力和扶养条件不尽扶养义务的人(《民法典》第 1130 条)。法律还为继承人以外依靠被继承人扶养的人或者对被继承人扶养较多的人设置了酌分请求权(《民法典》第 1131 条)。《民法典》第 1132 条第 1 句更是明确规定"继承人应当本着互谅互让、和睦团结的精神,协商处理继承问题"。这些规则体现了《民法典》婚姻家庭编"一般规定"章所包含基本原则。

对遗嘱进行审查时,家庭伦理经由公序良俗原则发挥作用。在张某英诉蒋某芳遗赠纠纷案中,法院即以遗嘱违反伦理道德,将财产遗赠给非法同居者为由,否定遗嘱的效力。[1] 无论是在婚姻家庭法还是继承法中,当事人的意思自治空间在法治史上总体呈现日益增长的趋势。但相对典型财产法,当事人意思自治的空间仍然较小,受制于家庭伦理。质言之,二者虽然依托于财产法的个体主义话语,却受制于团体主义家庭伦理。

本书婚姻家庭法和继承法部分均采总分体例,在写作体例上并未严格依照实定法规定。例如,《民法典》婚姻家庭编在实定法上并不是严格按照生活事实类型进行构造的,收养单独成章即为例证。除"收养"章外,《民法典》婚姻家庭编总体按照传统婚姻中心主义进行构造,先规定结婚,再规定夫妻关系,然后规定离婚。父母子女关系和其他近亲属关系在形式上似乎依托于婚姻关系。在学说上,婚姻家庭法是否经历了从婚姻中心主义向父母子女中心主义的转变,尚有争议。[2] 现代法上,子女不因非婚生而受歧视已是共识。非婚生子女的法律地位经历了从完全不被承认到权利被削弱再到平权的总体演进。我国 1950 年原《婚姻法》第 15 条第 1 款明确非婚生子女和婚生子女同权,在比较法上走在了世界前列。例如,到 2013 年 9 月,日本最高法院才明确非婚生子女继承权减半违反宪法。[3] 婚姻并没有与父母子女关系完全脱钩。其一,婚姻状态会影响父母子女法律地位的确定。我国立法虽未明确规定婚生推定规则,但通说予以承认。其二,父母是否处于婚姻状态往往会影响对子女的抚养形态。非婚或者离婚父母往往不在一起共同生活,父母通常不会进行直接的共同抚养,往往由一方直接抚养,另外一方间接抚养。有关探望权、抚养费的纠纷往往也多出现在父母非婚情形中。本书婚姻家庭部分脱离了我国教科书的传统写作结构,完全按照生活事实类型展开,分为婚姻、父母子女关系和其他近亲属关系两编,总体按照关系的产生、关系的内容(权利义务)、关系的消灭展开。继承法部分体例总体与《民法典》继承编相呼应,分为总则、法定继承、遗嘱处分和遗产的处理。

无论是婚姻家庭法还是继承法,均与程序法密切相关。程序规则不仅涉及当事人因婚姻家庭继承纠纷所涉司法程序规则,而且还涉及行政程序的相关规则。在婚姻家庭法中,程序规则的设置代表了国家对家庭关系的介入。无论是结婚、离婚还是收养,均需要按照一定的程序进行,方能发生效力。在继承法中,在某种意义上继承本身就是遗产的清算程序。《民法典》继承编"遗产的处理"章主要涉及程序规则。

就司法程序而言,婚姻家庭纠纷和继承纠纷属于家事纠纷范畴。按照最高人民法院《民事案件案由规定》的规定,婚姻家庭、继承纠纷整体位于第二部分,人格权纠纷之后,物权纠纷之

---

[1] 参见赵兴军、时小云:《违反公序良俗的民事行为无效》,载《法律适用(国家法官学院学报)》2002 年第 3 期。
[2] See June Carbone, *From Partners to Parents: The Second Revolution in Family Law*, Columbia University Press, 2000, p.239.
[3] 最高裁判所 2013 年 9 月 4 日决定,最高裁判所民事判例集 67 卷 6 号 1320 页参照。

前。民事案件案由是民事案件名称的重要组成部分,反映案件所涉及的民事法律关系的性质,是对当事人诉争的法律关系性质进行的概括,是人民法院进行民事案件管理的重要手段。[1] 婚姻家庭、继承纠纷合并作为一级案由,反映了最高人民法院对二者性质的认识。婚姻家庭纠纷和继承纠纷均关涉家庭和谐。[2]

相对普通民事案件,家事案件有其特殊性。按照最高人民法院《关于开展家事审判方式和工作机制改革试点工作的意见》第5条的规定,家事案件,是指确定身份关系的案件及基于身份关系而产生的家庭纠纷,包括继承纠纷。家事案件涉及的亲属关系具有高度的人身性、敏感性和复杂性,且具有极强的伦理性。[3] 正是由于家事案件的这些特殊性,采用对抗式构造的普通民事诉讼程序处理家事案件明显不妥。大陆法系国家,如德国和日本制定了专门的家事程序法,处理家事纠纷。[4] 我国已有人大代表提出制定家事诉讼法的议案,[5] 最高人民法院专门启动了家事程序法的研究和立法推动工作。[6]

---

[1] 参见最高人民法院《关于印发修改后的〈民事案件案由规定〉的通知》第1条。
[2] 参见最高人民法院研究室编著:《最高人民法院新民事案件案由规定理解与适用》,人民法院出版社2021年版,第98页。
[3] 参见最高人民法院《关于印发修改后的〈民事案件案由规定〉的通知》。
[4] 参见《德日家事事件与非讼事件程序法典》,郝振江、赵秀举译,法律出版社2017年版。
[5] 参见全国人民代表大会宪法和法律委员会《关于第十三届全国人民代表大会第二次会议主席团交付审议的代表提出的议案审议结果的报告》。
[6] 参见最高人民法院《关于贯彻实施〈关于深化人民法院司法体制综合配套改革的意见——人民法院第五个五年改革纲要(2019—2023)〉的分工方案》《关于政协十三届全国委员会第二次会议第1488号(政治法律类130号)提案的答复》。

第一编

婚姻家庭法总则

第一章 概 述

第一节 婚姻家庭法的概念与立法

一、婚姻家庭法的概念变迁

若依据法律的调整对象确定部门法概念,则婚姻家庭法即为调整婚姻家庭民事关系的法律规范。[1] 婚姻家庭法作为民法的部门法,主要调整夫妻、父母子女及其他亲属之间的人身关系和财产关系。如果将"人身关系"分为"人格关系"和"身份关系",[2]因我国《民法典》第四编"人格权"对人格关系进行了专门规定,[3]故本书将《民法典》第五编婚姻家庭之"婚姻家庭法"定义为:调整因婚姻家庭产生的亲属身份关系及其财产关系的法律规范总称。

婚姻家庭法在不同的国家或不同的历史时期有不同的称谓。归纳起来主要有4种,即婚姻法、家庭法、婚姻家庭法和亲属法。形成这些称谓差别有其特殊原因:第一,由于各国法律调整对象或内容和范围的不同,其称谓不尽相同,如调整婚姻关系的法称为婚姻法,调整家庭关系的法称为家庭法,既调整婚姻关系又调整家庭关系的法称为婚姻家庭法。第二,由于认识上的差别和传统习惯的不同影响,其称谓有所不同。大陆法系国家一直秉承成文化、法典化传统,概念使用讲究科学性、准确性和统一性。一般将调整婚姻关系和家庭关系的法称为亲属法,日本称"親族法"。也有国家称为家庭法(罗马尼亚采此称谓);英美法系国家没有严格的部门法划分,在法学概念使用上放弃科学性和准确性,采取实用性和功利性态度,尽量使名称和内容相统一,如英国有1973年《婚姻诉讼法》、1996年《家庭法》、1999年《儿童保护法》。[4]美国称"family law"(家庭法);[5]美国还有1970年《统一结婚离婚法》、1973年《统一父母身份法》、1992年《统一州际抚养法》[6]等。[7] 苏联称为婚姻家庭法;东德、罗马尼亚、阿尔巴尼亚和俄罗斯联邦等称为家庭法。[8]

中国民法发端于近代晚期,其中"婚姻家庭法"的理念和概念也发生过变化,概念表述存在

---

[1] 《民法典》第1040条规定:"本编调整因婚姻家庭产生的民事关系。"
[2] 我国《民法典》总则编在表述民事权利时对婚姻家庭关系(或身份关系)与"人格关系"的区别进行了模糊化处理,该法第112条规定:"自然人因婚姻家庭关系等产生的人身权利受法律保护。"
[3] 《民法典》第989条规定:"本编调整因人格权的享有和保护产生的民事关系。"
[4] 参见《英国婚姻家庭制定法选集》,蒋月等译,法律出版社2008年版,第56、229、289页。
[5] 参见[美]凯特·斯丹德利:《家庭法》,屈广清译,中国政法大学出版社2004年版,第3页。
[6] 参见[美]哈里·D.格劳斯、大卫·D.梅耶:《美国家庭法精要》(第5版),陈苇译,中国政法大学出版社2010年版,第84、128、205页。
[7] 参见陈苇主编:《婚姻家庭继承法学》(第3版),中国政法大学出版社2018年版,第9~10页。
[8] 参见余延满:《亲属法原论》,法律出版社2007年版,第1页。

学术争议。最早的《大清民律草案》设亲属编;民国时期《中华民国民法》从之,现我国台湾地区仍称"親屬法"("亲属法");中国大陆在中华苏维埃时期以及中华人民共和国成立后,一直称为婚姻法。现行《民法典》将婚姻法纳入第五编,改称"婚姻家庭编"。在学术研究中,究竟使用"婚姻法"、"家庭法"、"婚姻家庭法"还是"亲属法",学者观点不一。也有学者主张采"身份法"或"亲属身份法"概念。[1]

笔者认为,以采"婚姻家庭法"概念为宜,理由如下:(1)中国民事立法实践与学说研究均将该部门法表述为"婚姻家庭法",《民法典》第五编标题未采用"婚姻"而采纳"婚姻家庭"表述,并以此表述明确区别于第六编的"继承"。为保持立法用语的规范与统一,也为了保持教学研究与司法裁判的一贯性,坚持约定俗成的做法更合理。(2)"婚姻家庭"概念可以突出夫妻婚姻关系在家庭关系中的核心地位,这符合中国亲属关系的实际。而且,虽然"家庭关系"可以涵摄"婚姻关系",使用"婚姻家庭"影响表述的逻辑自洽,但将"婚姻家庭"解释为"基于婚姻的家庭关系",也能克服其逻辑瑕疵。(3)虽然英美法系国家和大陆法系国家均有采"家庭法"概念的做法,但婚姻关系只是家庭关系中一种类型。从《民法典》体例结构看,家庭关系既包括夫妻关系、父母子女关系和其他近亲属之间纯粹身份关系,也包括亲属之间的财产关系(如遗产继承关系)。用上位法概念指称其中的一部分关系类型,存在明显逻辑瑕疵,且无法与另一下位法"继承"有效区隔。(4)虽然"亲属法"带有明显的中华文化标签,但如果继续使用该概念将徒增世界法律文化交流的障碍。(5)"身份法"在中国的立法实践和理论研究中并未获得广泛共识。

二、婚姻家庭法的立法变迁

婚姻家庭法有实质意义和形式意义之分。在中国,形式意义的婚姻家庭法,是指以"婚姻家庭法"命名的法律。[2] 本书所言婚姻家庭法,是指实质意义的婚姻家庭法,即各种调整婚姻家庭关系的法律规范的总称。它不仅包括《民法典》第一编"总则"的相关规范(如监护制度)、第五编"婚姻家庭"规范,还包括最高人民法院有关婚姻家庭的司法解释,以及关于儿童、妇女、老年人权益保障等特别法的相关规范。

大陆法系自罗马法以来,就将婚姻家庭法(家庭法)作为私法的重要组成部分,它与物权法、债权法等财产关系法共同构成了民法的基本内容,形成私法调整对象的"二元结构"。从比较法的角度来看,大陆法系国家的民法典无一例外都包括婚姻家庭法。1804年《法国民法典》制定之时,起草人波塔利斯就曾在《法国民法典》的草案预备性说明中指出,家庭法是"指导和确定社会联系"的法条整体的"两大主要基石"之一。[3]

在中国传统文化中,婚姻是夫妻结合之礼,目的在于合二姓之好,以敬祖宗衍后代。[4] 婚姻家庭制度多存在于传统礼仪和伦理习俗之中。我国现代婚姻家庭法学是20世纪初期,通过清末修律运动,借鉴日本、德国等大陆法系亲属法的体系和理论,在和中国固有礼法的交融、矛盾和斗争中逐渐产生的。到20世纪20~40年代,婚姻家庭法学作为民法的一个分支学科羽翼渐趋丰满,亲属法学者初步建立了婚姻家庭法学的理论体系。新中国成立后,随着中国政治、

---

[1] 参见张作华:《亲属身份行为基本理论研究》,法律出版社2011年版,"导言";张作华:《认真对待民法中的身份——我国身份法研究之反思》,载《法律科学》2012年第4期。
[2] 参见巫昌祯、夏吟兰主编:《婚姻家庭法学》(第2版),中国政法大学出版社2016年版,第18页。
[3] 参见[法]让·保罗·让·让·皮埃尔·鲁瓦耶:《民法典:从政治意志到社会需要——两个世纪以来的评估》,石佳友译,载《法学家》2004年第2期。
[4] 参见张希坡:《中国婚姻立法史》,人民出版社2004年版,第3页。

经济、文化的巨大变革,婚姻家庭制度和婚姻家庭法学在扬弃 20 世纪初叶的成就后重新创建,通过总结革命根据地立法和司法的经验建立了初步理论,并主要借助苏联社会主义婚姻家庭法学理论,得到新的发展。党的十一届三中全会以后,婚姻家庭法学与立法进入一个空前兴旺阶段,并经历与民法学分野与合流的曲折过程,最终成为民法学大类中的一个特别的、相对独立的法学部门。[1]

我国《民法典》婚姻家庭编作为调整婚姻关系和家庭关系的法律规范总和,是《民法典》的重要组成部分,该编是在原《婚姻法》《收养法》的基础上经过修改、补充形成的。共分为五章,具体包括一般规定、结婚、离婚、家庭关系、收养,共计 79 条。"在成文法的法律传统之下,民法典常常包含着一个民族的精神密码,表达了一个民族对一系列关键问题的基本立场。"[2]《民法典》婚姻家庭编以调整婚姻关系为核心,注重树立优良家风,弘扬家庭美德,重视家庭文明建设,倡导中华民族敬老爱幼、家庭和谐等优良传统美德。该编既注重保护家庭成员的权利,也注重引导家庭成员履行其法定义务,充分彰显了中国特色、实践特色和时代特色。[3] 但不可否认的是,现行《民法典》婚姻家庭制度(婚姻家庭法)的立法理念和规范体系,仍维持在 20 世纪 80 年代的社会生活基础之上,其科学性、统一性、现实性,还有待进一步完善和发展。

第二节 婚姻家庭法的性质与特征

一、婚姻家庭法的性质

婚姻家庭法的性质,是指该法在国家法律体系中的属性定位,以此区别于其他部门法。从婚姻家庭法的外部性观察,其性质可从以下几个方面把握。

1. 婚姻家庭法是私法。我国婚姻家庭法调整的是一定范围内亲属间的人身关系和财产关系。具体而言,调整自然人之间的亲属身份关系及其财产关系,其目的在于保护家庭当事人基于其特定身份地位而享有的合法权益,区别于调整公权法律关系且旨在限制公权行使和保护公共利益的公法,故其为私法。从私人性、个人性而言,婚姻家庭法带有明显的"私法"属性。家庭关系当事人人格平等,意思自治。虽然任意性规范是私法的一般模式,但处于婚姻家庭中当事人的自治空间需要接受伦理道德、国家意志的强度限制,婚姻家庭法的公法强制特色也比较显著。

2. 婚姻家庭法是实体法。我国的婚姻家庭法规范主要是实体性规范,规定特定范围的亲属关系当事人之间的实体权利义务关系。婚姻家庭法旨在确立人们在家庭生活领域必须遵守的行为准则,不同于以保障权利行使、义务履行为宗旨的程序法。当然,为了反映家庭关系赖以产生、消灭的法律事实的动态运行状况,婚姻家庭法规范中也有少量程序性的规定,如结婚、离婚、收养等程序规范,但这并不影响其实体法的性质。

3. 婚姻家庭法是国内法。我国婚姻家庭法是中华人民共和国立法机关制定的,主要调整

---

[1] 参见马忆南:《二十世纪之中国婚姻家庭法学》,载《中外法学》1998 年第 2 期。
[2] 王轶、关淑芳:《论民法总则的基本立场》,载《国家行政学院学报》2018 年第 1 期。
[3] 参见王利明:《体系化视野下〈民法典〉婚姻家庭编的适用——兼论婚姻家庭编与其他各编的适用关系》,载《当代法学》2023 年第 1 期。

本国公民婚姻家庭关系的法律规范,其适用的主体范围和空间范围均限于中国。虽然婚姻家庭法属于国内法,但并不排除有关国际条约、国际协定等国际法规范中的婚姻家庭法规范内容,亦可以作为缔约国的婚姻家庭法渊源。

二、婚姻家庭法的特征

婚姻家庭法与其他部门法相比具有前述体系属性,但从婚姻家庭法内部观察,与其他民法规范特别是财产法相比,婚姻家庭法具有显著的伦理性特征。[1]

（一）家庭伦理

婚姻家庭法的调整对象是夫妻关系、父母子女关系、兄弟姐妹关系、祖孙关系等家庭成员间的亲属身份关系。这种关系是基于自然法则而发生的社会关系,是社会最基本的伦理关系。

所谓人伦,源自传统封建社会人伦关系,也就是君臣、父子、兄弟、夫妇、朋友这5种人伦关系,五伦关系涵盖了中国传统社会的所有人际关系;其特点就在于关系主体之间具有自然的、本质的、不得不的联系。[2] 身份,也作"身分","分"就是在伦理关系、人伦秩序中的份位,即人伦地位;在人伦关系中,"伦"不同,"分"也就不同,进而个体的伦理权利与伦理义务也就不同。中国传统社会就是通过"伦""理"或"分",来确立个人在人伦关系中的"名分"或"身份",从而构建并维护封建统治者所需要的"身份社会"。近代以来,在社会从"身份社会"进步到"契约社会"后,[3] 这种封建的人伦身份秩序("三纲五常")业已被摒弃。不过,虽"君臣"不再,朋友不定,但"长幼"犹存,"尊卑"依然,现代社会至少在婚姻家庭领域,还遗留了一定的亲属身份伦理,只不过其中男权社会的男尊女卑已经转变为男女平等(如父子关系转化为父母子女关系)。现代亲属身份关系的封建意义、政治意义涤除后,其固有的伦理意义依旧存在。抛弃基本家庭伦理规则的婚姻家庭法不可想象。现代社会仍然遵从辈分伦理、夫妻伦理、亲子伦理。婚姻家庭法仍然讲究长幼有序、尊卑有别、名分有定。当然,一定社会之人伦秩序原理也会随时代更替,随经济基础、社会观念的变化而发生变化,如婚姻的解消从禁止主义到放任主义的变迁。

婚姻家庭法的伦理性具有明显的民族国家个性,从而产生婚姻家庭法的国别差异性。差异性体现在纵向时间差异性和横向空间差异性。首先,家庭制度除有历史沉淀的稳定性外,还具有动态性和发展性。一国之家庭伦理习俗,在不同的历史时期会出现选择性认同,过去的"良俗"会成为当下的"恶俗";反之亦然。时代也会对家庭伦理规范进行"扬弃",随着社会观念的更新,即使"保守"的婚姻家庭法也要"与时俱进",产生新法和旧法的差异性。其次,家庭伦理的地域性、民族性使其呈现与时空的差异性。东方国家与西方国家因其文化差异产生家

---

[1] 现行《民法典》多处承认并提及婚姻家庭法律关系的"特殊性质",如最高人民法院《关于适用〈中华人民共和国民法典〉总则编若干问题的解释》(以下简称《民法典总则编解释》)第1条第1款规定:"民法典第二编至第七编对民事关系有规定的,人民法院直接适用该规定;民法典第二编至第七编没有规定的,适用民法典第一编的规定,但是根据其性质不能适用的除外。"《民法典》第464条第2款规定:"婚姻、收养、监护等有关身份关系的协议,适用有关该身份关系的法律规定;没有规定的,可以根据其性质参照适用本编规定。"《民法典》第1001条规定:"对自然人因婚姻家庭关系等产生的身份权利的保护,适用本法第一编、第五编和其他法律的相关规定;没有规定的,可以根据其性质参照适用本编人格权保护的有关规定。"

[2] 中国传统法律文化以血缘为纽带,在"五伦"之中,父子、兄弟是家族血缘联系;君臣、朋友是社会伦理关系;夫妇则是生理性的男女关系与生物性的血缘联系的同一;而君臣、朋友等社会伦理关系则是家族血缘联系的扩充与延伸,把本没有血缘联系的朋友、君臣关系,加以拟血缘化。参见樊浩:《中国伦理精神的现代建构》,江苏人民出版社1997年版,第22页。

[3] 参见陈棋炎、黄宗乐、郭振恭:《民法亲属新论》(修订5版),台北,三民书局2006年版,第8~9页。

庭伦理差异;大陆法系国家和英美法系国家因法制传统的差异也导致伦理的差异。而且,从各国内部法律体系观察,还可以发现各国婚姻家庭法的差别明显大于财产法的差别。其原因在于婚姻家庭法都是基于本国固有国情和传统而制定的,但性质不同的财产法在制定过程中往往要考虑到国际经济交往的便利高效,在许多规定上体现出相同或相似之处。我们可以看到国际上的"统一合同法",却很难看到"统一家庭法"。[1]

婚姻家庭法在设计其规则体系时应考虑亲属身份关系的基本特征,充分遵从本国本民族的婚姻家庭伦理。

(二)伦理性体现

1. 道德习俗先在

婚姻家庭法是在特有的历史条件下产生与发展起来的,为各国法律体系所固有而非继受自他国而来。我国婚姻家庭法的基本理念和核心制度也是在几千年中国的文化传承中家庭伦理道德的积淀结果,具有"法律先在性"。[2] 亲属之间的自然关系,无不受本民族的历史传统文化、宗教、风俗习惯和生活方式的深刻影响。其法律规范多随习俗变化而调整,家庭关系法典化也多是对本国本民族家庭道德习惯的确认而已。我国民法所保护的"善良风俗"多体现在婚姻家庭领域。

婚姻家庭法往往就是"先在的"家庭伦理道德规范的法律化,该类道德规范早在婚姻家庭关系法律化之前业已形成。人类社会的亲属身份人伦秩序在法律出现之前是由自然选择进化而成,继而由伦理道德予以调整,逐渐演进上升为由法律调整。[3] 从历史上来看,中国古代亲属法以儒家的伦理观为思想基础,欧洲中世纪的亲属法亦以基督教的道德为其精神支柱。在长期的历史进程中,人类社会形成了诸多的有关家庭关系的伦理规则,这些伦理规则或者上升为婚姻家庭法规范,或者被其他诸如道德、宗教规范等确认并对婚姻家庭法产生一定影响。在一定意义上说,婚姻家庭法堪称道德化的法律或法律化的道德。[4]

2. 团体利益优位

如果将人类的生活简单地加以区分,可以分为"保族生活"与"经济生活"两种。[5] 社会学家F.德尼斯(F. Tonnies)将人类的结合关系分为"共同社会"(Gemeinschaft)与"利益社会"(Gesellschaft),此谓著名的二元社会观。[6] 债的关系(如买卖关系)、合伙关系、公司关系,即为所谓"利益社会"的结合关系;其结合为片面的便宜的,其结合之意思为打算的合理的、以个人利得为目的。而婚姻、收养等亲属身份关系则为所谓"共同社会"的结合关系,系以其结合为必然的、以结合本身为目的,属于本质的全人格的结合、其结合之意思带有超打算的情绪的性质。[7]

---

[1] 值得注意的是,部分学者认为,交通和信息网络的发展、广泛而频繁的国际交流促成不同民族所构成的社会之间的法文化的相互交流,各国的婚姻家庭法将不可避免地吸收和渗入外来法文化,婚姻家庭法的民族色彩会随着时代的变迁逐渐薄弱,婚姻家庭法的差异性亦将逐步消减。参见林秀雄:《夫妻财产制之研究》,中国政法大学出版社2001年版,第9~10页;王洪:《婚姻家庭法》,法律出版社2003年版,第7~8页。

[2] 参见张作华:《亲属身份行为基本理论研究》,法律出版社2011年版,第44页。

[3] 参见夏吟兰:《论婚姻家庭法在民法典体系中的相对独立性》,载《法学论坛》2014年第4期。

[4] 参见杨大文主编:《亲属法与继承法》,法律出版社2013年版,第23页。

[5] 参见戴炎辉、戴东雄:《中国亲属法》,台北,三民书局1988年版,第1页。

[6] 参见陈棋炎等:《民法亲属新论》(修订5版),台北,三民书局2006年版,第1~2页。

[7] 参见史尚宽:《亲属法论》,中国政法大学出版社2000年版,第10页。

家庭关系尤其是夫妻关系具有连带性,[1]"牵一发而动全身",一个婚姻当事人终止婚姻的企图,直接牵涉现任配偶的利益(若其不想离婚),还可能牵涉幼小孩子的利益诉求(绝大多数孩子是父母离婚的无辜受害者);还会影响双方父母的合理预期(父母对孩子圆满婚姻家庭的期盼),当然最终会动摇社会的稳定因素。

婚姻家庭法"以夫妻、亲子、家长亲属等超越个人的结合团体为规定之对象",[2]其立法目的多考虑全体家庭成员的集体利益以及家庭社会的和谐稳定,因此婚姻家庭法中的个人主义色彩较淡薄,体现出团体性的特性。家庭成员之间紧密的共同体(夫妻同体、亲子同体、家庭同体)所要求的基本伦理,就是强调支配与服从,绝对平等性被突破,差序格局得以正当化。婚姻制度一般要求夫妻恪守本分,对配偶行为推定同意,对夫妻共同体应当尽力服从、保护与维持。父母应当对未成年子女的行为实施管控,甚至可以对其人格身份实施一定处分(如送养幼子)等,均体现了家庭身份关系中的支配与服从伦理。亲属身份共同生活关系的圆满经营与维持,原本需要借助一定之"支配与服从"机制。在婚姻家庭法中,自由、平等、自治等民法基本理念需要让位于人伦秩序原理,从而受到较高程度的限制。当然必须指出的是,在社会已经发生"从身份到契约"进步运动的今天,亲属身份关系的支配与服从,已经不再是近代以前的反社会、反伦理的压制个人、泯灭人性的支配与服从,而是符合人伦秩序原理、旨在维持与经营亲属身份共同体而有限的支配与服从。这种支配服从,已经由为支配权人之利益转变为被支配人之利益而为支配服从,或者由为个人利益转变为为团体利益而为支配服从。如亲子关系的支配与服从,主要是为了更好地照顾、管理、培养子女,以利子女身心的健康成长,苟不为此目的而为支配服从,可能就构成亲权之滥用;而夫妻关系的支配与服从,不是指夫与妻个体间的相互支配或服从,[3]而是指夫或妻各别服从一个独立"完整的人格",[4]即夫妻对身份共同体的服从。家庭成员的个人意志要服从各个共同体的整体利益。

亲属身份关系的连带性、团体性,使团体人格维系、家庭体系维护,从而压缩个人主义,成为国家保护家庭关系的重要内容。

3. 家庭义务本位

婚姻家庭法调整特定亲属之间的人身关系和财产关系。前者规定亲属身份上的权利义务,如夫妻间的抚养义务、父母子女间的抚养和赡养义务等;后者规定亲属财产上的权利义务,如夫妻约定财产制、夫妻共同财产分割等。婚姻家庭法所调整的财产关系是附随于人身关系而产生的,"是人身关系所引起的某种法律后果,它的发生和终止是以人身关系的发生和终止为前提",[5]因此婚姻家庭法在本质上仍然属于调整身份利益的法,与一般的民事财产法有着本质的区别,婚姻家庭法以义务为本位,而非财产法的"权利本位"。

---

[1] 参见张作华:《亲属身份行为基本理论研究》,法律出版社2011年版,第76~77页。
[2] 史尚宽:《亲属法论》,中国政法大学出版社2000年版,第5页。
[3] 陈棋炎教授认为,现代社会夫妻身份关系上的支配与服从,契合了固有社会中"夫唱妇随"的夫权思想,这种思想"根深蒂固、牢不可破"。参见陈棋炎、黄宗乐、郭振恭:《民法亲属新论》(修订5版),台北,三民书局2006年版,第13~14页。这种对夫妻身份关系之支配性的解释,既与现行立法相左,又与平等人权理念相悖,至少不能解释现代家庭中夫听命于妻的"新型"支配服从情形。
[4] 黑格尔认为,婚姻当事人因结婚而将扬弃自然的、个人的人格,另行成立一完整的人格,于是,个人人格似因婚姻而受到限制,但因当事人将可获得实体的"自己"意识,而"因婚姻而获得解放"。参见陈棋炎:《亲属、继承法基本问题》,台北,三民书局1980年版,第16页。
[5] 余延满:《亲属法原论》,法律出版社2007年版,第4页。

为了维护符合人伦的"差序格局",即家庭成员各有名分、尊卑有别、长幼有序,并且依托一定程度支配与服从伦理,就需要很大程度地限制个人的自由和尊严,允许不平等。立法价值重在维护家庭关系的和谐平稳,倡导团体主义,抑制个人主义。在制度设计上,要求家庭成员之间互谅互让,强调责任担当,倡导付出与奉献。在"权利与义务"这一对偶范畴中,婚姻家庭法选择"义务"这个元点展开规则体系,如"离婚冷静期制度";夫妻忠实义务、赡养义务、抚养义务、扶养义务、经济帮助义务、监护职责、照顾义务、家事代理义务、最有利于原则等,整个婚姻家庭法,妥妥的"义务本位",俨然不同于财产法的"权利本位"。

4. 自治空间有限

为保障伦理道德义务之履行,国家强制力在婚姻家庭领域深度而广度地存在,强制性规范多于任意性规范,民法意思自治原则和精神在婚姻家庭法中被明显抑制,自治空间被压缩。如身份行为(婚姻、收养、遗嘱、监护、认领等)主要通过"无效机制"来控制,较少适用撤销机制、追认机制,不允许代理、不得附条件或期限。[1]

现代社会的婚姻家庭观念发生变化,但婚姻家庭仍然是社会的基础。婚姻家庭关系的稳定不仅涉及婚姻当事人和子女的利益,而且涉及社会的稳定和发展。为了妥善地保护公民在婚姻家庭共同生活中的权益和全社会的利益,婚姻家庭法的规定大多涉及公共秩序及善良风俗,其规范内容大部分具有强行性规范的性质,不能任由当事人自由决定。身份关系的产生、终止;身份行为(如结婚行为、收养行为等)的形式、程序、有效条件;身份关系产生后的权利义务内容;身份关系终止后的后果等,均是法定的而非意定。[2] 在结婚、离婚、出生、死亡、收养等法律事实出现后,必然引起相应的法律后果,这些后果是法律预先指明、严格规定的,当事人不得自行改变或者通过约定加以改变。例如,虽然结婚与否属于当事人的自由,但一旦结婚后,夫妻之间的权利义务便基于婚姻的法律效力而发生,在配偶死亡或者离婚以前,这些权利义务既不能抛弃也不能限制。当然,婚姻家庭法中也有一些任意性规范,如夫妻财产制约定、子女抚养关系的约定、共同财产分割的协商等制度都是意思自治原则在婚姻家庭法上的体现。但相比民法的财产法尤其债法领域,当事人的自由意志要受到更多限制,这些少数任意性规范在适用时也要符合婚姻家庭法的基本伦理。

---

[1] 参见张作华:《亲属身份行为基本理论研究》,法律出版社2011年版,第135页。
[2] 参见陈苇主编:《婚姻家庭继承法学》(第2版),高等教育出版社2018年版,第8页。

第二章 家庭关系

第一节 亲属的种类

一、亲属划分概述

因时代发展、地域文化的差异,亲属的种类划分存在一定差别。从纵向角度来看,我国古代与现代对亲属的种类划分因社会历史发展水平的差异而有所区别;从横向角度来看,各个国家对亲属的种类划分也有所不同。

我国古代封建礼法重视亲属关系,亲属制度成为封建宗法制度的基础,我国最早将亲属划分为宗亲和外亲,后于明清时期将妻族从外亲中分离出来,这样亲属划分为宗亲、外亲与妻亲,此种划分方式体现了我国古代重视男系血统而轻视女性血统的社会观念。在现代社会,亲属制度基于男女平等原则,对亲属的分类主要有两种立法例:第一种是不承认配偶为亲属,仅将亲属分为血亲和姻亲两种,德国、瑞士等国民法采取此种立法例;第二种是把亲属分为血亲、姻亲和配偶3类,确认配偶是亲属的组成部分,日本、韩国及我国民法采此种立法例。

关于配偶是否为亲属,中国学界仍有争议。[1] 否定者认为,配偶是亲属关系产生的源泉和基础,但并不是亲属的本体,因为配偶既不能列入亲系,又无法确定其亲等,故不属于亲属范畴。肯定者认为,从亲属的起源、本质、亲属制度的历史和现状等方面加以考察,配偶既是亲属的源泉,又是亲属本体的重要组成部分,两者并不矛盾。《民法典》从"肯定说",其第1045条明确将亲属划分为配偶、血亲和姻亲3类。

笔者认为,现行《民法典》第五编的编名已经回避了"亲属"而改称"婚姻家庭",且据前述"婚姻家庭法的概念",应根据"家庭成员的分类"解决亲属的分类分歧,承认配偶属于亲属范畴,并将"配偶"置于亲属(家庭成员)的核心地位。家庭关系是以婚姻关系为元点衍生、展开的,符合自然伦理和社会伦理,毕竟无配偶的家庭关系仅为个案。我国《民法典》实际上按照这一逻辑划分了三等次的亲属身份:一是核心近亲属(配偶、父母、子女);二是其他近亲属[兄弟姐妹、(外)祖父母、(外)孙子女];三是其他亲属。

二、亲属的类型

(一)配偶

配偶是伴侣间因结婚而形成的亲属关系。在婚姻关系存续期间,伴侣双方互为配偶。配偶是其他亲属关系产生的基础与桥梁,血亲关系基于配偶间的结合与生育行为而产生,姻亲关

---

[1] 参见史尚宽:《亲属法论》,中国政法大学出版社2000年版,第50页;林秀雄:《亲属法讲义》,台北,元照出版有限公司2011年版,第27页。

系则基于配偶间的结婚行为而彼此联结。

(二)血亲

血亲,是指相互之间具有血缘联系的亲属。依据不同的分类标准,血亲还可以进行进一步分类。

根据血缘的来源不同,血亲可以分为自然血亲和拟制血亲。

1. 自然血亲

自然血亲,是指因出生而形成的、具有同源关系或同一祖先的有血缘联系的亲属,如父母子女、兄弟姐妹。此处的同源关系或同一祖先,包括父系与母系两个方面,因此,自然血亲又可划分为全血缘的自然血亲与半血缘的自然血亲。全血缘的自然血亲,是指同父同母的兄弟姐妹,即同胞兄弟姐妹;半血缘的自然血亲,是指同父异母或同母异父的兄弟姐妹。在亲属的权利义务关系方面,我国《民法典》的规定既适用于全血缘的自然血亲,也适用于半血缘的自然血亲。婚生或非婚生并不影响对自然血亲的认定,也即父母与婚生子女、非婚生子女皆为自然血亲关系。

2. 拟制血亲

拟制血亲,是指原本并无血缘联系,但由法律拟制确认后与自然血亲具有同等权利义务的亲属,由于这种血亲是依法人为创设的,因此又被称为法亲或准血亲。例如,养父母与养子女之间,继父母和受其抚养教育的继子女之间均为拟制血亲。需要注意的是,拟制血亲并不以有无血缘联系为条件,即使原本具有某种血亲关系,也可以依法人为创设拟制血亲关系,此时的亲属权利义务关系必须按照拟制血亲关系加以确定,而不能直接参照自然血亲关系认定。

根据血缘的联系不同,血亲可以分为直系血亲与旁系血亲。

直系血亲,是指有直接血缘联系的亲属,包括生育自己和自己所生育的上、下代的亲属。如父母与子女,祖(外祖)父母与孙(外孙)子女等。

旁系血亲,是指有间接血缘联系的亲属,也即除直系血亲以外的、与自己同出一源的亲属。如与自己具有父母同源的兄弟姐妹;与自己同源于祖父母的伯、叔、姑及堂兄妹和姑表兄妹;与自己同源于外祖父母的舅、姨及表兄妹等。

根据血亲的辈分不同,血亲可以分为长辈亲、晚辈亲和同辈亲。

长辈亲又称尊亲属,是指辈分高于自己的亲属,包括父母以及父母同辈以上的亲属。如父母、祖父母、外祖父母为自己的直系长辈血亲;伯、叔、姑、舅、姨及祖父母、外祖父母的兄弟姐妹等,是自己的旁系长辈血亲。

晚辈亲又称卑亲属,是指辈分低于自己的亲属,包括子女以及子女同辈以下的亲属。如子女、孙子女、外孙子女为自己的晚辈直系血亲;侄子女、外甥、外甥女等为自己的晚辈旁系血亲。

同辈亲又称平辈亲,是指辈分与自己相同的亲属。如同胞兄弟姐妹、堂兄弟姐妹和表兄弟姐妹等。同辈亲均为旁系血亲。

(三)姻亲

姻亲,是指以婚姻关系为中介而产生的亲属,但不包括配偶本身。如儿媳与公婆、女婿与岳父母、丈夫与妻子的兄弟姐妹、妻子与丈夫的兄弟姐妹之间皆为姻亲关系。

我国《民法典》尚未对姻亲的具体范围作出规定。主流观点采三分法立法主义。[1] 另外，也有学者认为，应当采用四分法立法主义，其理由在于：（1）亲属法具有习俗性，从我国的习俗来看，素有将配偶的血亲的配偶和血亲的配偶的血亲列入姻亲的历史传统；（2）亲属法具有伦理性，民法不承认血亲的配偶的血亲为姻亲，因此发生母女可成妯娌、父子可成连襟、姐妹可成姑媳、兄弟可成翁婿等，有违伦理。民法既承认配偶的血亲的配偶为姻亲，那么也就应承认血亲的配偶的血亲为姻亲。[2]

第二节 亲 等

一、亲等的概念

亲等为亲属的等级，是用以计算并衡量亲属关系亲疏远近的基本单位。亲等数越少，亲属关系就越近。亲等的计算需要以血缘联系为客观依据，因此，计算亲等是以血亲为基准，并准用于姻亲。但配偶之间无法计算亲等，故亲等的计算不适用于配偶之间。

亲等制有世数亲等制与身份亲等制之分。世数亲等制以世数为判断血缘联系远近的唯一标志，每经一世为一亲等。当代多数国家采用该方式计算亲等。在重视身份关系的古代，世数并非判断血缘联系远近的唯一标准，身份、性别、尊卑、长幼等因素也是判断、划分亲等的考量因素，如中国古代的丧服制。此种将身份关系纳入考量范围的方式称为身份亲等制。[3]

二、亲等的计算

根据各国家和地区的立法例，对亲等的计算方法主要有罗马法亲等计算方法与寺院法亲等计算方法，前者在当代被大多数国家所采用。中国较特殊，中国古代以丧服制度衡量亲属关系的亲疏远近；在现代，根据我国《民法典》的规定，采用世代表示亲属关系的亲疏，并不像多数国家和地区一般，采用亲等计算法。

（一）罗马法亲等计算法

1. 直系血亲计算法

以自己为起点分别向上数或向下数，每经一代为一亲等，因此世代数即为直系血亲的亲等数。例如，父母与子女之间为一个世代，即为一亲等；祖（外）父母与孙（外）孙子女为两个世代，则为二亲等。

2. 旁系血亲计算法

以自己为起点向上数至双方共同的直系长辈血亲，然后再从该双方共同的直系长辈血亲向下数至要与自己计算亲等的一方，再将向上与向下数的世代相加，即可得出亲等数。例如，计算自己与同祖父母的堂兄弟姐妹之间的亲等，需要首先从自己开始向上数，找到自己与堂兄

---

[1] 参见房绍坤、范李瑛、张洪波编著：《婚姻家庭继承法》（第7版），中国人民大学出版社2021年版，第20页；陈苇主编：《婚姻家庭继承法》（第4版），中国政法大学出版社2023年版，第37页；李永军主编：《民法学教程》，中国政法大学出版社2021年版，第778页。

[2] 参见余延满：《亲属法原论》，法律出版社2007年版，第96页。

[3] 参见史尚宽：《亲属法论》，中国政法大学出版社2000年版，第59页。

弟姐妹的同源长辈血亲,即祖父母,此时计数为2;再从祖父母向下数至堂兄弟姐妹,此时计数也为2,这两个数字相加,则计算出自己与同祖父母的堂兄弟姐妹之间为四亲等。

(二)寺院法亲等计算法

1. 直系血亲计算法

寺院法的直系血亲计算法同罗马法亲等的计算法。

2. 旁系血亲计算法

分别先以自己和所要计算的一方为起点向上数至同源直系血亲,若两边的亲等数相同,则采用一边的亲等数;若亲等数不相同,则采用多者一方的亲等数。例如,计算自己与姑母的亲等,双方同源直系血亲为祖父母,从自己向上数为二亲等,从姑母向上数为一亲等,两边数字不相同取多者一方,则自己与姑母的亲等为二亲等。

(三)我国古代的丧服制计算法

在中国古代,丧服是家人为哀悼死去的亲属而穿的服装,通常采用本色的粗布或麻布做成。古代中国采用丧服的不同等级差别区分亲属关系的亲疏远近。根据丧服样式和制作材料质量的精粗可分为五等:斩衰、齐衰、大功、小功、缌麻。用粗布做的丧服是重服,用细布做的丧服是轻服。重服表示亲属关系亲近,丧期长;轻服表示亲属关系疏远,丧期短。一等丧服斩衰最重,二等丧服齐衰次之,缌麻在五等中为最轻,亲属关系最远,丧期最短。

丧服制维护以男子为中心的宗法等级制度,重视宗亲,体现男女极为不平等。例如,妻为亡夫要服一等斩衰,而夫为亡妻只服二等齐衰。未出嫁的女儿为父母死亡服一等斩衰,而出嫁后的女儿只能服二等齐衰。但丧服制并不能准确客观地反映血缘联系的亲疏远近程度。

(四)我国《民法典》的亲属计算法

根据现行《民法典》的规定,我国采用世代计算法,即以血亲之间的世代计算亲属关系的远近。此种计算方法以一辈为一代。

1. 直系血亲计算法

直系血亲是从自己为起点起算为一代,向上数至父母则为二代;至祖父母、外祖父母为三代。往下数亦同,从自己为起点起算,向下数至子女为二代;至孙子女、外孙子女为三代,依此类推。

2. 旁系血亲计算法

先找到自己与所要计算的旁系血亲的同源直系血亲,然后分别以自己和对方为起点向上数至同源直系血亲。如果两边代数相同,取同数;如果两边代数不同,则取多者一方的数字。计算时需要注意,与亲等计算法不同,代数包括自己或所要计算的旁系血亲。例如,自己与兄弟姐妹为两代以内旁系血亲;与堂兄弟姐妹为三代以内旁系血亲;与伯叔也是三代以内旁系血亲。

虽然我国所采用的代数计算法相对简便易行,但是在计算旁系血亲的血缘联系亲疏远近方面存在缺陷。例如,自己与叔伯姑母是三代以内旁系血亲,与他们的子女(堂、表兄弟姐妹)也是三代以内旁系血亲。表面上代数相同,但实际上血缘联系有所不同。有学者据此认为,在计算旁系血亲方面,我国的代数计算法与寺院法亲等计算法有同样的问题,没有罗马法亲等计算法精确。[1] 还有学者认为,世代计算法不仅在计算结果方面不够清晰,而且也与日常生活习惯相悖。兄弟姐妹在日常生活中常被认为属于一代人,而按照世代计算法则为二代以内的旁系血亲,进而认为我国宜采用能够更加准确、科学地反映亲属关系远近的罗马法亲等计算法。[2]

第三节 家庭成员

家庭成员,是指在一个家庭内共同生活,彼此享有权利和负有义务的亲属。家庭作为社会的基本单位,由同居一家、共同生活的亲属组成,家庭成员一般均为近亲属。亲属与家庭成员的区别在于,家庭成员之间不仅须存在亲属关系,还需要具备以家庭为单位的共同经济和共同生活之关系。

《蒙古国家庭法》(通则)第3条第1款第4项至第5项规定:"家庭成员是指配偶,婚生和非婚生子女,养子女和共同生活的近亲属。"《越南婚姻家庭法》(通则)第3条、第16条规定:家庭成员包括丈夫、妻子、生父母、养父母、继父母、岳父母、公婆、亲生子女、养子女、继子女、女婿、儿媳、全血缘兄弟姐妹、半血缘兄弟姐妹、祖父母、外祖父母、孙子女、外孙子女、姑姨叔舅、侄子、侄女、外甥和外甥女。

中国在《民法典》颁布之前,原《民法总则》《民法通则》《婚姻法》等均没有对家庭成员作出明确的界定,造成在司法实践中"家庭成员"这一法律概念的范围模糊,在理解适用上存在理解差异,引发法律应用中的混乱。为了解决此类问题,《民法典》首次对家庭成员作出明确界定与规范,其第1045条第3款规定,配偶、父母、子女和其他共同生活的近亲属为家庭成员。我国总体以亲属关系的亲疏远近分梯次设置构成家庭成员的限定条件。第一梯次是配偶、父母、子女。无论配偶、父母、子女之间是否共同生活,始终为家庭成员。第二梯次是除配偶、父母、子女外的其他近亲属,但二梯次近亲属需要存在共同生活的事实,才能被认定为家庭成员;反之,即使存在共同生活的事实,但若不具备近亲属身份则无法成为家庭成员。因此,家庭成员必定是近亲属,其范围以近亲属为限。同时,并非所有近亲属皆可默认为家庭成员,仍然需要以共同生活作为判断标准,确认某一主体是否具有家庭成员之身份与资格。

但有学者认为,将家庭成员限制在近亲属范围内的从属关系模式,既无法满足法典化背景下法的外在体系协调一致的要求,也难以回应老龄社会背景下婚姻家庭法与政策对加强家庭抗风险能力的期待,更无法涵摄同居家庭等新型家庭类型。其建议,应当以适当分离模式解释家庭成员的定义。在家庭成员身份界定因素的识别上,应当以人身关系和财产关系为中心,包括亲属身份、共同生活、抚养事实。在此前提下,父母、配偶、子女这3类主体直接具有家庭成员身份;其他近亲属须满足共同生活的要件;近亲属以外的一定亲等范围内的亲属,除了满足

---

[1] 参见陈苇主编:《婚姻家庭继承法》(第4版),中国政法大学出版社2023年版,第40页。
[2] 参见余延满:《亲属法原论》,法律出版社2007年版,第99页。

共同生活的要件外,还应当存在抚养的事实。[1]

在我国,家庭成员的民法意义在于:第一,家庭承包的承包方是本集体经济组织的农户,农户内家庭成员依法平等享有承包土地的各项权益;第二,禁止家庭成员间的虐待、遗弃和家庭暴力。虐待、遗弃家庭成员属于离婚时感情确已破裂的法定依据,并能构成离婚损害赔偿的重大过失;家庭暴力的实施者和受害者限于"家庭成员"。监护人的设定也是以"家庭监护"为原则,即从家庭成员中优先选任监护人,并适当突破亲属顺位的限制。

---

[1] 参见林珊:《何以为"家":〈民法典〉视域下家庭成员身份与亲属身份适当分离的逻辑证成》,载《甘肃政法大学学报》2022年第6期。

第三章 基本原则

婚姻家庭法的基本原则是对婚姻家庭领域的立法活动、司法活动及家庭生活具有指导作用的根本准则,集中反映特定时代的婚姻家庭生活的本质和社会主流婚姻家庭观念,体现婚姻家庭制度构建的价值取向。我国婚姻家庭法的基本原则既是我国婚姻家庭立法的基本出发点和基本指导思想,决定我国婚姻家庭立法的性质和内容,同时也是解释和适用婚姻家庭法的重要依据,具有弥补法律规则之不足的作用。[1]

第一节 国家保护婚姻家庭原则

一、国家保护婚姻家庭原则的意义

"婚姻家庭受国家保护"被规定在《民法典》婚姻家庭编开篇第2条第1款,位于婚姻家庭法基本原则之首,其统领性地位不言而喻,表明保护公民婚姻家庭权益、维护婚姻家庭制度是国家的重要责任和基本义务;同时也是《民法典》"以人为本"立法宗旨和"家国情怀"的集中体现。

我国《宪法》第二章"公民的基本权利和义务"第49条第1款规定:"婚姻、家庭、母亲和儿童受国家保护。"宪法作为国家的根本法,是其他一切法律的立法依据。将宪法原则和宗旨具体落实在民法婚姻家庭制度中有其合理性和必要性。国家保护婚姻家庭是其保障公民基本权利的体现。自新中国成立以来,我国宪法中均明文规定了由国家对婚姻、家庭、母亲和儿童进行保护。原《民法通则》第104条第1款规定了婚姻、家庭、老人、母亲和儿童受法律保护,体现婚姻家庭立法对宪法原则的遵从。《民法典》在婚姻家庭编中将该规定予以重申,是对宪法精神和规则的应然回应。

《民法典》婚姻家庭编是我国调整婚姻家庭法律关系的基本法,婚姻家庭法基本原则的功能之一,就在于宣示婚姻家庭法的价值和理念。婚姻家庭编的立法宗旨就在于维护婚姻家庭的和谐稳定,培育和践行社会主义核心价值观,弘扬文明进步的婚姻家庭伦理观念,推进家风建设和家庭美德建设,促进社会和谐健康发展。[2] "国家保护婚姻家庭"是各国立法的基本共识,《民法典》对这一婚姻家庭法基本原则的规定也与国际社会重视婚姻家庭和公民人权的基

---

[1] 《民法典》第1041条第1款增设"婚姻家庭受国家保护"的规定,明确其作为婚姻制度基本原则的地位。至此,我国《民法典》婚姻家庭编设置了五大基本原则:婚姻家庭受国家保护,婚姻自由,一夫一妻,男女平等,保护妇女、未成年人、老年人、残疾人的合法权益。参见夏吟兰主编:《婚姻家庭继承法》(第3版),中国政法大学出版社2021年版,第49页。

[2] 参见夏吟兰主编:《婚姻家庭继承法》(第3版),中国政法大学出版社2021年版,第49页。

本理念相一致。《世界人权宣言》第 16 条第 3 款规定,家庭是天然的和基本的社会单元,并应受社会和国家的保护。家庭作为社会最基本的单元,在个人、社会、国家的稳定与发展进程中均具有非常重要的作用,国家全面支持与保护家庭是世界各国的共同意愿。[1]

二、国家保护婚姻家庭原则的内容

在中国社会演进到全面现代化阶段,经济的快速发展,西方观念的渗透,良好的家庭传统遭受越来越多的挑战,影响家庭正常功能发挥的因素越来越多。因此,更需要以国家为实施主体对婚姻家庭进行保护。如何全面落实宪法原则,实现国家对婚姻家庭的有效保护,是《民法典》婚姻家庭编的重要课题。[2] 由于国家角色的特殊性,家庭保护措施较多通过其他部门法和特别法,以及特殊政策予以体现。现代社会中,国家对婚姻家庭的保护已经不再过多强调家庭内部秩序的应然架构,而是强调国家通过制定法律,使个人的基本权利在婚姻家庭中得到保障,进而构建起符合现代公序良俗的婚姻家庭制度。因而,"婚姻家庭受国家保护"本质上是一种制度性保障,虽不直接涉及基本权利,但两者紧密相关。[3]

"国家保护婚姻家庭原则"体现在婚姻家庭编诸多具体制度中,如权利法定、契约维护、行为公示公信、人身利益优先、财产权利公平、公序良俗遵循、权利滥用禁止、文明和谐倡导、家庭法律救济等。[4] 保护原则虽为抽象性、倡导性规定,本书认为可以从以下方面予以解读和细化。

(一)保障结婚权和生育权

国家保护婚姻家庭首先要倡导和支持家庭关系的形成,如果"家"都难以形成,何谈"家"的保护!国家需要重视婚姻关系的形成,继而重视亲子关系的形成,这也是人类正常延续的国家担当。国家通过政策引导和婚姻家庭法规范,对不婚主义、不育主义进行校正,配置相应的鼓励性、激励性法律规范。国家充分保障公民依法享有的结婚权、生育权,并保障公民用以维持婚姻家庭正常存续的各项权利充分实现。如我国适时改变"计划生育方针",采取"全面二胎"政策、最低生活保障制度、安居工程等举措助推该项内容的实现。结婚时不需要"冷静期",而离婚时需要"冷静";允许"激情"结婚,而抑制随意离婚。

在保障结婚权和生育权制度的设计中,国家可以依据宪法或一定时期的政策考量对公民的基本权利进行适当的限制和行为引导,其间需要平衡处理公民个体权利与家庭团体利益以及其他社会群体利益的冲突问题,因为婚姻家庭形式在本质上就不纯粹是为了满足公民个体需要的产物。[5]

(二)保障家庭和睦文明

已经建立起来的婚姻家庭关系,国家应该更加尽力维护,通过政策和法律规范营造和谐的家庭关系氛围,全面提升家庭生活的"幸福指数",让婚姻家庭当事人充分体验人伦之乐,有力缓解现代青年"恐婚""恐育"等心理忧虑。实际上,《民法典》不仅有倡导性制度践行这一保护

---

[1] 德国联邦宪法法院认为,《基本法》第 6 条第 1 款规定的婚姻家庭受国家秩序的特别保护。这一制度核心,对整体的法感情与法意义来说,是不可侵犯的。BVerfG E 10,59,66.
[2] 参见马忆南编:《婚姻家庭继承法学》,北京大学出版社 2007 年版,第 29 页。
[3] 参见[德]卡尔·施米特:《宪法学说》,刘锋译,上海人民出版社 2005 年版,第 182 页。
[4] 参见龙翼飞:《编纂民法典婚姻家庭编的法理思考与立法建议》,载《法制与社会发展》2020 年第 2 期。
[5] 参见杨遂全:《论国家保护婚姻家庭的宪法原则及其施行》,载《中国法学》2001 年第 1 期。

理念,如第1043条通过多层次、多方位倡导维护家庭和谐圆满:家庭应当树立优良家风,弘扬家庭美德,重视家庭文明建设。夫妻应当互相忠实、互相尊重、互相关爱;家庭成员应当敬老爱幼、互相帮助,维护平等、和睦、文明的婚姻家庭关系。另外,婚姻家庭法还有具体制度予以落实,如事实婚姻的补正(第1049条);夫妻相互扶养义务(第1059条);家事相互代理权(第1060条);夫妻财产共有推定(第1062条);夫妻共同债务认定与清偿(第1064条、第1065条);离婚经济帮助(第1090条);离婚子女抚养、探视制度(第1084条至第1086条)等。

另外,为了维护家庭关系的圆满和睦,《民法典》明确抑制那些影响家庭正常存续的不良因素。国家在充分尊重和保障公民在婚姻家庭领域所享有的自主决定权的同时,也通过政策和制度对结婚自由和生育自由进行必要干预,以确保婚姻家庭关系的稳定。如坚决禁止有损家庭和睦的恶劣行为(第1042条列举重婚、婚外同居、家庭暴力、虐待和遗弃);婚内共有财产分割限制(第1066条);对丈夫生育权保护提供法律应对的最高人民法院《关于适用〈中华人民共和国民法典〉婚姻家庭编的解释(一)》(以下简称《民法典婚姻家庭编解释(一)》)第23条;对无效婚姻和可撤销婚姻进行封闭式限制(第1051条、第1052条);登记离婚实行冷静期(第1077条);诉讼离婚从严控制,调解无效再认定"感情破裂"(第1079条)等。

(三)保障实行一夫一妻制

一夫一妻制,是指一男一女才能结为夫妻。一方面,该原则在性别上要求夫妻须为异性男女;另一方面,在数量上要求一对一的夫妻关系(《民法典》第1041条第2款)。从反面理解,我国不承认同性结为夫妻,《民法典》第1046条、第1049条,均强调结婚当事人的性别为"男女双方",而且中国传统文化中也坚持"夫"为男性,"妻"为女性。现代中国社会摒弃一夫多妻或一妻多夫现象,为此法律明确禁止重婚;禁止有配偶者与他人同居(《民法典》第1042条第2款)。

一夫一妻制是在破除封建社会多妻多夫、妻妾成群、男尊女卑等不文明家庭关系和家庭伦理体系后,建立现代文明家庭关系的必然要求。夫妻关系当事人的性别要求,体现婚姻的自然性功能和社会性功能。成年男女性需求满足的合法合俗方式是在夫妻生活中,人类种的延续和膝下子女承欢的天伦享受也需要夫妻两性的自然结合。夫妻关系是家庭关系的核心,夫妻关系的圆满是家庭关系圆满存续的先决条件。合乎人伦的一夫一妻制对圆满家庭关系的形成及其存续有着积极的助推作用,因此,国家保护婚姻家庭势必要推行和维护一夫一妻制;否则,家庭关系将会陷入无序、混乱、反人伦,现代文明家庭的自然功能和社会功能无从发挥。

(四)保护家庭弱势成员

国家保护婚姻家庭的义务还体现在对家庭弱势成员提供特殊保护方面。一般而言,家庭成员基于伦理和法律规定本来就享有受到其他成员帮扶照顾的权利,该家庭成员亦负有帮扶其他家庭成员的义务。法律明确规定家庭成员之间有互相履行赡养、扶养、抚养等义务(《民法典》第1058条、第1059条、第1067条、第1068条、第1074条、第1075条),但家庭弱势成员需要法律提供特别保障。若缺乏强有力的保障机制,家庭弱势成员的生活甚至生存需求极有可能作为家庭负担而被忽略甚至被规避,因此国家的强力介入成为必要。婚姻家庭制度的任务之一在于保障弱势家庭成员权益,使弱势成员在家庭的港湾中感到温暖和幸福,以期实现国家保护婚姻家庭的目的。我国《宪法》第49条第1款以及《民法典》第1041条第3款专门对妇女、未成年人、老年人、残疾人等家庭关系中的弱势群体作出保护规定,禁止虐待老人、妇女和儿童,保障弱势家庭成员的生命、健康、身体自由以及人格尊严。《民法典》相应的制度还包括行为能力制度(总则编第二章第一节)、监护制度(总则编第二章第二节)、特殊诉讼时效制度(第190条、第191条)、最有利收养原则(第1044条)、非婚生子女的平等对待(第1071条、第1072条)、离婚抚养与探视制度(第1084条、第1085条、第1086条)、孕妇离婚限制(第1082条)等均体现国家保护弱势家庭成员的重要原则。

尤其对家庭中的未成年人,《民法典》在第五编、第六编及其他部分,并结合诸多特别法,秉承"儿童利益最大化"国际准则,全方位、多层次建立未成年人权益保障体系。

当然,国家除在婚姻家庭法中设置保护机制和督促机制外,还应该积极履行国家给付义务。当弱势家庭成员的权益因其他成员欠缺履行能力而无法得到保障时,国家通过福利制度等手段为家庭提供有力救济。

第二节 婚姻自由原则

一、婚姻自由原则概述

婚姻自由原则,是指自然人有权在法律规定的范围内,完全自愿、自主地决定本人婚姻关系的缔结和解除,不受任何人的强制或干涉。婚姻自由是婚姻家庭法的首项原则,正确理解该原则需要说明的是:(1)婚姻自由是我国宪法赋予公民的一项基本权利,是我国公民广泛享有自由权的一个重要组成部分(《宪法》第49条第4款);"婚姻自主权"是民事主体的一项独立的人格权类型(《民法典》第110条);也是《民法典》私法自治原则的内在要求和必然体现(《民法典》第5条)。(2)婚姻自由是社会主义制度下婚姻家庭关系的客观要求,其本身不是目的,而是通过贯彻执行婚姻自由原则,维护婚姻家庭关系,保证婚姻的社会价值和家庭的社会职能的充分实现,巩固与发展社会主义婚姻家庭制度。(3)婚姻家庭法中的婚姻自由与财产法中的合同自由,虽同为民法意思自治原则的体现,但由于身份行为与财产行为截然不同的性质,使婚姻自由的制约因素更多,自治空间较窄。贯彻婚姻自由原则,一方面,不允许任何人非法干涉他人婚姻,禁止包办、买卖婚姻和其他干涉婚姻自由的行为(《民法典》第1041条、第1042条);另一方面,也不允许当事人滥用婚姻自由的权利,置法律与社会责任于不顾。[1]

二、婚姻自由原则的内容

婚姻自由原则的内容,包括结婚自由和离婚自由两个方面。

(一)结婚自由

结婚自由,是指缔结婚姻关系的自由,即当事人有权决定是否结婚以及与谁结婚。它包括不结婚以及初婚、再婚与复婚的自由。婚姻当事人按照法律规定,有权基于本人的意志,自主自愿地决定自己的婚姻问题,不受他人的干涉和强制。[2] 对结婚自由的限制也是结婚自由的题中之义。

干涉结婚自由的行为,包括包办、买卖婚姻和其他干涉结婚自由的行为。包办婚姻,是指

---

[1] 参见余延满:《亲属法原论》,法律出版社2007年版,第52~53页。
[2] 参见黄薇主编:《中华人民共和国民法典婚姻家庭编释义》,法律出版社2020年版,第11页。

第三人(包括父母)违背婚姻自由原则,包办强迫当事人结婚的行为。买卖婚姻,是指第三者(包括父母)以索取大量财物为目的,包办强迫当事人结婚的行为。包办婚姻和买卖婚姻都违背了当事人的意愿,但是买卖婚姻以索取大量财物为特征,包办婚姻不一定以此为特征。其他干涉结婚自由的行为,是指除包办、买卖婚姻外的违反婚姻自由原则,阻挠、干涉他人自由结婚的行为,如干涉丧偶妇女再婚、强制他人离婚、干涉男到女家落户,结婚时约定"永远不得离婚",用人单位在劳动合同中规定"聘用期间不得结婚,否则用人单位有权解除合同"等。结婚自由包括积极内容和消极内容两方面,具体如下。

(1)结婚必须男女双方完全自愿且意思表示真实,不容许任何一方对他方进行强迫、欺骗、乘人之危或任何第三者加以包办以及非法干涉[《民法典》第1046条、第1052条、第1053条、第1069条(子女应尊重父母的婚姻权利)]。

(2)结婚必须符合法律规定的实质要件和形式要件。结婚要件实质上是对结婚自由的合理限制(《民法典》第1047条、第1048条、第1049条、第1051条、第1052条),这些条件限制和程序约束,是为了结婚自由能够沿着有利于个人、家庭和社会的方向良性运行。[1]

(3)结婚必须合乎公序良俗要求。法律通过无效机制排除对结婚自由的滥用。如《民法典》第1051条规定了3类婚姻无效事由:①重婚;②有禁止结婚的亲属关系;③未到法定婚龄。

(4)禁止借婚姻索取财物。借婚姻索取财物,是指除买卖婚姻以外其他因结婚索取财物的行为。借婚姻索取财物是一种滥用结婚自由的行为,违背了婚姻关系的本质,破坏了社会风气,妨碍了婚姻自由原则的贯彻。在现实生活中,借婚姻索取财物的行为比买卖婚姻数量更多,衍生了一系列社会问题。在认定借婚姻索取财物的问题时,[2]还要注意它和自愿赠与的区别。赠与方实施赠与行为完全出于自愿时,该赠与行为有效。即使双方日后结婚不成或者离婚,赠与的物品一般也不返还,如果赠与引起赠与方生活困难的,可以酌情返还。此外,还要注意借婚姻索取财物和借婚姻诈骗财物的区别,在后一种情况下,一方当事人并没有与对方缔结婚姻的愿望,只是借结婚之名行诈骗财物之实,诈骗所得财物应当返还给受害人。如果构成诈骗罪的,应依法追究其刑事责任。[3]

(二)离婚自由

离婚自由也包括两个方面的内容:一是指解除婚姻关系的自由,即男女双方自愿离婚的,有权共同做出离婚决定,达成离婚协议;夫妻任何一方有权提出离婚,他人不得阻碍、干涉。夫妻关系确已破裂,法院调解无效的,应准予离婚。二是离婚同结婚一样,必须符合法定条件,履行法定程序,承担相应的法律后果。法律对离婚的条件、程序、离婚时的财产清算等都有明确规定,这些规定既是对离婚自由的保障,又是对当事人滥用离婚自由权的约束。[4]

离婚自由具体包括以下规范内容:

(1)离婚应当基于双方自愿,他人不得干涉(《民法典》第1078条)。干涉离婚自由的行为表现如:强制或阻挠他人离婚、结婚时约定"永远不得离婚"等。

---

[1] 参见杨大文、龙翼飞主编:《婚姻家庭法》(第7版),中国人民大学出版社2018年版,第49~50页。
[2] 最高人民法院在《民法典婚姻家庭编解释(一)》第5条中规定:"当事人请求返还按照习俗给付的彩礼的,如果查明属于以下情形,人民法院应当予以支持:(一)双方未办理结婚登记手续;(二)双方办理结婚登记手续但确未共同生活;(三)婚前给付并导致给付人生活困难。适用前款第二项、第三项的规定,应当以双方离婚为条件。"
[3] 参见余延满:《亲属法原论》,法律出版社2007年版,第52~60页。
[4] 参见杨大文、龙翼飞主编:《婚姻家庭法》(第7版),中国人民大学出版社2018年版,第50页。

（2）离婚须符合法定方式和程序,体现法律对离婚自由的谨慎保护(《民法典》第1076条"书面与登记")。

（3）通过离婚冷静期制度、离婚调解机制,缓解离婚自由对家庭和社会的冲击(《民法典》第1077条、第1079条)。

（三）结婚自由和离婚自由的关系

婚姻自由必须遵守法律、符合社会主义道德,婚姻当事人应承担和履行一定的社会义务与责任。正确处理结婚自由与离婚自由的关系应当注意两个方面:一是在婚姻家庭法领域,结婚自由的空间远大于离婚自由的空间,即离婚自由需要受到广泛限制,这是国家保护婚姻家庭关系的必然要求(已如前述)。二是结婚自由和离婚自由是相辅相成、相互联系的。结婚自由是婚姻自由的主要方面,是实现婚姻自由的先决条件。离婚自由是结婚自由的必要补充,没有离婚自由,就没有真正的婚姻自由。

第三节 家庭成员平等原则

一、家庭成员平等原则概述

顾名思义,家庭成员平等,即作为民事主体的家庭关系当事人具有平等的权利能力或法律人格,在家庭生活中平等地被对待,平等地受保护;排斥性别歧视、身份歧视、年龄歧视;在特殊情形下,还需要对家庭弱势成员提供倾斜保护,以实现实质平等。"法律面前人人平等"——在婚姻家庭法中体现为"家庭成员平等"。家庭成员平等原则具有宪法依据,我国现行《宪法》规定了公民的平等权(《宪法》第33条);《宪法》第48条第1款进一步规定,妇女在政治的、经济的、文化的、社会的和家庭的生活等各方面享有同男子平等的权利。家庭成员平等原则在《民法典》总则编的依据是第4条"民事主体在民事活动中的法律地位一律平等"。

家庭成员平等原则肇始于近代资产阶级革命时期对传统封建家庭制度的摒弃与革新。封建社会的家庭成员受制于宗族制度、家长制度、夫权制度等桎梏,呈现人格吸收、地位依附等严重不平等状态。固有的夫权优位、男尊女卑、家长吸收等思想或制度严重影响现代文明、和睦家庭关系的建设和存续,将平等原则贯彻落实于婚姻家庭生活领域,具有现实性和必要性。

需要说明的是,由于家庭伦理的特殊性,也因为家庭关系类型(亲属身份)的不同,平等原则在婚姻家庭法中又有其特殊性和差异性。为了维系亲属身份关系的优良传统(人伦秩序),法律需要在一定程度上肯认家庭关系中的"差序格局",民法一般原则的抽象平等、形式平等需要被突破,允许一定范围的"支配与服从"规则设计。家庭成员的平等并不意味着绝对均等。[1] 在父母子女这一关系范畴中无法贯彻平等原则,鉴于监护制度与亲权义务的特殊要求,父母需要对未成年子女或欠缺行为能力子女实施法定的人身监督照管,子女处于服从父母一定程度的支配地位。因此,亲子之间仅具有抽象的法律人格平等,相互之间并无真正意义上的平行对等。

---

[1] 参见薛宁兰、谢鸿飞主编:《民法典评注:婚姻家庭编》,中国法制出版社2020年版,第112页。

另外，平等包括形式平等与实质平等。男女平等、亲属成员平等不应当仅限于家庭成员之间对待的形式平等，更应当关注以男女生理因素、家庭辈分因素的差异为前提的实质平等。在具体的法律条文或措施上，平等原则可以体现为相同或者不同。严格坚持"同等对待"模式下法律权利平等，最终带来的恰恰可能是男女之间、亲子之间持续的不平等。[1] 法律的生命不仅限于理性与逻辑推演，更应当包括对具体经验的感知和对人性的具体关怀。正义的实现也不仅仅依靠形式的平等和机会的均等，而应当包括实施差别对待后实质平等的实现。前述第一节中对"弱势家庭成员"的特殊保护已作说明，在此不赘述。

由于夫妻关系是整个家庭关系的核心，是其他家庭关系的起源或基础，因此家庭成员平等原则主要体现在夫妻平等之中，其他成员的平等问题是夫妻平等原则的衍生问题。故本书将家庭成员平等原则分为"夫妻平等原则"与"其他平等原则"两个层次进行阐释。

二、夫妻关系的平等

（一）夫妻平等原则概述

夫妻平等原则，是指夫妻二人在婚姻家庭中的法律地位平等，即平等地享有权利、承担义务，平等地受法律保护。近现代亲属立法一般均采"夫妻别体主义"，规定夫妻在婚姻关系和家庭生活中相互平等、人格独立，夫妻之间不存在任何人身依附关系。[2] 夫妻平等原则的主要内涵包括：(1)夫妻二人在婚姻家庭中的法律地位平等。[3] 结婚后双方在婚姻家庭中各自人格独立，彼此平等，妻子或丈夫不从属于对方配偶。(2)夫妻二人在婚姻家庭中依法享有的权利和依法承担的义务，均不因性别、父系亲和母系亲、男系亲和女系亲的不同而异。(3)夫妻二人在婚姻家庭中享有的合法权益平等地受法律保护。(4)禁止对女性（也包括男性）的任何形式的歧视、虐待和压迫。[4]

我国《民法典》在设置家庭基本制度时，确立了婚姻自由、一夫一妻、男女平等3项基本婚姻制度（《民法典》第1041条第2款），从该条款立法趣旨可以解读和把握"夫妻平等原则"。首先，平等原则是自由原则的前提与基础，而婚姻自由则是夫妻平等原则的体现，无平等则无自由。其次，封建社会只允许丈夫多妻多妾，而妻子必须对丈夫保贞节守妇道，这是单方面的婚姻自由，是明显的不平等。现代家庭文明普遍反对一夫多妻（当然也反对一妻多夫），奉行一夫一妻，这是夫妻平等原则的题中之义。最后，由于夫妻关系是男女两性的结合关系，因此夫妻平等首先需要通过男女平等这一基础原则予以体现，夫妻平等与男女平等相辅相成，互为表里；或者说，家庭中的男女不平等主要体现为夫妻不平等，而要实现家庭中男女平等特别需要贯彻落实夫妻平等原则。

男女两性在传统婚姻家庭中的地位，取决于他们在社会、经济、政治等方面的地位。在奴隶社会和封建社会，由于男子凭借经济优势和社会优势，掌握家庭中的一切大权。据此产生的

---

[1] 参见夏江皓：《夫妻共同债务认定规则之探究——以女性主义法学为视角反思〈婚姻法解释（二）〉第24条》，载《甘肃政法学院学报》2017年第6期。

[2] 参见最高人民法院民法典贯彻实施工作领导小组主编：《中华人民共和国民法典婚姻家庭编继承编理解与适用》，人民法院出版社2020年版，第112页。

[3] 地位平等与人格独立密切相关，婚姻并不会产生人格吸收的效果。参见马俊驹、余延满：《民法原论》（第2版），法律出版社2005年版，第798页。

[4] 参见余延满：《亲属法原论》，法律出版社2007年版，第65页。

婚姻家庭制度必须服务于私有制和阶级压迫的利益需要,这样家庭中的妇女沦为"家庭奴隶"[1]。妇女一直处于"服从"的地位,她们被当作赠与物,或买卖的商品;被作为生儿育女、传宗接代的生育工具;被作为社会、家庭的装饰物[2]。在我国古代,礼法并用,极力推崇和维护男女有别、男尊女卑的不平等关系,夫权、父权、家长和神权成为束缚妇女的四大绳索;法律赋予男性家长集权力于一身,妇女在婚姻家庭中的人身权利和财产权利被限制甚至被剥夺。在这种严重偏颇的男女关系制度中,封建夫权主义正当化,妻子依附丈夫,夫妻无从平等,形成极不合理的婚姻家庭关系,甚至造成家庭悲剧。

婚姻是一个两性关系的共同体,夫妻是以永久共同生活为目的而结合的人生伴侣,是家庭中的核心成员。"夫妻在家庭中的地位平等",是建立、调整、改善和巩固社会主义夫妻关系的基础和前提[3]。"夫妻在家庭中的地位平等"业已成为处理夫妻关系的基本准则[4]。现代文明社会需要涤除封建残余思想,构建新型夫妻关系;奉行夫妻平等、男女平等原则。需要说明的是,现代社会中由于女性的权利意识勃兴、社会经济地位崛起,加之少数地区还保留"入赘"的习俗,丈夫也会成为弱势一方,新的不平等也需要"平等原则"转换视角予以纠正与防范。

(二)夫妻平等原则的内容

1. 夫妻身份权平等

夫妻身份权平等,是指夫妻在婚姻关系存续期间,基于互为配偶的身份地位,彼此平等地享有配偶权,平等地承担配偶义务。亲属法领域,身份权具有人身专属性、非财产性、相互性、义务性等特征[5]。在夫妻关系中体现为"配偶权",即在破除封建夫权观念和男尊女卑习俗后,夫妻在家庭生活中应该互相忠实、互相尊重、互相关爱(《民法典》第1043条),重要家事要相互商量,协议不成也互享家事代理权(《民法典》第1060条)。婚后夫妻平等享有和承担诸如忠实权利义务、同居权利义务;女方可以成为男方的家庭成员,男方也可以成为女方的家庭成员。夫妻双方平等享有使用自己姓名的权利(《民法典》第1056条);都有参加生产、工作、学习和社会活动的自由,一方不得对他方加以限制或干涉(《民法典》第1057条)。夫妻双方享有共同决定生育子女的权利(《民法典婚姻家庭编解释(一)》第23条)。

2. 夫妻财产权平等

财产是夫妻关系正常维系的物质基础。柴米油盐、衣食住行、子女教育、老人赡养等家庭日常开销既是夫妻生活的必要内容,也是夫妻关系圆满维系的"润滑剂"。这些均涉及对家庭财产的管理和支配,夫妻共有财产权需要共同行使,共同行使的基本要求是夫妻平等协商、平等享有。财产权平等成为夫妻平等原则的重要内容。为此,现行《民法典》作出以下规范:

(1)夫妻对共同财产,有平等的处理权(《民法典》第1062条第2款;《民法典婚姻家庭编解释(一)》第28条)。

(2)夫妻有相互扶养的义务(《民法典》第1059条)和相互继承遗产的权利(《民法典》第1061条);婚内平等享有共有财产分割请求权(《民法典》第1066条);连带承担共同债务(《民

---

[1] 参见余延满:《亲属法原论》,法律出版社2007年版,第66页。
[2] 参见熊英:《亲属法理论与实务》,法律出版社2008年版,第45~46页。
[3] 参见吕家琳:《在家庭中地位平等是夫妻关系的核心》,载《学习与辅导》1987年第3期。
[4] 参见林宏坚:《试论夫妻家事僵局及其司法介入》,载《武汉大学学报(哲学社会科学版)》2010年第4期。
[5] 参见陈棋炎、黄宗乐、郭振恭:《民法亲属新论》(修订5版),台北,三民书局2006年版,第23~25页。

法典婚姻家庭编解释（一）》第 36 条）。

（3）离婚时，男女双方平等享有分割共同财产（《民法典》第 1087 条）和清偿共同债务（《民法典》第 1089 条）的权利和义务。

3. 夫妻亲权平等

亲权，是指家庭关系中父母亲基于其身份地位对子女享有的权利，并承担相应义务。为了维护良好的父母子女关系（亲子关系），法律赋予父母一系列针对子女的权利，尤其是义务。该些权利义务在父母之间是平等赋予的，这也是已为人父母的夫妻践行平等原则的题中之义。例如，子女可以随父姓，也可以随母姓；父和母对子女的继承权是平等的（《民法典》第 1070 条）。夫妻双方平等享有对未成年子女抚养、教育和保护的权利，共同承担对未成年子女抚养、教育和保护的义务（《民法典》第 1058 条）。离婚夫妻仍然平等享有亲权并平等承担义务（《民法典》第 1084 条）。离婚夫妻平等享有对共同子女的探视权（《民法典》第 1086 条）。生父母共同决定送养子女（《民法典》第 1097 条）。夫妻共同收养子女（《民法典》第 1101 条）。

三、亲子关系的平等（子权平等）

亲子关系平等并非指父母与子女之间的相互平等，这种对偶关系中的当事人仅具有抽象的法律人格平等。鉴于父母对子女负有特殊的管理、照护职责，双方不可能施行实质的平等原则。因此，本书所称亲子关系平等，是指在父母与子女，进而在（外）祖父母与（外）孙子女这类身份关系范畴中，各个子女、孙子女所处的法律地位应为平等，即他们平等地享有来自父母或祖父母抚养、教育、监护、陪伴义务的权利，同时己方也平等地履行对待义务。该项原则与前文"亲权平等"处于同一层次、不同视角，但内容完全不同。具体内容如下。

1. 子女性别平等

在父母、祖父母的眼里，法律要求对子女、孙子女不分男女一视同仁，平等提供抚养、监护、陪伴义务。普遍平等本来就包含家庭成员中男性和女性亲属的权利义务平等[1]。该原则是反对传统家庭关系中父母（祖父母）男尊女卑或女尊男卑、重男轻女或重女轻男观念的必然要求。尤其对女性孩子，其家庭地位需要法律提供保障，反对重男轻女；在收养关系中依法给予倾斜保护（《民法典》第 1102 条规定："无配偶者收养异性子女的，收养人与被收养人的年龄应当相差四十周岁以上。"）。差别保护也是平等原则的应有之义。

2. 婚生子女与非婚生子女平等

夫妻关系意外变化或人为变化，呈现不同形态的家庭，继而产生不同类型的亲子关系，如原生家庭、离婚家庭、再婚家庭、单亲家庭、跨国收养、采用人工生育子女的家庭等。为了保护无辜子女因家庭变故带来的不利益，避免社会歧视，法律给予非婚生子女与婚生子女同等对待，提供平等保护。如《民法典》第 1071 条明确宣示，非婚生子女享有与婚生子女同等的权利，任何组织或者个人不得加以危害和歧视。不直接抚养非婚生子女的生父或者生母，应当负担未成年子女或者不能独立生活的成年子女的抚养费。另外，继子女关系适用父母子女关系的规定（《民法典》第 1072 条）；离婚不影响亲子关系（《民法典》第 1084 条）。离婚不影响探视权（《民法典》第 1086 条）。人工授精子女视为婚生子女（《民法典婚姻家庭编解释（一）》第 40 条）。

---

[1] 参见余延满：《亲属法原论》，法律出版社 2007 年版，第 65~66 页。

第二编

婚 姻

第一章 结 婚

第一节 概 述

结婚是建立夫妻关系的身份法律行为,双方各自的结婚意愿的表示则为组成法律行为的意思表示,结婚法律行为须双方意思表示一致。允诺建立夫妻关系,并非结婚,仅为订立婚约。夫妻关系建立,也即婚姻成立。自婚姻自由角度言,夫妻关系建立的途径只有结婚法律行为,任何其他途径均不得使婚姻成立。古代社会未经当事人自愿可以形成夫妻关系的做法已成历史陈迹。

结婚在我国法律上具有如下特征。

1. 结婚是身份法律行为。身份法律行为,是指以设立、变更、消灭亲属身份为目的的法律行为。结婚是建立夫妻身份关系的法律行为。

2. 结婚仅在男女异性间成立。我国法律不承认同性婚姻。

3. 结婚是要式法律行为。结婚必须满足法律规定的形式才可成立或生效。我国法律规定,结婚必须男女双方亲自到婚姻登记办理登记后才可成立或生效。这也意味着结婚不得代理或传达。

4. 结婚须男女双方完全自愿,但结婚的法律后果常为法律的强制性规定。夫妻间具有扶养义务即为法律的强制性规定。但法定夫妻财产制的规定可以由当事人约定加以排除适用,即当事人之间有约定财产制时优先适用。

第二节 婚 约

婚约是允诺建立夫妻关系的约定。

在中国传统社会,订立婚约是正式结婚程序"六礼"的一部分,为必经程序,且订婚中的男女无须成年。此种旧社会的婚约在当代中国并无立足之地。另外,《未成年人保护法》(2024年修正)第17条中有明确规定:不得为"未成年人订立婚约"。

婚约在法律上的问题主要涉及其可诉性和可执行性。婚约具有可诉性时,则婚约当事人得就违反婚约行为提起诉讼,追究违反婚约之法律责任,如损害赔偿;婚约具有可执行性时,则婚约当事人可进一步要求强制执行婚约,其中,若允许直接强制执行,则意味着法院可以判决代替违反婚约一方当事人作出结婚的意思表示,以建立双方的婚姻关系,若不允许直接强制执行,仅允许间接强制执行时,这意味着法院仅可以以罚金等执行罚的形式间接强制违反婚约一方当事人作出结婚的意思表示。

婚约具有可执行性,此仅为个别的历史陈迹,在当代社会的法律中不复存在。当代比较法上,在意大利民法、德国民法以及我国台湾地区"民法"等中,虽不认可婚约的可执行性,但认可婚约的可诉性,即在某些情形下承认违反婚约的损害赔偿责任。但是,自比较法上常见的立法例看,此时的损害赔偿所针对的并非指假如违反婚约者能够遵守约定将会给守约一方带来的利益,即履行利益,而是指守约方因信赖对方(违反婚约一方)会遵守约定而支出的费用或增加的负债等,即信赖利益(之损害)。[1] 与上述比较法不同,我国也并不认可婚约本身的可诉性,其原因在于确保结婚自由:即使有婚约,当事人双方在法律上也不受丝毫拘束,未来结婚与否仍听其所愿。双方当事人对将来会结婚的允诺的信赖法律上也并不加以保护。因此,违反婚约,即违反建立夫妻关系的允诺,既不会引发未能履行允诺的违约责任,也不会引发夫妻关系未能建立的缔约过失责任。另外,违反婚约,或可构成道德或习俗上的"义务"违反,但不构成法律义务的违反,不具有违法性,因此,无须承担一般侵权责任。因订立婚约,当事人一方或双方常须支出相关费用,如宴请宾朋开支等,若因对方违反订婚允诺,此类费用因信赖被辜负而落空。但是,由于婚约在我国大陆并无拘束力,从保护结婚自由的角度出发,当事人仍有订婚后反悔的自由,因此,对婚约不被违反的信赖在法律上不值得保护,上述费用落空的赔偿不应得到支持。[2] 但是,如果当事人一方并无将来结婚意图,恶意与对方订立婚约,致使对方花费不必要费用的,就其行为可依据过错侵权的一般规定——《民法典》第1165条第1款处理。此时,不同于违反或解除婚约,通过损害赔偿制裁恶意订立婚约的当事人,并不会影响结婚自由。

婚约本身不具有可诉性,但因婚约而产生的财物纠纷具有可诉性。

在结婚前,恋爱或者已订婚的当事人双方常会发生一方自愿给予另一方财产利益并被接受的情况。其中解释给予和接受的意愿,可将其分为两种:一种给予和接受是终局的,将来无须返还;另一种则并非终局,将来可能须返还或部分返还。给予和接受的财产利益价值不大,或者属于交往中双方的日常消费由一方支出等情形的,宜认为属于前一种。而从给予方和接受方的经济状况看,涉及财产利益价值较大时,常须将给予和接受认定为并非终局的,而是在一定条件下应当返还或部分返还。其中,最典型的是彩礼。

彩礼是附解除条件的赠与,其解除条件的基本内容为结婚相关目的未能实现。[3] 依据习俗等确定给予和接受的意愿时,在很多解除条件成就的情形下,要求全部返还常有不妥,因此,宜将解除条件解释为可包含引发法律行为部分失效的条件。例如,最高人民法院《关于审理涉彩礼纠纷案件适用法律若干问题的规定》(法释〔2024〕1号)第5条第1款中规定,"人民法

---

[1] 参见史尚宽:《亲属法论》,中国政法大学出版社2000年版,第151~152页。

[2] 河南省漯河市中级人民法院民事判决书,(2018)豫11民终204号。学说上的不同观点,参见金眉:《民法典体系下婚约性质之辨》,载《政法论坛》2022年第6期。

[3] 否认彩礼给予和接受方存在赠与合同,认为彩礼是一种"目的性给付",此种学说与彩礼的"附解除条件赠与说"在法律适用上大致相同,但仍有差异。此种学说,参见姚明斌、刘亦婷:《彩礼返还请求权的规范构造》,载《南大法学》2023年第4期。

院……确定是否返还以及返还的具体比例",即体现了上述特点。[1] 依据该款规定,"双方已办理结婚登记且共同生活,离婚时一方请求返还按照习俗给付的彩礼的,人民法院一般不予支持"。结合上述司法解释第 6 条的规定,这意味着双方未能结婚登记或者虽有结婚登记但未能共同生活时,结婚相关目的未能完全实现,解除或部分解除的条件成就,接受彩礼方应当返还或部分返还,针对返还比例的考量因素包括"共同生活及孕育情况、双方过错等事实"。[2] 另外,依据上述司法解释第 5 条第 1 款第 2 句的规定,虽有结婚登记但共同生活时间较短而彩礼数额过高的,离婚时彩礼仍需返还或部分返还,针对返还比例的考量因素除前述事实外,兼含"彩礼数额"。[3] 司法解释的上述规定都应理解为结合习俗对彩礼给予和接受中意愿所作的解释认定,若彩礼给予和接受的当事人之间就返还条件和比例等有明确约定,应优先适用。另外,在现实或习俗中,彩礼的给予和接受不一定是意图结婚的男女,也可能由一方或双方父母参与完成,因此,在返还时也可以考虑将参与的父母作为原被告处理。但是,依据上述司法解释第 4 条第 2 款之规定,在离婚要求返还彩礼的场合,为简化起见,"一方提出返还彩礼诉讼请求的,当事人仍为夫妻双方"。[4]

第三节　婚姻的成立

有效婚姻的成立须符合实质条件和形式条件。依据《民法典》第 1046 条以下的相关规定,实质条件可分为必备条件和禁止条件两类,其中,必备条件为:男女双方完全自愿,并满足法定婚龄,即男方满 22 周岁,女方满 20 周岁;禁止条件为:直系血亲或者三代以内的旁系血亲(禁婚亲)禁止结婚,以及禁止重婚。形式条件为男女双方亲自到婚姻登记机关申请并获得结婚登记。[5] 上述实质条件意味着我国实行一夫一妻制,不承认同性婚姻和未成年人婚姻,也不允

---

[1] 如此,即将彩礼解释为附解除条件赠与时,《民法典》第 158 条第 3 句"附解除条件的民事法律行为,自条件成就时失效"就应解释为可容纳"附解除条件的民事法律行为,自部分解除条件成就时部分失效"的内容。唯部分失效,须意愿的给付具有可分性,在彩礼为金钱的场合自无问题。但在彩礼为特定物等场合,给付可分性会遇到困难。此时,须部分返还时,不妨从价值上确定返还的比例,或者将特定物返还,接受返还者对返还者予以价值上的部分补偿。此种涉及给付不可分时的"价值上部分返还",是彩礼体现的附解除赠与在婚姻法上处理时不得不采用的变通办法。例如,有判决认为,"被告应向原告按照 50% 的比例予以返还彩礼及黄金首饰折价款较为适宜"。参见马某 1、马某 2 婚约财产纠纷案,宁夏回族自治区吴忠市中级人民法院民事判决书,(2023)宁 03 民终 95 号。
[2] 从《民法典婚姻家庭编解释(一)》第 5 条第 1 款的规定看,给付彩礼"导致给付人生活困难"也应为考量因素。
[3] 学说上有认为区分"高价彩礼"和"正常彩礼"并无太大必要,参见汪洋:《彩礼范围与返还事由的体系再造——最高人民法院〈彩礼纠纷规定〉释评》,载《妇女研究论丛》2024 年第 2 期。
[4] 这也意味着,虽然起诉要求返还彩礼的是原告,但之前实际给付彩礼的是原告的父母,那么原告在得到返还的彩礼后,其和父母就彩礼的关系另行处理。
[5] 原《婚姻法》(2001 年修正)第 7 条曾规定,患有医学上认为不应当结婚的疾病的,禁止结婚。此种禁婚疾病制度在《民法典》颁布后已经废除。另外,虽然《母婴保健法》(2017 年修正)第 12 条规定:"男女双方在结婚登记时,应当持有婚前医学检查证明或者医学鉴定证明。"但是,现行有效的《婚姻登记条例》(2003 年起施行)删除了原《婚姻登记管理条例》(1994 年起施行,已被废止)第 9 条第 2 款有关申请结婚登记时提交婚检证明的规定,内容为:"在实行婚前健康检查的地方,申请结婚登记的当事人,必须到指定的医疗保健机构进行婚前健康检查,向婚姻登记管理机关提交婚前健康检查证明。"在实践中,提交婚检证明不再是结婚登记的必经程序,强制婚检被自愿婚检所替代。

许近亲结婚;上述形式条件意味着虽然结婚意思表示的受领人为结婚另一方,但须在登记官员面前亲自为之,既不得代理也不得传达。另外,需说明的有几点:(1)除法定婚龄要求外,《民法典》就结婚当事人的行为能力并未有明确要求,只是强调完全自愿。因此,虽有精神疾病但不影响其有真实的结婚意愿时,可承认其有结婚的行为能力;否则,应不予认可。[1] (2)一些直系姻亲之间,如丧偶岳母和丧偶女婿,是否可以结婚,在伦理和法律上可能有不同对待。我国法律并未禁止,但伦理上可能会招致非议,尤其是姻亲中晚辈一方已经生育了子女的。(3)结婚意思表示是意图形成永久的结合,不仅关涉意愿的表达,也融合着情感表达。例如,虽然没有明确的条文,但不言自明的是,结婚法律行为不得附条件或附期限。之所以如此,是因为假如当事人申请结婚登记时主张附条件或附期限,登记机关应当认为双方表现出的情感尚未达到愿意永久结合的程度,并应当拒绝办理登记。若当事人登记结婚时私下约定双方之间的结婚是附条件或附期限的,应当认定其内心意愿并非法律认可的结婚的意愿,而是其他意愿,因此,其登记结婚构成通谋虚伪结婚,是否有效须另作讨论。[2] (4)以夫妻名义同居生活而未办理结婚登记的,可以补办结婚登记,补办具有溯及力。所谓补办具有溯及力,是指依据《民法典婚姻家庭编解释(一)》第6条的规定,补办结婚登记的,婚姻关系的效力从双方均符合《民法典》所规定的结婚的实质要件时起算,而非从补办时起算。[3]

结婚,须男女双方意思表示一致,属于《民法典》第134条所规定的"基于双方……的意思表示一致成立"的民事法律行为。可区分婚姻成立和婚姻有效,则决定婚姻成立的仅为当事人的外部表示,假如外部表示一致,那么内心真意与否仅可能影响婚姻的效力,而不能影响婚姻的成立。发生欺诈、胁迫等情形时,已经成立的婚姻效力上有瑕疵,但瑕疵不影响婚姻的成立。尽管有效婚姻成立的要件中,法定婚龄、不得重婚和不属于禁婚亲范围,甚至办理结婚登记,究竟属于婚姻成立要件还是仅属于婚姻有效要件,或许会有争论,但对法律适用的意义较小,可置之不论。但有结婚意思表示以及双方意思表示一致,此种要求结合《民法典》第134条的规定看,属于婚姻成立要件,不应有争论。从婚姻成立和婚姻有效区分的角度,某些情形虽然未规定在《民法典》第1051条以下有关婚姻效力瑕疵的制度中,但是可以结合有关双方法律行为成立的规定,从婚姻成立的视角进行分析。最典型的属于冒名结婚情形。

一种常见的冒名结婚情形为:一方甲持第三人丙的身份证与另一方乙到婚姻登记机关办理了结婚登记,登记的婚姻关系名义人为乙和丙,无论乙是知情还是受蒙骗,其意愿的结婚对象都是亲自在登记机关申请的甲,而非丙。乙和真实的丙并无交往,更没有与之结婚的意愿。从婚姻成立须双方意思表示一致的视角看,首先,就乙和丙之间的关系而言,应认定婚姻关系登记名义人乙和丙之间的婚姻不成立。《行政诉讼法》第46条第2款规定,除因不动产提起的

---

[1] 但是,各地方的《婚姻登记工作规范》大多不支持限制行为能力人结婚。少数支持的,也附加了监护人同意的条件,如《陕西省婚姻登记工作规范》(陕民发〔2017〕2号)第31条第2款规定:"能够明确表达结婚意愿、履行登记程序的限制民事行为能力人申请结婚登记的,监护人应当同意并见证。"学说上从结婚行为能力角度思考精神障碍者结婚问题的,参见夏江皓:《论无结婚行为能力的精神障碍者缔结的婚姻效力》,载《法学》2023年第9期。

[2] 有的国家对结婚不得附条件或附期限作出了明确规定,如《德国民法典》第1311条第2句规定:"该结婚之表示,不得附条件或期限。"

[3] 另外,我国婚姻登记制度也有一个逐步完善的过程,1994年2月1日民政部《婚姻登记管理条例》(已废止)公布实施。在此之前,男女双方以夫妻名义同居生活,且符合结婚实质要件的,按有效的事实婚姻处理;在此之后,若未办理登记,则一律不构成有效的事实婚姻。上述内容规定在《民法典婚姻家庭编解释(一)》第7条。

诉讼外,"其他案件自行政行为作出之日起超过五年提起诉讼的,人民法院不予受理"。丙若提起行政诉讼撤销其名义下的婚姻登记,依此条规定,法院应不予受理。但即使不予受理,也不能认为乙和丙之间的婚姻有效,而应认为乙和丙之间的婚姻不成立,从而相互间不享有夫妻身份带来的权利或义务,例如,若乙或丙死亡,相互不应作为法定继承人进行继承。[1] 其次,就甲和乙之间的关系而言,双方之间虽然形成了一致的结婚意思表示,由于没有进行登记,应认定甲和乙之间并未成立有效的婚姻,双方可以依据《民法典》第1049条的规定补办结婚登记。

第四节　无效婚姻与可撤销

一、婚姻无效

《民法典》第1051条规定:"有下列情形之一的,婚姻无效:(一)重婚;(二)有禁止结婚的亲属关系;(三)未到法定婚龄。"此规定为封闭性的规定,并不包含"其他可导致无效的情形"。但是,《民法典》第464条第2款规定:"婚姻、收养、监护等有关身份关系的协议,适用有关该身份关系的法律规定;没有规定的,可以根据其性质参照适用本编规定。"关于法律行为无效事由,《民法典》还规定了其他情形。就结婚法律行为而言,当出现第1051条未规定的情形时,可否参照适用《民法典》合同编以及总则编有关法律行为的一般规定而认定其无效?最典型的是通谋虚伪结婚情形。宜认为:通谋虚伪结婚时婚姻有效,不可参照适用《民法典》第146条第1款之规定认定其无效。就此,《民法典婚姻家庭编解释(一)》第17条第1款已明确规定:"当事人以民法典第一千零五十一条规定的三种无效婚姻以外的情形请求确认婚姻无效的,人民法院应当判决驳回当事人的诉讼请求。"如此规定的重要考量应在于维护婚姻登记的严肃性,并通过强制赋予虚假结婚当事人非其所愿之法律后果,以实现抑制虚假结婚行为之宗旨。[2]

婚姻无效的法律后果通常会影响第三人利益,例如,一方死亡时,其婚姻是否无效会决定另一方是否属于法定继承人,从而影响法定继承人的范围,并进而影响其他法定继承人的利益。司法解释对可以向法院请求确认婚姻无效的主体作了限定,限定为当事人以及其他利害关系人,且不同无效情形下得申请的利害关系人也会有所不同。具体来说,除当事人总是可以请求确认婚姻无效外,依据《民法典婚姻家庭编解释(一)》第9条之规定,可以请求确认婚姻无效的利害关系人分别为:以重婚为由的,为当事人的近亲属及基层组织;以未到法定婚龄为由的,为未到法定婚龄者的近亲属;以有禁止结婚的亲属关系为由的,为当事人的近亲属。其中,重婚形成的无效婚姻对公共利益的影响较大,因此,利害关系人不仅限于当事人的近亲属,还包括基层组织。另外,依据该解释第14条之规定,夫妻一方或者双方死亡后,生存一方或者利害关系人仍然可以请求确认婚姻无效。如此规定是因为利害关系常常正是在婚姻一方或双方死亡时因继承等事项而体现出来。

---

[1] 相关司法实践及行政法上引发的问题,参见何海波:《司法决策的合法性——以尚俊俊"被结婚"案为例》,载《中外法学》2023年第6期。

[2] 有学者主张,就通谋虚伪结婚可以类推适用《民法典》第1052条、第1053条使其成为可撤销法律行为。参见贺剑:《意思自治在假结婚、假离婚中能走多远?——一个公私法交叉研究》,载《华东政法大学学报》2022年第5期。

导致婚姻无效的瑕疵,有的具有持续性意义,例如,属于禁止结婚的亲属关系。此种瑕疵无法消失,婚姻也由此一直处于无效状态;有的则不具有持续性意义,例如,未到法定婚龄。此种瑕疵可能会消失,若时间经过,法定婚龄已经满足,则自法定婚龄满足时起婚姻有效。就此,《民法典婚姻家庭编解释(一)》第10条作出规定:"当事人依据民法典第一千零五十一条规定向人民法院请求确认婚姻无效,法定的无效婚姻情形在提起诉讼时已经消失的,人民法院不予支持。"在实践中,就重婚作为导致婚姻无效的瑕疵是否具有持续性意义,尚有争论。若认为其具有持续性意义,则即使前婚因为离婚或死亡而解除,作为重婚的后婚仍属于有瑕疵,仍属于无效。[1] 若认为其不具有持续性意义,则前婚因为离婚或死亡而解除时,作为重婚的后婚则不再有瑕疵,从而变为有效。在实践中多采后一种做法。[2]

二、婚姻可撤销

与《民法典》总则编关于可撤销法律行为的规定不同,婚姻家庭编关于婚姻可撤销的情形仅规定了两种情形:一是"因胁迫结婚的,受胁迫的一方可以向人民法院请求撤销婚姻"(第1052条第1款),二是"一方患有重大疾病的,应当在结婚登记前如实告知另一方;不如实告知的,另一方可以向人民法院请求撤销婚姻"(第1053条第1款)。首先,宜认为,以其他理由,如重大误解,请求人民法院撤销婚姻的,应不予支持。就结婚法律行为,不宜对总则编有关重大误解导致法律行为可撤销的相关规定,依据《民法典》第464条第2款进行参照适用。理由在于:一方面,从结婚意思表示的特点出发,与结婚不得附条件的精神相对应,既然当事人结婚时不得将各种情况(如对方贫穷或富有等)作为结婚的条件,那么,对各种情况的认识发生错误也不应影响结婚的效力。结婚意思表示融合着愿意永久结合的情感表达,此种情感表达的纯粹性意味着各种客观情况均不得作为其条件,由此,对各种客观情况的错误认识也不应影响结婚的效力。另一方面,因重大误解缔结的婚姻的当事人情感无法维持,可以通过离婚制度予以救济,否定重大误解当事人撤销婚姻的权利不至于很严苛。[3] 其次,第1053条第1款中的"不如实告知"应理解为明知,因此,其为受欺诈婚姻可撤销制度。该款中所规定的欺诈所及内容,依其字面表述,为"重大疾病",不构成疾病的情形。另外,何谓重大,尚须解释确定。由于婚姻通常具有的性的结合和代际传承的特点,无法发生性行为或不能生育的疾病虽然对身体健康可能影响不大,但应包含在内。另外,《母婴保健法》(2017年修正)第8条规定,婚前医学检查包括下列疾病的检查:(1)严重遗传性疾病;(2)指定传染病;(3)有关精神病。此三类疾病可以作为判断"重大疾病"的参考。[4]

---

[1] 例如,苟某某与李某某婚姻无效纠纷案,河南省虞城县人民法院民事判决书,(2015)虞民初字第2568号。

[2] 例如,马某成与张某秀婚姻无效纠纷案,河北省宽城满族自治县人民法院民事判决书,(2023)冀0827民初2235号;苏某与徐某婚姻无效纠纷案,北京市房山区人民法院民事判决书,(2021)京0111民初14554号;原某、李某婚姻无效纠纷案,河南省通许县人民法院民事判决书,(2021)豫0222民初3073号。学说上也有观点主张,只有在重婚一方当事人"不知道或者不应当知道他人有配偶而与之结婚的"才可以提出婚姻无效瑕疵已经不存在的抗辩,恶意当事人不能主张重婚瑕疵在前婚解除时已经消失。参见王丹:《法定无效婚姻情形已经消失的适用规则》,载《人民司法(应用)》2022年第19期。

[3] 但是,若错误影响的并非与结婚条件相类似的客观情况,而是结婚本身时,应区别对待。例如,一方误以为举行结婚登记是在演出,此时客观上是在结婚登记,但当事人内心并无结婚意思,且非明知而选择登记破坏婚姻登记的严肃性,因此,更妥当的做法应当是允许撤销婚姻。比较法上,德国就此情况规定允许废止婚姻。参见[德]迪特尔·施瓦布:《德国家庭法》,王葆莳译,法律出版社2010年版,第48页。

[4] 参见马忆南:《婚姻家庭继承法》(第5版),北京大学出版社2023年版,第81页。

请求人民法院撤销婚姻属于行使形成权,依据上述《民法典》第 1052 条和第 1053 条的规定,仅受胁迫方或受欺诈方享有此形成权,但须受除斥期间限制,即受胁迫结婚者"请求撤销婚姻的,应当自胁迫行为终止之日起一年内提出"。[1] 被非法限制人身自由的当事人请求撤销婚姻的,应当自恢复人身自由之日起一年内提出"。受欺诈结婚者"请求撤销婚姻的,应当自知道或者应当知道撤销事由之日起一年内提出"。依据《民法典婚姻家庭编解释(一)》第 19 条第 2 款的规定,受胁迫或者被非法限制人身自由的当事人请求撤销婚姻的,不适用《民法典》第 152 条第 2 款有关 5 年最长除斥期间的规定。另外,《民法典》第 1052 条仅规定因胁迫而结婚,并未限于受结婚另一方胁迫,因此,受第三人胁迫而结婚也应在其调整范围内。《民法典婚姻家庭编解释(一)》第 18 条第 1 款就可构成胁迫的内容也作出了补充规定,即"行为人以给另一方当事人或者其近亲属的生命、身体、健康、名誉、财产等方面造成损害为要挟,迫使另一方当事人违背真实意愿结婚的,可以认定为民法典第一千零五十二条所称的'胁迫'"。

三、婚姻无效与被撤销的法律后果

《民法典》第 1054 条第 1 款规定:"无效的或者被撤销的婚姻自始没有法律约束力,当事人不具有夫妻的权利和义务。同居期间所得的财产,由当事人协议处理;协议不成的,由人民法院根据照顾无过错方的原则判决。对重婚导致的无效婚姻的财产处理,不得侵害合法婚姻当事人的财产权益。当事人所生的子女,适用本法关于父母子女的规定。"第 1054 条第 2 款规定:"婚姻无效或者被撤销的,无过错方有权请求损害赔偿。"此条规定意味着确认婚姻无效和撤销婚姻,皆具有溯及力,但夫妻身份关系不存在,不影响父母子女关系之确定。[2]

婚姻无效或被撤销,关于同居期间所得财产,依《民法典婚姻家庭编解释(一)》第 22 条的规定,"除有证据证明为当事人一方所有的以外,按共同共有处理。"婚后所得可能有两种情况,一种是因双方合伙投资或共同购买等所得,另一种则是各方单独因投资或取得工资收入等所得。就前一种情况,不适用上述规定,仅依据合伙等制度解决似乎更加合理;就后一种情况,须结合与有效婚姻法律后果的对比,方能给出较为妥当的解决方案,从而提供对上述规定较为妥当的解释结论。婚姻有效时,婚后各方所得依据法定财产制应归夫妻双方共同所有,而婚姻无效或被撤销时,若同居期间各方所得也按共同所有处理,则与婚姻有效的法律后果相同,与"不具有夫妻的权利和义务"似乎有冲突,其实质是使在财产分配问题上婚姻无效或被撤销不具有溯及力。[3] 因此,更好的解决方案应当是:仅在无法分清某项财产所得是哪方所得时,才按照共同所有处理,若可以分清某项财产所得是哪方所得时,则适用但书规定,即属于"有证据证明

---

[1] 原《婚姻法》(2001 年修正,已失效)第 11 条规定:"因胁迫结婚的,受胁迫的一方可以向婚姻登记机关或人民法院请求撤销该婚姻……"此时,婚姻登记机关可以受理受胁迫方申请从而撤销胁迫婚姻。但《民法典》在增加了受欺诈婚姻可撤销制度外,取消了当事人"可以向婚姻登记机关"请求撤销婚姻的做法,仅规定可以向人民法院请求。但是,《民法典婚姻家庭编解释(一)》第 17 条第 2 款规定:"当事人以结婚登记程序存在瑕疵为由提起民事诉讼,主张撤销结婚登记的,告知其可以依法申请行政复议或者提起行政诉讼。"此时涉及的是请求撤销针对的是婚姻登记的行政行为,而非民事上的撤销结婚法律行为或撤销婚姻。
[2] 比较法上,也有采用无溯及力或部分溯及力的处理办法,如德国法的婚姻废止制度。参见[德]玛丽娜·韦伦霍菲尔:《德国家庭法》(第 6 版),雷巍巍译,中国人民大学出版社 2023 年版,第 37~42 页。
[3] 赞成此种意见的主张,参见李昊、王文娜:《〈民法典〉婚姻无效和婚姻可撤销规则的解释与适用》,载《云南社会科学》2021 年第 2 期。

为当事人一方所有"。[1] 至少,在一方于同居期间有继承或受遗赠所得时,该所得无法被解释为合伙等共同投资所得,不应依据司法解释认定为"共同所有",而应认定为"有证据证明为当事人一方所有"。[2] 但是,善意相信婚姻有效,因无效或被撤销而不能得到夫妻共同财产制度所给予的利益时,可以通过损害赔偿制度予以救济。[3]

就婚姻无效和被撤销的损害赔偿,《民法典》第1054条第2款仅提示了请求权人的条件——"无过错方",意味着有过错一方不得要求损害赔偿,也就意味着与有过失制度在此不能适用。但是,是否需要相对方有过错成为问题。若将第1054条第2款解释为一般侵权责任(《民法典》第1165条第1款)的特别法,则需要相对人有过错;若将该款解释为特殊侵权责任,即属于《民法典》第1166条中的"法律规定",从而无须相对人有过错;若将该款解释为婚姻法中的缔约过失责任,则不妨依据《民法典》第464条第2款之规定,参照适用《民法典》第500条有关合同缔约过失责任的规定,从而也需要相对人有过错,其过错体现为婚姻缔结过错中的有违诚信的行为。如果相对方无过错也需要赔偿,则缺乏正当根据,因此,第1054条第2款或者可以解释为一般侵权责任的特别法,或者可以解释为婚姻法中的缔约过失责任,在两种解释下,都应要求相对人有过错。第1054条第2款的构成要件主要是请求方无过错和相对方有过错,其他则包括请求方有损害且其损害和相对方的过错行为之间有因果关系。请求方无过错主要体现在其善意相信婚姻有效以及属于受欺诈或受胁迫方,相对方过错则体现在明知或应知婚姻无效以及属于欺诈方或胁迫方。另外,这里的损害赔偿应包括精神损害赔偿,因为这是婚姻无效或被撤销会造成的典型损害,自然应当涵盖在内。

---

[1] 最高人民法院《关于人民法院审理未办结婚登记而以夫妻名义同居生活案件的若干意见》(法[民]发[1989]38号,已失效)第10条中就同居所得作为共有处理时有"共同所得的"限定条件,可供参考。另外,有观点认为,"无效或者被撤销婚姻当事人同居期间所得的财产,各自的收入以及继承和受赠的财产归各自所有,同居期间共同购置的财产按照出资情况按份共有",较值得赞同。参见吴晓芳:《〈民法典〉婚姻家庭编涉及的有关争议问题探析》,载《法律适用》2020年第21期。

[2] 关于同居所得财产处理在立法时的思路,参见黄薇主编:《中华人民共和国民法典婚姻家庭编解读》,中国法制出版社2020年版,第68~69页。

[3] 参见刘征峰:《结婚中的缔约过失责任》,载《政法论坛》2021年第3期。

第二章 夫妻关系

第一节 夫妻关系概述

伴随婚姻关系的成立会产生各种法律效果,称为婚姻的效力。广义上的婚姻效力,是指因婚姻关系的成立而在民法、刑法、诉讼法等各部门法中产生的法律效果;狭义的婚姻效力,是指因婚姻成立而在婚姻法中产生的后果,又区分为不及于第三人的婚姻直接效力和及于第三人的婚姻间接效力,如姻亲关系的产生、非婚生子女的准正等。

我国立法中没有采"婚姻的效力"这一表述,过去用"夫妻的权利和义务"表述婚姻的直接效力:1950年原《婚姻法》第三章规定了"夫妻间的权利和义务";1980年原《婚姻法》则将1950年原《婚姻法》第三章和第四章的"父母子女间的关系"合并,并补充了其他近亲属的权利义务,统称为"家庭关系"。这样的做法虽然内容较明确,但未能表明其作为婚姻效力的性质,且产生了近亲属不一定是家庭成员的质疑。[1] 从逻辑上看,夫妻间的权利和义务作为婚姻关系成立的直接后果,规定于结婚制度之后、离婚制度之前更妥当。结婚意味着婚姻关系的成立,由此产生夫妻间权利和义务的法律关系;从重要性上看,夫妻间的人身关系和财产关系是整个亲属法中较为重要的部分,有必要单独列出。《民法典》则在原《婚姻法》的基础上,进一步将"夫妻间的权利和义务"改为婚姻法学中惯用的"夫妻关系"这一概念,作为婚姻家庭编第三章"家庭关系"下的第一节,因为夫妻关系是家庭关系的核心和基础,没有夫妻关系就不会产生家庭关系,夫妻关系的内容十分广泛,但依其性质可分为夫妻人身关系和夫妻财产关系两个方面。

一、夫妻关系立法的价值基础演变

夫妻关系不仅反映了夫妻在家庭中的地位,也总是与男女两性的社会地位相一致,其取决于不同的社会制度、生产力发展水平和社会文化等因素,在不同国家和不同历史时期有着不同特点。总体来看,夫妻关系立法的价值基础从夫妻一体主义演变为夫妻别体主义。

(一)夫妻一体主义

夫妻一体主义,指夫妻在婚后发生人格的互相吸收,二人合为一体。在西方,其体现在罗马法和欧洲中世纪的教会法中。"如罗马法中的有父权的婚姻,如妻在未嫁前为他权人,则摆脱生父的家长权而处于夫权或夫的家长权下;如未嫁前为自权人,则摆脱监护权而处于夫权和夫的家长权下,妻受人格小变更,自权人则变为他权人,脱离原来的家族,消灭一切家祀、继承、监护等法定关系,而加入丈夫的家族,成为夫家宗亲的亲族,从丈夫的姓氏。妻在家中处于丈

---

[1] 过去即有观点指出,即使不是家庭成员的近亲属,也具有相应的权利义务;反之,没有权利义务的亲属也可能生活在一个家庭中,属于家庭成员。参见巫长祯、杨大文主编:《走向21世纪的中国婚姻家庭》,吉林人民出版社1995年版,第18页。现行《民法典》第1045条第3款明确规定了家庭成员的范围,近亲属须共同生活才为家庭成员。

夫的女儿的地位。丈夫对妻享有惩戒权。"[1]

在古代中国,体现为夫妻一体,如《白虎通德论·嫁娶》记载:"妻者,齐也,与夫齐体。"《仪礼·丧服传》也记载:"夫妻一体也。"但这并不意味着夫妻人格的互相吸收,仅是妻子的人格被丈夫的人格吸收,妻子在婚后并不是具有完全民事行为能力的主体,在人身和财产方面都依附于丈夫,丈夫处于支配地位而妻子处于从属地位,"以男为贵,男尊女卑""夫为妻纲"等是古代中国社会的写照和价值基础,如《礼记·郊特牲》第十一记载:"妇人,从人者也;幼从父兄,嫁从夫,夫死从子。"这种以男性为中心、已婚妇女地位低下的宗法制度也体现在婚姻关系立法上,根据《唐律疏议》的规定,"夫殴杀妻"者,"减凡人二等,死者以凡人论";反之,"妻殴夫徒一年,若殴伤重者,加凡斗伤三等,死者斩"。《元典章》有"应嫁妇人,不问生前离异,夫死寡居,但欲再适他人,其原随嫁妆奁财产,并听前夫之家为主"的规定,体现出女性丧失了处置自己财产的自由。

(二)夫妻别体主义

夫妻别体主义,是指夫妻在婚后依然保持各自独立的人格,彼此不发生人格吸收,相互间形成一定的权利义务关系。其源于罗马万民法,在"无夫权婚姻"中,丈夫对妻子没有夫权,妻子可以继续受到家长或监护人的保护,防止夫家的虐待。在夫妻别体主义的立法中,妻子没有绝对服从丈夫的义务,原则上双方的财产分开,妻子的财产无论是婚前还是婚后所得,均属其个人所有,但罗马法时代的别体主义依然不能完全排除父权或夫权的影响,"家庭财产混合不能辨别是夫或妻时,推定为夫所有"[2]。

近代以来,在西方随着资本主义制度的确立和工商业的发展,"从身份到契约"的运动蓬勃发展。身份等级制度逐渐被废除,个人取得民事权利能力和行为能力,个人或个人通过自由缔结契约方式组成的联合体成为经济的主导,个人对家族血缘的依附关系也逐渐减弱,平等和自由的价值理念也渗入传统婚姻家庭法领域:"资本主义将由房屋、院落、家庭成员组成的生产团体强行地打碎,家庭被个人主义式地溶解为家庭元素。"在婚姻法上亦倡导"婚姻契约论",即婚姻是一男一女自愿缔结的以永久共同生活为内容的契约,男女双方在婚姻中的地位平等,不因结婚而发生人格吸收的后果,也不产生夫权。英国1882年《已婚妇女财产法》肯定了夫妻财产分别制,已婚妇女可以独立享有一系列的财产权利;1907年又规定妻子无须丈夫同意即可转让个人财产,较之夫妻一体主义的立法无疑是一个历史性进步。

自20世纪以来,特别是第二次世界大战之后,随着科学技术的发展和产业结构的调整,越来越多的女性走出家庭,参加社会工作,经济地位有了很大提高。同时,人权哲学理论兴起,男女平权、自由权等观念取代旧伦理秩序成为婚姻家庭法的价值基础。1979年,联合国通过《消除对妇女一切形式歧视公约》,要求各缔约方给予男女在法律面前平等的地位,特别强调"应采取一切适当措施,消除在有关婚姻和家庭关系的一切事务上对妇女的歧视",包括确立在婚姻存续期间夫妻"有相同的权利和义务"的原则,[3]对改善妻子的家庭地位起到了促进作用。

二、近代以来我国有关夫妻关系的立法

我国近代的亲属立法,自清末修律开始。1910年颁布的《大清现行刑律》中对夫妻关系的

---

[1] 周枏:《罗马法原论》,商务印书馆1994年版,第195~196页。
[2] 周枏:《罗马法原论》,商务印书馆1994年版,第199页。
[3] 参见《消除对妇女一切形式歧视公约》第16条。

规定沿袭了古代法的男尊女卑传统,如仍肯定包办婚姻、纳妾和"七出"。1926年国民党第二次全国代表大会通过了《妇女运动决议案》,提出了有关婚姻立法的一些原则,其中重要的一项就是"制定男女平等的法律"。1931年实施的国民政府民法亲属编大量沿用了《德国民法典》《日本民法典》的规定,形式上虽体现了男女平等和夫妻平等,但在夫妻姓氏、婚姻住所、夫妻财产等夫妻关系部分仍有不平等规定。与此同时,中国共产党领导的苏区立法所确立的婚姻制度截然相反。1931年的《中华苏维埃共和国宪法大纲》《中华苏维埃共和国婚姻条例》及有关该条例的决议,规定了妇女解放、婚姻自由,废除一切封建的包办、强迫与买卖婚姻,实行一夫一妻,禁止一夫多妻,男女平等、夫妻平等。后来抗日战争和解放战争时期的根据地婚姻立法都坚持了这些原则,旨在废除男尊女卑的婚姻家庭制度。

新中国成立之后颁布的1950年原《婚姻法》废除了旧的家庭制度,建立了全新的新民主主义家庭制度。该法第1条规定:"……实行……一夫一妻、男女权利平等……的……婚姻制度。"第7条规定:"夫妻为共同生活的伴侣,在家庭中地位平等。"1980年原《婚姻法》第9条规定:"夫妻在家庭中地位平等。"2001年修改的原《婚姻法》第13条仍沿用该原则。《民法典》第1055条仅作了文字上的修改。这一原则是确立夫妻间权利义务的基础,也是处理夫妻间一切问题的指导依据。总之,我国的婚姻立法坚持夫妻别体主义,为妻子在婚后保持独立的人格提供了法律保障。

但应当看到,由于我国经济发展水平和就业面的限制,以及长期以来男尊女卑思想的影响,在一些地区夫妻关系的实际状况与法律规定还存在差距,夫妻关系的形式平等不等于实质平等。《民法典》根据社会经济发展过程中的新情况和新问题,在有关夫妻关系具体内容的条文上作了相应修改。

三、夫妻地位平等的含义

夫妻地位平等意味着夫妻在共同生活中平等行使法律规定的权利,平等履行法律规定的义务,共同承担对婚姻、家庭和社会的责任。夫妻双方应当互相尊重对方的人格独立,任何一方不得只享有权利不尽义务,或者只尽义务而不享有权利,此外应重点保护妇女在家庭中的各项权益。但平等不意味着均等,夫妻的权利义务并非一一对等,也非指夫妻平均承担家庭劳务。对于家庭事务的承担,须考虑夫妻双方的具体情况,双方均有权发表意见,应协商作出决定。

《民法典》第1055条是《宪法》第48条第1款规定的男女平等原则的体现,并与《妇女保障法》第2条第1款相呼应。夫妻地位平等作为家庭关系一章中的第1条,是家庭关系其他各条的指导原则,其不仅具有宣示意义,而且在家庭关系一章中的条文对现实生活纠纷没有具体规定时,裁判者就要依据夫妻在婚姻家庭中地位平等为依据作出判断。

第二节 纯粹身份性权利义务

一、概述

夫妻人身关系,是指夫妻之间基于配偶身份而当然享有的、不直接表现为经济利益的权利义务关系,也称为"婚姻的普通效力"。夫妻人身关系的目的是维系婚姻共同体,使夫妻双方在人身自由方面受到一定限制或享有一定权利。

夫妻人身关系具有以下特征:(1)发生在合法夫妻之间,以当事人之间婚姻关系有效成立为前提,婚姻不成立或无效婚姻的当事人不享有夫妻人身关系;(2)对于夫妻双方来说,夫妻人身关系既是权利也是义务,一方的权利对应对方的义务,夫妻双方的权利义务对等;(3)夫妻人身关系由法律直接规定,当事人不得通过约定进行变更或排除。

根据《民法典》和《民法典婚姻家庭编解释(一)》的相关规定,夫妻人身关系的内容包括夫妻的姓名权、夫妻的人身自由权、夫妻的婚姻住所决定权、夫妻的忠实义务和夫妻的同居义务。

二、夫妻的姓名权

《民法典》第1056条规定:"夫妻双方都有各自使用自己姓名的权利。"

如前所述,我国古代婚姻立法采夫妻一体主义,在夫权婚姻下,妻子婚后归属于夫的宗室,受夫权支配,多从夫姓,有些妇女往往只有小名,甚至没有姓名。妻冠夫姓成为男女不平等的标志之一,例如,1931年国民政府民法亲属编第1000条仍规定:"妻以其本姓冠以夫姓,赘夫以其本姓冠以妻姓,但当事人另有约定者,不在此限制。"

近现代以来,随着男女平权运动的发展,越来越多的国家对夫妻姓名权不再作强制性规定,而改为由夫妻双方自由选择保留各自原姓氏或以一方姓氏为婚姻姓氏。例如,《德国民法典》第1355条第1款[1]和《日本民法典》第750条[2]的规定。

新中国成立后,1950年原《婚姻法》第11条规定:"夫妻有各用自己姓名的权利。"废除了在姓名问题上歧视妇女的旧法,贯彻了男女平等原则,保障了已婚妇女的独立人格。1980年和2001年原《婚姻法》均沿用此规定。《民法典》第1056条仅作了文字上的修改,实质内容没有变化。此条规定意味着夫妻双方也无须确定一项共同的婚姻姓氏。结合《民法典》第1012条和第1014条的规定,夫妻双方有权依法使用、变更自己的姓名,任何一方不得干涉另一方使用、变更自己的姓名。此外,夫妻的姓名权还体现在确定子女的姓氏上,在确定子女姓氏方面的权利也是平等的,《民法典》第1015条规定:"自然人应当随父姓或者母姓……"

三、夫妻人身自由权

《民法典》第1057条规定:"夫妻双方都有参加生产、工作、学习和社会活动的自由,一方不得对另一方加以限制或者干涉。"

人身自由权是每个自然人最基本的权利,不因结婚而受到限制,夫妻的人身自由权是自然人人身自由权的具体体现。规定夫妻人身自由权具有重要意义,在父系家长制和夫权婚姻下,妇女受到各种约束,被囚禁在家庭的牢笼中,无法参加社会活动,不可能享有和男子真正平等的地位。已婚妇女有自己独立的收入和财产,才能摆脱对丈夫的经济依赖和人身依附,真正实现夫妻平等。针对"男主外,女主内"的传统婚姻模式,我国1950年原《婚姻法》第9条规定:"夫妻双方均有选择职业、参加工作和参加社会活动的自由。"1980年原《婚姻法》在此基础上

---

[1] 《德国民法典》第1355条第1款规定:"配偶双方应确定共同的家族姓氏(婚姻姓氏)。配偶双方使用他们所确定的婚姻姓氏。配偶双方不确定婚姻姓氏的,在婚后也各自使用自己在结婚时所使用的姓氏。"参见陈卫佐译注:《德国民法典》(第4版),法律出版社2015年版,第438页。

[2] 《日本民法典》第750条规定:"夫妻,按婚姻之际所约定者,称夫或妻之姓氏。"参见王融擎编译:《日本民法典:条文与判例》(下册),中国法制出版社2018年版,第699页。

增加了参加学习的自由。之后 2001 年原《婚姻法》的修订和《民法典》都未再作改动。

根据《民法典》第 1057 条的相关立法解释，夫妻双方都有从事一切社会职业和社会劳动的权利，都能参加各种形式的知识和技能学习，包括学校教育、职业教育和继续教育等，都有参加社会活动的权利，包括参政、议政活动，科学、技术、文学、艺术和其他文化活动，各种群众组织、社会团体的活动，以及各种形式的公益活动等。[1] 这条规定虽平等适用于夫妻双方，但立法目的重在保护已婚妇女的上述权利，禁止丈夫对妻子的人身自由加以限制。夫妻一方限制或者干涉另一方人身自由的行为，对于受害人可能触发《民法典》人格权编或者侵权责任编的相关救济规定，如构成家庭暴力，可作为人民法院认定夫妻感情确已破裂并判决离婚的法定事由以及离婚损害赔偿的法定情形。夫妻享有人身自由权，并不意味着夫妻可以不顾一切地参加社会活动，夫妻任何一方在行使自己人身自由权的同时，还必须履行自己对家庭应承担的义务和责任，如夫妻相互扶养的义务，抚养、教育子女的义务，赡养老人的义务等，做到两者协调统一，家庭才能幸福和睦。

四、忠实义务

依据《民法典》第 1043 条第 2 款的规定，夫妻应当互相忠实。

忠实义务也称"贞操义务"，狭义的忠实义务，是指夫妻婚后应负有保持性行为专一的义务，不得为婚外之性交，维持夫妻间性关系的专属性和排他性。广义的忠实义务还包括不得恶意遗弃配偶，不得为第三人的利益而损害或牺牲配偶的利益。司法实践主要对忠实义务作狭义理解，本书从之。

不同的历史时期对贞操有不同的要求。古代社会的贞操义务主要针对妻子，夫妻违反贞操义务的后果不同，对妻严，对夫宽。在当代社会，各国法律对于贞操问题均坚持男女平等原则，夫妻双方互负忠实义务。[2] 2001 年原《婚姻法》第 4 条规定"夫妻应当互相忠实，互相尊重"，《民法典》在此基础上，于第 1043 条增加了"互相关爱"。但是否可以据此认为我国立法已经确立了夫妻忠实义务，理论上存在争议。《民法典》第 1043 条在体系上位于婚姻家庭编的一般规定中，具有明显的倡导性，立法并未在夫妻关系部分涉及忠实义务的内容和违反忠实义务所产生的法律后果，因此，《民法典婚姻家庭编解释（一）》第 4 条规定："当事人仅以民法典第一千零四十三条为依据提起诉讼的，人民法院不予受理；已经受理的，裁定驳回起诉。"忠实义务具有高度的人身性，无法强制执行，但夫妻一方严重违反忠实义务的行为，如重婚、有配偶者又与配偶以外的第三人同居的，可以构成人民法院认定夫妻感情确已破裂并判决离婚的理由，同时行为人是离婚中的过错方，也是离婚损害赔偿产生的原因。因此，夫妻一方违反忠实义务的，另一方应当援引《民法典》第 1079 条、第 1091 条的规定起诉要求离婚或请求离婚损害赔偿。

在实践中，与忠诚义务类似的一个现象是忠诚协议，即男女双方在婚前或婚后可能自愿订立协议，如以"保证书""空床费"等形式，约定在婚姻关系存续期间双方恪守忠实义务，违反义务的一方承担相应的责任，这些责任既有人身方面的，如必须同意离婚或放弃对未成年子女的抚养权等，也有财产方面的，如"净身出户"或给予对方一定数额财产的赔偿。与忠实义务不同

---

[1] 参见黄薇主编：《中华人民共和国民法典婚姻家庭编解读》，中国法制出版社 2020 年版，第 80 页。
[2] 例如，《法国民法典》第 212 条规定："夫妻双方应当相互尊重、忠诚、救助与扶助。"参见《法国民法典》，罗结珍译，北京大学出版社 2023 年版，第 138 页。

的是,这种义务不是因婚姻关系而产生的,在婚前尚未负忠实义务的男女双方亦可签订忠诚协议。支持观点基于契约自由,认为此类约定并不违反法律规定,在一定程度上可以弥补离婚损害赔偿制度的不足,对不忠实的行为有一定的抑制作用,有利于促进家庭和谐稳定,所以应受法律保护;反对观点则认为其属于道德约束的范畴,不是法律问题,此类协议还会限制当事人的人身自由,人身自由的限制只能法定,不能意定,承认忠诚协议的效力容易引发隐私权侵权纠纷。[1]

五、同居义务

我国《民法典》没有正面规定夫妻的同居义务。但从其他规定中可以解释出同居义务,例如,《民法典》第 1042 条第 2 款第 2 句规定:"禁止有配偶者与他人同居。"《民法典》第 1079 条第 3 款第 4 项将"因感情不和分居满二年"作为认定夫妻感情破裂的法定事由。

同居义务,是指夫妻双方负有的共同居住、共同生活的义务。在早期社会,同居义务是夫权的重要内容,妻子须服从夫权而负有同居义务。在现代社会,同居义务则是夫妻双方互负的义务,一方负有的义务就是另一方享有的权利。例如,《德国民法典》第 1353 条第 1 款[2]和《日本民法典》第 752 条[3]皆作此规定,且同居义务都不限于夫妻性生活,还包括相互协力、相互扶助。作为人身性义务,同居义务不得强制执行,不履行同居义务,可能产生的后果包括:(1)作为起诉离婚的法定理由;(2)权利方可免除或部分免除对违反义务一方的扶助义务;(3)要求不履行的一方予以适当的精神损害赔偿。

关于共同居住的理解,应认为"非仅为场所上之意义,同在一屋如设障碍而分别生活,非为同居"。同居与住所无关,"场所虽有多少之间隔,亦得成立同居"。[4] 例如,夫妻不买房但共同环游世界的,仍属同居。共同生活包括物质生活、精神生活合和性生活的共同体,性生活为主要内容,但并非唯一的内容,还包括共同寝食、共同使用家庭生活用品、共同分担家务、互相照顾和精神安慰等内容。同居义务是婚姻的当然结果和婚姻关系的本质义务,将人的本能需求合理置于婚姻制度的保护之下,符合当事人意愿,有助于婚姻关系的稳定。

同居义务可因正当理由而暂时中止,不构成义务违反,例如,一方因治病或工作需要而暂时别居,依法令禁止同居如入狱、服兵役等,一方由于身体原因无法同居等,在特定条件消失后,同居义务自然恢复。

六、婚姻住所决定权

住所决定权,是指夫妻双方有选定婚后共同居住、生活的住所的权利。住所决定权与同居权密切相关,夫妻有共同生活的义务,通常就需要共同居住的场所。

各国早期的立法,多规定住所决定权由丈夫单方享有,妻子应当服从。现代社会的立法则抛弃了这种做法,改由夫妻双方享有,如《瑞士民法典》第 162 条[5]和《法国民法典》第 215 条

---

[1] 参见许莉主编:《婚姻家庭继承法学》(第 3 版),北京大学出版社 2019 年版,第 111~112 页。
[2] 例如,《德国民法典》第 1353 条第 1 款规定:"婚姻系就终身而缔结的。配偶双方互相有义务进行婚姻上的同居;配偶双方互相为对方负担责任。"参见陈卫佐译注:《德国民法典》(第 4 版),法律出版社 2015 年版,第 437 页。
[3] 《日本民法典》第 752 条规定:"夫妻应同居,相互协力、互助。"参见王融擎编译:《日本民法典:条文与判例》(下册),中国法制出版社 2018 年版,第 701 页。
[4] 史尚宽:《亲属法论》,中国政法大学出版社 2000 年版,第 292 页。
[5] 《瑞士民法典》第 162 条规定:"夫妻双方共同决定其婚姻住房设定于何处。"参见戴永盛译:《瑞士民法典》,中国政法大学出版社 2016 年版,第 62 页。

第 2 款。[1]我国的情况也类似,在我国古代社会,妻子婚后加入丈夫的宗族,女到男家,妻从夫居(赘婿从妻居)。1931 年的国民政府民法亲属编第 1002 条规定:"妻以夫之住所为住所,赘夫以妻之住所为住所。"新中国成立后,历年的婚姻法中并无关于婚姻住所的具体规定,但基于夫妻家庭地位平等的原则,夫妻双方在住所决定权上也是平等的,婚姻住所应由夫妻协商确定。《民法典》第 1050 条沿袭了原《婚姻法》第 9 条的规定:"登记结婚后,按照男女双方约定,女方可以成为男方家庭的成员,男方可以成为女方家庭的成员。"这一规定虽未明确规定夫妻住所决定权,只是婚姻住所的确定方式之一,但其立法宗旨显然在于破除传统的男娶女嫁、妻从夫居制度。

第三节　夫妻财产制

与夫妻人身关系相对的是夫妻财产关系,是指基于夫妻身份而产生的以财产关系为内容的权利义务关系,夫妻财产关系是夫妻共同生活的重要内容,是家庭经济职能的基础。根据《民法典》和《民法典婚姻家庭编解释(一)》的相关规定,夫妻财产关系包括夫妻财产制、日常家事代理权、夫妻间的扶养和夫妻间的继承。鉴于夫妻财产制的内容较多和其重要地位,本节单独讨论夫妻财产制,夫妻财产关系的其他内容将在下一节中介绍。

一、夫妻财产制概述

广义的夫妻财产制是关于夫妻婚前财产和婚后所得财产的归属、管理、使用、收益、处分,夫妻双方在婚姻关系持续期间甚至婚前所负债务的清偿及责任财产范围,以及夫妻关系终止时夫妻双方财产的清算和分配等方面的法律制度;狭义的夫妻财产制则不包括夫妻关系终止时的财产清算。《民法典》在夫妻关系部分规定的是狭义的夫妻财产制,核心是夫妻婚前财产和婚后所得财产的所有权归属问题,夫妻关系终止时的财产处理规定在婚姻家庭编第四章的离婚部分。

和夫妻人身关系一样,夫妻财产制度也受到特定社会条件、生产力关系和文化传统的影响,不同国家、不同时期的夫妻财产制度存在一定差别,随着夫妻地位,尤其是女性地位的变化,夫妻财产制也发生了变化。在古代社会,妻子没有个人财产,其结婚时携带的财产和婚后所得的财产归属于丈夫,对家庭财产不享有独立的权利。例如,《礼记·内则》所言:"子妇无私货,无私畜,无私器,不敢私假,不敢私与。"在资本主义初期,出现过统一财产制,即结婚后,除特有财产外,将妻子的婚前财产估定价额,转归丈夫所有,妻子保留在婚姻关系终止时对估价财产或估定财产价额的返还请求权,但这种财产制度仍带有很浓厚的夫权主义色彩。在近代社会中,各国法律规定的夫妻财产制则体现了男女平等、夫妻人格独立的理念。

二、夫妻财产制的类型

按照不同的标准,夫妻财产制可作以下不同分类。

---

[1]《法国民法典》第 215 条第 2 款规定:"家庭居所在夫妻共同选定的处所。"参见《法国民法典》,罗结珍译,北京大学出版社 2023 年版,第 139 页。

(一)法定财产制和约定财产制

按照夫妻财产制确定的依据不同,可将夫妻财产制分为法定财产制和约定财产制。

法定财产制是在夫妻双方婚前或婚后就夫妻财产制没有特别约定或者约定无效时,依据法律规定直接适用的夫妻财产制度。法定财产制又可分为通常的法定财产制和非常法定财产制。非常法定财产制,是指在婚姻关系存续期间,因发生特定事由,依照法律的规定或者法院宣告,终止夫妻共同财产制,以其他财产制,通常是分别财产制加以替代的一种财产制度。特定事由通常是夫妻一方被宣告破产,夫妻一方损害另一方或婚姻共同生活的合法利益,夫妻一方无正当理由拒绝对处分共同财产进行必要协作等。例如,《瑞士民法典》第188条就规定了这种非常法定财产制。[1] 我国《民法典》第1066条关于婚姻关系存续期间分割夫妻共同财产的规定与此相似,但不能认为我国立法采纳了非常法定财产制,因为我国并未规定分别财产制,法定的分别财产制不符我国传统,增设非常法定财产制对我国现阶段的夫妻财产制变革较大,容易引起争议。

约定财产制,是指法律允许夫妻双方以协议的形式,对夫妻在婚前或婚姻关系存续期间所得财产的归属、管理、使用、收益、处分等具体内容作出约定,从而排除或部分排除夫妻法定财产制适用的制度。约定财产制体现了法律对夫妻双方意思自治和个性需求的尊重,约定财产制具有优先于法定财产制适用的效力。相比法定财产制,约定财产制的灵活性更强,更能适应现代社会复杂多变的特点。约定财产制又可分为开放型约定财产制和封闭型约定财产制。开放型约定财产制又称自由约定模式,是指法律没有明文规定典型的约定夫妻财产制,不限制当事人约定的财产制类型,当事人可以根据自己的情况自由创设夫妻财产制的具体内容,只要不违反法律的强制性规定或公序良俗即可。日本、英国等国家采用这种模式。封闭型约定财产制则为选择约定模式,是指当事人只能在法律明文规定的几种夫妻财产制类型中进行选择,不得随意创设法律未明文规定的夫妻财产制。德国、瑞士等国家采用这种模式。

(二)共同财产制、分别财产制、剩余共同财产制、联合财产制

根据夫妻财产制度的具体内容不同,夫妻财产制可分为共同财产制、分别财产制、剩余共同财产制、联合财产制。

共同财产制,是指夫妻双方的全部财产或部分财产依法合并为共同共有财产,按共同共有原则行使各种权利并承担相应的义务,婚姻关系终止时再加以分割,但个人财产除外。按共有范围的不同,共同财产制又可以分为以下形式:(1)一般共同制,是指夫妻双方的婚前财产和婚后所得财产均归夫妻共同共有的财产制;(2)婚前动产及所得共同制,是指夫妻婚前的动产和婚后所得的一切财产均归夫妻双方共同共有的财产制;(3)婚后所得共同制,即夫妻关系存续期间所得的财产归夫妻共同共有的财产制;(4)婚后劳动所得共同制,意味着在夫妻关系存续期间通过劳动所得的财产为夫妻共同财产,非通过劳动所得,如继承、受赠与获得的财产等,属于个人财产。

分别财产制,是指夫妻双方婚前和婚后所得财产均归各自所有,各自对自己的财产行使管理、使用、收益和处分的权利。分别财产制并不排除夫妻双方约定部分财产共有或将一方财产的管理权交给对方行使。

---

[1]《瑞士民法典》第188条规定:"共同财产制的夫妻一方被宣告破产时,当然发生夫妻分别制财产。"参见《瑞士民法典》,戴永盛译,中国政法大学出版社2016年版,第69页。

剩余共同财产制,是指夫妻对自己婚前和婚后所得的财产各自保留所有权及管理、使用、收益和处分的权利。但在夫妻关系终止时,根据夫妻双方各自财产的增益情况确定双方个人财产增益的差额,取得较多增益的一方,应向对方给予双方增益差额的一半作为补偿。例如,德国即以此种财产制作为法定夫妻财产制,又称为增益共同制。其本质上是分别财产制的具体形态。

联合财产制,是指除特有财产外,夫妻婚前或婚后的财产仍归各自所有,但将双方的财产统一成一个整体,原则上由丈夫行使管理权的财产制。联合财产制起源于中世纪的日耳曼法,由于当时丈夫对妻子享有监护权,从而也对妻子的财产有管理收益的权利。国民政府民法亲属编制定时,立法者仿效瑞士民法,将联合财产制作为通常的法定财产制,因为当时以夫为中心的家族形态仍普遍存在。但随着社会变革和妇女运动的蓬勃发展,联合财产制已经无法实现男女平等原则和保障妻子权益,规定联合财产制的立法例都进行了修正或直接废除。

三、我国夫妻财产制的立法沿革

新中国成立后,废除了封建夫权,实行男女平等的婚姻制度。1950年原《婚姻法》第10条规定:"夫妻双方对于家庭财产有平等的所有权与处理权。"关于"家庭财产"的内容,当时中央人民政府法制委员会所作的解释是:"家庭财产主要不外下列三种:(1)男女婚前财产;(2)夫妻共同生活时所得的财产或赠与的财产;(3)未成年子女的财产(如土地改革中子女所得的土地及其他财产等)。"就这些财产的归属和行使,立法者认为:"使夫妻间无论在形式上或实际上都能真正平等地共同所有与处理第一和第二两种家庭财产以及共同管理第三种家庭财产。"[1]从这些表述可以看出,1950年原《婚姻法》规定的夫妻财产制是共同财产制中的一般共同制。

1980年原《婚姻法》对夫妻财产制作了部分修改,该法第13条规定:"夫妻在婚姻关系存续期间所得的财产,归夫妻共同所有,双方另有约定的除外。"从这一规定可以看出,1980年原《婚姻法》实行的法定财产制是共同财产制中的婚后所得共同制,对婚前、婚后财产加以区分,缩小了共同财产的范围,体现了对个人财产所有权的尊重和保护,同时约定的效力高于法定。但对于约定财产制的规定过于简单,没有规定约定的要件、范围和效力等重要问题,缺乏实践的可操作性。

1980年原《婚姻法》的背景是尚处于改革开放初期,当时的夫妻财产较少,财产关系较简单。随着改革开放的推进,我国的政治、经济、文化等各方面都发生了重大变化,伴随夫妻财产的日益多元化和财产关系的复杂化,原有的夫妻财产制度难以适应新形势的要求,2001年原《婚姻法》对此作出回应,修改后的夫妻财产制仍以婚后所得共同制作为法定财产制。不同的是,2001年原《婚姻法》对夫妻共同财产的范围作了列举式规定,并增加规定了夫妻个人财产的范围。同时,对约定财产制的内容和形式作了较详细的规定。

《民法典》对2001年原《婚姻法》中夫妻财产制的相关规定未作实质性修改,根据《民法典》第1062条和第1065条的规定,仍适用婚后所得共同制为主、约定财产制为辅的夫妻财产制。虽然在编纂过程中出现过可以考虑分别财产制的建议,但基于当前我国社会中男女两性的经济地位存在较大差距,仍有很多女性无业在家全职操持家务、没有独立经济收入的基本国

---

[1] 参见中央人民政府法制委员会1950年4月14日所作的《关于中华人民共和国婚姻法起草经过和起草理由的报告》。

情,实行分别财产制会造成事实上的夫妻不平等,而共同财产制有利于保护夫妻中经济能力较弱一方的权益,承认男女劳动具有等值性,对实现真正的男女平等、保护女性权益、维系家庭和睦都能起到良好作用。[1]

四、法定财产制

我国的法定夫妻财产制是婚后所得共同制,也称为夫妻共同财产制,是指夫妻双方在婚姻存续期间取得的财产,原则上属于夫妻共同财产,法律规定或当事人另有约定时为个人财产。《民法典》第1062条和第1063条不仅对婚前个人财产和婚后所得的财产加以区分,还特别将婚后所得的财产分为共有和个人所有两部分,实际上确立了"限定的婚后所得共同制"。只要夫妻某项财产的取得是在婚姻关系存续期间,即使并未取得该财产的实际占有,该财产仍属于夫妻共同。例如,因继承所得财产,会出现继承权取得时间和遗产分割时间不一致的情况,此时判断是否属于婚后取得财产就不应依据遗产分割时间,而是以被继承人的死亡时间为准。

(一)夫妻共同财产

1. 夫妻共同财产的范围

依据《民法典》第1062条的规定,夫妻共同财产的范围包括:

(1)工资、奖金、劳务报酬。工资、奖金、劳务报酬是劳动者的劳动收入,既包括工资、奖金,即个人因任职或者受雇取得的工资、薪酬、奖金、年终加薪、劳动分红、津贴、补贴以及与任职或者受雇有关的其他所得,全部的固定收入和不定期、不定额的奖励或实物都囊括在内,也包括劳务报酬,即个人从事劳务的所得。有观点区分了工资和奖金,把奖金区分为劳动型奖金和荣誉型奖金,前者属于工资的组成部分,后者才属于这里的奖金。[2] 在司法实践中,对于因荣誉而获得的奖牌或奖金性质存在争议,如运动员获得的奖牌,有观点认为,其具有高度人身性和专属性,属于一方的个人财产;反对观点则认为,其本身也是财产,取得财产的途径即使与特定身份相关,也不影响其仍属于夫妻共有财产的性质。[3] 笔者赞成后一种观点。

(2)生产、经营、投资的收益。生产、经营所得是指个体工商户从事生产、经营活动取得的所得,个人独资企业的投资人、合伙企业的个人合伙人源于境内注册的个人独资企业、合伙企业生产、经营的所得,个人依法从事办学、医疗、咨询以及其他有偿服务活动取得的所得,个人对企业、事业单位承包经营、承租经营以及转包、转租取得的所得,以及个人从事其他生产、经营活动取得的所得。夫妻一方从事生产、经营活动往往需要一定的资金或生产资料,如一方利用个人所有的资金或生产资料,在婚姻存续期间从事生产、经营活动,其收益应属于夫妻共有财产。投资收益主要是个人拥有债权、股权等而取得的利息、股息、红利所得;也包括出租不动产、机器设备、车辆船舶等财产取得的租赁所得。此外,根据《民法典婚姻家庭编解释(一)》第25条第1项的规定,一方以个人财产投资取得的收益属于夫妻共同所有的财产。

(3)知识产权的收益。知识产权是民事主体依法就其智力成果享有的专有权利。知识产权具有人身权和财产权的双重属性,人身性权利具有专属性,只能归属权利人个体享有,不能共有。例如,著作权中的署名权,但知识产权带来的财产性利益可以属于夫妻共有财产。根据《民法典婚姻家庭编解释(一)》第24条的规定,知识产权的收益须是婚姻关系存续期间,实际

---

[1] 参见黄薇主编:《中华人民共和国民法典婚姻家庭编解读》,中国法制出版社2020年版,第101~102页。
[2] 参见蔡福华:《夫妻财产纠纷解析》,人民法院出版社2013年版,第36页。
[3] 参见许莉主编:《婚姻家庭继承法学》(第3版),北京大学出版社2019年版,第101页。

取得或者已经明确可以取得的财产性收益。据此,认定知识产权收益是否属于夫妻共同财产,关键在于其财产性收益的取得时间是否在婚姻关系存续期间,而不以该知识产权权利本身的取得时间为准。此外,如果一方在婚姻关系存续期间已经和出版社签订了出版合同,明确了稿费的具体数额,即使在离婚时尚未取得稿酬,也属于"已经明确可以取得的财产性利益"而归于夫妻共同财产,否则属于权利人个人所有。

(4)继承或受赠的财产,但遗嘱或者赠与合同中确定只归一方的财产除外。此类财产属于无偿取得的财产,在夫妻关系存续期间,夫妻任何一方继承或受赠的财产属于夫妻共同财产。共同财产制着眼夫妻生活共同体,在这一制度下,夫妻一方因继承或受赠所取得的财产,与工资、知识产权收益等一样,都是为了满足婚姻共同体存续的必要财产,应当归夫妻共同所有,这也符合大多数人的思想观念,且并没有扩大法定继承人的范围和影响其他法定继承人的利益。同时,出于对立遗嘱人或者赠与人意思自治和处分权的尊重,如果遗嘱或赠与合同中指明财产归夫妻一方所有,则该继承或受赠的财产属于夫妻一方的个人财产。此外,《民法典婚姻家庭编解释(一)》第29条第2款规定:"当事人结婚后,父母为双方购置房屋出资的,依照约定处理;没有约定或者约定不明确的,按照民法典第一千零六十二条第一款第四项规定的原则处理。"即该情形原则上也属于父母赠与夫妻双方的共同财产。[1]

(5)其他应当归共同所有的财产。这项规定属于概括性规定,根据《民法典婚姻家庭编解释(一)》第25条的规定,其他应当归共同所有的财产包括:第一,一方以个人财产投资取得的收益;第二,男女双方实际取得或者应当取得的住房补贴、住房公积金;第三,男女双方实际取得或者应当取得的基本养老金、破产安置补偿费。

关于一方以个人财产投资取得的收益,如前所述,其应属于《民法典》第1062条第1款第2项的生产、经营、投资的收益,投资是脑力或体力劳动的投入,投资收益也是劳动所得,原则上属于夫妻共同财产。在实际生活中,往往是男方出面投资经营,女方在家操持家务、照顾孩子,如果个人出资部分的收益归个人所有,不利于家庭责任的承担和弱势群体利益的保护。但投资的本金仍然属于夫妻一方的个人财产。

此外,就一方个人财产在婚后产生的其他收益,《民法典婚姻家庭编解释(一)》第26条规定:"夫妻一方个人财产在婚后产生的收益,除孳息和自然增值外,应认定为夫妻共同财产。"这里的孳息不同于《民法典》第321条所指的孳息,后者包括天然孳息和法定孳息,但这里并不包括法定孳息,而是指"非投资性、非经营性收益",即无须夫妻一方投入物资或劳动即可取得的孳息。例如,夫妻一方在婚后将个人所有的房屋出租所获得的租金,夫妻一方作为出租人对房屋负有维修等义务,获取租金和投入物资、劳动、管理等密切相关,与个人财产投资获得的收益没有差异,应属于夫妻共同财产。类似的还有夫妻一方在婚后以个人财产购买股票取得收益或者投资企业取得的分红,也属于夫妻共同财产。而夫妻一方婚前银行存款及其利息则更宜

---

[1] 有观点反对该款的推定规则,认为其是没有实质合理性的形式逻辑推演,理想规则是无论出资发生在婚前还是婚后、部分还是全额、一方还是双方,都推定为对自己子女的赠与,成为自己子女的个人财产,参见汪洋:《婚姻关系中房产归属与份额的理论重构》,载王洪亮等主编:《中德私法研究22:夫妻财产制》,北京大学出版社2023年版,第64页以下。也有观点基于伦理义务的显性化,认为此种现象体现了父母对下一代夫妻的慈爱,推定为对双方的赠与更加合理,但附带夫妻离婚的解除条件,参见孙维飞:《家庭伦理、婚姻身份与法律——对〈婚姻关系中房产归属与份额的理论重构〉一文的评议》,载王洪亮等主编:《中德私法研究22:夫妻财产制》,北京大学出版社2023年版,第94页以下。

解释为夫妻一方的个人财产。在判断孳息是否为夫妻个人财产时,主流观点认为应当从协力理论出发,考察夫妻一方对财产的取得是否作出了贡献。自然增值,是指因通货膨胀或市场行情变化而发生的增值,例如,夫妻一方婚前所有的房屋或者古董、字画、珠宝、黄金等市价因市场繁荣而上涨,与夫妻一方或双方投入物资、劳动、投资、管理等产生的主动增值不同,后者如房屋因装修而产生增值,属于夫妻共同财产。[1]

关于男女双方实际取得或者应当取得的住房补贴、住房公积金,住房补贴和住房公积金在性质上都属于工资的一部分或扩大了工资的外延,发放目的也是解决家庭成员的共同居住问题,实行专款专用,一般不发到职工个人手上,而是在职工购房时一并打入售房单位的账户,与职工家庭关系紧密,与职工个人这一特定身份关联较少,因此将其视为夫妻共同财产。但在离婚时所要分割的,只是婚姻关系存续期间的住房补贴和住房公积金。

关于男女双方实际取得或者应当取得的基本养老金、破产安置补偿费,之所以将这两项认定为夫妻共同财产,是因为如果夫妻一方退休或因企业破产领取了破产安置补偿费,而另一方在职,家庭生活的开支都依靠仍在职一方的收入,若将基本养老金、破产安置补偿费定性为夫妻一方的个人财产,而另一方的工资则是共同财产,显然不公。[2]

还有一类比较特殊的财产,即军人复员费、自主择业费中属于夫妻共同财产的部分。《民法典婚姻家庭编解释(一)》第 71 条规定:"人民法院审理离婚案件,涉及分割发放到军人名下的复员费、自主择业费等一次性费用的,以夫妻婚姻关系存续年限乘以年平均值,所得数额为夫妻共同财产。前款所称年平均值,是指将发放到军人名下的上述费用总额按具体年限均分得出的数额。其具体年限为人均寿命七十岁与军人入伍时实际年龄的差额。"由此可见,夫妻一方取得的复员费、自主择业费中属于夫妻共同财产的比例,取决于双方结婚时间的长短。实践中,军人离婚时可能尚未退役,还未实际取得复员费、自主择业费,军人的配偶可以在军人退役后再请求分割这两类财产。

根据《民法典婚姻家庭编解释(一)》第 27 条的规定,由一方婚前承租、婚后用共同财产购买的房屋,登记在一方名下的,应当认定为夫妻共同财产。该条规定针对我国住房制度的历史发展及特殊性,解决个人在婚姻关系存续期间按市场价或成本价购买其承租的公有房屋,即房改房的权属问题。但从这项规定可以看出,在判断一项财产属于夫妻共同财产还是夫妻一方个人财产时,不能仅依据财产的权属登记情况,公示的权利推定效力并不能决定财产的性质,而是要根据取得来源,判断夫妻一方或双方通过哪一类财产取得该项财产。由夫妻共同财产转化的财产仍然是夫妻共同财产,由夫妻一方个人财产转化的仍然是夫妻一方个人财产。

在举证责任的分配上,应适用夫妻共同财产推定规则,即夫妻双方在婚姻关系存续期间取得某项财产,无法确定是共同财产还是个人财产的,该财产原则上应当被认定为夫妻共同财产。夫妻一方主张特定财产是其个人财产的,应当负举证责任,包括财产的来源和取得的

---

[1] 反对观点认为,这里的孳息和自然增值的概念应予废除,抛弃协力理念,转而基于婚姻命运共同体和婚姻保护的理念,将夫妻个人财产的婚后增值一律视为夫妻共同财产,相关论述参见贺剑:《夫妻个人财产的婚后增值归属——兼论我国婚后所得共同制的精神》,载《法学家》2015 年第 4 期;贺剑:《夫妻财产法的精神——民法典夫妻共同债务和财产规则释论》,载《法学》2020 年第 7 期。

[2] 参见最高人民法院民事审判第一庭编著:《最高人民法院民法典婚姻家庭编司法解释(一)理解与适用》,人民法院出版社 2021 年版,第 243~244 页。

时间。[1]

2. 夫妻共同财产权的行使

夫妻共同财产的性质是共同共有，双方应协商行使管理、处分的权利。对此，应注意以下问题。

首先，共同共有，是指在夫妻关系存续期间，夫妻共有财产是一个不分份额的整体，作为共有人的夫妻双方不享有份额权。无论财产的具体来源、夫妻双方各自的职业、社会地位和收入差别如何，夫妻双方都对全部夫妻共同财产不分份额地平等享有权利、承担义务。

其次，夫妻双方对共同财产享有平等的管理、处分权，对共同财产的管理、处分应当协商一致。平等的处理权是指：第一，因日常生活需要而处理夫妻共同财产的，任何一方均有权决定。基于共同生活的特点，如果在支付水电费、购买日用品或食品时，也要求夫妻双方事无巨细地协商一致，显然不合情理。《民法典》第1060条规定了日常家事代理权，据此夫妻一方以个人名义为满足日常家庭生活所需订立的合同，以夫妻共同财产清偿合同债务的，属于夫妻共同财产的管理，因行使家事代理权所生的债务也是夫妻共同债务。第二，夫或妻非因日常生活需要而对共同财产作出重大处分决定的，如转移共有房屋所有权、以共有房屋为他人设立抵押的，夫妻双方应当平等协商，取得一致意见。未经对方同意，不得擅自为之。这也和《民法典》物权编上的共同共有规则，如《民法典》第301条一致。

在夫妻一方未经另一方同意擅自作出处分的情形，善意第三人应当获得保护。《民法典婚姻家庭编解释（一）》第28条规定："一方未经另一方同意出售夫妻共同所有的房屋，第三人善意购买、支付合理对价并已办理不动产登记，另一方主张追回该房屋的，人民法院不予支持。夫妻一方擅自处分共同所有的房屋造成另一方损失，离婚时另一方请求赔偿损失的，人民法院应予支持。"这是物权法善意取得制度在婚姻法中的具体适用。在司法实践中，同意被理解为夫妻另一方对其配偶出售房屋的概括授权。只要有证据证明夫妻另一方曾作出同意出售房屋的意思表示，即应推定该同意为对其配偶自主决定出售价格、付款方式、交付时间等事项的概括同意。夫妻另一方如要否定该概括同意，必须提出证据证明其对房屋买受人所作的同意出售房屋的意思表示明确不包括上述事项。[2] 在通常情况下，只要第三人信赖了不动产登记，就应推定其为善意，除非有证据证明其事先明知不动产登记错误或者登记簿中有异议登记的记载，即不要求第三人进一步核实登记事项。

最后，在婚姻关系存续期间，夫妻双方对共同财产的管理和处分不能协商一致，一方要求分割夫妻共同财产的，法院原则上不支持婚内析产的主张，因为夫妻共同财产是维系夫妻关系和夫妻共同生活的物质基础，但出现特殊情况的除外，《民法典》第1066条规定了两种情形下的夫妻一方有婚内共同财产分割请求权，一是一方有隐藏、转移、变卖、毁损、挥霍夫妻共同财产或者伪造夫妻共同债务等严重损害夫妻共同财产利益的行为；二是一方负有法定扶养义务的人患重大疾病需要医治，另一方不同意支付相关医疗费用。

3. 夫妻共同财产与物权变动

夫妻共同财产无须公示，但物权登记会产生公示效力，夫妻共同财产是否等同于物权法中

---

[1] 参见薛宁兰、谢鸿飞主编：《民法典评注：婚姻家庭编》，中国法制出版社2020年版，第220～221页。
[2] 参见最高人民法院民事审判第一庭编著：《最高人民法院民法典婚姻家庭编司法解释（一）理解与适用》，人民法院出版社2021年版，第272页。

的共同共有财产,理论上存在争议。对此主要存在3种方案。第一种是"物权方案",即认为婚姻关系直接产生财产物权归属层面的效力,夫妻一方的部分财产因结婚直接移转给另一方,后者称为财产的共同共有人。但在该方案下,法定财产制会导致物权公示,尤其是不动产登记簿公信力的失灵。[1] 另外两种方案是"潜在公有方案"[2]和"债权方案"[3]皆认为因区分物权和婚姻两个维度,在物权维度上,尤其是房产仍以登记为准,婚姻关系中财产的物权变动仍遵循物权法规则;在婚姻维度上,财产是否属于夫妻共同财产,依据法定财产制的规则判断,但仅在夫妻内部发生效力,不涉及婚姻关系之外的第三人。即在对内的夫妻关系上适用共同财产制,在对外的物权关系上实行分别财产制。[4] 笔者亦持这种内外有别的观点。

(二)夫妻个人财产

1.夫妻个人财产的范围

夫妻个人财产是相对夫妻共同财产而言的,又称夫妻特有财产、夫妻保留财产,是指夫妻在实行共同财产制度的情况下,依据法律规定或者当事人的约定,各自保留的一定范围的个人所有财产。根据产生原因不同,夫妻个人财产可以分为法定个人财产和约定个人财产。世界上许多实行共同财产制的国家和地区,都对共同财产的范围进行了限制,明确规定了夫妻个人财产的范围。[5] 我国《民法典》第1063条对夫妻一方的个人财产作了列举式规定,其范围包括以下几项。

(1)一方的婚前财产,即夫妻在结婚之前各自所有的财产,包括婚前个人劳动所得财产、继承或受赠的财产以及其他合法财产。根据《民法典婚姻家庭编解释(一)》第31条第1句的规定,一方的婚前财产不因婚姻关系的存续转化为夫妻共同财产。这是婚姻家庭编中的一项重要原则。判断是否属于婚前财产,也要根据财产的取得时间而不是实际占有财产的时间。婚前财产在婚后的转化和变形也属于夫妻一方的个人财产,婚前财产的形态不会保持不变,对现有财产的性质不能拘泥于现有财产形态取得的时间。例如,夫妻一方将婚前个人所有的房屋在夫妻关系存续期间出卖获得金钱或者该房屋因拆迁而获得拆迁款的,仍属于一方的个人财产。此外,根据《民法典婚姻家庭编解释(一)》第26条的规定,夫妻一方个人财产在婚后产生的孳息和自然增值,例如一方婚前存款在婚后产生的利息,或一方个人所有的房屋市价上涨,仍属于夫妻一方的个人财产。

(2)一方因受到人身损害获得的赔偿或者补偿,如医疗费、营养费、残疾补偿金等,具体范围应当参照有关人身损害赔偿的规定。这些财产与生命健康直接相关,主要用于受害人的治疗和生活,具有人身专属性,即使取得时间在婚姻关系存续期间,也属于夫妻一方的个人财产,在夫妻双方离婚时也不参与分割。但需要注意的是,人身损害赔偿或补偿所含的因误工减少

---

[1] 参见冉克平:《夫妻财产制度的双重结构及其体系化释论》,载《中国法学》2020年第6期。

[2] 参见龙俊:《夫妻共同财产的潜在共有》,载《法学研究》2017年第4期。

[3] 参见贺剑:《夫妻财产法的精神——民法典夫妻共同债务和财产规则释论》,载《法学》2020年第7期。

[4] "潜在共有方案"和"债权方案"的区别在于是否会转化为物权法层面的共有,前者认为在离婚或者夫妻一方死亡时会显化为物权法层面的共同共有,用以清算分割;后者则认为夫妻共同财产在任何情况下都不会转变为共有,仅在夫妻之间产生债之关系,从而最大限度地抑制共同财产对婚姻关系外产生的影响。相关总结和对比,参见汪洋:《婚姻关系中房产归属与份额的理论重构》,载王洪亮等主编:《中德私法研究22:夫妻财产制》,北京大学出版社2023年版,第82页以下。

[5] 例如,《法国民法典》第1404条、《德国民法典》第1418条、《瑞士民法典》第225条的规定。

的收入,应被认定为夫妻共同财产,因为误工费是劳动所得的替代,而夫妻双方在夫妻关系存续期间的劳动所得属于夫妻共同财产。对于残疾补偿金,也有观点认为,若对其性质采"劳动能力丧失说",则至少部分属于夫妻共同财产。[1] 反对观点则认为,《民法典婚姻家庭编解释(一)》第30条规定了军人的伤亡保险金、伤残补助金、医疗生活补助费属于个人财产,应当以此作为参照。[2]

(3)遗嘱或者赠与合同中确定只归一方的财产。这是尊重遗嘱人或者赠与人的意思自治,法律保护其对自己财产的处分权。这样规定还可以防止夫妻另一方滥用遗产或者受赠的财产。遗嘱人或赠与人是否存在明确只归夫妻一方的意思,是意思表示的解释问题。此外,根据《民法典婚姻家庭编解释(一)》第29条第1款的规定,当事人结婚前,父母为子女购置房屋出资,该出资应当认定为对自己子女个人的赠与,但父母明确表示赠与双方的除外。

(4)一方专用的生活用品,如个人的衣服、鞋帽、日常生活用具等,具有专属于个人使用的特点。这里的用品仅限于动产,并且为日常生活所需,不包括因职业、爱好或从事生产而购置或专门使用的物品。关于是否要考虑物品价值,例如,婚内以夫妻共同财产购置的首饰是否属于一方专用的生活物品,存在争议。有观点认为,宜根据家庭经济状况对本项适用进行一定的限制,如首饰的购买是经他方明示或默示同意的,应认定其属于夫妻一方的个人财产。[3]

(5)其他应当归一方的财产,如前所述,根据《民法典婚姻家庭编解释(一)》第26条和第30条的规定,其他应归一方的财产包括夫妻一方个人财产在婚后产生的孳息和自然增值,以及军人的伤亡保险金、伤残补助金、医药生活补助费。随着社会经济的发展和新的财产类型的出现,夫妻个人财产的类型将会增加。

对于夫妻一方的个人财产,原则上财产所有人享有独立的管理权和处分权,不受他方的限制。但如果一方的个人财产用于婚后的共同生活,且该财产为共同生活所必要,例如,夫妻一方婚前所有的房屋用于婚姻住所的,并且夫妻双方无其他住所的,则财产所有人在婚姻关系存续期间不应妨碍共同生活作擅自处分。

2. 夫妻个人财产与夫妻共同财产的关系

《民法典》对夫妻共同财产和夫妻个人财产都有概括性规定,如果婚后取得的财产既不属于共同财产的列举范围,也不属于个人财产的列举范围时,如何判断该财产的属性会产生争议,对此应注意:我国法定夫妻财产制是婚后所得共同制,意味着婚后取得的财产以共有为原则,以个人所有为例外。当事人若不能证明财产与特定人身相关联而具有专属性时,就应认定为夫妻共同财产。确立婚后所得制的一个理念是所谓"协力理论",即夫妻一方在婚后获得的财产,与配偶的协力不可分,无论配偶是否直接参加该财产的取得行为,都被认为对财产的取得有贡献,可以成为财产的共有人。反之,与协力无关的财产取得,如婚前财产在婚后的自然增值仍属于原所有人。总的来说,应当全面考虑财产的来源、取得时间、是否支付对价以及是否与人身密不可分等因素认定财产的归属。

此外,夫妻共同财产和夫妻个人财产之间可能存在补偿关系。夫妻一方将夫妻共同财产用于个人财产,如用工资对个人婚前所有的房屋进行修缮,应以个人财产对夫妻共同财产进行

---

[1] 参见薛宁兰、谢鸿飞主编:《民法典评注:婚姻家庭编》,中国法制出版社2020年版,第212页。
[2] 参见徐涤宇、张家勇主编:《〈中华人民共和国民法典〉评注》(精要版),中国人民大学出版社2022年版,第1108页。
[3] 参见徐涤宇、张家勇主编:《〈中华人民共和国民法典〉评注》(精要版),中国人民大学出版社2022年版,第1109页。

补偿;反之,夫妻一方将个人财产用于夫妻共同财产,如一方用个人财产修缮夫妻共同所有的房屋,也应以共同财产对个人财产进行补偿。但夫妻一方为了履行对配偶的扶养义务、对子女的抚养义务,将个人财产投入家庭,导致自然消耗和灭失的,不能主张以夫妻共同财产进行补偿。

(三)夫妻关系存续期间的债务

1. 夫妻共同债务

(1)夫妻共同债务的立法沿革

夫妻共同债务,是指债权人可以请求夫妻双方共同清偿的债务。夫妻共同债务的问题事关夫妻双方,特别是未举债一方和债权人合法权益的保护,一直是立法和司法实践中关注较多、争议较大的问题。

夫妻共同债务的清偿在婚姻的各个阶段都会发生,但离婚对夫妻共同债务的清偿影响较大,所以之前的婚姻法都在"离婚"一章作出规定。我国1950年原《婚姻法》第24条、1980年原《婚姻法》第32条和2001年原《婚姻法》第41条均作出"离婚时,原为夫妻共同生活所负担的债务"需要以共同财产偿还的规定,这种做法也称为"目的论"或"用途论",即"无论是约定共同制或法定共同制,原则上为夫妻共同生活所欠的债务,无论是否为夫妻共同所为,他方是否认可,均应推定为共同债务"[1]。但这一规定仅涉及离婚时夫妻共同生活所负的债务在夫妻间如何分担,对于夫妻债务的外部法律关系,即如何偿还债权人,以及共同财产制下夫妻一方对外所负的债务是否均为夫妻共同债务,没有作出明确规定。在举证责任方面,由债权人举证负债是否用于夫妻共同生活,但基于夫妻生活的封闭性和私密性,债权人很难举证成功。[2]

债权人举证上的劣势造成了当时"假离婚、真逃债"现象的多发,为了遏制夫妻恶意损害债权人利益的问题,2003年最高人民法院《关于适用〈中华人民共和国婚姻法〉若干问题的解释(二)》(以下简称《婚姻法司法解释(二)》,已失效)第24条规定:"债权人就婚姻关系存续期间夫妻一方以个人名义所负债务主张权利的,应当按夫妻共同债务处理。但夫妻一方能够证明债权人与债务人明确约定为个人债务,或者能够证明属于婚姻法第十九条第三款规定情形的除外。"该条规定也被称为"推定论",即原则上夫妻单方举债推定为为夫妻共同生活所负,尽管夫妻可能事前或事后均没有共同举债的合意,但该债务发生后,夫妻双方共同分享了该债务所带来的利益,则同样视为共同债务。[3] 在举证责任上,由夫妻一方举证证明两种除外情形,由此转向保护交易安全和债权人利益的立场。但这一做法又会触发夫妻一方与债权人恶意串通损害夫妻另一方的情况,特别是2014年以后民间借贷案件高发,夫妻债务问题越发突出,为此2017年最高人民法院在《婚姻法司法解释(二)的补充规定》(已失效)第24条加入了两款规定,内容为:"夫妻一方与第三人串通,虚构债务,第三人主张权利的,人民法院不予支持。夫妻一方在从事赌博、吸毒等违法犯罪活动中所负债务,第三人主张权利的,人民法院不予支持。"

但补充后的《婚姻法司法解释(二)》第24条规定仍引起较大争议,夫妻一方在另一方毫不

---

[1] 胡康生主编:《中华人民共和国婚姻法释义》,法律出版社2001年版,第170页。
[2] 参见冉克平:《夫妻团体法:法理与规范》,北京大学出版社2022年版,第103~104页。
[3] 参见夏吟兰:《我国夫妻共同债务推定规则之检讨》,载《西南政法大学学报》2011年第1期。

知情的情况下大额举债,使另一方背上沉重债务负担的问题难以解决。[1] 基于此,最高人民法院在 2018 年出台了《关于审理涉及夫妻债务纠纷案件适用法律有关问题的解释》(已失效),规定了"夫妻双方共同签字或者夫妻一方事后追认等共同意思表示所负的债务"或者"夫妻一方在婚姻关系存续期间以个人名义为家庭日常生活需要所负的债务",为夫妻共同债务,而"夫妻一方在婚姻关系存续期间以个人名义超出家庭日常生活需要所负的债务"不属于夫妻共同债务,"但债权人能够证明该债务用于夫妻共同生活、共同生产经营或者基于夫妻双方共同意思表示的除外"。在《民法典》立法过程中,出于这一司法解释基本平息了争议和热点,且需要时间进一步观察实践效果等原因,对此规定未作实质性修改。[2]

(2)夫妻共同债务的类型

《民法典》第 1064 条列举了夫妻共同债务的基本类型,主要包括以下几项。

第一,夫妻双方共同签名或者夫妻一方事后追认等共同意思表示所负的债务,即合意型共同债务,俗称"共债共签"或"共签共债",包括事前合意型和事后追认型两种,前者如夫妻双方在借条上共同签字,后者如夫妻一方以个人名义举债后,另一方事后以补签借条、向债权人承诺还款、出具还款方案等形式进行明示或默示的追认。[3] 这一规定具有引导债权人在形成债务时加强事前风险防范的功能,避免事后无法举证证明债务属于夫妻共同债务,但增加了一定的交易成本。立法者在利益衡量上偏向于保障夫妻另一方的知情权和同意权,以及夫妻地位平等、意思自治。[4] 但需要注意的是,从夫妻身份不能当然推导出默示的意思表示,单纯的知情也不能推断出同意或者追认。[5]

第二,夫妻一方在婚姻关系存续期间以个人名义为家庭日常生活需要所负的债务,即日常家事型夫妻共同债务。在通常情况下因必要的家庭日常消费,诸如衣食住行、日用品购买、交通通信、医疗保健、子女抚养教育等所负担的债务,属于夫妻共同债务。其法理基础是《民法典》第 1060 条规定的夫妻日常家事代理权,实际上已经包括在该条的内容之中,《民法典》第 1064 条再加以强调。[6] 需要注意的是,不能仅以债务的金额,而应综合债务用途、家庭收入及当地消费水平、借款名义、借贷双方的熟知度等因素认定是否超出家庭日常生活需要。

第三,夫妻一方在婚姻关系存续期间以个人名义超出家庭日常生活需要所负的,但用于夫妻共同生活、共同生产经营的债务,即共同生活、共同生产经营型夫妻共同债务。这一类型的夫妻共同债务和日常家事型夫妻共同债务的相同点在于,两者都采用途标准,但两者不同在于举证责任的分配上,后者只要在家庭日常生活需要范围内即可推定为夫妻共同债务,而前者由债权人承担证明责任。夫妻共同生活、共同生产经营均指向家庭共同利益。"夫妻共同生活"在概念外延上大于"家庭日常生活",只要是夫妻双方共同消费支出,或者用于形成夫妻共同财

---

[1] 相关案例梳理,参见叶名怡:《〈婚姻法解释(二)〉第 24 条废除论——基于相关统计数据的实证分析》,载《法学》2017 年第 6 期。
[2] 参见黄薇主编:《中华人民共和国民法典婚姻家庭编解读》,中国法制出版社 2020 年版,第 115 页。
[3] 相关实务案例,参见缪宇:《事后追认型夫妻共同债务的认定及法律效果》,载《广东社会科学》2023 年第 6 期。
[4] 参见黄薇主编:《中华人民共和国民法典婚姻家庭编解读》,中国法制出版社 2020 年版,第 116~117 页。
[5] 参见徐涤宇、张家勇主编:《〈中华人民共和国民法典〉评注》(精要版),中国人民大学出版社 2022 年版,第 1110 页。
[6] 但需强调的是,虽然家事代理和夫妻共同债务规范存在一定交叉,但二者分属不同领域,家事代理的效果不限于连带债务的形成,还包括债权的连带和形成权行使等其他效果,具体论述参见刘征峰:《被误解和误用的家事代理——民法典家事代理规范体系基点再阐释》,载《华东政法大学学报》2024 年第 1 期。

产，或者基于夫妻共同利益管理共同财产产生的支出，都属于"夫妻共同生活"的范围。其超出"家庭日常生活需要"的部分，在司法实践中通常指向较高额的债务，[1]并结合举债时间、举债人信用状况和借款利息等其他因素综合判断。夫妻共同生产经营主要是指由夫妻双方共同决定生产经营事项，或者虽由一方决定但另一方进行了授权的情形，一般包括双方共同从事工商业、共同投资以及购买生产资料等所负的债务。对于共同生产经营活动的判断，关键在于一方从事的活动可能给家庭带来经济上的增益，是否实际增益在所不问。[2] 在实践中，夫妻一方举债用于个人生产经营，另一方未直接参与生产经营，但分享了生产经营收益的，该债务也可能被认定为夫妻共同债务。[3] 但也有观点认为，共同受益只能作为认定共同生产经营型夫妻债务的正当性基础，不能作为夫妻共同债务及连带责任的认定标准，[4]而应根据经营活动的性质以及夫妻双方在其中的地位作用等进行综合认定。

《民法典》第1064条只规定了3类比较重要的夫妻共同债务，在实践中还会存在其他类型的夫妻共同债务。例如，夫妻双方共同侵权的，按照《民法典》第1168条的规定，构成法定的夫妻共同债务。再如，根据《民法典》第1188条的规定，夫妻因被监护人侵权所负的债务，也是夫妻共同债务。对于夫妻一方因侵权负担的债务是否构成夫妻共同债务，《民法典》并无专门规定，有观点认为，夫妻一方实施的侵权行为，如果是为了家庭利益或者事实上使家庭受益的，则该侵权行为产生的债务为夫妻共同债务。[5] 也有观点认为，应通过对《民法典》第1064条第2款的"债务用于夫妻共同生活、共同生产经营"进行目的性扩张，但判定标准应采"直接获益说"，即"只有当侵权所寄生的活动确实有利于家庭生活时才能将其认定为共债"。[6] 反对观点则认为，夫妻一方因侵权行为所生之债，只能属于个人债务，侵权的民事责任是对加害人的制裁和惩罚，不应株连无过错的配偶；[7] 为了避免替代责任，夫妻可能会更多地约定分别财产制，从而不利于保护经济上的弱者；此外可能会引发侵权一方和受害人串通的情况。[8] 在比较法上，《法国民法典》第1417条、《德国民法典》第1441条第1项将夫妻一方侵权行为之债规定为个人债务，而美国的部分州法如华盛顿州和亚利桑那州，则将为了夫妻共同利益发生的一方侵权之债规定为共同债务。[9]

此外，《民法典婚姻家庭编解释（一）》第34条沿用了《婚姻法司法解释（二）》第24条的补充规定，内容为："夫妻一方与第三人串通，虚构债务，第三人主张该债务为夫妻共同债务的，人民法院不予支持。夫妻一方在从事赌博、吸毒等违法犯罪活动中所负债务，第三人主张该债务为夫妻共同债务的，人民法院不予支持。"立法者基于这一规定仅是从反向排除方面所作的规

---

[1] 参见浙江省丽水市中级人民法院民事判决书，(2019)浙11民终333号。
[2] 参见徐涤宇、张家勇主编：《〈中华人民共和国民法典〉评注》（精要版），中国人民大学出版社2022年版，第1110页。
[3] 参见浙江省高级人民法院《关于妥善审理涉夫妻债务纠纷案件的通知》（浙高法〔2018〕89号）。
[4] 参见叶名怡：《论生产经营型夫妻共债的认定》，载《法律科学（西北政法大学学报）》2023年第4期。
[5] 参见冉克平：《夫妻团体法：法理与规范》，北京大学出版社2022年版，第132页。
[6] 叶名怡：《民法典视野下夫妻一方侵权之债的清偿》，载《法商研究》2021年第1期。
[7] 参见王跃龙：《无偿保证所生之债务不应认定为夫妻共同债务》，载《法学》2008年第10期。
[8] 参见张学军：《夫妻一方"一般侵权行为""赔偿损失"债务属性的立法研究》，载《社会科学战线》2019年第12期。
[9] 相关梳理，参见张学军：《夫妻一方"一般侵权行为""赔偿损失"债务属性的立法研究》，载《社会科学战线》2019年第12期。

定,与《民法典》第1064条并不冲突,且可直接作为审理案件的依据等理由予以保留。[1]

(3)夫妻共同债务的性质

《民法典》第1089条规定,夫妻共同债务应当共同偿还。就"共同偿还",立法者[2]和司法实践[3]一般认为,夫妻共同债务属于连带债务,夫妻双方以夫妻共同财产及双方的全部个人财产予以共同清偿。因此,债权人既可以要求夫妻任何一方清偿夫妻共同债务,也可以要求夫妻双方清偿夫妻共同债务。就合意型和日常家事代理型夫妻共同债务,广泛的共识是其为连带债务,[4]争议主要存在于对共同生活型和共同生产经营型夫妻共同债务的定性。有观点主张,夫妻共同债务不同于夫妻连带债务,连带债务的责任财产范围是夫妻双方的全部财产,而夫妻共同债务应由夫妻共同财产以及举债方的个人财产清偿。[5] 在外部关系上,债务人的配偶以其所拥有的夫妻共同财产为限,对债务承担连带清偿责任;债务人配偶的夫妻个人财产不为夫妻共同债务负责。[6] 在比较法上,夫妻共同债务属于共同共有债务(Gesamthandsschuld,也有译为合手之债),债权人只能要求所有债务人以共同共有财产清偿债务,共同共有财产不足以清偿全部债务的,债务人可能承担个人责任,这和连带债务明显有别。[7] 这一区分有其合理性,但在我国实证法上并无空间,法律文本和审判实务均不支持。[8]

《民法典婚姻家庭编解释(一)》第35条第1款规定:"当事人的离婚协议或者人民法院生效判决、裁定书、调解书已经对夫妻财产分割问题作出处理的,债权人仍有权就夫妻共同债务向男女双方主张权利。"这一规定的目的在于区分夫妻共同债务的内外部关系。夫妻双方就夫妻共同债务清偿所作的安排,只是债务人就债务的内部分担所作的约定,基于债的相对性原理只能约束夫妻双方,不能约束债权人。《民法典婚姻家庭编解释(一)》第36条规定:"夫或妻一方死亡的,生存一方应当对婚姻关系存续期间的夫妻共同债务承担清偿责任。"这也是对夫妻共同债务应当共同偿还原则的具体化和规范化。值得注意的是,《民法典婚姻家庭编解释(一)》第35条、第36条的规定源自《婚姻法司法解释(二)》第25条、第26条,相比原来的规定,删除了"连带"的表述,最高人民法院的主要考虑是"共同之债和连带之债在性质上的不同。在当事人没有约定的情况下,连带责任需要有法律的明确规定"[9]这一定程度上反映了前述的争论,体现出与之前理解的不同。

夫妻共同债务规则不仅适用于法定财产制,也适用于约定财产制。在约定财产制下,夫妻双方共同签名负担的债务和夫妻一方行使日常家事代理权负担的债务,当然属于夫妻共同债

---

[1] 参见最高人民法院民事审判第一庭编著:《最高人民法院民法典婚姻家庭编司法解释(一)理解与适用》,人民法院出版社2021年版,第325页。

[2] 参见黄薇主编:《中华人民共和国民法典婚姻家庭编解读》,中国法制出版社2020年版,第230页。

[3] 参见最高人民法院(2018)最高法民终866号民事裁定书、最高人民法院(2019)最高法民申2216号民事裁定书。

[4] 相关归纳梳理,参见王轶、包丁裕睿:《夫妻共同债务的认定与清偿规则实证研究》,载《华东政法大学学报》2021年第1期。

[5] 参见裴桦:《夫妻财产制与财产法规则的冲突与协调》,载《法学研究》2017年第4期;龙俊:《夫妻共同财产的潜在共有》,载《法学研究》2017年第4期。

[6] 参见贺剑:《论婚姻法回归民法的基本思路——以法定夫妻财产制为重点》,载《中外法学》2014年第6期。

[7] 参见缪宇:《走出夫妻共同债务的误区——以〈婚姻法司法解释(二)〉第24条为分析对象》,载《中外法学》2018年第1期。

[8] 参见叶名怡:《论生产经营型夫妻共债的认定》,载《法律科学(西北政法大学学报)》2023年第4期。

[9] 最高人民法院民事审判第一庭编著:《最高人民法院民法典婚姻家庭编司法解释(一)理解与适用》,人民法院出版社2021年版,第335页、第343页。

务。但如果夫妻双方约定了分别财产制且第三人知道该约定的,夫或妻一方以个人名义举债,产生的是个人债务,以个人财产负担,即使夫妻一方将该个人财产用于夫妻共同生活,也不改变个人债务的属性。

2. 夫妻一方的个人债务

夫妻一方的个人债务,是指夫妻一方与共同生活无关或者依法约定为个人所负担的债务。夫妻虽然在诸多方面是利益共同体,但夫妻一方也是人格独立的个体,存在与婚姻无关的个人利益和责任。夫妻一方的个人债务包括夫妻一方的婚前个人债务和夫妻一方在婚姻关系存续期间负担的、不符合夫妻共同债务标准的债务。原则上,夫妻双方中一方的婚前个人债务不因婚姻关系而发生移转,因为根据债的相对性原理,债权人只能向特定的债务人主张权利,而不能在债务人结婚后向其配偶主张权利。但若满足一定条件,夫妻一方的婚前个人债务可能转化为夫妻共同债务,即当夫妻一方婚前所欠债务中的资金、财物已经转化为夫妻双方婚后物质生活的条件时,根据权利义务相一致原则,该债务亦应由夫妻双方共同负担。《民法典婚姻家庭编解释(一)》第 33 条规定:"债权人就一方婚前所负个人债务向债务人的配偶主张权利的,人民法院不予支持。但债权人能够证明所负债务用于婚后家庭共同生活的除外。"

对于夫妻一方的个人债务,配偶不负连带责任。负债一方的个人财产不足以清偿个人债务时,就个人债务的责任财产范围,过去 1993 年最高人民法院《关于人民法院审理离婚案件处理财产分割问题的若干具体意见》(法发〔1993〕32 号,已失效)第 17 条第 2 款规定,不能认定为夫妻共同债务,应由一方以个人财产清偿。即夫妻一方的个人债务仅以该方的个人财产清偿。这一规定遭受质疑[1]。根据现行《最高人民法院关于人民法院民事执行中查封、扣押、冻结财产的规定》(法释〔2020〕21 号)第 12 条第 1 款的规定,对被执行人与其他人共有的财产,人民法院可以查封、扣押、冻结,并及时通知共有人。据此债权人可以申请执行夫妻双方的共有财产。但对于夫妻一方个人债务的债权人能否以全部夫妻共同财产受偿,法律未明确规定。学说上多认为债权人只能就夫妻一方的个人财产和夫妻共同财产的一半受偿[2]。

(四)法定财产制的终止

法定财产制的终止原因主要包括:因夫妻一方死亡或夫妻双方离婚而终止婚姻关系,夫妻双方约定放弃法定财产制转为约定财产制,以及夫妻一方在婚姻关系存续期间向人民法院请求分割共同财产。比较特殊的是最后一种情形。

根据共同共有原理和《民法典》第 303 条的规定,共同共有人原则上不得请求分割共有财产,只在共有的基础丧失或者有重大理由需要分割时才可以请求分割。如前所述,《民法典》第 1066 条规定了在婚姻关系存续期间夫妻一方可以请求分割共同共有财产的重大理由。一是一方有隐藏、转移、变卖、毁损、挥霍夫妻共同财产或者伪造夫妻共同债务等严重损害夫妻共同财产利益的行为,这些行为均是主观上故意实施的行为,不包括不慎将财产毁损等过失行为。其中最严重的一种行为是因"婚外情"赠与财务,即在婚姻关系存续期间,夫妻一方为重婚、与他人同居以及其他违反夫妻忠实义务等目的,私自将婚内共同财产赠与他人。"婚外情"行为不

---

[1] 张学军:《中国夫妻一方"个人债务"的责任财产之立法研究》,载《当代法学》2019 年第 6 期;叶名怡:《夫妻债务的清偿顺序》,载《法学研究》2023 年第 4 期。

[2] 参见缪宇:《美国夫妻共同债务制度研究——以美国采行夫妻共同财产制州为中心》,载《法学家》2018 年第 2 期;张学军:《中国夫妻一方"个人债务"的责任财产之立法研究》,载《当代法学》2019 年第 6 期。

仅违反了法律规定的夫妻忠实义务,也严重违背公序良俗,鉴此《民法典婚姻家庭编解释(二)》第7条的规定,此时夫妻另一方不仅可以主张该民事法律行为违背公序良俗无效,并根据《民法典》第157条发生相应的法律效果,也可以根据《民法典》第1066条请求分割夫妻共同财产。此外,在近年来的直播经济新业态下,夫妻一方未经另一方同意,在网络直播平台用夫妻共同财产打赏,数额明显超出其家庭一般消费水平,严重损害夫妻共同财产利益的,根据《民法典婚姻家庭编解释(二)》第6条的规定,也可以认定为《民法典》第1066条规定的"挥霍";二是一方负有法定扶养义务的人患重大疾病需要医治,另一方不同意支付相关医疗费用。这里的扶养,是指包括抚养、赡养,以及狭义的平辈之间的扶养,但仅指法定扶养,如《民法典》第1059条、第1067条、第1071条等规定的扶养义务,不包括协议扶养和遗嘱扶养。[1] 重大疾病则应参照医学上的认定,可以借鉴保险行业中对重大疾病的划定范围。[2] 相关医疗费用主要是指为治疗疾病需要的必要、合理费用,不包括营养、陪护等费用。另外,根据立法者的解释,《民法典》第1066条为封闭性规定,除这两种情形外,在其他情形下,例如,一方的财产不足以清偿其个人债务的,或者一方要求用夫妻共同财产从事投资经营活动,另一方不同意的等,夫妻一方不得请求在婚内分割夫妻共同财产。[3]

五、约定财产制

《民法典》第1065条规定:"男女双方可以约定婚姻关系存续期间所得的财产以及婚前财产归各自所有、共同所有或者部分各自所有、部分共同所有。约定应当采用书面形式。没有约定或者约定不明确的,适用本法第一千零六十二条、第一千零六十三条的规定。夫妻对婚姻关系存续期间所得的财产以及婚前财产的约定,对双方具有法律约束力。夫妻对婚姻关系存续期间所得的财产约定归各自所有,夫或者妻一方对外所负的债务,相对人知道该约定的,以夫或者妻一方的个人财产清偿。"这是我国关于约定夫妻财产制的规定。约定财产制的内容主要包括以下几个方面。

(一)约定的要件

夫妻财产约定行为属于双方民事法律行为,是调整夫妻间财产关系的财产法律行为,因此它不仅要符合民事法律行为的一般要件,也要符合婚姻家庭法的相关规定,其必须符合以下要件才能产生当事人追求的法律效力:(1)缔约主体是具备完全民事行为能力的夫妻双方。夫妻财产制约定具有附随性,依赖合法有效的婚姻关系,其生效以存在有效的婚姻关系为前提。[4] 由于我国法律规定的结婚年龄高于成年年龄,因此不存在未成年人订立夫妻财产约定的情况。但如果夫妻一方存在精神或智力上的缺陷,被认定为无行为能力或限制行为能力的,则不具备约定夫妻财产的能力。此外,夫妻财产制约定须由夫妻双方亲自订立,不得代理。[5] (2)约定必须双方自愿,约定的意思表示必须真实。约定的无效、撤销适用《民法典》总则编关于民事法律行为的一般规则,如以欺诈、胁迫等手段使对方违背真实意思而作出约定的,对方有权请求撤销。(3)约定的内容必须合法,不得违反法律、行政法规的强制性规定,也不能违反公序良

---

[1] 参见黄薇主编:《中华人民共和国民法典婚姻家庭编解读》,中国法制出版社2020年版,第133~134页。
[2] 参见中国保险行业协会:《重大疾病保险的疾病定义使用规范》(2020年修订版)。
[3] 参见黄薇主编:《中华人民共和国民法典婚姻家庭编解读》,中国法制出版社2020年版,第135页。
[4] 参见薛宁兰、谢鸿飞主编:《民法典评注:婚姻家庭编》,中国法制出版社2020年版,第250页。
[5] 参见余延满:《亲属法原论》,法律出版社2007年版,第291页。

俗,例如,通过约定免除夫妻相互之间的法定扶养义务或逃避对第三人债务的,则约定无效。

(二)约定的方式

夫妻财产约定应当采用书面方式,属于要式法律行为,未采用书面形式的,约定不成立。夫妻财产约定事关婚姻关系存续期间夫妻财产的归属以及第三人利益,书面形式有警示和证据功能,可以防止夫妻双方基于感情因素而草率行事,进而影响意思表示的真实性,也有利于维护交易安全和避免纠纷。夫妻双方以书面形式作出财产约定后,可以进行公证。夫妻双方以口头形式作出约定,且事后对约定没有争议的,按照《民法典》第490条第2款的规定,该约定仍然有效。这种口头约定仅能约束夫妻双方,不得对抗不知情的善意第三人。

(三)约定的时间和内容

某些立法例上仅限于婚前约定,如《日本民法典》第755条、第756条的规定。[1] 我国《民法典》第1065条并未对约定的时间作出规定,应理解为对约定的时间不作限制,婚前或婚后约定均可。约定生效后,也可以基于双方的合意,随时变更或撤销原约定。

根据《民法典》第1065条第1款的规定,我国夫妻约定财产制的类型及内容,包括分别财产制、一般共同制和部分共同制3种。分别财产制,是指夫妻双方婚前财产和婚姻关系存续期间取得的财产归各自所有。一般共同制,是指夫妻双方婚前财产和婚姻关系存续期间取得的财产全部归双方共同共有。部分共同制,是指夫妻双方婚前财产和婚姻关系存续期间取得的财产,部分归各自所有,部分归双方共同共有。对这些类型是选择模式还是任意模式,即法律是否限制当事人仅能按照这3种类型及内容进行约定,学界存在争议。[2] 除法定的3种类型外,还存在如管理共同制,即夫妻的婚前财产和婚姻关系存续期间所得的财产归各自所有,同时双方约定,除特有财产外,双方的财产由夫或妻一方统一管理。本书持任意模式的观点。当事人可以约定婚后财产的归属,也可以约定婚前财产的归属;可以约定分别所有,也可以约定共同所有;可以对全部夫妻财产进行约定,也可以对部分甚至某一项夫妻财产进行约定;可以约定财产的所有权归属,也可以对财产使用权、管理权、收益权、处分权的行使加以约定。

(四)约定的效力

根据《民法典》第1065条的规定,夫妻财产制约定的效力分为优先效力、对内效力和对外效力。

《民法典》第1065条第1款规定了约定财产制具有优先于法定财产制的效力,只有在当事人未就夫妻财产作出约定,或者所作约定不明确,或者所作约定无效时,才适用夫妻法定财产制。当事人只对部分财产加以约定的,没有约定的部分仍然适用法定财产制的规定。

《民法典》第1065条第2款规定了约定财产制的对内效力,即夫妻财产约定对双方具有拘束力,双方按照约定内容享有权利、承担义务。有争议的是,这种约束力是债权约束力还是具有物权约束力。例如,有观点认为夫妻财产制的约定直接导致夫妻财产权属发生物权变

---

[1] 《日本民法典》第755条规定:"婚姻申报前,夫妻未就其财产另行订立合同时,其财产关系依下一分节之规定。"第756条规定:"夫妻订立与法定财产制相异之合同时,非于婚姻申报前作出其登记,不得以之对抗夫妻之承继人及第三人。"参见王融擎编译:《日本民法典:条文与判例》(下册),中国法制出版社2018年版,第704页。
[2] 支持选择模式的观点,参见李永军主编:《中国民法学·第四卷 婚姻继承》,中国民主法制出版社2022年版,第108页;支持任意模式的观点,参见许莉:《夫妻房产约定的法律适用——基于我国约定夫妻财产制的考察》,载《浙江工商大学学报》2015年第1期。

动。[1] 但出于保护善意第三人的需要,当约定财产制未满足法律规定的公示形式如登记、交付时,不得对抗善意第三人。[2]

《民法典》第1065条第3款规定了夫妻财产约定对夫妻以外第三人的效力。夫妻双方约定采分别财产制且相对人知道该约定的,夫妻一方以个人名义对外负担债务的,以其一方的个人财产清偿。即使夫妻双方未约定债务由各自承担,但从财产分别所有的约定中可以推定出债务由各自承担的意思表示;相反,若相对人不知道该约定的,则该约定对相对人不发生效力,按照夫妻共同财产制下的清偿原则偿还夫妻一方对相对人所负的债务。这一规定符合比较法上的通例,即夫妻财产约定须经登记或为相对人所明知,才能对相对人产生拘束力,例如,《德国民法典》第1412条[3]《日本民法典》第756条皆作此规定。我国目前尚未建立夫妻财产登记制度,所以采"相对人知道该约定"为条件。

第四节　其他夫妻财产关系

一、夫妻间的扶养

《民法典》第1059条规定:"夫妻有相互扶养的义务。需要扶养的一方,在另一方不履行扶养义务时,有要求其给付扶养费的权利。"

夫妻间的扶养,是指夫妻之间相互供养和扶助的权利和义务。夫妻双方因婚姻关系形成生活共同体,相互扶养是婚姻关系的必然要求,对保障夫妻正常生活和维护婚姻家庭关系的稳定,具有重要意义。这一义务始于婚姻关系成立之时,终止于婚姻关系消灭之时,双方处于分居状态并不导致扶养义务消灭。扶养义务不能类推适用非婚同居。婚姻被确认无效或撤销时,扶养义务的基础消灭,已作出的财产给予应按不当得利规则处理。[4]

历史上的早期立法中,由于夫妻地位不平等,丈夫是家庭的主导,妻子对丈夫有人身依附关系,所以一般规定扶养义务由丈夫承担,妻子则是扶养权利人。近现代以来,随着夫妻权利地位的日趋平等,绝大多数国家都规定了夫妻双方有相互扶养的权利和义务。

扶养义务具有以下特点:首先,夫妻间的扶养既是义务也是权利。在现代社会中,夫妻双方在扶养方面的权利和义务是相互对应和平等的,夫妻互为权利主体和义务主体。但从立法的本意和我国现实需要的角度看,应更注重保护女方的合法权益,男方在扶养上应多承担一些义务。其次,夫妻间的扶养虽然基于夫妻间的配偶身份关系而产生,但在性质上属于财产关系。夫妻间的扶养义务不同于扶助义务,后者是指夫妻在共同生活中有互相协力、帮助的权利和义务,是一种人身义务,而扶养不仅包括生活上的照料和精神上的慰藉,更强调夫妻互相有

---

[1] 参见薛宁兰、谢鸿飞主编:《民法典评注:婚姻家庭编》,中国法制出版社2020年版,第252页。
[2] 参见徐涤宇、张家勇主编:《〈中华人民共和国民法典〉评注》(精要版),中国人民大学出版社2022年版,第1111页。
[3] 《德国民法典》第1412条第1款第1分句规定:"配偶双方已排除或变更法定夫妻财产制的,仅在夫妻财产合同在法律行为实施时已登记于有管辖权的区法院的夫妻财产登记簿或为第三人所知时,他们才能由此向该第三人引出对在其中一方和该第三人之间所实施……"参见陈卫佐译注:《德国民法典》(第4版),法律出版社2015年版,第451~452页。
[4] 参见徐涤宇、张家勇主编:《〈中华人民共和国民法典〉评注》(精要版),中国人民大学出版社2022年版,第1101页。

经济供养的义务,在另一方不履行扶养义务时,需要扶养的一方有权要求其给付扶养费。最后,夫妻间的扶养义务是法定义务,具有强制性,夫妻双方不得通过约定放弃或者排除扶养义务。扶养义务与夫妻财产制无关,无论夫妻双方采法定财产制还是约定分别财产制,以及夫妻财产制是否发生变化,都不会导致扶养义务消灭。一方拒不履行扶养义务,情节严重的,可能构成遗弃罪。

夫妻双方可以协商确定扶养的方式及扶养费给付的标准和期限等。生活上的照料和经济上的扶养存在一定关联,应依据夫妻双方的具体情况确定,夫妻双方同居生活的,一方提供衣食住行、料理家务,即履行了扶养义务;双方分居生活的,则可以定期给付扶养费的方式履行扶养义务。

关于扶养的标准,扶养义务包括生活保持义务和一般生活扶助义务。生活保持义务,是指扶养义务人应使扶养权利人的生活达到与自己同等水平的地步。生活扶助义务,是指扶养义务人在不降低与自己地位相当的生活水平限度内,保障扶养权利人能够维持最低限度的生活水平。夫妻间的扶养义务应属于生活保持义务。[1]

《民法典》第1059条第2款规定的扶养费给付请求权,以夫妻一方有扶养需求以及另一方不履行扶养义务为要件。关于扶养需求的判断,有观点认为,应采缺乏劳动能力与生活来源的标准,[2]即可参照《民法典》第1075条的规定。但夫妻一方的扶养需求往往并非因其缺乏劳动能力,而是因照顾家庭等事由无法就业获得收入以维持自己的生活。[3]从生活保持义务的角度看,扶养需求应着眼夫妻间生活水平的差别,不以夫妻一方在经济上陷入贫困为要。[4]就扶养义务人是否须有扶养能力,存在争议。反对观点认为,配偶有扶养能力并非要件,即使配偶失业无其他收入,亦应给付一定的扶养费。[5]也有观点认为,以义务人有扶养能力作为要件,但鉴于扶养义务是生活保持义务,对有无扶养能力的判断也要根据能否使夫妻的生活状况处于相同水平,若夫妻一方的收入难以维持基本生活,但其生活水平依然高于另一方时,仍须对另一方承担扶养义务,但可请求减轻其扶养义务。[6]

扶养费的确定需要综合考虑扶养一方的生活水平、经济状况和被扶养一方的实际需求以及当地一般生活水平等因素。给付扶养费既可以通过金钱方式,也可以采取提供住所等其他方式;既可以一次性支付,也可以定期支付。扶养费给付请求权具有高度人身性,不得转让、继承、代位或抵销。并且根据《民法典》第196条的规定,扶养费给付请求权也不适用诉讼时效的规定。[7]

二、夫妻日常家事代理权

《民法典》第1060条规定:"夫妻一方因家庭日常生活需要而实施的民事法律行为,对夫妻

---

[1] 参见陈苇主编:《婚姻家庭继承法学》(第2版),中国政法大学出版社2014年版,第135页;李永军主编:《中国民法学·第四卷 婚姻继承》,中国民主法制出版社2022年版,第110页。

[2] 参见蒋月主编:《婚姻家庭与继承法》(第3版),厦门大学出版社2014年版,第128页;巫昌祯主编:《婚姻与继承法学》(第6版),中国政法大学出版社2017年版,第219页。

[3] 参见徐涤宇、张家勇主编:《〈中华人民共和国民法典〉评注》(精要版),中国人民大学出版社2022年版,第1102页。

[4] 参见薛宁兰、谢鸿飞主编:《民法典评注:婚姻家庭编》,中国法制出版社2020年版,第143页;李永军主编:《中国民法学·第四卷 婚姻继承》,中国民主法制出版社2022年版,第110页。

[5] 参见徐涤宇、张家勇主编:《〈中华人民共和国民法典〉评注》(精要版),中国人民大学出版社2022年版,第1102页。

[6] 参见李永军主编:《中国民法学·第四卷 婚姻继承》,中国民主法制出版社2022年版,第110页。

[7] 参见徐涤宇、张家勇主编:《〈中华人民共和国民法典〉评注》(精要版),中国人民大学出版社2022年版,第1102页。

双方发生效力,但是夫妻一方与相对人另有约定的除外。夫妻之间对一方可以实施的民事法律行为范围的限制,不得对抗善意相对人。"这条是关于夫妻日常家事代理权的规定。

夫妻日常家事代理权,是指夫妻一方为满足家庭日常生活需要而与第三方为一定民事法律行为时互为代理的权利。一般认为,法律规定家事代理权有两个立法目的:一是方便婚姻家庭生活,保护夫妻双方权益。日常家事代理权扩张了夫妻双方的意思自治,使夫妻双方在日常家庭事务的处理中无须事必躬亲,从而突破夫妻各自在时间、精力上的局限性,满足夫妻共同生活的需要〔1〕。二是方便经济交往,保护相对人的合法权益,维护社会交易安全。但有观点认为,家事代理权未必能实现该双重目的,这两个目的对应妻子为代理人的传统日常家事代理,不符合现行的日常家事代理规则。特别是后一个目的,日常家事代理权通常无关债权人的信赖和交易安全,只是事实上产生了保护债权人的附带效果,或者仅在处分行为的场景勉强具有正当性,所以保护债权人的信赖利益和交易安全不应被视为规范目的〔2〕。

关于日常家常代理和总则编代理制度的关系,日常家事代理虽然名为"代理",并且学界也通常将其定义为夫妻因日常家庭事务与第三人为法律行为时"互为代理"的权利,但日常家事代理在两个方面与代理不同:一是日常家事代理不要求显名原则;二是其法律效果归属于夫妻双方而非本人一方。理论上,就日常家事代理的性质,存在"法定代理说"、"特种代理说"和"代理否定说"等不同学说,前两者主张日常家事代理仍是代理,实践中有的法院也持该观点,例如,日常家事代理虽无显名要件,但通过关注第三人是否有理由相信代理的存在等因素,使其与一般代理或表见代理相联系〔3〕。

家事代理权在中国近代的立法上,最早始于《大清民律草案》亲属编第39条,该条立足于"男主外,女主内"的家庭经济理论,当时妻子欠缺完全行为能力以及法定财产制为联合财产制等不平等理念,规定"妻于寻常家事,视为夫之代理人"。后来的国民政府民法亲属编第1003条将表述修改为"夫妻于日常家务,互为代理人",反映出顺应男女平等潮流、消除对妻子差别对待的努力,使夫妻双方均成为日常家事的代理人,但因仍以不平等的联合财产制作为法定财产制,无法体系融贯。新中国成立后,我国原《婚姻法》继承了苏联和革命根据地的婚姻立法,未规定蕴含不平等因素的日常家事代理权,在共同财产制下解决夫妻间的财产处理和负债问题。值得注意的是,在2001年修改原《婚姻法》时,立法机关对该法第17条第2款"夫妻对共同所有的财产,有平等的处理权"所作的释义中,提及了夫妻在日常生活中互有代理权〔4〕。在随后出台的最高人民法院《关于适用〈中华人民共和国婚姻法〉若干问题的解释(一)》(以下简称《婚姻法司法解释(一)》,已失效)第17条第1项中规定了"因日常生活需要而处理夫妻共同财产的,任何一方均有权决定",最高人民法院明确了这一规定的实质是日常家事代理权〔5〕。2018年最高人民法院《关于审理涉及夫妻债务纠纷案件适用法律有关问题的解释》(已失效)第2条规定:"夫妻一方在婚姻关系存续期间以个人名义为家庭日常生活需要所负的债

---

〔1〕 参见黄薇主编:《中华人民共和国民法典婚姻家庭编解读》,中国法制出版社2020年版,第89页。
〔2〕 参见贺剑:《〈民法典〉第1060条(日常家事代理)评注》,载《南京大学学报(哲学·人文科学·社会科学)》2021年第4期;王战涛:《日常家事代理之批判》,载《法学家》2019年第3期;徐涤宇、张家勇主编:《〈中华人民共和国民法典〉评注》(精要版),中国人民大学出版社2022年版,第1103页。
〔3〕 参见黄骏庚:《日常家事代理在中国(1911—2020):民法制度的历史分析》,载《法制与社会发展》2023年第4期。
〔4〕 参见胡康生主编:《中华人民共和国婚姻法释义》,法律出版社2001年版,第68页。
〔5〕 参见最高人民法院民事审判第一庭:《婚姻法司法解释的理解与适用》,中国法制出版社2003年版,第63~65页。

务,债权人以属于夫妻共同债务为由主张权利的,人民法院应予支持。"这一规定进一步丰富了日常家事代理规则的内容。直至《民法典》新增了第1060条的规定,正式确立了夫妻日常家事代理权。

负担行为是夫妻日常家事代理的主要适用场景,不仅限于买卖等双务合同,也包括人情往来中的赠与等单方行为,而处分行为则只适用于对夫妻共同财产的处分,不适用于身份行为。[1] 家事代理与夫妻双方实行何种财产制无关,无论夫妻双方采法定财产制还是约定分别财产制,双方都享有日常家事代理权。日常家事代理以合法有效的婚姻为前提,一般始于婚姻关系成立,终于婚姻关系解除,但在夫妻分居期间亦有适用空间,除作为离婚事由外,法律并未规定分居有异于常态婚姻的特殊法律效果,且履行抚养子女的义务也是满足家庭日常生活需要的行为。[2] 无效或被撤销的婚姻不适用日常家事代理,日常家事代理也不可类推适用于非婚同居关系。

夫妻日常家事代理权的行使范围限于日常家庭事务,即为满足正常夫妻共同生活和家庭生活所必需的,非属人身性的一切事务。对于家庭日常生活需要的判断,可以参考国家统计局关于"我国城镇居民家庭消费种类"的八大分类,根据夫妻共同生活的状态和当地一般社会生活习惯进行认定。[3] 须兼顾主观标准和客观标准,并且日常家事代理必须使夫妻实际受益,而非可能受益。[4] 家庭日常生活需要的支出主要包括正常的衣食消费、日用品购买、子女抚养教育、老人赡养等各项费用。家庭日常生活需要的范围,与夫妻互负的扶养义务、父母对子女的抚养义务密切相关。[5]

夫妻一方行使家事代理权产生的法律效果是"对夫妻双方发生效力",即基于该民事法律行为所设立、变更、终止民事法律关系的一切结果都归属夫妻双方,取得的权利由夫妻双方共同享有,产生的义务也由夫妻双方共同承担。通常认为,在负担行为场合,是夫妻双方承担连带债务、享有连带债权;在处分行为场合,夫妻一方对外单独转让夫妻共同财产的行为是有权处分因而有效,或者单独从第三人处取得的财产是夫妻共同财产。[6] 也有观点认为,夫妻债务"内外有别",在外部关系上,夫妻一方以个人名义实施的与第三人的民事法律行为,仅适用合同法的一般规则,并不产生夫妻连带债权债务;相反在内部关系上成为夫妻内部的共同债务,由夫妻双方分担。[7] 但这一解释与《民法典》第1060条第1款的但书规定相矛盾,本书仍采连带债权债务关系的通常观点。但日常家事代理形成的连带债权债务有一定特殊性,夫妻

---

[1] 参见贺剑:《〈民法典〉第1060条(日常家事代理)评注》,载《南京大学学报(哲学·人文科学·社会科学)》2021年第4期。

[2] 参见徐涤宇、张家勇主编:《〈中华人民共和国民法典〉评注》(精要版),中国人民大学出版社2022年版,第1103页;贺剑:《〈民法典〉第1060条(日常家事代理)评注》,载《南京大学学报(哲学·人文科学·社会科学)》2021年第4期。

[3] 参见黄薇主编:《中华人民共和国民法典婚姻家庭编解读》,中国法制出版社2020年版,第90页。

[4] 参见贺剑:《〈民法典〉第1060条(日常家事代理)评注》,载《南京大学学报(哲学·人文科学·社会科学)》2021年第4期。

[5] 参见李永军主编:《中国民法学·第四卷 婚姻继承》,中国民主法制出版社2022年版,第112页。

[6] 参见贺剑:《〈民法典〉第1060条(日常家事代理)评注》,载《南京大学学报(哲学·人文科学·社会科学)》2021年第4期;徐涤宇、张家勇主编:《〈中华人民共和国民法典〉评注》(精要版),中国人民大学出版社2022年版,第1103~1104页。

[7] 参见贺剑:《〈民法典〉第1060条(日常家事代理)评注》,载《南京大学学报(哲学·人文科学·社会科学)》2021年第4期。

一方清偿债务后,不能当然依据《民法典》第 178 条第 2 款和第 519 条第 2 款的规定向另一方追偿。[1]

日常家事代理权可以被排除或限制。根据《民法典》第 1060 条第 1 款的但书规定,夫妻一方因家庭日常生活需要而实施法律行为时,可以与相对人另有约定,即明确所涉债务为债务人的夫妻个人债务,或者明确排除债务人配偶的连带责任,从而排除日常家事代理权的适用。《民法典》第 1060 条第 2 款规定了对日常家事代理权的约定限制,这是夫妻双方意思自治的体现,例如,禁止夫妻一方购买特定物品或者不得超出一定金额。[2] 除约定限制外,如夫妻一方单方限制另一方的日常家事代理权,比如,在夫妻一方有滥用代理权、无能力行使代理权等情形下另一方作出单方限制的,也应承认其效力。[3] 对夫妻一方日常家事代理权的限制不得对抗善意相对人,夫妻一方超越内部限制实施法律行为的,善意相对人仍然可以要求夫妻双方对由此产生的债务负责。善意,是指相对人不知道或者不应当知道夫妻之间对一方可以实施的民事法律行为的限制,例如,夫妻约定丈夫不得购买一条以上香烟,结果丈夫购买了两条,小卖部无从知晓夫妻的该约定,买卖合同因而有效。[4] 也有观点认为,基于和《民法典》第 1065 条第 3 款的体系协调,这里的善意也应限于"相对人知道",排除"相对人应当知道"的情形。[5]

三、夫妻间的继承

《民法典》第 1061 条规定:"夫妻有相互继承遗产的权利。"

夫妻相互遗产继承权,是指夫妻一方基于夫妻身份而享有的相互继承对方遗产的权利。夫妻相互继承权以特定的配偶身份为基础,在性质上属于财产权。

夫妻互相享有遗产继承权,是夫妻双方在婚姻家庭关系中地位平等的一个体现。在我国古代社会,以男性为本位的、"父死子继"的宗祧继承占据主导,妇女不享有继承权,只有在丈夫死后,其财产没有别的男性继承而称为"绝户产"时,妻子才能继承丈夫的遗产。新中国成立后,自 1950 年原《婚姻法》第 12 条起就规定了夫妻之间的遗产继承权,并在后来的原《继承法》中将夫妻列为第一顺序法定继承人。这些规定一直延续到《民法典》中。

夫妻相互遗产继承权以合法的夫妻关系为前提。男女双方办理了结婚登记手续,但尚未举办婚礼或同居,一方死亡的,不影响另一方的继承权。在无效婚姻中或可撤销婚姻被撤销后,一方死亡的,生存的一方不享有继承权;可撤销婚姻未被撤销之前,一方死亡的,生存的一方可以继承对方的遗产。夫妻一方在处于分居状态或者诉讼离婚过程中死亡时,另一方仍有继承权。需要注意的是,夫妻相互继承权并非婚姻的法律效果,夫妻一方死亡时,婚姻关系即已终止,但另一方因婚姻形成的配偶身份仍然存在,基于此而成为法定继承人。

---

[1] 参见徐涤宇、张家勇主编:《〈中华人民共和国民法典〉评注》(精要版),中国人民大学出版社 2022 年版,第 1103 页。
[2] 参见林秀雄:《亲属法讲义》,台北,元照出版有限公司 2013 年版,第 118 页。
[3] 参见贺剑:《〈民法典〉第 1060 条(日常家事代理)评注》,载《南京大学学报(哲学·人文科学·社会科学)》2021 年第 4 期;徐涤宇、张家勇主编:《〈中华人民共和国民法典〉评注》(精要版),中国人民大学出版社 2022 年版,第 1104 页。
[4] 参见黄薇主编:《中华人民共和国民法典婚姻家庭编解读》,中国法制出版社 2020 年版,第 91 页。
[5] 贺剑:《〈民法典〉第 1060 条(日常家事代理)评注》,载《南京大学学报(哲学·人文科学·社会科学)》2021 年第 4 期。

第三章 离 婚

第一节 离婚概述

一、婚姻终止与离婚

婚姻终止又称"婚姻的消灭",是指合法有效的婚姻关系因发生一定的法律事实而归于消灭。婚姻消灭的事由包括婚姻被宣告无效、被撤销、离婚以及配偶一方死亡。本书前面章节已阐述婚姻被宣告无效或被撤销,其他两个引起婚姻关系终止的原因是配偶一方死亡和双方离婚。在阐述离婚制度之前,先简要介绍因配偶一方死亡而导致婚姻终止,后面不再涉及该内容。

(一)婚姻因配偶一方死亡而终止

配偶双方因婚姻而形成生活共同体,婚姻关系具有人身法律关系性质,如果配偶一方死亡,就失去了夫妻共同生活的前提,婚姻关系自动消灭。

民法上的死亡包括自然死亡和宣告死亡。配偶一方在生物学上自然死亡时,就不再具有民事权利能力,当然也不可能保留死者婚姻关系主体的资格,婚姻关系自然消灭。虽有一些国家未明文规定婚姻因配偶一方死亡而终止,但其为当然之理,不存在例外情况。

宣告死亡是在法律上推定失踪人已经死亡,它与自然死亡产生同样的法律效力,其效力之一就是引起被宣告死亡人与其配偶的婚姻关系的终止。但宣告死亡毕竟是法律拟制而非真实情况,尚不确定婚姻关系是否完全、永久消灭,仍有恢复可能性。《民法典》第51条规定:"被宣告死亡的人的婚姻关系,自死亡宣告之日起消除。死亡宣告被撤销的,婚姻关系自撤销死亡宣告之日起自行恢复。但是,其配偶再婚或者向婚姻登记机关书面声明不愿意恢复的除外。"由此可见,在我国,被宣告死亡的配偶一方重新出现或者确知其并未死亡时,首先得由其本人或利害关系人向人民法院提出撤销死亡宣告的申请,在人民法院撤销了对其死亡宣告之后,再根据生存一方的意愿或者其有无再婚的情况决定他们的婚姻关系能否恢复。如果生存一方未再婚,也未向婚姻登记机关书面声明不愿恢复的,则他们的婚姻关系自行恢复。如果生存一方于此期间再婚,则婚姻关系不能自行恢复。

由此可见,我国赋予被宣告死亡之人配偶以再婚的自由。但就此问题,比较法上的规定不尽相同。有些国家规定再婚的效力取决于当事人的善恶意,例如,《德国民法典》第1319条规定,倘若再婚的当事人在再婚时知道被宣告死亡的人实际上并没有死亡的,则后婚为重婚,得依法予以废止。[1]《日本民法典》虽无明确规定,但从其第32条的规定中可以推知,日本的法

---

[1] 《德国民法典》第1319条第1款规定:"配偶一方在另一方被宣告死亡后缔结新婚姻的,如被宣告死亡的配偶仍生存,则仅在配偶双方在结婚时知道被宣告死亡的配偶在死亡宣告时仍生存的情形下,新婚姻才能因违反第1306条而被废止。"参见陈卫佐译注:《德国民法典》(第4版),法律出版社2015年版,第437页。

律对这个问题也是持上述态度。[1] 但需要注意的是,对于被宣告死亡的一方,婚姻的拘束力依然存在,其再次结婚的,应当构成重婚。

(二)婚姻因离婚而终止

1. 离婚的概念

离婚又称婚姻的解除,是婚姻关系当事人生存期间解除婚姻关系的法律行为,是终止婚姻关系的人为手段。

离婚具有以下法律特征:(1)离婚必须以有效婚姻关系的存在为前提。当事人离婚的目的是消灭婚姻的效力,如果婚姻是无效的,就无所谓婚姻的效力,也就没有离婚的必要;如果婚姻的一方已经死亡,婚姻的效力已经终止,同样没有离婚的可能。所以,离婚行为只能在有效婚姻关系存续期间进行。(2)离婚原则上不得代理。离婚导致夫妻身份消灭,是涉及当事人切身利益的身份法律行为,也会伴随财产关系发生重大变更,必须基于当事人的真实意志作出。因此,离婚的意思表示通常只能由当事人本人作出,其他人不得代理。但考虑到现实生活中存在婚姻的维系对丧失了行为能力的一方当事人非常不利的情况,从保护无行为能力的当事人的权益出发,《民法典婚姻家庭编解释(一)》第62条规定:"无民事行为能力人的配偶有民法典第三十六条第一款规定行为,其他有监护资格的人可以要求撤销其监护资格,并依法指定新的监护人;变更后的监护人代理无民事行为能力一方提起离婚诉讼的,人民法院应予受理。"(3)离婚是要式法律行为。离婚是一个婚姻共同体的解体,不仅事关当事人的切身利益,也将影响家庭的稳定和社会的安宁。因此,法律不可能听任当事人的随意,必然会对离婚行为作出各种限制。这些限制一部分是对离婚条件的实质限制,另外一部分是对离婚程序的形式限制,对此下文将予以详述。

2. 离婚的方式

在我国,离婚的方式分为协议离婚和诉讼离婚。协议离婚以双方自愿离婚为前提,由登记结婚的行政部门管辖,具有方便快捷的优势。诉讼离婚则是在双方无法达成完全一致的情况下,由当事人一方诉请法院判决离婚。从比较法上看,大多数国家规定的是经过司法程序离婚,允许协议离婚的较少。关于这两种离婚方式的具体内容,将在下文予以展开。

3. 离婚与婚姻无效、婚姻撤销的区别

离婚与婚姻无效、婚姻撤销的区别有以下方面:(1)适用的前提不同,离婚以合法婚姻为对象,目的是解除合法婚姻的效力;婚姻无效、婚姻撤销以存在效力瑕疵的婚姻为对象,目的是否认婚姻的效力。(2)行使方式不同,离婚既可以通过诉讼方式提出,也可以双方达成合意后向婚姻登记机关提出;宣告婚姻无效或撤销婚姻必须以诉讼方式提出。(3)起诉主体不同,离婚请求权人仅限于婚姻当事人;请求宣告婚姻无效的主体除了婚姻当事人外,还包括利害关系人。根据《民法典婚姻家庭编解释(一)》第9条的规定,以重婚为由的,利害关系人为当事人的近亲属及基层组织;以未到法定婚龄为由的,利害关系人为未到法定婚龄者的近亲属;以有禁止结婚的亲属关系为由的,利害关系人为当事人的近亲属。对可撤销婚姻,仅受害方可请求撤销婚姻,即被胁迫或被隐瞒重大疾病的一方。(4)权利行使期间不同,诉讼离婚请求权并无时

---

[1]《日本民法典》第32条第1款规定:"有证明失踪者仍生存,或已在不同于前条规定之时死亡时,依本人或利害关系人之请求,家庭法院应撤销失踪之宣告。于此情形,该撤销之影响,不及于宣告失踪后至该撤销前善意所为行为之效力。"参见王融擎编译:《日本民法典条文与判例》(上册),中国法制出版社2018年版,第36页。

间限制,理论上只能发生在配偶双方生存期间;而根据《民法典婚姻家庭编解释(一)》第 14 条的规定,夫妻一方或者双方死亡后,生存一方或者利害关系人仍可请求确认婚姻无效,可撤销婚姻的撤销权,本质上是形成权,受到除斥期间的限制,根据《民法典》第 1052 条和第 1053 条的规定,该除斥期间为一年。(5)效力不同,离婚于确定之日起面向将来解除婚姻关系,没有溯及力;婚姻无效或撤销的宣告具有溯及力,被依法确认无效或被撤销的婚姻,自始没有法律约束力。

4. 离婚与别居

别居是在保留婚姻关系的前提下免除配偶双方同居义务的法律制度。别居制度产生于中世纪欧洲,最初是作为基督教禁止离婚主义的救济措施产生的。随着自由离婚主义的普遍确立,别居制度也已失去其最初的意义和作用,但一些西方国家至今仍然保留这一制度,将它作为离婚制度的一种补充,给陷入婚姻危机的夫妻提供一个法律上的缓冲地带。

离婚与别居既有联系又有区别。两者的区别主要体现在效力上。别居不解除婚姻关系,除免除双方同居义务以及实行分别财产制外,夫妻双方间的其他权利和义务关系仍然存在。因此,别居期间,夫妻双方仍有互守贞操的义务,均不能再婚,否则构成重婚。而离婚后,夫妻间的权利和义务关系完全解除,双方不再有互守贞操的义务,均享有再婚的自由和权利。两者的联系主要体现在,当代的别居,更多已经成为离婚的一种缓冲或过渡,很多国家把一定期间的别居作为离婚的一个法定理由,别居后夫妻双方的关系如果没有根本的改善,就可考虑是否允许离婚。如《法国民法典》第 307 条规定,在所有的分居情形下,均可以按夫妻双方的意愿转为离婚。《葡萄牙民法典》第 1795 – D 条第 1 款规定,分居判决 2 年后,夫妻双方未和解的,任何一方均可申请将分居转变为离婚。

我国历来奉行许可离婚主义,无别居制度的立法。但现实生活中,一些感情不和的夫妻出于种种原因不离婚却分开生活的情况是实际存在的,对于这种消极的夫妻分居现象,法律虽不作积极的调整,但也并非视而不见。例如,根据《民法典》第 1079 条第 3 款第 4 项的规定,夫妻双方因感情不和分居满 2 年,调解无效的,应当准予离婚。

二、离婚制度的历史沿革

(一)外国离婚制度的沿革

离婚制度作为婚姻家庭制度的重要组成部分,受到特定时期、特定地域内社会经济基础和上层建筑的影响。因此,不同时期、不同地域的离婚制度各有特点。

古代的离婚立法普遍采取专权离婚主义。在夫权社会,妻子不仅没有财产权和独立的人格,反映在离婚制度上,就是片面地赋予丈夫以离婚的特权,而妻子则在离婚问题上没有任何发言权,或她们的离婚权利受到法律上或事实上的严格限制,基本上只能被动地承受被丈夫抛弃的后果。例如,古巴比伦王国的《汉谟拉比法典》规定,丈夫可因妻子通奸、不生育、浪费家财等理由而离弃她,还可以在负债的情况下,出卖妻子或把妻子交出去成为债奴。古希腊和古罗马市民法均赋予丈夫以离婚的特权,丈夫可以不需要任何理由而离弃妻子。

在中世纪欧洲,教会法成为调整婚姻家庭的主要规范,而教会法采取禁止离婚主义,以维护夫妻一体主义。但是,这种违背婚姻本质、禁锢人类本性的制度并不能真正起到维护婚姻关系的作用,反而制造了大量名存实亡的畸形婚姻和"情人"现象的普遍化。教会法于是不得不创设出婚姻无效宣告、别居制度、未完成婚的否定等办法,来弥补禁止离婚主义的不足,但终究不能从根本上消除禁止离婚主义导致的尴尬局面。直至16世纪,在宗教改革和婚姻还俗运动的推动下,禁止离婚主义才退出了历史舞台,欧洲重新回到许可离婚主义的轨道。但禁止离婚主义的影响及于近代,一些基督教传统较强的资本主义国家,在相当长的时期内一直保留禁止离婚的立法。例如,1970年意大利才颁布了离婚法,而在爱尔兰,施行了数百年的禁止离婚主义直到1997年才寿终正寝。

近代资本主义国家将婚姻视为民事契约,视离婚为正常的婚姻契约解除行为,因此采取许可离婚主义。早期的资本主义国家离婚立法采取限制离婚主义,即必须符合法定理由才可诉请离婚,如通奸、虐待、遗弃、重婚、犯罪等,并且只有无过错一方才享有请求离婚的权利。学理上称这种立法为"过错离婚主义"或"有责离婚主义",反映的是将离婚当作制裁过错方行为的手段的离婚观念。后来的立法中增加了非属当事人主观过错的离婚理由,如当事人患有精神病、生理缺陷、失踪达一定年限等对夫妻关系有直接影响,甚至是使其无法维持的情形。在这两种法定离婚理由中,可归责于当事人一方的理由占主导地位,体现出法律对离婚加以限制的意图。

第二次世界大战后,人们对离婚的观念发生了深刻改变。越来越多的人认识到,将离婚作为惩罚手段并不能起到积极的社会作用,离婚应该是对婚姻关系事实上破裂的确认,是帮助当事人摆脱不幸婚姻的一种救济。基于这一观念的转变,各主要资本主义国家先后对离婚法作了重大修改,从限制离婚主义迈向自由离婚主义。在离婚理由上增加了破裂原则或仅以婚姻破裂作为唯一的离婚理由。破裂离婚主义不看婚姻破裂的原因,只看婚姻破裂的程度,对那些婚姻关系破裂确实已无可挽回的夫妻,无论当事人有无过错,都可准予离婚。这体现了对公民人身自由的尊重和离婚权利的保护。因此,破裂离婚主义在实质上就是自由离婚主义。

(二)我国离婚制度的沿革

1. 我国古代的离婚制度

我国古代虽然在伦理道德上提倡"百年好合""白头偕老",但是在观念上并不认为婚姻不可离异,历代法律都不禁止离婚,甚至在一定情形下还要强制离婚。综观我国历代封建法律的有关规定,我国古代的离婚方式主要有以下4种。

(1)出妻。出妻又称休妻,是男子依据"七出"之条离弃妻子的行为。出妻是丈夫专权离婚的方式,反映了男尊女卑的封建伦理观念,与以夫权为统治的宗法家族制度相适应,是我国古代最主要的离婚方式。据《大戴礼·本命》记载:"妇人七出:不顺父母,为其逆德也。无子,为其绝世也。淫,为其乱族也。妒,为其乱家也。有恶疾,为其不可与共粢盛也。口多言,为其离亲也。窃盗,为其反义也。"汉律中就有"七弃"的规定,唐律及以后历代的律例均将"七出"作为离弃妻子的合法理由。作为例外,我国古代的礼和法以"三不去"对"七出"进行限制。按照《公羊传·庄公二十七年》注,"三不去"是指"尝更三年丧不去""贱取贵不去""有所受而无所归不去"。

(2)义绝。这是我国古代特有的一种强制离婚制度。如果在夫妻之间,夫妻一方与他方的一定亲属间、双方的一定亲属间发生了法律所指明的事件,经官司处断后,便认为夫妻之义当绝,双方必须离异。义绝的根本目的仍是维护封建的伦理纲常,巩固宗法等级制度。凡发生法定义绝的情形,夫妻必须离异,没有选择的余地。

(3)和离。和离又称两愿离婚,是允许夫妻通过协议离异的离婚方式。例如,唐律规定:

"若夫妻不相安谐而离者,不坐。"和离要求以夫妻双方的离婚合意为要件,形式上与今天的协议离婚相似,但两者有本质区别。因为在男尊女卑、夫权统治的宗法社会里,没有财产权利的妇女不可能与其依赖的丈夫平等地商讨离婚的问题。所谓的和离,多是夫家或丈夫一方的意思,妇女只是被迫附和,常被丈夫用来遮盖休妻实质、避免家丑外扬。

(4)呈诉离婚。呈诉离婚是指基于特定的理由,夫妻一方向官府诉请离婚的方式。例如,男方据以诉请离婚的理由有"妻背夫在逃""男妇虚执翁奸""妻杀妾子""妻魇魅其夫""妻殴夫"等。女方据以诉请离婚的理由有:"夫抑勒或纵容其妻与人通奸""夫逃亡三年不还""夫典雇妻妾""翁欺奸男妇""夫殴妻至折伤以上"等。呈诉离婚虽不是义绝,但与义绝非常接近,只是在程序上,呈诉离婚必须要有夫或妻的请求,官府才能判决解除婚姻。

2. 我国近代的离婚制度

上述古代的离婚制度直到民国初年仍为北洋军阀政府大理院的判例所沿用。1931年施行的中华民国民法亲属编,模仿日本、德国等大陆法系亲属法的体例,采用两愿离婚和判决离婚两种离婚方式。

(1)两愿离婚。两愿离婚指基于配偶双方的合意,以契约方式终止婚姻关系。中华民国民法亲属编第1049条对两愿离婚的实质要件作了规定:"夫妻两愿离婚者,得自行离婚。但未成年人,应得法定代理人之同意。"第1050条对两愿离婚的形式要件作了规定:"两愿离婚应以书面为之,并应有二人以上证人之签名。"该法对两愿离婚的原因不作任何限制,只要配偶双方自愿达成离婚的合意,无须通过诉讼程序即可终止婚姻关系。

(2)判决离婚。中华民国民法亲属编1052条对判决离婚的法定理由作了列举性的规定,包括过错原因和无过错原因共计10条,后来又增补了概括理由以顺应破裂离婚主义的世界潮流。只要夫妻一方具备该条规定的情形之一,另一方即可向法院提出离婚。

3. 新中国的离婚制度

1950年原《婚姻法》彻底废除了建立在私有制基础上的、以男尊女卑、离婚不自由为特征的封建主义和资本主义的离婚制度,确立了全新的具有鲜明的社会主义特色的离婚制度。该法第五章"离婚"、第六章"离婚后子女的抚养和教育"、第七章"离婚后的财产和生活",用了3个篇章近1/3的条文规定离婚制度,构成了比较完整、系统的新民主主义离婚制度。其第17条第1款规定:"男女双方自愿离婚的,准予离婚。男女一方坚决要求离婚的,经区人民政府和司法机关调解无效时,亦准予离婚。"这表明,该法已经彻底抛弃了以过错原则为实质的限制离婚主义,将自由离婚主义确立为新中国唯一的离婚立法原则。关于离婚的程序,该法确立了登记离婚和诉讼离婚双轨制,男女双方自愿离婚的,双方应向区人民政府登记,领取离婚证;男女一方坚决要求离婚的,在区人民政府调解无效时,应即转报县或市人民法院处理。另外,本着保障男女双方实质平等的精神,该法对离婚后子女的抚养和教育、离婚后的财产处理和当事人的生活安置等问题均作了有利于妇女和子女的规定,特别是在离婚时债务的清偿方面,作了照顾女方的规定,即夫妻共同债务,以共同财产偿还;如无共同财产或共同财产不足以清偿时,由男方清偿。这对改善和提高妇女的境遇和社会地位无疑有着积极的作用。

1980年原《婚姻法》对离婚制度的内容作了适当的修改和补充。尤其在裁判离婚的理由上,第25条第2款第2分句明确规定:"如感情已破裂,调解无效,应准予离婚。"即进一步明确了我国采破裂离婚主义。2001年原《婚姻法》在裁判离婚的理由上,于原来概括性的离婚理由之外,又增加了例示性的规定,使法律规定更具可操作性,也有利于减少法官在自由裁量时的随意性。在离婚后果上,增加了离婚损害赔偿制度和经济补偿制度,并对离婚时的财产分割、债务清偿等内容作了必要的修改和补充。

《民法典》中对离婚制度又有所补充和修改,体现在:其一,在协议离婚时,新增了"离婚冷静期制度",以防止冲动离婚。其二,明确无过错方在离婚时不仅可以要求赔偿,还可以申请多分财产,并且无过错方要求赔偿的情形新增了"其他重大过错"这一项兜底条款。其三,修改了离婚经济补偿制度,2001年原《婚姻法》中适用离婚经济补偿的前提是夫妻双方采取分别财产制,《民法典》第1088条取消了这一限制,体现出对大多为女性承担的家务劳动价值的认可。其四,新增了一种法定应当准予离婚的情形,即经过人民法院判决不准离婚后,男女双方又分居满一年,一方再次提起离婚诉讼的,应当准予离婚。这一规定在一定程度上降低了判决离婚的门槛,以解决久拖不决的离婚案件。

三、离婚立法的指导思想

"保障离婚自由、反对轻率离婚"是我国离婚立法一贯坚持的指导思想,《民法典》中的离婚制度仍然秉承了这一基本精神。

(一)保障离婚自由

离婚自由是意思自治和婚姻自由的重要组成部分。社会主义的婚姻家庭道德提倡,婚姻应该是男女双方基于爱情的结合,婚姻关系的维持和存续也应该以爱情为基础。如果夫妻感情完全消失,婚姻关系也就失去了存续的条件,家庭的社会职能也无法正常地发挥。允许夫妻在感情确已破裂、婚姻关系无法继续维持时,解除婚姻关系,是对婚姻关系内在规律的遵循,不仅符合社会主义法律的本质特征,也符合社会主义的婚姻家庭道德。

保障离婚自由,一方面,要从观念上入手,受我国古代文化传统影响,"宁拆十座庙,不毁一桩婚"等不轻易离婚的观念依然有所影响,应拨正对离婚的偏见,消除离婚者的思想包袱;另一方面,应从制度上保障离婚自由权,保证相关规定的落实和完善。同时可以看到,和任何自由一样,离婚自由也非无限制的自由,受到一定实体和程序上的限制,因为离婚不仅关乎个人,也涉及未成年子女利益的保护乃至社会和国家利益,对此将在下文予以详述。

(二)反对轻率离婚

轻率离婚,是指在婚姻关系尚未破裂、尚有挽回余地的情况下,草率地解除婚姻关系的行为。夫妻之间产生矛盾是不可避免的,冲突的解决有许多途径,离婚绝不是唯一手段,它只能是解决夫妻矛盾的最终手段。婚姻非同儿戏,它承载夫妻双方的幸福,也承载其他家庭成员的幸福。作为家庭的核心,婚姻还承载着社会的安宁与和谐。正如马克思在《论离婚法草案》中所指出的:"婚姻不能听从结婚者的任性,相反,结婚者的任性应该服从婚姻。"[1]所以,在保障离婚自由的同时,也要反对轻率离婚,这是保障离婚自由的必然要求。只有那些按其本质来说已经离异的婚姻,即夫妻感情完全破裂而无和好可能的婚姻,才允许离婚。如果超出了这一限度,便违背了保障离婚自由的根本目的。

总之,保障离婚自由和反对轻率离婚两者相辅相成,不可偏废。我国婚姻法中有关离婚程序和离婚条件的规定,既是对离婚自由的保障,又是对轻率离婚的限制。

---

[1] 中共中央马克思恩格斯列宁斯大林著作编译局编译:《马克思恩格斯全集》(第一卷),人民出版社1995年版,第347页。

第二节 协议离婚

一、概述

《民法典》第 1076 条规定,夫妻双方自愿离婚的,应当签订书面离婚协议,并亲自到婚姻登记机关申请离婚登记。离婚协议应当载明双方自愿离婚的意思表示和对子女抚养、财产以及债务处理等事项协商一致的意见。

协议离婚,是指夫妻双方达成离婚合意,自愿结束婚姻关系,并经婚姻登记机关进行登记公示的一种解除婚姻的离婚方式。协议离婚又被称为自愿离婚或两愿离婚。有时协议离婚会被等同登记离婚,但两者在内涵与外延上均存在区别。协议离婚着眼当事人内部在离婚问题上所持的态度或所用的方法,它有广义和狭义之分。广义的协议离婚,是指最终基于夫妻自愿达成的离婚协议解除了婚姻,无论离婚最初是由一方提出还是双方共同提出,也不看离婚协议是在何时、何种情况下达成的,因而从程序上看,它包括登记离婚和诉讼调解离婚。狭义的协议离婚,是指从一开始当事人双方在离婚及相关问题上就已经达成了合意。这类协议离婚的当事人多会选择登记离婚的程序,但也不排除有些当事人还是选择诉讼离婚的程序,因为法律对此未加限制。如无特殊说明,本书一般使用狭义的协议离婚。

协议离婚充分尊重当事人的意志,体现了婚姻法保障离婚自由的精神,可以避免当事人在法庭上相互指责和加深双方的敌对情绪,能为当事人创造相对平和的离婚氛围,也有利于保护离婚当事人的隐私权,减轻离婚给他们带来的心理压力。另外,协议离婚在程序上具有简便、快捷的优势,双方已通过合意对财产分割和未成年子女的抚养等复杂问题作出安排。这些优势使其在实践中被越来越多的离婚者采纳。但协议离婚也可能被当事人利用,以达到规避法律、逃避法定应尽义务的目的,从而引发离婚权利的滥用,给双方当事人、未成年子女或社会利益造成损害。所以时至今日,仍然有一些国家和地区没有采纳依行政程序办理的登记离婚方式,而是要求离婚必须按诉讼程序进行。承认协议离婚的国家和地区,在离婚条件和程序上也都作出了一定的限制,以避免其弊端。

二、协议离婚的条件

协议离婚以双方存在合法有效的婚姻为前提,双方非婚同居、未办理结婚登记的事实婚姻或不是在中国办理结婚登记的,不能适用协议离婚。

(一)实质要件

1. 双方均有真实的离婚合意

协议离婚以双方当事人均具有离婚的意思表示,即达成离婚合意为前提。双方当事人对解除婚姻关系的意愿必须是共同的、一致的。一方要求离婚,另一方无论出于任何动机不同意的,均不能适用协议离婚。

关于离婚合意的判断,学理上存在"形式意思说"和"实质意思说"两种观点。"形式意思说"认为,夫妻双方只要满足形式上的离婚要件即可离婚,无须关注当事人是否真的具有离婚意思。"实质意思说"则认为,不仅要满足形式上的离婚要件,当事人也要有消灭婚姻关系的实质意思或效果意思。这两个学说的争议集中体现在当事人双方通谋虚伪离婚的场合,即现实中经常由于拆迁补偿、房屋限购等原因引发的"假离婚"现象。对此问题,过去的司法实践常采"形式意思说",即使双方离婚后仍以夫妻名义共同生活,也属于同居关系而不能被认定为夫妻,其目的在于维护稳定的婚姻秩序。[1]"形式意思说"贯彻了离婚的要式性和登记的公示力,可以保护信赖登记簿的善意第三人。但也有观点认为,应采"实质意思说",认为如果为了保护第三人而将通谋虚伪的离婚认定为有效,进而牺牲原配偶的利益,这从利益衡量的角度来看存在疑问。[2] 法律行为须以真实意思表示为要件,身份关系存在与否也须以身份共同事实存在与否为前提,"实质意思说"对于打击"假离婚"现象具有积极意义,但从现实角度来看其很难落实,因为根据《民法典》第 1078 条的规定,婚姻登记机关只能进行形式审查,无法进行实质审查,只要能经询问确定双方当事人是自愿离婚,并已经对子女抚养、财产以及债务处理等事项协商一致的,就予以登记并发给离婚证,其也无权调查涉及当事人隐私的真实离婚原因。[3]

2. 双方具有完全民事行为能力

完全民事行为能力人才能独立自主地处理自己的婚姻问题,协议离婚是双方身份性的法律行为,必须由当事人本人亲自作出,双方当事人均应具有完全民事行为能力。一方为无行为能力人的,在严重损害其合法权益的特殊情形下,可以根据《民法典婚姻家庭编解释(一)》第 62 条的规定变更监护人,由变更后的监护人代理无行为能力人进行离婚诉讼,以维护其合法权益。《婚姻登记条例》(2024 年修订)第 12 条第 2 项规定,办理离婚登记的当事人属于无民事行为能力人或限制民事行为能力人的,婚姻登记机关不予受理。在实践中会出现当事人一方,特别是精神病患者,在离婚后又以办理离婚登记时无完全民事行为能力为由提起行政诉讼要求撤销离婚登记的情况,对此应认为婚姻登记机关已尽到《民法典》第 1078 条规定的法定审查义务,当事人不存在无法清晰表达意愿的情况,颁发离婚证的行为并无瑕疵。[4]

(二) 形式要件

1. 书面离婚协议

离婚合意的体现是书面离婚协议,《民法典》第 1076 条第 1 款对此有明文规定,书面形式使双方的意思表示明确清晰,便于出现纠纷时有据可循。《婚姻登记条例》第 12 条第 1 项也规定,办理离婚登记的当事人未达成离婚协议的,婚姻登记机关不予受理。《民法典》第 1076 条第 2 款对离婚协议的具体内容作出规定,其应载明双方自愿离婚的意思表示和对子女抚养、财产及债务处理等事项协商一致的意见,若未就子女抚养和财产债务处理进行合理安排,会影响子女的身心健康,不利于保障第三方的交易安全。与上述离婚合意不同,离婚协议书的其他内容应采"实质意思说",就通谋虚伪表示等问题,可以适用《民法典》总则编关于意思表示瑕疵的规定。其体现在如《民法典婚姻家庭编解释(一)》第 70 条的规定,如夫妻双方订立财产分割协议时存在欺诈、胁迫等情形,协议离婚后就财产分割问题反悔的,可以请求人民法院撤销该财产分割协议。《民法典》总则编中关于重大误解、撤销权行使期间的规定亦可适用。[5] 如果

---

[1] 参见徐涤宇、张家勇主编:《〈中华人民共和国民法典〉评注》(精要版),中国人民大学出版社 2022 年版,第 1122 页。
[2] 参见林秀雄:《亲属法讲义》,台北,元照出版有限公司 2018 年版,第 168 页。
[3] 参见李永军主编:《中国民法学·第四卷 婚姻继承》,中国民主法制出版社 2022 年版,第 168 页。
[4] 参见李永军主编:《中国民法学·第四卷 婚姻继承》,中国民主法制出版社 2022 年版,第 168 页。
[5] 参见徐涤宇、张家勇主编:《〈中华人民共和国民法典〉评注》(精要版),中国人民大学出版社 2022 年版,第 1123 页。

双方在子女抚养、财产以及债务处理上存在分歧,但双方同意先协议离婚,嗣后再解决分歧,或者离婚协议中遗漏了关于子女抚养、财产以及债务处理等事项,仍满足协议离婚的要件,不构成离婚要件的欠缺,仍可在离婚后通过协商或诉讼解决。[1]

2. 双方亲自到婚姻机关申请登记

根据我国《婚姻登记条例》第 10 条的规定,男女双方应当共同到一方户口所在地的婚姻登记机关申请离婚登记。具有涉外因素、涉我国港澳台地区或者华侨因素的离婚当事人,应当到内地(大陆)居民常住户口所在地的婚姻登记机关办理离婚登记。申请时,双方应持居民身份证、户口证明、离婚协议书和结婚证。双方必须亲自申请离婚登记,不得代理。

符合上述协议离婚实质要件和形式要件的,婚姻登记机关才会受理当事人协议离婚的申请。但当事人最终能否实现协议离婚的目的,还要看是否符合《民法典》第 1077 条、第 1078 条的规定。

三、离婚冷静期

《民法典》第 1077 条规定:"自婚姻登记机关收到离婚登记申请之日起三十日内,任何一方不愿意离婚的,可以向婚姻登记机关撤回离婚登记申请。前款规定期限届满后三十日内,双方应当亲自到婚姻登记机关申请发给离婚证;未申请的,视为撤回离婚登记申请。"这是《民法典》新增加的所谓"离婚冷静期"的规定。

离婚冷静期,是指夫妻双方协议离婚时,给要求离婚的双方当事人设定的一段法定期限,以强制当事人暂时搁置离婚纠纷,冷静思考后再决定是否离婚。其旨在促使当事人深思熟虑,消除对抗情绪,积极处理矛盾,避免冲动离婚。《民法典》本身未使用"冷静期"的表述,但在2018 年最高人民法院《关于进一步深化家事审判方式和工作机制改革的意见(试行)》(法发〔2018〕12 号)第 40 条有"人民法院审理离婚案件,经双方当事人同意,可以设置不超过 3 个月的冷静期"的规定。增设离婚冷静期的规定,源于我国近年来离婚率持续上升、协议登记的离婚比例逐渐提高以及轻率、草率型离婚屡见不鲜的社会现实。[2] 从比较法上看,很多国家都有类似规定。例如,《法国民法典》第 231 条规定了离婚考虑期:夫妻双方如坚持离婚的意愿,法官应向双方指出其申请应在 3 个月的考虑期以后重新提出。如在考虑期届满后 6 个月内未重新提出申请,该共同申请即失效。英美法中也有离婚反省期的规定或离婚等候期的规定,在提出离婚申请后都需要等待 6 个月以上的期间经过之后,才能完成离婚手续。其目的都在于降低离婚率,对婚姻瓦解起缓冲作用。[3] 所以,《民法典》新增离婚冷静期的规定顺应了世界潮流。但也有反对观点认为,该制度并无必要,即使属冲动离婚,嗣后双方又想要复合的,只要重新登记结婚即可,并且离婚冷静期制度并无法定豁免情形,这种"一刀切"的做法不符合离婚样态的多样化。[4]

依据《民法典》第 1077 条第 1 款的规定,离婚冷静期为 30 日,该期间是不可变期间,不适用诉讼时效中止、中断或延长的规定。自婚姻登记机关收到离婚登记申请之日起算,根据民政部《关于贯彻落实〈中华人民共和国民法典〉中有关婚姻登记规定的通知》(民发〔2020〕116

---

[1] 参见徐涤宇、张家勇主编:《〈中华人民共和国民法典〉评注》(精要版),中国人民大学出版社 2022 年版,第 1123 页。
[2] 参见黄薇主编:《中华人民共和国民法典婚姻家庭编解读》,中国法制出版社 2020 年版,第 175~177 页。
[3] 参见黄薇主编:《中华人民共和国民法典婚姻家庭编解读》,中国法制出版社 2020 年版,第 178 页。
[4] 参见李永军主编:《中国民法学·第四卷 婚姻继承》,中国民主法制出版社 2022 年版,第 168 页。

号)的相关规定,是自婚姻登记机关收到离婚登记申请并向当事人发放《离婚登记申请受理回执单》时起算。在离婚冷静期内,双方均有反悔的机会,任何一方不愿意离婚的,都可以主动向婚姻登记机关撤回其离婚申请,且无须说明理由。在程序上,当事人需要持本人有效身份证件和《离婚登记申请受理回执单》(遗失的可不提供,但需书面说明情况),向受理离婚登记申请的婚姻登记机关撤回离婚登记申请,并亲自填写《撤回离婚登记申请书》。撤回申请将导致已经经过的期间丧失效力,双方的婚姻关系继续存在,如再欲离婚,需要再次提出离婚申请。在离婚冷静期内,双方的婚姻关系也仍存续。如果一方在离婚冷静期内死亡,则如前所述,婚姻关系终止,但双方仍具有夫妻身份,生存一方可以作为死亡一方的继承人参与继承。但离婚冷静期也是类似离婚诉讼期间的特殊期间,一方在此期间内强行与另一方发生性关系的,可以强奸罪论处。[1]

离婚冷静期届满后的30日内,双方依然坚持离婚的,应亲自到婚姻登记机关申请发给离婚证,婚姻登记机关根据《民法典》第1078条的规定和相关配套规范进行查明并发给离婚证。该30日期间属于可变期间,双方在期间内任何一天都可实现离婚。期间届满,双方并未亲自前往申请,视为撤回离婚登记申请;如果一方在该期间内不愿离婚,则在期间经过后,离婚冷静期失效,双方须再次提起离婚登记申请或提起诉讼离婚。综上所述,从向婚姻登记机关收到离婚登记申请时起,双方最早可在第31日完成离婚程序,最迟则可以在第60日领取离婚证。

四、离婚协议的相关问题

(一)离婚协议的拘束力

建立在当事人双方真实意思表示基础上的离婚协议一经婚姻登记机关的认可,就发生法律效力,对男女双方均具有法律约束力,当事人应该自觉遵守和履行,没有正当理由,不允许反悔。关于离婚协议的拘束力,需要注意以下几点。

1. 在实践中,有些离婚当事人由于种种原因在登记离婚后反悔,不愿意遵守协议约定的有关财产分割的处理办法,拒绝履行协议中明确约定的义务。对于这类财产分割协议的纠纷,当事人可以依法向人民法院提起诉讼,人民法院应当受理,即此类协议并非道德性质的约定,离婚协议中的身份解除协议与财产分割协议在性质和效力上是不相同的。

2. 人民法院审理后,未发现订立财产分割协议时存在欺诈、胁迫等情形的,应当依法驳回当事人的诉讼请求。如果离婚协议中存在欺诈、胁迫等情形,原则上可以适用《民法典》总则编关于可撤销法律行为的相关规则。在实践中,涉及协议离婚的欺诈,例如隐瞒婚外情,或者如《民法典》第1092条规定的隐瞒婚内共同财产或虚构共同债务的,都会对财产的分割产生影响。[2]

3. 基于婚姻关系的高度人身性和伦理性,离婚协议的内容会受到不同因素的影响,例如,当事人双方的感情基础、在日常家庭生活中的参与程度、对子女的抚养教育、一方对另一方父母的照顾以及过错行为等,对离婚协议的内容不能按照一般民事交易中等价有偿等原则进行衡量。

(二)离婚协议中的给予条款

虽然根据《民法典》第1089条和最高人民法院《关于人民法院审理离婚案件处理财产分割

---

[1] 参见徐涤宇、张家勇主编:《〈中华人民共和国民法典〉评注》(精要版),中国人民大学出版社2022年版,第1124页。
[2] 参见李永军主编:《中国民法学·第四卷 婚姻继承》,中国民主法制出版社2022年版,第172页。

问题的若干具体意见》第8条的规定,离婚时夫妻平均分割共同财产和共同债务是理想状态,但实践中常见的现象是当事人双方在离婚协议中约定将夫妻一方的个人财产给予另一方,或者约定将夫妻共同财产或个人财产给予具有抚养关系的子女。

1. 离婚协议中的夫妻间财产赠与条款。对此问题争议较多的是该条款如何定性和认定其效力。有观点特别是司法实践多将其定性为普通赠与,有观点将其定性为特殊赠与,即目的赠与,或履行道德义务的赠与,甚至是附条件赠与。[1] 这些观点皆有反思余地,例如,在普通赠与中,一般认为须具有无偿性,但夫妻间财产给予条款可能涉及夫妻债务的清偿,例如,财产接受方为给予方承担个人债务,并非都是无偿的。普通赠与中基于赠与的无偿性,有任意撤销权制度,离婚协议中的给予条款很多是基于受给予一方无过错且对家庭和子女付出较多的补偿,适用任意撤销权可能不合理。特殊赠与的各种学说旨在排除任意撤销权,但就"目的赠与说"而言,其架构与离婚协议中的财产给予条款不符,为追求离婚目的而实施赠与是目的赠与,若离婚目的没有实现,则赠与人可基于目的不达型不当得利请求受赠人返还,给予条款则是对离婚后财产关系处理的约定,并非婚姻关系解除的原因,认定为目的赠与就混淆了离婚的原因和离婚的后果。[2] 附条件赠与只能用来说明离婚协议因条件成就而生效的现象,无法说明在离婚已成就的前提下,当事人能否撤销赠与约定的问题。夫妻关系的伦理性也不等同道德义务,夫妻间的离婚协议中的财产处置约定,更多还是体现"理性—经济人"的面向,也非履行道德义务的赠与。[3] 离婚协议是一个混合契约,可能既包含法定的离婚救济制度内容,也包含约定的夫妻间财产给予内容,应当进行综合判断,有观点借用法律行为部分无效理论展开分析,关注给予约定是否会实质影响夫妻共同体解散,如一方为了达成离婚合意而在夫妻财产给予约定方面作出重大让步的,则给予条款不得撤销。[4]

2. 离婚协议中的赠与子女条款。与夫妻间财产给予条款相似,我国司法实践中,有在离婚协议中约定将特定财产,如夫妻共同共有的房产赠与未成年子女的安排,[5] 主流观点肯定了该类条款具有赠与性质,但就其能否适用任意撤销权的问题产生了争议。[6] 除上述各种赠与的构造外,有观点从为利益第三人合同的角度解释赠与子女条款。[7] 但这种解释方案仅可说明离婚协议当事人与子女之间的外部关系维度,无法在离婚协议当事人维度上解释该条款与离婚协议中的其他财产约定之间的整体联系。[8] 也有观点认为,须区分夫妻关系、父母子女关系以及与外部债权人关系的不同维度,分别定性为离婚财产清算协议、为第三人利益合同和

---

[1] 参见冉克平:《夫妻团体法:法理与规范》,北京大学出版社2022年版,第195~196页。类似问题也出现在夫妻间房产给予上,《民法典婚姻家庭编解释(一)》第32条适用《民法典》第658条任意撤销权的做法引发争议,学界"有力说"认为,应将该行为认定为夫妻之间基于婚姻之给予,并扩张适用《民法典》第533条的情势变更规则,从而在衡量各种要素的基础上实现部分返还,克服任意撤销权"全有或全无"的刚性。参见叶名怡:《夫妻间房产给予约定的性质与效力》,载《法学》2021年第3期;王丹:《夫妻间给予房产问题研究》,载《法律适用》2024年第11期。该观点被《民法典婚姻家庭编解释(二)》第5条所采纳。

[2] 参见陆青:《离婚协议中的"赠与子女财产"条款研究》,载《法学研究》2018年第1期。

[3] 参见冉克平:《夫妻团体法:法理与规范》,北京大学出版社2022年版,第197页。

[4] 参见冉克平:《夫妻团体法:法理与规范》,北京大学出版社2022年版,第202页。

[5] 参见于某某诉高某某离婚后财产纠纷案,2015年12月4日最高人民法院公布的"用公开促公正,建设核心价值"主题教育活动婚姻家庭纠纷典型案例。

[6] 参见陆青:《离婚协议中的"赠与子女财产"条款研究》,载《法学研究》2018年第1期。

[7] 参见常淑静、赵军蒙:《离婚协议中房产赠与条款的性质及效力》,载《山东审判》2011年第4期。

[8] 参见陆青:《离婚协议中的"赠与子女财产"条款研究》,载《法学研究》2018年第1期。

债权人撤销权的可能适用情形,除特定情况外原则上都不能撤销。[1] 法院则将赠与未成年子女的约定与离婚协议中的解除婚姻关系、子女抚养、共同财产分割、共同债务清偿、离婚损害赔偿等内容视为一个整体,这些内容互为前提、互为结果,在该"一揽子"解决方案下,若允许一方反悔,双方离婚协议的"整体性"将被破坏。[2]

在吸收上述学说的基础上,《民法典婚姻家庭编解释(二)》第20条对此问题作出规定:离婚协议约定将部分或者全部夫妻共同财产给予子女,离婚后,一方在财产权利转移之前请求撤销该约定的,人民法院不予支持,但另一方同意的除外。一方不履行前款离婚协议约定的义务,另一方请求其承担继续履行或者因无法履行而赔偿损失等民事责任的,人民法院依法予以支持。双方在离婚协议中明确约定子女可以就本条第一款中的相关财产直接主张权利,一方不履行离婚协议约定的义务,子女请求参照适用《民法典》第522条第2款规定,由该方承担继续履行或者因无法履行而赔偿损失等民事责任的,人民法院依法予以支持。离婚协议约定将部分或者全部夫妻共同财产给予子女,离婚后,一方有证据证明签订离婚协议时存在欺诈、胁迫等情形,请求撤销该约定的,人民法院依法予以支持;当事人同时请求分割该部分夫妻共同财产的,人民法院依照《民法典》第1087条规定处理。根据最高人民法院的观点,离婚协议是兼涉财产给予子女、解除夫妻关系、子女抚养等问题的整体协议,不能单独撤销其中一部分内容,该条第1款明确否定了赠与合同撤销规则的适用;子女不是离婚协议的当事人,该协议原则只对夫妻双方具有法律约束力,一方不履行义务的,该条第2款指向了《民法典》第577条的违约责任;但若离婚协议明确赋予子女请求权的,该条第3款亦明确可以参照真正利益第三人合同制度;本条第4款的规定指向了实践中当事人将财产给予子女后,发现子女非亲生的情况。[3]

(三) 离婚协议中意思自治的限制

离婚协议具有一定的人身性,除包含与财产有关的条款外,也涉及抚养子女条款。为了保障子女的权益,有关抚养费的协议中会限制当事人的意思自治。例如,《民法典婚姻家庭编解释(一)》第52条规定,父母双方可以协议由一方直接抚养子女并由直接抚养方负担子女全部抚养费。但是,直接抚养方的抚养能力明显不能保障子女所需费用,影响子女健康成长的,人民法院不予支持。

在实践中,会出现离婚协议中有所谓"限制再婚"的条款,即双方约定若离婚后某一方再婚再育,孩子的抚养权就归另一方。[4] 此类条款因限制当事人的婚姻自由而无效。但将一方再婚作为某项法律行为条件的约定是有效的,例如,离婚协议中约定一方一旦再婚,另一方就取得房屋的部分产权,其目的并非限制或干涉一方的再婚自由。[5]

---

[1] 参见陆青:《离婚协议中的"赠与子女财产"条款研究》,载《法学研究》2018年第1期。
[2] 参见《于某某诉高某某离婚后财产纠纷案》,载《人民法院报》2015年11月30日,第3版。
[3] 相关解释,参见陈宜芳、王丹:《民法典婚姻家庭编法律适用中的价值理念和思维方法——以〈民法典婚姻家庭编解释(二)〉为视角》,载《法律适用》2025年第1期;陈宜芳、吴景丽、王丹:《〈关于适用民法典婚姻家庭编的解释(二)〉的理解与适用》,载《人民司法》2025年第3期。
[4] (2014)鄂应城民初字第01157号。
[5] 云南省楚雄彝族自治州中级人民法院民事判决书,(2016)云23民终404号;李永军主编:《中国民法学·第四卷 婚姻继承》,中国民主法制出版社2022年版,第174页。

（四）离婚协议参照适用债权人撤销权制度

实践中常出现夫妻之间为逃避个人债务，通过离婚协议转移夫妻共同财产，将所有财产分配给非举债的配偶一方的情况。有观点认为，为履行家庭法上的义务而给予财产不属于《民法典》第538条规定的"无偿处分财产权益的行为"，不能适用债权人撤销权制度，虽然此时债务人的行为可能在形式上导致其责任财产的减少，但这种减少受家庭法中的利他主义假设保护。[1]但基于夫妻关系的内部私密性，债权人也很难了解夫妻财产分割协议的目的和具体内容，此时如何在债务人离婚及处分财产自由、债权人债权保护和债务人配偶一方利益之间进行衡量成为问题。最高人民法院认为，将离婚协议纳入债权人撤销权的适用范围，符合其债之保全的制度目的，且离婚协议中的财产处理条款更多地体现财产性质，可以借道《民法典》第464条第2款规定参照适用合同编定，因此《民法典婚姻家庭编解释（二）》第3条规定，夫妻一方的债权人有证据证明离婚协议中财产分割条款影响其债权实现，请求参照适用《民法典》第538条或者第539条规定撤销相关条款的，人民法院应当综合考虑夫妻共同财产整体分割及履行情况、子女抚养费负担、离婚过错等因素，依法予以支持。

此处参照适用的含义在于：一是对于正常离婚协议中的夫妻共同财产分割，并非无偿行为，原则上不适用《民法典》第538条的规定，适用《民法典》第539条时也要结合各种要素综合判断，须在认定债务人有诈害意图，导致责任财产减少和影响债权人债权实现，且不影响另一方配偶和未成年子女利益的情形才能撤销；二是基于离婚协议的内部性，其中的财产分割不同于市场交易，因此不宜适用《民法典合同编通则若干问题解释》第42条和第43条的规定。[2]

（五）离婚协议的审查

《民法典》第1078条规定，婚姻登记机关查明双方确实是自愿离婚，并已经对子女抚养、财产以及债务处理等事项协商一致的，予以登记，发给离婚证。《婚姻登记条例》第13条也作了同样规定。从文义来看，这条规定并未说明婚姻登记机关的查明属于形式审查还是实质审查。一般认为，婚姻登记机关并非司法机关，对于当事人是否具有行为能力等事项并无实质审查能力，故其标准应为形式审查。如果离婚登记的程序存在瑕疵，例如，婚姻登记机关的询问程序不符合规定，但协议离婚的实质要件具备时，不应撤销离婚登记，否则会影响后婚配偶的利益，而是根据《行政诉讼法》第74条的规定，认定为轻微违法，对原告权利不产生实际影响。[3]

第三节 诉讼离婚

一、概述

诉讼离婚，是指婚姻当事人向人民法院提出离婚请求，由法院依法通过调解或判决而解除

---

[1] 刘征峰：《家庭关系法律适用和续造的抽象界限》，载《法学》2024年第6期。
[2] 陈宜芳、王丹：《民法典婚姻家庭编法律适用中的价值理念和思维方法——以〈民法典婚姻家庭编解释（二）〉为视角》，载《法律适用》2025年第1期。
[3] 徐涤宇、张家勇主编：《〈中华人民共和国民法典〉评注》（精要版），中国人民大学出版社2022年版，第1125页。

婚姻关系的离婚方式。因为诉讼离婚都是经过法院审理的,虽然有些诉讼离婚经过法院的调解最后以当事人达成离婚协议而结案,而不是以判决的方式结案,但这种离婚协议毕竟不同于上述协议离婚中的协议,它必须经过法院的确认,并且由法院制作成法律文书,因而诉讼离婚又可称为裁判离婚。相对于协议离婚而言,诉讼离婚因为要符合离婚的法定理由,并且要经过法院的审理,所以更能实现对婚姻问题的国家干预和对离婚行为的司法监控,且对杜绝轻率离婚、虚假离婚,维护婚姻家庭乃至的稳定,有更有效的作用。因此,诉讼离婚是当代各国通行的离婚方式,在不少国家或地区甚至是唯一的离婚方式。我国婚姻法兼采协议离婚与诉讼离婚双轨制,关于诉讼离婚有一套独具中国特色的制度。

诉讼离婚的特征有:(1)诉讼离婚须符合法定必要条件,即"感情确已破裂,调解无效";(2)人民法院在诉讼中对当事人提出的离婚请求和理由进行审查,以判决准予离婚还是驳回当事人的请求;(3)人民法院依法作出的调解书、判决书生效后,一方当事人不履行调解书和判决书中所确立的义务的,另一方当事人可以向法院申请强制执行。

根据我国《民法典》和《婚姻登记条例》的规定,在我国,诉讼离婚的适用范围,概括而言,是当事人不能或不愿采用登记离婚的离婚行为。具体说来,大致有:(1)一方为无民事行为能力或限制民事行为能力的精神病人的离婚;(2)失踪人的配偶要求离婚的;(3)婚姻不是在中国登记的夫妻要求解除婚姻关系的;(4)当事人对离婚的意愿不一致,即一方要求离婚,另一方不同意的;(5)双方都愿意离婚,但对离婚后的子女抚养和财产问题不能达成处理协议的;(6)当事人达成了离婚协议,但是由于某种原因无法亲自去办理离婚登记的;(7)符合登记离婚的条件,但是当事人由于某种原因不愿意进行离婚登记的。

二、对离婚纠纷的诉讼外调解

《民法典》第 1079 条第 1 款规定,夫妻一方要求离婚的,可以由有关组织进行调解。

这种由有关组织对离婚纠纷的调解被称为诉讼外调解,属于民间性质的调解。有关组织一般是当事人所在单位、当事人居住地的居民委员会或村民委员会、有关的群众团体、人民调解委员会和婚姻登记机关等。相比法院这些组织对当事人的婚姻状况、纠纷原因等更加了解,更容易有针对性地对当事人进行劝说和疏导,能够收到良好效果,如调解成功也可以减少讼累,节约司法成本。当然,有关组织对离婚纠纷的调解必须是在当事人自愿并且合法的基础上进行的,而且通常不具有强制性效力。

应该明确,这种诉讼程序以外的调解不是解决离婚纠纷的必经程序,要求离婚的当事人可以根据自己的意愿和实际情况,决定是否由有关部门调解;不愿调解或调解不成的,当事人可以直接向人民法院提起离婚诉讼,有关部门无权阻止,人民法院也不得以未经有关部门调解为由而拒绝受理。

离婚纠纷经有关部门调解后,一般会出现下列 3 种结果:(1)经过调解,当事人双方和好,继续保持婚姻关系。(2)经过调解,双方就离婚以及子女抚养、财产问题达成协议。此时,当事人可以依据《民法典》第 1076 条协议离婚的规定,向婚姻登记机关申请离婚登记。(3)调解无效,双方在离婚问题上或离婚后的子女抚养或财产问题上仍不能达成一致意见。此时,要求离婚的一方可以诉诸法院。但当事人不能通过诉讼外调解解除婚姻关系,当事人在诉讼外调解中达成的维持婚姻关系的和解协议,对双方也无拘束力,当事人仍可起诉离婚。

三、诉讼离婚的程序

（一）诉讼中的调解

《民法典》第 1079 条第 2 款规定，人民法院审理离婚案件，应当进行调解；如果感情确已破裂，调解无效的，应当准予离婚。依据这一规定，诉讼中调解是离婚诉讼的必经程序。

和诉前调解一样，诉讼中的调解也具有防止草率离婚，缓和双方当事人敌对情绪等功能。人民法院对离婚案件进行调解，必须坚持自愿、合法的原则，促使双方和好或达成离婚协议，调解协议的内容不得违反法律规定。此外，根据最高人民法院《关于适用〈中华人民共和国民事诉讼法〉的解释》（以下简称《民事诉讼法解释》）第 145 条第 2 款的规定，调解不应久调不决，根据该司法解释第 147 条第 2 款，离婚案件当事人确因特殊情况无法出庭参加调解的，除本人不能表达意志的以外，应当出具书面意见。

离婚案件经人民法院调解后，一般会出现下列 3 种结果：(1) 双方当事人经调解和好，根据《民事诉讼法》第 101 条第 1 款第 1 项的规定，对调解和好的离婚案件，人民法院可以不制作调解书，但应根据该条第 2 款的规定，将调解和好协议的内容记入笔录，由双方当事人、审判人员、书记员签名或者盖章后，协议即具有法律效力。(2) 双方当事人经调解达成离婚协议，包括形成离婚合意，并就子女抚养、财产以及债务处理等事项协商一致的，人民法院应当按照协议的内容制作调解书。根据《民事诉讼法》第 100 条的规定，调解书应当写明诉讼请求、案件的事实和调解结果，由审判人员、书记员署名，加盖人民法院印章，经双方当事人签收后即发生法律效力。如一方不履行离婚调解书中确定的财产给付义务，另一方可以申请法院强制执行。(3) 调解无效，当事人对是否离婚或子女抚养或财产处理问题未能达成协议，此时，离婚诉讼程序继续进行，应转入判决阶段。

（二）判决

对于调解无效的离婚案件，人民法院应当及时作出准予或不准予离婚的判决。判决一经生效，即具有法律效力。若根据案件的客观情况作出了准予离婚的判决，必须告知当事人在判决发生法律效力前不得另行结婚。如果当事人对一审法院的判决不服的，有权在判决书送达之日起 15 日内向上一级人民法院提起上诉。第二审人民法院作出的判决为终审判决。对于判决不准离婚或者调解和好的离婚案件，没有新情况、新理由，原告在 6 个月内又起诉的，人民法院不予受理。

四、判决离婚的法定理由

（一）法定离婚理由概述

法定离婚理由，是指诉讼离婚的基本条件和司法尺度，是法院准不准予当事人离婚的原则界限。

法定离婚理由的立法原则。从立法原则上看，古今中外的法定离婚理由可以概括为 3 种立法主义：有责主义、目的主义和破裂主义。

(1) 有责主义又称过错原则，指以可归责于夫妻一方的违背婚姻义务的过错行为为法定的离婚理由。依照有责主义，只有当要求离婚的夫妻一方提出并证明对方具有法定的足以导致婚姻解体的过错行为时，法院才会准予当事人离婚。因此，有责主义具有制裁过错方配偶的目的性。何种过错可以作为诉请离婚的理由均由法律加以规定，一般说来，主要有通奸、重婚、虐待、遗弃、谋害配偶等情形。为了防止原告滥用诉权，法律同时也规定了一些抗辩理由，如原告曾对被告的过错行为表示过宥恕、原告为了达到离婚的目的纵容被告的过错行为、原告同样有法定的离婚过错等。

（2）目的主义，是指以不可归责于夫妻一方但有碍婚姻目的实现的客观情况作为法定的离婚理由。依照目的主义，当婚姻中出现了某种事实，虽非夫妻一方的主观过错，但确实对夫妻共同生活构成妨碍，使婚姻关系难以维持时，法院就应依当事人的请求判决准予离婚。这类事实通常包括一方性无能、患有严重的精神病或其他不治之症、生死不明等。目的主义注重婚姻目的的实现，与上述有责主义注重对过错方的惩罚不同。

（3）破裂主义，是指以夫妻感情或婚姻关系已破裂、夫妻共同生活无法维持为法定的离婚理由。依照破裂主义，夫妻任何一方都得以婚姻关系破裂无可挽回为由诉请离婚。法院一经确认，就应判决准予离婚。与上述两种立法主义相比，破裂主义不注重婚姻破裂的原因，只注重婚姻破裂的事实，尤其是不问当事人有无过错。但在如何认定婚姻破裂问题上，各国有些差别。有的国家将裁量权赋予法院，有的则规定了可以用来推定婚姻破裂的事由，以对法院的裁量作一定的限制和指导。

当前，各国的法定离婚理由已经打破了过错主义一统天下的局面，越来越多的国家确立了破裂主义的主导地位。有些国家只采单一的破裂主义，如瑞士、德国等；[1]也有的国家兼采各种立法原则，如法国、日本等。[2]

我国《民法典》第1079条第2款规定，人民法院审理离婚案件，如果感情确已破裂，调解无效的，应当准予离婚。根据这一规定，我国采单一的破裂主义。我国自1980年原《婚姻法》首次明确提出后一贯坚持破裂离婚主义原则。但有观点在肯定破裂原则的同时，对我国将破裂的对象定位于"夫妻感情"又质疑，认为应修改为"婚姻关系破裂"，因为婚姻家庭法的调整对象是婚姻关系，而非感情关系，感情只是婚姻的基础，婚姻关系比感情更复杂，并且感情是当事人的内心感受，法院难以识别和判断。[3]但直到《民法典》颁布，我国立法仍坚持"感情确已破裂"的表述，因为其符合马克思主义对离婚问题的基本观点。婚姻关系的内容虽然包含很多，但基本要素是夫妻感情。有无夫妻感情，是婚姻关系能否持续存在的重要基础。实际生活中，引起夫妻纠纷的矛盾多种多样，但绝大多数导致离婚的最终内在原因还得归咎于夫妻感情上的裂变，其他的因素充其量都只是离婚的外在条件或间接原因。

根据司法实践的经验和最高人民法院的有关司法解释，分析判断夫妻感情是否确已破裂，一般可从下述4个方面进行综合考察：一看婚姻基础，就是看双方结婚时的感情状况；二看婚后感情，即对夫妻共同生活期间的感情状况作深入、全面的了解；三看离婚原因，即引起离婚纠纷的真实原因；四看夫妻关系现状和有无和好可能，了解目前当事人双方相互关系的状况，并据此对双方关系的前途进行估计和预测。[4]

（二）认定感情确已破裂的具体标准

"感情确已破裂"这一标准有过于抽象、笼统的缺陷，并且如前所述，其系当事人的心理状态，难以查知，须佐以外在行为或事实进行认定。法律为此对现实生活中常见的几种典型的离

---

[1] 参见《德国民法典》第1565条。
[2] 参见《法国民法典》第237条、第242条，《日本民法典》第770条。
[3] 参见黄薇主编：《中华人民共和国民法典婚姻家庭编解读》，中国法制出版社2020年版，第188页。
[4] 参见黄薇主编：《中华人民共和国民法典婚姻家庭编解读》，中国法制出版社2020年版，第187~188页。

婚原因作出列举,为司法实践认定夫妻感情确已破裂提供了较为具体的标准和依据,以便于审判人员实际操作。

《民法典》第1079条第3款规定:"有下列情形之一,调解无效的,应准予离婚:(一)重婚或者与他人同居;(二)实施家庭暴力或者虐待、遗弃家庭成员;(三)有赌博、吸毒等恶习屡教不改;(四)因感情不和分居满二年;(五)其他导致夫妻感情破裂的情形。"

第一项所指的重婚及有与他人同居的行为都是违反一夫一妻制的违法行为,是严重违背夫妻忠实义务的过错行为,其对婚姻的破坏是根本性的。重婚包括法律上的重婚和事实上的重婚,两者的区别在于是否进行结婚登记,事实上重婚是虽未与他人进行结婚登记,但以夫妻名义形成的事实上的婚姻关系。现实中因登记机关的严格管理,以事实重婚居多。事实重婚和与他人同居存在区别。根据《民法典婚姻家庭编解释(一)》第2条的规定,与他人同居是指有配偶者与婚外异性,不以夫妻名义,持续、稳定地共同居住。判断重点在于共同生活,仅与其他异性发生性关系但未共同生活的不构成同居,可以根据情况认定为其他导致夫妻感情破裂的情形。据此事实上的重婚和与他人同居的区别仅剩下是否"以夫妻名义",在当今邻里关系已不似以往密切的现代社会,这一点可能难以举证,如果将重婚仅理解为法律上的重婚,并删除与他人同居中"不以夫妻名义"这一限制,可能更加简洁明了。[1]

第二项指向家庭暴力或虐待、遗弃行为。根据《反家庭暴力法》第2条的规定,家庭暴力,是指家庭成员之间以殴打、捆绑、残害、限制人身自由以及经常性谩骂、恐吓等方式实施的身体、精神等侵害行为。《民法典婚姻家庭编解释(一)》第1条规定,持续性、经常性的家庭暴力,可以认定为虐待。遗弃是对家庭成员负有扶养义务而拒绝扶养。这些行为的受害者可以是夫妻一方,也可以是《民法典》第1045条第3款规定的家庭成员。超越一定程度的家庭暴力或虐待、遗弃行为,无论其实施的对象是谁,都是对家庭和睦的极大损害,会危及婚姻关系的维系。此外,根据举轻以明重的解释规则,故意伤害和杀害家庭成员的行为更应构成准予离婚的事由。

第三项所指的赌博、吸毒等行为有程度的限制,一般程度并不足够,而是须形成屡教不改的恶习,才能适用这一项。此外,"等"字也表明此项非封闭规定,应包含其他严重危害夫妻感情的屡教不改的恶习,如卖淫、嫖娼、酗酒等。夫妻一方有上述屡教不改的恶习是对家庭极不负责的行为,会严重影响婚姻家庭义务的履行,挫伤配偶对婚姻生活的合理期待。因此,经调解无效,也应当认定夫妻感情确已破裂。

上述3项实际属于有责主义或过错原则的离婚原因,都是夫妻一方的过错行为,夫妻一方存在上述法定的过错行为,法院无须进一步查明双方感情是否破裂,属于不可推翻的推定,经调解无效,原则上应准予离婚。至于该行为是否应受法律制裁或承担刑事责任,与是否准予离婚无关。同时,根据《民法典婚姻家庭编解释(一)》第63条的规定,在适用时并不区分离婚诉讼的原告是否为过错方,不能因原告有过错而判决不准离婚。

第四项规定因感情不和分居满2年,要件包括分居满2年的事实以及分居动因是双方感情不和,即要同时满足体素和心素。司法实践主要是从夫妻同居行为的中断情况进行判断,表现为分房睡觉、居住于家庭不同房产、外出租房、搬回父母家等形式。感情不和可以体现为由

---

[1] 参见李永军主编:《中国民法学·第四卷 婚姻继承》,中国民主法制出版社2022年版,第176页。

于性格原因屡次冲突、家庭暴力、一方出轨等,但不包括因一方就医、工作等事由的分居。因为通常来说,经过2年的分居,当事人对婚姻的前途会有一个冷静的判断和选择,此时提出离婚的请求并一再坚持,一般可以认定夫妻感情确已破裂。

第五项为兜底性规定,可以涵盖其他导致夫妻感情破裂的所有情形。例如,根据《民法典婚姻家庭编解释(一)》第23条的规定,夫妻双方因是否生育发生纠纷,致使感情确已破裂,一方请求离婚的,人民法院经调解无效,应根据《民法典》第1079条第5项的规定予以处理。司法实践中常见的情形还如:一方被判刑,其犯罪情节严重伤害夫妻感情的;婚前缺乏了解,婚后未建立起夫妻应有感情,难以共同生活的;登记结婚后未同居生活,无和好可能的;一方有生理缺陷及其他原因不能发生性行为,且难以治愈的;一方为同性恋或双性恋;欺诈性抚养,即女方故意隐瞒其子女非系同男方所生的事实,使男方误将该子女视为亲生子女而抚养等。法院对具体情形的判断有裁量权。

(三)一方被宣告失踪时的离婚

《民法典》第1079条第4款规定,一方被宣告失踪,另一方提出离婚诉讼的,应当准予离婚。

根据《民法典》第40条的规定,宣告失踪,是指自然人下落不明满2年,法院经利害关系人申请而宣告该人为失踪人。宣告失踪和宣告死亡不同,其并不导致婚姻关系消灭。但宣告失踪意味着夫妻双方已有2年无共同生活的事实,夫妻关系名存实亡,若另一方配偶诉请离婚,表明其已无维持婚姻关系的意愿,法院应当准予离婚,并且此时不需要审查夫妻感情是否破裂,只要确认宣告失踪的情况属实,宣告失踪也非必须由配偶申请。另外,根据《民事诉讼法解释》第217条的规定,夫妻一方下落不明,另一方诉至法院,只要求离婚,不申请宣告下落不明人失踪或者死亡的案件,人民法院应当受理,对下落不明人公告送达诉讼文书。在这种情形下,法院仍然应就双方感情是否破裂或者是否满足宣告失踪的实质要件进行审查。

(四)判决不准离婚后又分居满一年的离婚

《民法典》第1079条第5款规定,经人民法院判决不准离婚后,双方又分居满一年,一方再次提起离婚诉讼的,应当准予离婚。

过去的审判实践中,除非符合上述法定情形,或被告在诉讼中同意离婚,法院对第一次起诉离婚原则上判决不准离婚,但随后再次起诉离婚的现象比较普遍。《民法典》吸收了司法部门的建议,将第一次判决不准离婚后的分居情况作为二次起诉中认定可否离婚的依据,以解决现实中久拖不离的离婚案件。[1] 在要件上,须满足第一次离婚被判决不准离婚,如果是以撤诉而终止的,则不适用这一款的规定;并且前后两次离婚诉讼须由同一原告提起,如果是第一次起诉离婚中的被告提出第二次离婚诉讼的,法院应审查双方感情是否已经破裂,第一次起诉的原告此时不同意离婚的,也不适用这一规定。

五、离婚自由的相对限制

(一)军婚

《民法典》第1081条规定,现役军人的配偶要求离婚,应当征得军人同意,但军人一方有重大过错的除外。

---

[1] 参见黄薇主编:《中华人民共和国民法典婚姻家庭编解读》,中国法制出版社2020年版,第194页。

该条规定意在通过对军人配偶离婚权的限制,实现对现役军人婚姻的特别保护,以减少军人的后顾之忧,使他们安心服役。虽然这一规定与夫妻平等、离婚自由等法理相悖,但现役军人担负保卫国家及人民安居乐业的神圣职责,在法律上对现役军人的婚姻给予特殊的保护,是我国婚姻家庭立法的传统,也符合国家和人民的根本利益。在适用本条规定时,应注意以下几点。

1. 现役军人的范围,是指正在人民解放军或人民武装警察部队服役、具有现役军籍的人员。退役、复员、转业军人、预备役士兵和在军事单位中工作但不具有军籍的职工,均非现役军人,其配偶提出离婚,不适用这条,仍按一般规定处理。如果在离婚程序中,军人一方丧失现役军人身份的,也不适用该条规定。

2. 要求离婚的现役军人的配偶是非军人,即本条只能适用于非军人一方向军人一方提出离婚的情况,若是军人一方向非军人一方提出离婚,或者男女双方均为现役军人的离婚诉讼,则不适用该条,而应按一般规定处理。这条规定也不是对现役军人配偶的离婚起诉权的限制,即现役军人配偶起诉离婚的,人民法院仍应受理。

3. 军人方同意离婚,经军队政治机关审查同意,双方可以办理协议离婚,或者在就子女抚养、财产分割或债务承担等无法达成一致时,提起诉讼离婚。军人一方不同意离婚的,军队政治部门和法院应审查其是否存在重大过错。

4. "军人一方有重大过错的除外"表明,并非在任何情况下都须征得军人的同意,如果非军人一方提出离婚是因为军人一方的重大过错,即使军人一方不同意离婚,法院也可以判决准予离婚。根据《民法典婚姻家庭编解释(一)》第64条的规定,军人一方的重大过错可以根据《民法典》第1079条第3款前3项及军人有其他重大过错导致夫妻感情破裂的情形予以判断。

5. 现役军人的配偶提出离婚须得军人同意的规定,只是保护军人婚姻的民事方法。如果离婚纠纷是因第三者介入而引起的,应排除外来干扰,帮助当事人改善和巩固婚姻关系。对破坏现役军人婚姻构成犯罪的,应按《刑法》第259条等有关规定给予刑事制裁。

(二)女方处于法定特别特殊时期

《民法典》第1082条规定:"女方在怀孕期间、分娩后一年内或者终止妊娠后六个月内,男方不得提出离婚;但是,女方提出离婚或者人民法院认为确有必要受理男方离婚请求除外。"该条规定的目的在于,通过对男方离婚请求权的限制,加强对处于特定生理时期的妇女的身心健康的保护。这样做同时也有利于胎儿、婴儿的健康发育和成长,因为女方在怀孕期间或分娩后1年内或流产(包括自然流产和人工流产)后6个月内,身体和精神上都有较大的消耗和负担,而母亲的身心健康会关系胎儿和婴儿的发育和成长。因此,为保护孕产妇、胎儿和婴儿的身心健康,减少因离婚给女方造成的刺激,法律规定对男方的离婚请求权加以限制是必要的。在适用该条规定时,应注意以下几点。

1. 该条只是对男方离婚起诉权的暂时性限制,推迟了男方提起离婚之诉的时间,即男方在女方怀孕期间、分娩后一年内或流产后6个月内起诉离婚的,人民法院一般不予受理,并没有剥夺男方的离婚请求权。待上述期间届满后,男方仍可请求离婚。

2. 女方在此期间内提出离婚的,不受本条限制。这是因为,规定本条的目的,在于保护孕产妇、胎儿和婴儿的利益。女方在此期间提出离婚,往往是出于某些紧迫的原因,而且本人对离婚及其后果已有一定的思想准备。如不及时受理,可能对女方和胎儿或婴儿都不利,所以不应加以限制。

3. 人民法院拥有例外受理的决定权。在特殊情况下,人民法院认为确有必要受理男方离婚请求的,也可不受该条限制而予受理,但是否准予离婚则另当别论。根据有关规定和司法解释,所谓"确有必要"的情形例如:(1)双方确有不能继续共同生活的重大、紧迫事由,如一方对另一方有危及人身安全的可能等,应视其紧迫性及时受理男方的离婚请求;(2)女方婚后与人通奸以致怀孕,男方提出离婚的,若女方不否认该事实或经查属实,法院应该受理男方的离婚请求。

第四节　离婚的法律后果

离婚的法律后果,又称离婚的效力,是指离婚在当事人的人身关系、财产关系和亲子关系方面所引发的一系列变化。离婚的效力只能产生于婚姻关系正式解除之时;协议离婚的,发生于婚姻登记机关发给离婚证之时;调解离婚的,发生于当事人签收离婚调解书之时;诉讼离婚的,发生于离婚判决书生效之时。

离婚会产生身份上和财产上的效力。身份上的效力包括夫妻身份关系和姻亲关系的消灭,以及亲子关系上一些内容的变化;财产上的效力包括夫妻共同财产的分割、共同债务的分担以及可能适用离婚救济制度,以下将展开详述。

一、离婚后的身份关系

(一)配偶身份和姻亲关系的消灭

男女自结婚之日起互为配偶,一旦他们的婚姻关系解除,最直接的后果就是彼此配偶身份的丧失,双方在法律上不再是夫妻。当事人恢复单身,获得再婚的权利和自由。双方后来又自愿恢复婚姻关系的,根据《民法典》第1083条的规定,应当到婚姻登记机关重新进行结婚登记。离婚后,双方不再负有同居义务和相互扶养义务,夫妻间的家事代理权当然消灭,彼此也不得再以配偶的身份作为对方的法定继承人,继承对方的遗产。此外,有观点认为,在离婚后当事人之间应产生类似于后合同义务的后婚姻义务,即基于公序良俗原则,一方因婚姻关系而获得的另一方的个人信息负有保密义务,如对方的财务或生理信息等,更不能发布其裸照和亲密视频,即使在婚姻期间对方同意拍摄。[1]

姻亲关系因子女或者父母的婚姻而产生,随其离婚而消灭。家庭成员的身份也同时消灭。

(二)离婚后的父母子女关系

《民法典》第1084条第1款规定,父母与子女间的关系,不因父母离婚而消除。离婚后,子女无论由父或者母直接抚养,仍是父母双方的子女。这表明,夫妻间的权利义务关系因离婚而解除,但父母与子女间的权利义务关系不因父母离婚而消除。这是因为,婚姻关系是男女两性的自愿结合,可以依法律程序而建立,也可以经法律程序而解除。而亲子关系则不同,其中自然血亲的父母子女之间的权利义务关系,在双方生存期间只有因送养子女才能终止,其他人为

---

[1] 参见李永军主编:《中国民法学·第四卷　婚姻继承》,中国民主法制出版社2022年版,第184页。

手段都不能解除自然血亲的父母子女之间的权利义务关系,如父母在离婚协议书约定断绝亲子关系的,该约定无效。拟制血亲中,收养关系的解除,需要符合《民法典》第1114条和第1115条的规定。而继子女的生父(母)与继母(父)解除婚姻关系时,继父母与受其抚养教育的继子女之间的关系是否自然解除,实践中存在争议,有观点认为不随婚姻关系的解除而自然解除,因为继父母与继子女形成抚养教育事实后,构成一种独立的民事法律关系。另一种观点则认为继父母如拒绝继续抚养继子女,应认为拟制血亲关系解除。《民法典婚姻家庭编解释(二)》第19条第1款采纳了后一种观点:"生父与继母或者生母与继父离婚后,当事人主张继父或者继母和曾受其抚养教育的继子女之间的权利义务关系不再适用民法典关于父母子女关系规定的,人民法院应予支持,但继父或者继母与继子女存在依法成立的收养关系或者继子女仍与继父或者继母共同生活的除外。"此外,《民法典婚姻家庭编解释(一)》第40条对人工授精所生子女的情形进行了补充,依其规定,婚姻关系存续期间,夫妻双方一致同意进行人工授精,所生子女应视为婚生子女。该条规定的意义在于,即使提供精子的不是丈夫,夫妻后来离婚的,男方也不能主张子女与自己没有血缘联系而免除父母子女间的权利义务。

《民法典》第1084条第2款规定,离婚后,父母对子女仍有抚养、教育、保护的权利和义务。虽然在离婚后,父母无法根据《民法典》第1058条的规定共同抚养教育子女,但他们并未丧失父母身份,只是无法共同行使权利、承担义务,通常由父母一方直接、另一方间接行使权利和承担义务,双方可以约定由一方承担全部抚养费用,但约定不得损害未成年子女的利益,未成年子女在必要时仍可请求另一方承担抚养费,在涉及子女抚养、教育、保护等重大事项上,父母双方应协商讨论,共同决定。[1]

(三)子女抚养问题

夫妻离婚后不再共同生活,其子女一般仅会与父母一方共同生活,子女抚养问题属于家庭自治的范畴,原则上应由夫妻协商确定由哪一方作为直接抚养方,若双方能够达成一致,只要能保护子女利益就并无不可。但在实践中,离婚当事人难以达成一致的可能性更大,双方常常就子女随哪一方共同生活的问题发生争执,例如,有的将子女抚养问题作为砝码,与对方讨价还价;有的将未成年子女当成包袱,双方都不愿抚养孩子。《民法典》第1084条第3款对直接抚养权的确定问题作出规定:

首先,对不满两周岁子女的抚养,以由母亲直接抚养为原则。与原《婚姻法》第36条第3款相比,《民法典》改用了"两周岁"这一客观明确的时间标准,而原先使用的"哺乳期"相对不确定,但两者并无本质不同,因为不满两周岁的子女大多还在母乳喂养期。由哺乳的母亲直接抚养,最有利于婴儿的健康成长。而哺乳的母亲抚养哺乳期内的子女,既是权利也是义务,母亲不得推卸抚养婴儿的责任。但这一原则也有例外,根据《民法典婚姻家庭编解释(一)》第44条的规定,当母亲患有久治不愈的传染性疾病或者其他严重疾病,子女不宜与其生活的,或者母亲有抚养条件不尽抚养义务,而父亲要求子女随其生活,再或者由于其他原因,子女确不宜随母亲生活时,则由父亲直接抚养。此外,如前所述,子女抚养问题原则上由父母双方协商确定,《民法典》第1084条第3款是在离婚当事人没有就子女抚养达成协议的情况下,由法院确定直接抚养方的酌定标准。若父母双方协议确定由父亲直接抚养不满两周岁的子女,且对子

---

[1] 参见徐涤宇、张家勇主编:《〈中华人民共和国民法典〉评注》(精要版),中国人民大学出版社2022年版,第1131页。

女健康成长并无不利影响的,法院不应加以干涉,《民法典婚姻家庭编解释(一)》第45条对此予以确认。

其次,子女已满两周岁的,父母双方对抚养问题协议不成的,由人民法院根据双方的具体情况,按照最有利于未成年子女的原则判决,这一之前司法实践中出现的原则被写入《民法典》。于此可以考量父母双方的个人素质、对子女的责任感、与子女的感情等因素。此外,也要考虑父母一方的利益。《民法典婚姻家庭编解释(一)》第46条规定,对已满两周岁的未成年子女,父母均要求直接抚养,一方有下列情形之一的,可予优先考虑:第一,已做绝育手术或由于其他原因丧失生育能力;第二,子女随其生活时间较长,改变生活环境对子女健康成长明显不利;第三,无其他子女,而另一方有其他子女的;第四,子女随其生活,对子女成长有利,而另一方患有久治不愈的传染性疾病或其他严重疾病的,或者有其他不利于子女身心健康的情形,不宜与子女共同生活。

《民法典婚姻家庭编解释(二)》第14条增加了几种情形:离婚诉讼中,父母均要求直接抚养已满两周岁的未成年子女,一方有下列情形之一的,人民法院应当按照最有利于未成年子女的原则,优先考虑由另一方直接抚养:(1)实施家庭暴力或者虐待、遗弃家庭成员;(2)有赌博、吸毒等恶习;(3)重婚、与他人同居或者其他严重违反夫妻忠实义务情形;(4)抢夺、藏匿未成年子女且另一方不存在本条第一项或者第二项等严重侵害未成年子女合法权益情形;(5)其他不利于未成年子女身心健康的情形。

最后,对于子女已满8周岁的,应当尊重其真实意愿。这一规定为《民法典》新增内容。一方面,8周岁是《民法典》规定的无民事行为人和限制行为能力人的界分点;另一方面,联合国《儿童权利公约》第12条第1款规定了对儿童自主意识的尊重,[1]已满8周岁的子女作为限制民事行为能力人,已有一定的自主意识和认知能力,对于其抚养问题,无论是父母协商还是法院判决确定,都应先听取其意见,尊重其真实意愿,才能更有利于未成年人的健康成长。这一规定也和《民法典》第35条第2款的精神相一致。

对子女抚养的确定,司法解释还提出了其他考量要素,《民法典婚姻家庭编解释(一)》第47条规定,在父母抚养子女的条件基本相同而双方均要求子女与其共同生活的情况下,如果子女单独随祖父母或外祖父母共同生活多年,且祖父母或外祖父母要求并且有能力帮助子女照顾孙子女或外孙子女的,可以作为子女随父或随母生活的优先条件予以考虑。按照《民法典婚姻家庭编解释(一)》第48条的规定,在有利于保护子女利益的前提下,父母双方也可以协议轮流直接抚养子女。此外,还存在一些特殊情形,如生父与继母离婚或者生母与继父离婚时,对曾受其抚养教育的继子女,继父或继母不同意继续抚养的,根据《民法典婚姻家庭编解释(一)》第54条的规定,仍应由生父或者生母抚养。在离婚诉讼期间,双方均拒绝抚养子女的,法院根据《民法典婚姻家庭编解释(一)》第60条的规定可以先行裁定暂由一方抚养。

在父母双方协议或法院判决确定子女归直接抚养一方后,并非一成不变的,从最有利于未成年子女的原则出发,应允许变更直接抚养子女关系,具体途径包括协议变更和诉讼变更两种。根据《民法典婚姻家庭编解释(一)》第57条的规定,父母双方协议变更子女抚养关系的,人民法院应予支持。原则上父母双方的变更协议一经达成就生效,子女直接抚养关系即已变

---

[1]《儿童权利公约》第12条第1款规定,缔约方应确保有主见能力的儿童有权对影响其本人的一切事项自由发表自己的意见,对儿童的意见应按照其年龄和成熟程度给予适当的看待。

更。在实践中，父母双方达成变更子女直接抚养关系的协议后，会出现由于一方事后不认可或者办理子女户口等原因，需要司法裁判对双方的协议进行确认的情形。

父母一方要求变更子女直接抚养关系，未与另一方达成协议的，应当另行起诉。根据《民法典婚姻家庭编解释（一）》第56条的规定，出现下列情形之一，父母一方要求变更子女抚养关系的应得到法院支持：第一，与子女共同生活的一方因患严重疾病或因伤残无力继续抚养子女；第二，与子女共同生活的一方不尽抚养义务或有虐待子女行为，或者其与子女共同生活对子女身心健康确有不利影响；第三，已满8周岁的子女，愿随另一方生活，该方又有抚养能力；第四，有其他正当理由需要变更。但有观点认为这条规定存在不足，有权请求法院变更直接抚养权的只有父和母，但非直接抚养方可能并不了解直接抚养方的具体情况，仅赋予父母二人请求变更的权利并不足够。在撤销监护的情形下，《民法典》第36条已经规定了居民委员会、村民委员会、学校等组织可以提出申请，在变更直接抚养权的情形也应作类似规定。[1] 此外，《民法典婚姻家庭编解释（二）》第16条第2款增加了一种诉讼变更抚养关系的情形，即离婚后直接抚养子女一方经济状况发生变化导致原生活水平显著降低或者子女生活、教育、医疗等必要合理费用确有显著增加，另一方以直接抚养子女一方无抚养能力为由请求变更抚养关系的，人民法院依照《民法典》第1084条的规定处理。

《民法典婚姻家庭编解释（二）》第13条还就一个特殊情形下的抚养问题作出规定，即夫妻分居期间，一方或者其近亲属等抢夺、藏匿未成年子女，致使另一方无法履行监护职责，另一方请求行为人承担民事责任的，此时人民法院可以参照适用《民法典》第1084条关于离婚后子女抚养的有关规定，暂时确定未成年子女的抚养事宜，并明确暂时直接抚养未成年子女一方有协助另一方履行监护职责的义务。此条规定一方面旨在保护未成年人权益，另一方面分居期间当事人就其监护权受到侵害而提起诉讼的主要目的是明确该期间内孩子暂由哪一方直接抚养；并且抚养权的临时分配和协助义务的规定，也是停止侵害、排除妨碍的具体化。[2]

（四）抚养费问题

夫妻离婚后，父母对子女仍有抚养和教育的权利和义务，双方都平等地负担子女生活费和教育费的经济责任。未直接抚养的一方，其间接履行抚养和教育职责的主要方式之一就是支付抚养费。《民法典》第1085条第1款第1句规定，离婚后，子女由一方直接抚养的，另一方应当负担部分或者全部抚养费。这是关于离婚后子女抚育费负担问题的原则规定。

关于抚养费的数额和给付期限，《民法典》第1085条第1款第2句规定，负担费用的多少和期限的长短，由双方协议；协议不成的，由人民法院判决。抚养费是一项综合性的费用，根据《民法典婚姻家庭编解释（一）》第42条的规定，包括子女生活费、教育费、医疗费等费用，其直接影响子女的物质生活质量和夫妻的各自生活水平。抚养费如何给付属于家庭自治的范畴，应当首先由父母双方协议。《民法典婚姻家庭编解释（一）》第52条和《民法典婚姻家庭编解释（二）》第16条均肯定了双方可以约定仅由一方直接抚养子女并由其负担子女的全部抚养费，另一方不负担抚养费。但实际直接抚养方的抚养能力明显不能保障子女所需费用，影响子女健康的，根据《民法典婚姻家庭编解释（一）》第52条的规定，对该约定人民法院不予支持。并且，若离婚后直接抚养子女一方经济状况发生变化导致原生活水平显著降低或者子女生活、

---

[1] 参见李永军主编：《中国民法学·第四卷 婚姻继承》，中国民主法制出版社2022年版，第191页。
[2] 陈宜芳、吴景丽、王丹：《〈关于适用民法典婚姻家庭编的解释（二）〉的理解与适用》，载《人民司法》2025年第3期。

教育、医疗等必要合理费用确有显著增加,根据《民法典婚姻家庭编解释(二)》第16条第1款的规定,成年子女或者不能独立生活的成年子女可以请求另一方支付抚养费,此时要综合考虑离婚协议整体约定、子女实际需要、另一方的负担能力、当地生活水平等因素,确定抚养费的数额。此外,夫妻双方若在抚养费协议中约定了违约金条款,过去司法实践中常对该条款的效力产生分歧。肯定观点认为,此系双方的真实意思表示,反对观点则认为,抚养费给付系基于父母的法定义务,仅受法律约束。应认为抚养费约定系身份财产性约定,相比纯粹身份关系的约定,其更趋近于财产法,根据《民法典》第464条第2款的规定,可以参照适用合同编的有关规定。因此当事人的违约金请求或未约定违约金时的逾期利息损失的请求应当得到支持,由非直接抚养方向子女承担违约责任。[1]

父母双方就抚养费问题协议不成的,应当由法院判决决定。抚养费的数额应根据子女的实际需要、父母双方的负担能力和当地的实际生活水平综合确定。《民法典婚姻家庭编解释(一)》第49条规定,有固定收入的,抚育费一般可按其月总收入的20%~30%的比例给付。负担两个以上子女抚育费的,比例可以适当提高,但一般不得超过月总收入的50%。无固定收入的,抚育费的数额可以依据当年总收入或同行业平均收入,参照上述比例确定。有特殊情况的,可以适当提高或降低上述比例。

对于抚养费的给付方法,《民法典婚姻家庭编解释(一)》第50条规定,抚养费以定期给付为原则,一次性给付为例外。这主要考虑一次性给付抚养费可能存在诸多风险,例如一次性给付的抚养费通常计算至子女18周岁,但可能难以预测子女在成长过程中的客观需要,也可能会导致直接抚养孩子的一方挥霍浪费抚养费,引起新的纠纷等。定期支付相比一次性支付的难度小,不会给支付抚养费一方的正常生活造成影响。但也不能绝对禁止一次性支付,其可以省去定期索要抚养费的麻烦,减少双方不必要的接触,也能够解决直接抚养一方的临时性生活困难。

对于抚养费的给付期限,一般自夫妻离婚时起,至子女成年,即18周岁为止。作为特例,《民法典婚姻家庭编解释(一)》第53条第2款规定,16周岁以上不满18周岁的子女,以其劳动收入为主要生活来源,并能维持当地一般生活水平的,父母可以停止给付抚育费。但不能独立生活的成年子女,仍可以根据《民法典》第1067条要求父母给付抚养费。

对于抚养费的变更,根据《民法典》第1085条第3款的规定,即使父母双方达成协议或者法院作出判决,在必要时子女也可以向父母任何一方提出超过协议或者判决原定数额的合理要求。除了"必要"和"合理"的限定外,《民法典婚姻家庭编解释(一)》第58条规定了可以要求增加抚养费的情形,包括:第一,原定抚养费数额不足以维持当地实际生活水平的;第二,因子女患病、上学,实际需要已超过原定数额的;第三,有其他正当理由应当增加的。同时,在一定条件下,子女抚育费可以减少或免除。例如,直接抚养子女的一方再婚,继父或继母愿意负担继子女的生活费和教育费的一部或全部时,不直接抚养子女的一方给付的抚育费可酌情减少或免除。再如,负有给付义务的一方确有实际困难的,亦可通过协议或判决,酌情减免。

对于欠付抚养费的问题,《民法典婚姻家庭编解释(二)》第17条规定:"离婚后,不直接抚养子女一方未按照离婚协议约定或者以其他方式作出的承诺给付抚养费,未成年子女或者不

---

[1] 参见徐涤宇、张家勇主编:《〈中华人民共和国民法典〉评注》(精要版),中国人民大学出版社2022年版,第1133~1134页。

能独立生活的成年子女请求其支付欠付的抚养费的,人民法院应予支持。前款规定情形下,如果子女已经成年并能够独立生活,直接抚养子女一方请求另一方支付欠付的费用的,人民法院依法予以支持。"该条规定明确了未成年子女或者不能独立生活的成年子女的抚养费请求权,以及子女成年后拖欠的抚养费请求权并未消灭。

(五)子女探望权问题

探望权又称探视权,一般是指不与未成年子女共同生活的父或母依法享有的看望未成年子女,并与之交往的权利。从法理上讲,父母探望权是亲权的一项内容,父母婚姻关系的终结并不改变父母与子女的血缘身份关系,作为父母有与子女进行情感交流的需要。父母也是子女的监护人,确立探望权也是履行监护职责的需要。非直接抚养方有权利也有义务关注未成年子女的身心健康,并且通过行使探望权也可以确保子女处于正常的照顾之下,对直接抚养方形成一种"监督"。[1] 在我国的司法实践中,过去经常就探望子女发生纠纷。这一方面,是因为当事人缺乏法律知识。有些当事人错误地认为子女跟谁生活就是归谁所有,把子女当作私有财产,拒绝对方探望孩子;有些当事人因对方在支付抚养费方面不及时或不到位,便以不许对方探望子女来要挟对方;也有些当事人以不许对方探望子女作为惩罚、报复对方,发泄心中怨恨的手段,企图斩断子女与对方的亲子感情。另一方面,这也与我国长期以来在这一问题上的法律缺位有关,直至2001年的原《婚姻法》修改才首次对探望权作了明文规定。

《民法典》第1086条沿用了原《婚姻法》第38条对探望权的规定。该条第1款确定了非直接抚养方的探望权和直接抚养方的协助义务。如前所述,探望权是亲权的内容之一,父母约定排除另一方的探望权的,该约定无效。《民法典》仅规定了非直接抚养方作为权利主体,未规定子女的其他亲属,特别是非直接抚养方的直系长辈血亲享有探望权,即隔代探望权问题。有观点认为确立隔代探望权有利于子女成长,也是基于身份关系而天然产生的权利。[2]《2015年全国民事审判工作会议纪要》(已失效)中提到"抚养孙子女、外孙子女的祖父母、外祖父母主张探望孙子女、外孙子女的,一般应予保护"。司法实践中也不乏在有利于未成年人成长的前提下予以支持的做法。在《民法典》立法过程中,《民法典各分编(草案)》第864条曾规定:"祖父母、外祖父母探望孙子女、外孙子女的,参照适用父母探望权的规定。"《民法典婚姻家庭编(草案)》第864条进一步增加了祖父母、外祖父母"尽了抚养义务或者孙子女、外孙子女的父母一方死亡的"限制。但最终各方面对隔代探望权未能达成共识,比如,若赋予太多人探望权,将会增加抚养方的时间成本,给其造成诸多不便,因此《民法典》最终没有对此作出明确规定。对于协助义务,《民法典婚姻家庭编解释(一)》第68条规定,对于拒不协助另一方行使探望权的有关个人或者组织,可以由人民法院依法采取拘留、罚款等强制措施,但是不能对子女的人身、探望行为进行强制执行。身份行为不得强制,若强制也会损害子女的身心健康。如果直接抚养方未在合理期间内提前通知对方无法探望,导致对方付出交通费等,直接抚养方应承担赔偿责任。在实践中,也有父母双方在离婚协议或者单独协议中对不履行辅助义务的行为约定了违约责任的,法院就此约定的效力存在分歧。和前述抚养费协议中的违约金条款相似,这种情形下也应当适用《民法典》第464条第2款,即不能仅因其为身份关系协议就排除违约责任规

---

[1] 参见李永军主编:《中国民法学·第四卷 婚姻继承》,中国民主法制出版社2022年版,第189页。
[2] 参见薛宁兰、谢鸿飞主编:《民法典评注:婚姻家庭编》,中国法制出版社2020年版,第420页。

定的适用,违约损害的判断以实际财产损失为基准,在违约金过高的情形下可适用司法酌减。[1]

关于探望权行使的方式、时间和地点等问题,根据《民法典》第1086条第2款的规定,应先由父母双方协商确定,这样便于当事人根据各自和子女的实际情况作出妥善的安排。如果协商不成,由人民法院判决确定。判决应考虑未成年人和父母双方的具体情况,尽量减少探望给各方带来的不便。在未成年子女年满8周岁时,其已经具备了一定的独立思考和判断能力,参照《民法典》第1084条第3款关于离婚后父母子女抚养问题的规定,应听取其本人意见。此外,探望权诉讼不受一事不再理规则的约束,若人民法院作出的生效离婚判决中未涉及探望权的,当事人就探望权问题单独提起诉讼的,人民法院应予受理。

探望权的行使应遵循不损害子女合法权益的原则,如果违背该原则,就应对探望权的行使加以必要的限制。《民法典》第1086条第3款规定,父或者母探望子女,不利于子女身心健康的,由人民法院依法中止探望;中止的事由消失后,应当恢复探望。根据《民法典婚姻家庭编解释(一)》第67条的规定,有权向人民法院提出中止探望请求的主体包括未成年子女、直接抚养子女的父或者母以及其他对未成年子女负担抚养、教育、保护义务的法定监护人。法院在决定中止探望时,也应首先考虑限制探望次数、时间和方式,如需要第三人陪同探望或者采用电话等非直接会面方式。有关中止和恢复探望权的诉讼,不应作为新的独立的诉讼来对待,而是纳入执行程序中解决。《民法典婚姻家庭编解释(一)》第66条规定,当事人在履行生效判决、裁定或者调解书的过程中,一方请求中止探望的,人民法院在征询双方当事人意见后,认为需要中止探望的,依法作出裁定。对于探望的恢复,该条后半句规定:中止探望的情形消失后,人民法院应当根据当事人的请求书面通知其恢复探望。这显示出法院不得依职权直接恢复,而须有当事人申请恢复作为前置条件。

二、离婚后的财产关系

离婚不仅终止了夫妻间的人身关系,也终止了彼此间的财产关系,并引发财产关系方面一系列的法律后果。

(一)夫妻共同财产的分割

1.夫妻共同财产的确定

离婚时,可供分割的财产只能以夫妻共同财产为限。因此,得先确定夫妻共同财产的范围,将夫妻共同财产与夫妻的个人财产、子女的财产、其他家庭成员的财产区分开来。在实践中,尤其要注意的是,属于未成年子女的个人财产,父母只有监护权,不能视为夫妻共同财产。另外,在分割夫妻财产时,也不能把属于国家、集体和他人所有的财产当作夫妻共同财产加以分割。夫妻一方或双方因从事生产、经营等与他人形成共有财产关系的,离婚时应先依法分出属于夫妻共有的份额,防止侵害他人的利益。离婚时严格分清财产的性质,才能保证在分割夫妻共同财产时,合理维护离婚当事人和利害关系人的财产权益。

2.判决分割夫妻共同财产的原则

《民法典》第1087条第1款规定,离婚时,夫妻的共同财产由双方协议处理;协议不成的,由人民法院根据财产的具体情况,按照照顾子女、女方和无过错方权益的原则判决。由此可

---

[1] 参见徐涤宇、张家勇主编:《〈中华人民共和国民法典〉评注》(精要版),中国人民大学出版社2022年版,第1136页。

见,离婚时对夫妻共同财产的分割,首先应当由双方自行协商处理,这是对财产共有人享有的处分权利的尊重,体现了民法的意思自治原则,如果当事人双方在平等的基础上达成了体现双方真实意思的财产分割协议,只要其内容不违反法律、不损害其他人的合法权益,就应当肯定该财产分割协议的效力。但需要注意的是,夫妻双方达成的以协议离婚或者到人民法院调解离婚为条件的财产分割协议,如果双方离婚未成,一方在离婚诉讼中反悔的,法院应当认定该财产分割协议并未生效。

对于那些当事人双方协议不成的财产分割纠纷,应该由人民法院依法判决。《民法典》第1087条第1款后半句指明应贯彻下列原则。

第一,照顾子女权益原则。父母离婚后,未成年子女的生活会受到一定程度的影响。为了保证未成年子女的健康成长,尽量减少父母离异给他们造成的生活水平下降等问题,在分割夫妻共同财产时,要优先考虑对子女的抚养需要,给予必要的照顾。由于子女不是分割夫妻共同财产的主体,这一原则更多地体现为照顾直接抚养子女一方的原则。

第二,照顾女方权益原则。在我国社会中,因为传统观念和性别分工,女方在生活和婚姻关系中实际还处于弱势地位,女方对家庭的贡献和牺牲较多,但因此放弃了工作和经济收入上的机会。因此,在财产分割上适当照顾女方的利益,有助于消除女性在离婚问题上的经济顾虑,减少离婚给社会造成的负担。

第三,照顾无过错方权益原则。如果离婚是因夫妻一方的过错行为导致的,即《民法典》第1091条规定的重婚、与他人同居、家庭暴力、虐待遗弃家庭成员及其他重大过错行为的,在分割夫妻共同财产时,应照顾无过错方权益,使其在财产上多分得一些,以弥补其因离婚所遭受的损害。但《民法典》第1091条已经建立了离婚损害赔偿制度,无过错方因离婚所遭受的损害可以通过该制度得到弥补,可能无须再以财产分割上的照顾加以救济。可以认为,适用离婚损害赔偿的"过错"仅限于法定的几种行为,照顾无过错方原则因其具有照顾性和原则性,其范围在解释上可以更宽泛,给予审理法院酌情衡平裁量的必要余地,但要避免双重评价或者多重获益。如果过错方是女方,当然也无法再适用照顾女方权益的原则。

此外,在离婚夫妻共同财产分割中,当事人双方还要遵守诚信原则。《民法典》第1092条规定,夫妻一方隐藏、转移、变卖、毁损、挥霍夫妻共同财产,或者伪造夫妻共同债务企图侵占另一方财产的,在离婚分割夫妻共同财产时,对该方可以少分或者不分。离婚后,另一方发现有上述行为的,可以向人民法院提起诉讼,请求再次分割夫妻共同财产。这是对侵害或侵占财产方的一种惩罚。在婚姻关系存续期间,夫妻双方均有权了解对方的财产状况。在离婚清算时,夫妻双方也应如实向对方报告自己的财产状况。双方也均负有照顾对方财产权益的义务。其中,对于变卖,应是指将财产贱卖给特定关系人以变相转移财产的行为,若变卖获得了公平合理对价,并不会导致夫妻共同财产的减少;对于挥霍,则要结合家庭的具体经济状况和行为方式等因素进行判断,如工薪阶层和企业家的判断标准不同。如前所述,近年来较多的纠纷是因"婚外情"赠与财物和在直播平台对主播大肆打赏产生的纠纷,《民法典婚姻家庭编解释(二)》第6条和第7条也确认了在这两种情形,对行为方应少分或者不分。《民法典》第1092条的规定与第1087条的3项原则并行不悖,在现实生活中,也不排除有女方、无过错方实施第1092条所列举的不当行为。

3. 分割夫妻共同财产的方法

夫妻共同财产一般应均等分割,但根据上述原则和财产的具体来源等情况,也可以作变通处理。在实际中,对共同财产的分割,一般应根据财产的具体状况和当事人的意愿,选择实物分割、价金分割和作价补偿等方法。财产适于实物分割的,可以进行实物分割;不适于实物分割或当事人不愿意实物分割的,可以将实物变卖,就所得价金进行分割;也可以归一方所有,对另一方作价补偿。根据《民法典婚姻家庭编解释(一)》的相关规定,对夫妻共同财产的裁判分割一般采用以下方法。

(1)不动产的分割。离婚案件中的不动产纠纷,一直是审判实践中比较普遍和棘手的问题。它不仅关系双方当事人的切身利益,还涉及家庭其他成员的基本生活保障问题。在离婚案件中,双方对共有房屋的价值及归属无法达成协议的,根据《民法典婚姻家庭编解释(一)》第76条的规定,法院一般按以下情形分别处理:第一,双方均主张房屋所有权并且同意竞价取得的,应当准许;第二,一方主张房屋所有权的,由评估机构按市场价格对房屋作出评估,取得房屋所有权的一方应当给予另一方相应的补偿;第三,双方均不主张房屋所有权的,根据当事人的申请拍卖、变卖房屋,就所得价款进行分割。

离婚时双方对尚未取得所有权或者尚未取得完全所有权的房屋有争议且协商不成的,法院一般不判决房屋所有权的归属,而是根据实际情况判决由当事人使用。当事人在取得完全所有权后,有争议的,可以另行向法院提起诉讼。

婚姻关系存续期间,双方用夫妻共同财产出资购买以一方父母名义参加房改的房屋,产权登记在一方父母名下,根据《民法典婚姻家庭编解释(一)》第79条的规定,离婚时另一方不得主张按照夫妻共同财产对该房屋进行分割,但可以主张购买该房屋时的出资为夫妻共同债权。因为基于购房资格和登记的公信力,该房屋应视为该方父母所有。

对于一方当事人婚前出资支付首付款按揭贷款购置,婚后登记在自己名下并由夫妻双方共同还贷的不动产分割,根据《民法典婚姻家庭编解释(一)》第78条的规定,离婚时首先由双方协议处理;不能达成协议的,人民法院可以判决该不动产归登记一方,尚未归还的贷款为不动产登记一方的个人债务。婚后双方共同还贷支付的款项及其相对应财产增值部分,应根据《民法典》第1087条第1款的规定,由不动产登记一方对另一方进行补偿。这种补偿甚至不排除将房屋判归非首付方所有,例如离婚时子女不满两周岁,需要随女方生活,女方又存在居住和经济困难的情形,并不违反《民法典》第1087条第1款规定的分割原则。

在离婚时父母为子女出资的房产归属与补偿问题,一直是实践中的难题,其涉及一方或双方父母出资、婚前或婚后出资、全额或部分出资、登记在一方或双方名下等各种情形的组合。《民法典婚姻家庭编解释(二)》第8条对此作出规定,第1款规定了一方父母全额出资的情形,如果赠与合同明确约定只赠与自己子女一方的,按照约定处理;没有约定或者约定不明确的,离婚分割夫妻共同财产时,人民法院可以判决该房屋归出资人子女一方所有,并综合考虑共同生活及孕育共同子女情况、离婚过错、对家庭的贡献大小以及离婚时房屋市场价格等因素,确定是否由获得房屋一方对另一方予以补偿以及补偿的具体数额。第2款规定了由一方父母部分出资或者双方父母出资的情形,如果赠与合同明确约定相应出资只赠与自己子女一方的,按照约定处理;没有约定或者约定不明确的,离婚分割夫妻共同财产时,人民法院可以根据当事人诉讼请求,以出资来源及比例为基础,综合考虑共同生活及孕育共同子女情况、离婚过错、对家庭的贡献大小以及离婚时房屋市场价格等因素,判决房屋归其中一方所有,并由获得房屋一方对另一方予以合理补偿。总体上,该规定不再将不动产登记与赠与的意思表示推定挂钩,而采纳了学说主张两次脱钩观点,即"出资资金归属"与"子女购买房产归属"脱钩,以及"物权维度的产权登记"与"婚姻维度的房产归属"脱钩。[1] 第一种脱钩即无论父母出资属于何种情况,确定房产归属时都不再追溯至父母出资,而直接判定归夫妻一方所有;而由一方父母全额出资购置的房屋可以判归出资人子女一方所有,不再关联该房产的登记状况,则体现了后一种脱钩。[2]

(2) 商业投资的分割。除不动产外,在现代社会中,家庭通过各种途径进行投资积累财富也是一种常态。在夫妻双方离婚时,如果投资属于夫妻共同财产,需要以不同的方式进行分割。

第一,对于股票、债券、投资基金份额等有价证券以及未上市股份有限公司的股份,《民法典婚姻家庭编解释(一)》第72条规定在协商不成或者按市价分配有困难时,人民法院可以根据数量按比例分配。据此,法院只是掌握一个分割的原则和大方向,而非计算清楚财产的确切价值,具体的交易操作仍可交由当事人自行决定,以更好地保护当事人的合法权益。

第二,仅以夫妻一方名义在有限责任公司的出资额,另一方不是该公司股东的,《民法典婚姻家庭编解释(一)》第73条规定,夫妻双方协商一致将出资额部分或者全部转让给该股东的配偶,其他股东过半数同意,并且其他股东均明确表示放弃优先购买权的,该股东的配偶可以成为该公司股东;夫妻双方就出资额转让份额和转让价格等事项协商一致后,其他股东半数以上不同意转让,但愿意以同等条件购买该出资额的,人民法院可以对转让出资所得财产进行分割。其他股东半数以上不同意转让,也不愿意以同等条件购买该出资额的,视为其同意转让,该股东的配偶可以成为该公司股东。用于证明前款规定的股东同意的证据,可以是股东会议材料,也可以是当事人通过其他合法途径取得的股东的书面声明材料。本条未规定夫妻没有协商一致的情形,理论上应当遵循股东身份取得依据公司法规定,但夫妻另一方有权获得股权所对应的财产价值的原则。除司法解释规定的这种情形外,现实生活中还存在公司股东仅有夫妻二人的"夫妻公司"情形,其登记的持股比例是否应视为夫妻双方对共同财产份额的约定存在争议。如果持股比例有其他的家庭协议或理由作为支撑,则不应将持股比例作为对共有财产归属的约定。

针对夫妻双方均为有限责任公司股东的情形,《民法典婚姻家庭编解释(二)》第10条规定:"夫妻以共同财产投资有限责任公司,并均登记为股东,双方对相应股权的归属没有约定或者约定不明确,离婚时,一方请求按照股东名册或者公司章程记载的各自出资额确定股权分割比例的,人民法院不予支持;对当事人分割夫妻共同财产的请求,人民法院依照《民法典》第一千零八十七条规定处理。"该规定秉持了内外有别的立场,在夫妻关系内部,出资财产为夫妻共有,作为对价获得的股权无论登记在夫妻一方还是双方名下,也均属于夫妻共同财产。股东名册或者公司章程中所登记的持股出资额只关乎对外的公司经营管理层面,并非夫妻约定财产制,不能当然根据公司对外公示的登记信息来确定夫妻内部的权属分配;反之,夫妻之间的内部关系也不影响公司经营管理,双方应按照登记的持股比例各自行使管理权。

---

[1] 汪洋:《论离婚时父母为子女出资的房产归属与补偿规则——〈民法典婚姻家庭编解释(二)〉第8条评析》,载《法律适用》2025年第1期;于程远:《论离婚时父母出资购房的利益归属——基于出资归属与产权归属分离的视角》,载《暨南学报(哲学社会科学版)》2023年第9期。

[2] 具体论述,参见汪洋:《论离婚时父母为子女出资的房产归属与补偿规则——〈民法典婚姻家庭编解释(二)〉第8条评析》,载《法律适用》2025年第1期。

第三,对于夫妻以一方名义在合伙企业中出资,另一方不是该企业合伙人的,当夫妻双方协商一致,将其合伙企业中的财产份额全部或者部分转让给对方时,《民法典婚姻家庭编解释(一)》第74条规定,其他合伙人一致同意的,该配偶依法取得合伙人地位;其他合伙人不同意转让,在同等条件下行使优先购买权的,可以对转让所得的财产进行分割;其他合伙人不同意转让,也不行使优先购买权,但同意该合伙人退伙或者削减部分财产份额的,可以对结算后的财产进行分割;其他合伙人既不同意转让,也不行使优先购买权,又不同意该合伙人退伙或者削减部分财产份额的,视为全体合伙人同意转让,该配偶依法取得合伙人地位。相比有限责任公司,合伙企业具有封闭性和人合性,各合伙人一般以自己的财产对合伙企业承担连带责任,相应地合伙企业中重要事项的决定一般也需要全体合伙人一致同意,而不是有限公司中常见的多数决。全体合伙人不同意合伙人的配偶入伙又不行使优先购买权时,可以选择同意该合伙人退伙或者削减部分财产份额,这和有限责任公司中股东的配偶直接成为股东的规则不同。

第四,夫妻以一方名义投资设立个人独资企业,在分割夫妻在该个人独资企业中的共同财产时,《民法典婚姻家庭编解释(一)》第75条规定,一方主张经营该企业的,对企业资产进行评估后,由取得企业资产所有权一方给予另一方相应的补偿;双方均主张经营该企业的,在双方竞价基础上,由取得企业资产所有权的一方给予另一方相应的补偿;双方均不愿意经营该企业的,按照《个人独资企业法》等有关规定办理,即应当进行清算、解散,并将清算结束后所剩企业财产作为共同财产进行分割。

(3)特殊财产的分割。军人夫妻的共同财产分割。根据《民法典婚姻家庭编解释(一)》第71条的规定,分割发放到军人名下的复员费、自主择业费等一次性费用,应以夫妻婚姻关系存续年限乘以年平均值,所得数额为夫妻共同财产。所谓年平均值,是指将发放到军人名下的上述费用总额按具体年限均分得出的数额。其具体年限为人均寿命70岁与军人入伍时实际年龄的差额。

基本养老金的分割。《民法典婚姻家庭编解释(一)》第25条第3项规定,婚姻关系存续期间,男女双方实际取得或者应当取得的基本养老保险金属于夫妻共同财产。但当离婚时夫妻一方尚未退休、不符合领取基本养老金条件时,根据《民法典婚姻家庭编解释(一)》第80条的规定,另一方不能请求按照夫妻共同财产分割基本养老金;婚后以夫妻共同财产缴纳基本养老保险费,离婚时一方可以请求将养老金账户中婚姻关系存续期间个人实际缴纳部分及利息作为夫妻共同财产分割。因为在通常情况下,职工个人账户中缴纳的基本养老保险费是从其个人工资中扣除的,因此养老保险费具有工资属性,不是夫妻一方的个人财产。

待继承遗产的分割。婚姻关系存续期间,夫妻一方继承的遗产除了被继承人在遗嘱中明确指定只归夫妻一方所有的以外,原则上都属于夫妻共有的财产。但在双方离婚时,若一方依法可以继承的遗产在继承人之间尚未实际分割,起诉离婚时另一方请求分割的,根据《民法典婚姻家庭编解释(一)》第81条的规定,人民法院应当告知当事人在继承人之间实际分割遗产后另行起诉。一方面,在遗产实际分割后,继承人实际获得的财产才能最终确定;另一方面,实践中常出现夫妻一方的父或者母死亡,而另一方仍健在的情形,出于传统习惯和对老人感情的尊重,一般不会对财产进行分割,而是继续保持现状。这条规定将这种财产权性质的继承既得权及其所延伸的遗产份额,作为配偶另一方对遗产中夫妻共有份额的期待利益,在遗产实际分割的条件成就之后再行处理,能较好地兼顾尊重传统和保护婚姻当事人的合法权益。

在实践中,还存在其他类型的特殊财产,就其在夫妻双方离婚时如何分割容易产生争议,并且《民法典婚姻家庭编解释(一)》对此未作规定。例如,人寿保险合同的保险金,2016年最高人民法院《第八次全国法院民事商事审判工作会议(民事部分)纪要》第4条规定,婚姻关系存续期间以夫妻共同财产投保,投保人和被保险人同为夫妻一方,离婚时处于保险期内,投保人不愿意继续投保的,保险人退还的保险单现金价值部分应按照夫妻共同财产处理;离婚时投保人选择继续投保的,投保人应当支付保险单现金价值的一半给另一方。据此,若以夫妻共同财产投保,且投保人和被保险人都是夫妻一方或双方,则保险单的现金价值属于夫妻共同财产,在双方离婚时根据投保人是否有继续投保的意愿,采取不同的分割或补偿方法。该纪要第5条规定,婚姻关系存续期间,夫妻一方作为被保险人依据意外伤害保险合同、健康保险合同获得的具有人身性质的保险金,或者夫妻一方作为受益人依据以死亡为给付条件的人寿保险合同获得的保险金,宜认定为个人财产,但双方另有约定的除外。婚姻关系存续期间,夫妻一方依据以生存到一定年龄为给付条件的具有现金价值的保险合同获得的保险金,宜认定为夫妻共同财产,但双方另有约定的除外。这里区分了不同保险合同中的保险金性质,人身性质的保险金与人身损害赔偿相似,具有人身专属性,因而认定为个人财产;死亡则导致作为夫妻共同财产基础的夫妻关系消灭,夫妻一方作为受益人依据以死亡为给付条件的人寿保险合同获得的保险金也属于个人财产;而以生存到一定年龄为给付条件的具有现金价值的保险合同,一般认定为夫妻共同财产。

另一类特殊情形是夫妻一方在婚姻关系存续期间发生"婚外情",向第三者赠与金钱、贵重物品甚至房产等财产,在离婚时配偶要求索回。实践中法院的立场不一,有的认为,内外有别,在外部关系上赠与有效,但在内部关系上夫妻一方可以向另一方追索;有的认为,若无婚外情则无赠与,赠与也因违反公序良俗而无效;有的则认为,赠与一方构成对夫妻共同财产的无权处分,赠与亦无效;也有的认为,配偶只能请求部分返还。[1] 对于此类案的不同判现象,因缺乏明确规范,且涉及多个制度的联动,仍有待作进一步研究。

此外,《民法典》第1087条第2款规定,对夫或者妻在家庭土地承包经营中享有的权益等,应当依法予以保护。这一款系参引性法条,指向《农村土地承包法》。《农村土地承包法》第16条第2款规定,农户内的家庭成员依法平等享有承包土地的各项权益。该法第31条规定,妇女离婚或丧偶,仍在原居住地生活或不在原居住地生活但在新居住地未取得承包地的,发包方不得收回其原承包地。即使离婚后分户,亦应保障其相应的承包权益。

(二) 共同债务的清偿

《民法典》第1089条规定,离婚时,夫妻共同债务应当共同偿还。共同财产不足清偿或者财产归各自所有的,由双方协议清偿;协议不成的,由人民法院判决。关于夫妻共同债务,本书前章已经述及。这里只强调无论离婚协议书的约定,还是法院的判决,都只能约束双方当事人,对债权人不发生效力,这一点也为《民法典婚姻家庭编解释(一)》第35条所确认。

(三) 离婚救济制度

离婚救济制度是为了保障离婚时处于弱势一方的合法利益而提供的夫妻财产分配方面的救济措施。它是离婚自由的平衡机制,可以矫正和补偿离婚时夫妻财产分割的失衡状态,保护弱势一方尤其是女性的合法权益。离婚救济只能在离婚时提出,不得单独诉请。通常认为,离

---

[1] 参见李永军主编:《中国民法学·第四卷 婚姻继承》,中国民主法制出版社2022年版,第196~197页。

婚救济制度包含家务劳动补偿、离婚经济帮助和离婚损害赔偿三个面向,我国自2001年原《婚姻法》修正时起即已确立这些制度,但长期以来,离婚救济制度只是停留于纸面,在司法实践中存在着适用率不高、功能低效等问题。《民法典》对此进行了一系列完善,以下展开详述。

1. 家务劳动补偿

《民法典》第1088条规定,夫妻一方因抚育子女、照料老年人、协助另一方工作等负担较多义务的,离婚时有权向另一方请求补偿,另一方应当给予补偿。具体办法由双方协议;协议不成的,由人民法院判决。这是关于家务劳动补偿的规定。

家务劳动补偿又称家务贡献补偿或离婚经济补偿,其旨在肯定家务劳动的经济价值。夫妻关系的本质是夫妻共同生活,家务劳动是夫妻共同生活的重要部分。长期以来,家务劳动被视为无私奉献,因为与社会工作相比,家务劳动是没有转化为经济收入的隐性劳动,它不能直接带来家庭财富的增加,但其可以节约家庭开支,间接增加家庭财富。受传统因素影响,在我国的多数家庭中,从事更多家务劳动,为抚育子女、照料老人以及协助另一方工作付出更多的往往是妻子。她们因此被消耗了更多的时间和精力,失去了许多发展自身的机会,在激烈的职场竞争中处于劣势。在离婚时,法律赋予其要求经济补偿的权利,以保障在离婚之后的生活。

原《婚姻法》第40条将家庭劳动补偿的适用限制于夫妻采取分别财产制的情形,因为立法者认为在实行夫妻共同财产制的家庭,从事家务劳动的一方依法享有对对方经济收入的共有权,在离婚时有权对共同财产进行分割。因此,在夫妻共同财产制下,夫妻一方的家务劳动得到了间接的承认。这也导致该条在实践中鲜有登场。在《民法典》的立法过程中,对于家务劳动补偿制度应延伸至各种类型夫妻财产制中的观点达成了共识,因此《民法典》第1088条放弃了原《婚姻法》规定的分别财产制这一适用前提。[1] 在婚后所得共同制或者一般共同制下,家务劳动补偿的正当性在于其旨在客观评价夫妻一方对婚姻家庭的贡献,弥补夫妻财产制的不足。特别是共同财产分割无法弥补承担较多家务劳动一方丧失的机会,即在就业市场上的不利地位;该补偿不仅能够用以评价已经发生的家务和协助劳动,而且可以用以评价家庭分工对其中一方未来收入能力的偏颇影响。[2] 反之若其在配偶开办的企业工作并领取相应劳动报酬的,则不应适用家务劳动补偿制度。[3]

补偿的数额应在夫妻双方离婚时一并提出,双方可以协商确定补偿数额,达成的协议对双方具有约束力;双方不能达成协议时,由法院在个案中进行利益衡量后作出判决确定,不应无条件适用家务劳动补偿制度,《民法典婚姻家庭编解释(二)》第21条明确,"综合考虑负担相应义务投入的时间、精力和对双方的影响以及给付方负担能力、当地居民人均可支配收入等因素,确定补偿数额"。

2. 离婚经济帮助

《民法典》第1090条规定,离婚时,如果一方生活困难,有负担能力的另一方应当给予适当帮助。具体办法由双方协议;协议不成的,由人民法院判决。

离婚经济帮助是离婚时夫妻中有负担能力的一方为生活困难方提供适当经济帮助的制度。实际生活中,有的当事人迫于离婚后的生活没有保障,不得不维系着已经名存实亡的婚

---

[1] 参见黄薇主编:《中华人民共和国民法典婚姻家庭编解读》,中国法制出版社2020年版,第228~229页。
[2] 刘征峰:《离婚经济补偿的功能定位与体系协调》,载《妇女研究论丛》2024年第3期。
[3] 参见徐涤宇、张家勇主编:《〈中华人民共和国民法典〉评注》(精要版),中国人民大学出版社2022年版,第1139页。

姻。确立离婚时的经济帮助制度，对生活困难的一方给予经济上的帮助，目的就是消除生活困难一方在离婚问题上的经济顾虑，使他们充分行使离婚自由的权利。因此，离婚时的经济帮助制度也是婚姻自由原则的具体体现。这一制度平等地适用于男女双方，但在现实生活中，主要是为了帮助女方解决离婚时的生活困难。目前离婚时，有生活困难的一方以女方居多。

经济帮助不是夫妻扶养义务的延续。夫妻间的扶养义务以婚姻关系的存续为前提，而经济帮助发生于离婚时，即以婚姻关系的解除为前提。此时，双方的配偶身份已经消灭，夫妻间的扶养义务自然消灭，我国也未像比较法上的一些立法例一样承认"离婚后扶养制度"。之所以对生活困难的一方给予经济帮助，并不是在延续夫妻间的扶养义务，而是法律要求有支付能力的一方对生活困难的另一方尽到扶助的责任，将道德义务上升为特殊情形下的法律义务。

离婚时帮助生活有困难的一方渡过经济上的难关，并不是对一方在婚姻中的付出进行补偿，更不是为了制裁在离婚问题上有过错的一方。所以，应将经济帮助与离婚经济补偿制度及离婚损害赔偿制度区别开来。

经济帮助与夫妻共同财产的分割既有区别也有一定的联系。共同财产的分割是夫妻双方对共同财产依法享有的权利。如果一方分割所得的财产足以维持其生活，他方可不予经济帮助。但不能将两者混淆，不能用经济帮助的方法代替共同财产的分割，以防损害接受经济帮助的一方对夫妻共同财产应当享有的合法权益。

《民法典》并未规定离婚经济帮助的判断标准，2001年《婚姻法司法解释（一）》第27条曾规定，离婚经济帮助的提供以离婚配偶一方"生活困难"为标准，"生活困难"是指依靠个人财产和离婚时分得的财产无法维持当地基本生活水平，以及离婚后没有住处两种情形。但近20年来我国经济迅速发展，绝对贫困已被消除，如果认为主张经济帮助的一方经济和生活状态需要满足"绝对困难标准"，会导致这一制度的适用空间和效果受到限制。有观点认为，应改为"相对困难标准"，即不能仅限于离婚后不能维持当地基本生活水平，而应指一方生活水平因离婚而明显下降。[1] 现行《民法典婚姻家庭编解释（一）》并未吸收《婚姻法司法解释（一）》第27条的规定，这为改变"绝对困难标准"提供了可能性。[2] 但也不能简单依据离婚时双方存在的收入差进行补偿，否则大部分离婚可能都会产生经济帮助问题，与社会的一般观念相冲突。相应地，对于被请求方需要具有的"负担能力"，标准也不宜过高，原则上应以提供帮助后不影响其个人生活为准，综合考虑当事人的生活水平、当地基本生活水平等因素。[3]

对于经济帮助的形式，现行法亦未作规定。可以一次性给付，也可以分期给付；可以是给予金钱的形式，也可以通过设立房屋的居住权或者转让房屋所有权的方式解决住房困难。法院在确定数额和方式时，应考虑双方的收入和财产、双方就业能力、子女抚养、婚姻期间的生活水平等因素。在执行帮助期间，受帮助的一方另行结婚或经济条件发生改善的，提供帮助的一方可以终止帮助。原定经济帮助执行完毕后，一方又要求对方再给予或增加帮助的，法院一般

---

[1] 参见薛宁兰、谢鸿飞主编：《民法典评注：婚姻家庭编》，中国法制出版社2020年版，第445页；肖鹏：《论我国离婚经济帮助制度的完善》，载《四川大学学报（哲学社会科学版）》2012年第4期。

[2] 《民法典婚姻家庭编解释（二）征求意见稿》第20条第1款规定："离婚时，夫妻一方依靠个人财产和离婚时分得的财产仍无法维持当地基本生活水平，请求有负担能力的另一方给予适当帮助的，人民法院应依法予以支持。"正式发布的《民法典婚姻家庭编解释（二）》第22条删除了上述内容。

[3] 例如，有观点认为，应根据生活困难的类型和境地帮助的目的对经济帮助的标准作类型化区分，参见孙若军：《论民法典离婚经济帮助制度的发展》，载《法律适用》2025年第1期。

不予支持。当事人应自行解决生活困难,他方不再负有帮助的义务。除特殊情形外,如一方年老体弱且未再婚,离婚经济帮助一般来说是临时性、过渡性的而不是长期的,无法替代国家和社会的救济。

最后,离婚经济帮助制度与婚姻关系中的过错无关,如果有过错的一方存在生活困难的情形,也可以请求无过错一方给予适当经济帮助。但也有观点认为,基于离婚经济帮助制度的宗旨,如果因请求帮助一方的过错导致婚姻终结,就不能请求对方提供经济帮助。[1]

3. 离婚损害赔偿

《民法典》第 1091 条规定:"有下列情形之一,导致离婚的,无过错方有权请求损害赔偿:(一)重婚;(二)与他人同居;(三)实施家庭暴力;(四)虐待、遗弃家庭成员;(五)有其他重大过错。"

离婚损害赔偿,是指因夫妻一方的重大过错导致婚姻关系破裂,无过错方因离婚而受到损害的,得向有过错的另一方要求赔偿,离婚损害赔偿制度要求在处理离婚问题时,应该分清是非、明确责任,体现了法律的惩罚、保护和补偿的功效。2001 年原《婚姻法》第 46 条首次规定了离婚损害赔偿制度。但近 20 年以来,离婚损害赔偿制度在现实生活中的适用屡遭阻碍,受害人起诉到法院要求过错方承担离婚损害赔偿而完全获得支持的比例较低。[2]《民法典》第 1091 条进行了完善,增加了"有其他重大过错"这一兜底条款,将其他一些对无过错方造成严重损害的情形,如配偶一方与他人通奸纳入了可提起赔偿的范围。

关于离婚损害赔偿的性质,理论界存在两种学说:一种是"离婚损害说",它认为离婚损害赔偿是在因一方过错行为导致离婚的情况下,对无过错方因离婚而遭受损害的赔偿;另一种是"离因损害说",该说认为离婚损害赔偿是对配偶一方因另一方的过错行为而受到损害的赔偿。简言之,离婚损害说可对应债务不履行责任,而离因损害说可对应侵权责任,损害性质的认定会直接影响法律适用。如认定为离因损害,则《民法典》第 1091 条与侵权法相关规范构成竞合关系,属于特别法,具有适用上的优先性;如果认定为离婚损害,则《民法典》第 1091 条与侵权法相关规范构成聚合关系,可以同时主张。本书认为,宜将离婚损害赔偿定性为离婚损害而非离因损害。因为婚姻家庭本身不是侵权法的保护客体,无论配偶权还是身份权,都不像人格权或物权那样具有绝对效力。一方重婚、与他人同居的行为属于典型的违反夫妻忠实义务的行为,虽然实施家庭暴力以及虐待、遗弃家庭成员是典型的侵权行为,但在遗弃情形,无过错方的人身权益并未受到损害,然而根据《民法典》第 1091 条其仍有权主张离婚损害赔偿,若认定为离因损害,就会产生矛盾,但在离婚损害下,无过错配偶主张离婚损害赔偿和家庭成员主张侵权损害赔偿并行不悖。

《民法典》第 1091 条列举的前 4 种法定过错,与《民法典》第 1079 条第 3 款前 2 项所列举的判决离婚事由相同,于此不再赘述,第 5 项兜底的"其他重大过错",在解释上应认为系与前 4 种情形过错程度相当的行为,须为严重违背家庭伦理或者严重伤害家庭成员身心健康的行为,由人民法院根据案件的具体情况、综合过错情节、伤害后果等因素进行认定。普通过错行为如"一夜情"等,恶劣程度不如重婚和与他人同居,应认为不会引发离婚损害赔偿。对于离婚损害

---

[1] 参见李永军主编:《中国民法学·第四卷 婚姻继承》,中国民主法制出版社 2022 年版,第 205 页。
[2] 参见马忆南、贾雪:《婚姻法第四十六条实证分析——离婚损害赔偿的影响因素和审判思路》,载《中华女子学院学报》2016 年第 1 期。

赔偿有两方面的因果关系判断，一是配偶一方的重大过错行为和离婚之间的因果关系，二是离婚和损害之间的因果关系。根据《民法典婚姻家庭编解释（一）》第86条的规定，损害赔偿包括物质损害赔偿和精神损害赔偿。物质损害诸如因离婚而无法请求配偶负担家庭生活费用、因离婚无法使用配偶财产获得收益以及因财产分割受到损失等，但不包括将来不确定的继承权、保险受益权等。[1] 涉及精神损害赔偿的，适用最高人民法院《关于确定民事侵权精神损害赔偿责任若干问题的解释》（以下简称《精神损害赔偿司法解释》）的有关规定。承担损害赔偿责任的主体是离婚诉讼当事人中无过错方的配偶，即不包括与配偶重婚或同居的第三人。双方均有《民法典》第1091条规定的过错时，根据《民法典婚姻家庭编解释（一）》第90条的规定，不能适用离婚损害赔偿制度。

离婚损害赔偿制度的适用前提是双方离婚，因此对于人民法院判决不准离婚的案件，当事人提起离婚损害赔偿的，人民法院不予受理；当事人不起诉离婚而单独提起离婚损害赔偿的，人民法院不予支持。人民法院受理离婚案件时，应释明《民法典》第1091条等规定中当事人的有关权利义务。无过错方作为原告基于该条规定向人民法院提起损害赔偿请求的，必须在离婚诉讼的同时提出。如果无过错方作为被告，其不同意离婚也不提起损害赔偿请求的，可以就此单独提起诉讼；一审时其未提出损害赔偿请求，二审期间提出的，人民法院应当进行调解；调解不成的，告知当事人另行起诉。双方当事人同意由第二审人民法院一并审理的，第二审人民法院可以一并裁判。如果当事人协议离婚，办理离婚登记手续后，又向人民法院提出损害赔偿请求的，人民法院应当受理。但当事人在协议离婚时已经明确表示放弃该请求的，人民法院不予支持。

---

[1] 参见高凤仙：《亲属法·理论与实务》，台北，五南图书出版股份有限公司2019年版，第186页。

第三编

父母子女关系和其他家庭关系

第一章 父母子女关系的类型

父母子女关系,也称亲子关系,亲是指父母,子是指子女,亲子关系即是指父母和子女之间的权利义务关系。父母子女是血缘最近的直系血亲,也是家庭关系的组成核心。父母子女之间的法律关系,主要有两个方面的内容:一是父母子女关系的确认和否认,即父母与子女之间建立和消灭亲子关系的方法或者途径;二是父母子女之间的抚养、监护、教育、保护、赡养、扶助和继承等权利义务关系。

在学理上,父母子女关系可以分为自然血亲的亲子关系和法律拟制的亲子关系。自然血亲的亲子关系,是指具有自然真实的血缘联系的父母子女关系,根据子女是否出生在父母的婚姻关系期间,一般分为父母与婚生子女的关系,以及父母与非婚生子女的关系。此外,经夫妻双方同意经人工授精出生的子女,无论有无血缘联系,均被视为夫妻双方的婚生子女。[1] 法律拟制的亲子关系,是指虽然双方之间没有亲子的真实血缘联系,但因符合法律规定的条件,双方被视为法律上的父母子女关系。法律拟制的亲子关系一般包括养父母子女关系和形成抚养教育的继父母子女关系。为了与法典保持一致,根据《民法典》第1071条、第1072条和第1111条,将父母子女关系分为父母与亲生子女、养父母子女以及形成抚养教育关系的继父母子女三种关系分别介绍。因人工生育而产生的亲子关系问题,放在第一节介绍。

第一节 父母与亲生子女

一、婚生子女与非婚生子女

父母与亲生子女之间是自然血亲的亲子关系,即基于出生的事实而产生的具有自然血缘联系的父母子女关系。自然血亲的亲子关系因出生而发生,除因一方死亡而终止外,不能人为地解除。

以子女是否在父母的婚姻关系期间受胎或出生为标准,自然血亲的亲子关系可以分为父母与婚生子女的关系以及父母与非婚生子女的关系。《民法典》第1071条第1款规定,"非婚生子女享有与婚生子女同等的权利,任何组织或者个人不得加以危害和歧视"。

《民法典》中虽然有婚生子女和非婚生子女的法律概念,但对婚生子女和非婚生子女确切定义未作规定。学理上一般认为,在婚姻关系存续期间受胎或者出生的子女被推定为这对夫妻的婚生子女。并非在母亲的婚姻关系中受胎或者出生的子女,或者婚生推定被否认的子女,

---

[1] 《民法典婚姻家庭编解释(一)》第40条规定:"婚姻关系存续期间,夫妻双方一致同意进行人工授精,所生子女应视为婚生子女,父母子女间的权利义务关系适用民法典的有关规定。"

为非婚生子女。[1]

二、父母子女关系的确立与异议之诉

婴儿出生，即应为其明确法律上的父母。确定亲子关系是确定抚养、监护、保护等法律上权利义务的基础。父母子女关系确立是一种依法在无争议状态下为子女确定父母的制度，对于亲子关系确立的结果有异议，则引发亲子关系异议之诉。对未能通过该制度为子女确定父母的，权利人可以提起诉讼请求确认亲子关系；对已经通过该制度确立的亲子身份有异议的，权利人可以提起诉讼请求否认亲子关系。

（一）父母子女关系的确立

父母子女关系的确立，是指子女出生后依法为其确定生父和生母的制度，包括确立亲子关系的方法和亲子关系的证明。[2]

1. 母亲的确立方法

生育子女的女性是子女的母亲。从比较法角度来看，很多国家和地区都在亲子关系法中确定生育子女是获得母亲身份的方式。我国《民法典》虽然没有明确母亲的确认方式，但生育子女的女性是子女的母亲在学理上和司法实践中均得到认可。

2. 父亲的确立方法

父亲的确立方法以推定为主，即推定母亲的丈夫是子女的父亲。[3] 婚生推定是确定父子女关系的传统方式，子女受胎或出生时母亲的丈夫被推定为子女的父亲。婚生推定制度是法律为建立婚生亲子关系所设的机制。婚生推定制度建立的前提是肯定婚姻，以及以之为基础所组成的家庭对生养子女的重要性与必要性。倘无婚姻制度，婚生推定制度将无所依附。在婚生子女的推定中决定父子女关系的主要因素有二，即婚姻关系和血缘联系，而不是单纯取决于父子女间的血缘联系。婚生推定的意义在于，尽早使子女在出生后即推定为婚生子女，确定抚养关系，不至于让子女的身份处于不确定的状态。然而，法律上的推定可被客观事实推翻。

---

[1] 最高人民法院曾对非婚生子女作出解释："根据原中央人民政府法制委员会1953年3月19日《有关婚姻问题的若干解答》中关于'非婚生子女指非夫妻关系的男女所生的子女'的解释，我们同意你院对这个问题的意见，即未婚男女，或已婚男女与别人发生不正当性行为所生的子女都是非婚生子女。"参见1974年5月17日最高人民法院《关于对非婚生子女解释的复函》（已失效）。

[2] "亲子关系确立"不是传统的法律术语，因此有必要予以说明。无论是为家庭确定后嗣或继承人，还是为未成年人找到抚养义务人，确定"子女"和"父母"之间的法律身份在不同的国家和历史时代总有约定俗成的或法律明文的原则和方法。传统的亲子关系确立制度包括婚生子女的推定、非婚生子女的认领和准正制度。从20世纪末开始，各国的亲子法有子女平等保护以及强调未成年子女最佳利益的变革趋势。在德国、瑞士、法国、英国等国家，"非婚生子女"的称谓消灭了，为子女确立生母和生父的制度代替了原来区分婚姻血统和非婚姻血统原则下的非婚生子女的认领、准正等制度。我国学界对如何确定亲子关系进行了积极的探索，但研究对象的称谓不统一。根据中国社科院的薛宁兰研究员《改革开放三十年中国亲子法研究之回顾与展望》一文的研究，对亲子关系确认制度的研究学界有如下3种称谓：子女亲生否认制度和子女亲生认领制度；亲子关系的推定、亲子关系推定的否认和亲子关系的认领制度；亲子关系推定与否认制度和子女认领制度。参见陈苇：《改革开放三十年（1978—2008）中国婚姻家庭继承法研究之回顾与展望》，中国政法大学出版社2010年版，第232页。笔者认为，在《民法典》规定了亲子关系异议之诉后，有关亲子关系的建立或否认就简化了。在无争议状态下，适用亲子关系确立制度为子女确定亲子身份；在有争议的状态下，以亲子关系异议之诉予以矫正和救济。

[3] 法律并没有规定婚生推定，司法实践则在1956年就认可了婚生推定。最高人民法院《关于徐秀梅所生的小孩应如何断定生父问题的复函》明确，"根据请示所提的情况，徐秀梅的丈夫向徐提出离婚，且不承认小孩是他生的。按这小孩是在双方婚姻关系继续存在中所生的，男方现主张非其所生，应提出证据证明。男方既提不出任何证据而法院亦无法另找证明方法，在这种情况下，法院只能认为男方的主张不能证明，在这认定下对小孩问题予以判决"。

法律允许利害关系人提出否认之诉,但这种否认须经法院判决确认后方可撤销婚生推定,否认权人自行否认没有法律效力。

3. 亲子关系的证明

自1993年1月1日起,我国各地医疗卫生机构推行全国统一的《出生医学证明书》作为婴儿出生的医学证明。《出生医学证明书》是医疗卫生部门出具的关于婴儿出生情况的证明,既是人口统计工作的基本信息来源,也是判定出生婴儿情况的基本法律依据。1995年实施的《母婴保健法》(已被修订)第23条明确了由"医疗保健机构和从事家庭接生的人员"出具统一的"新生儿出生医学证明",自1996年起我国境内出生的婴儿开始使用卫生行政部门依法制发的统一的《出生医学证明》。新生儿父母或监护人凭《出生医学证明》到户口登记机关申报新生儿出生登记,户口登记机关也只凭《出生医学证明》办理出生登记手续。[1] 对于申报出生登记但未提供《出生医学证明》的,须依法补领《出生医学证明》。"在助产机构内出生的无户口人员,本人或者其监护人可以向该助产机构申领《出生医学证明》;在助产机构外出生的无户口人员,本人或者其监护人需提供具有资质的鉴定机构出具的亲子鉴定证明,向拟落户地县级卫生计生行政部门委托机构申领《出生医学证明》。无户口人员或者其监护人凭《出生医学证明》和父母一方的居民户口簿、结婚证或者非婚生育说明,申请办理常住户口登记。"[2] 因为《出生医学证明》中记载了新生儿母亲和父亲的基本信息,所以由医疗保健机构或卫生计生行政部门委托机构签发的《出生医学证明》就成为自然人亲子关系的法定证明文件。

(二)亲子关系的异议之诉

如果子女的《出生医学证明》中未记载父母信息,或者利害关系人对记载的父母信息有异议,而原记载的父母不认可,则可能引起亲子关系异议之诉。根据异议内容不同,亲子关系异议之诉包括请求确认亲子关系和请求否认亲子关系两种类型。提起亲子关系异议之诉的法律依据是《民法典》第1073条内容为:"对亲子关系有异议且有正当理由的,父或者母可以向人民法院提起诉讼,请求确认或者否认亲子关系。对亲子关系有异议且有正当理由的,成年子女可以向人民法院提起诉讼,请求确认亲子关系。"[3]

1. 亲子关系异议之诉的性质

从2011年《婚姻法解释(三)》开始,亲子关系异议之诉的诉讼类型[4]就在学界和司法界

---

[1]《出生医学证明》由新生儿出生所在的医疗保健机构和从事家庭接生的人员出具。新生儿父母或监护人凭《出生医学证明》到新生儿常住地户口登记机关申报出生登记,户口登记机关亦只凭《出生医学证明》办理出生登记手续。参见1995年卫生部、公安部《关于统一规范〈出生医学证明〉的通知》。

[2] 2015年国务院办公厅《关于解决无户口人员登记户口问题的意见》。

[3] 对《出生医学证明》中记载父母身份的异议之诉在司法实践中曾有当事人提起行政诉讼,请求出具《出生医学证明》的医疗保健机构等签发机构撤销或变更父母身份信息的记载,但人民法院多以出具《出生医学证明》仅为医学上的证明行为,而非具体行政行为为由裁定驳回起诉。这也引发了学界关于出具《出生医学证明》的行为是否具有可诉性的论争。参见程时菊、黄欣:《论出生医学证明的可诉性——以公共行政职能为视角》,载《行政法学研究》2011年第1期。但是,2011年最高人民法院《关于适用〈中华人民共和国婚姻法〉若干问题的解释(三)》(已失效,以下简称《婚姻法解释(三)》)出台后,当事人即可通过民事诉讼程序提起亲子关系否认之诉,以及亲子关系确认之诉。

[4] 依据民事诉讼法学理论,按诉讼目的不同,诉的类型有3类:给付之诉、确认之诉和形成之诉。给付之诉,是指原告向被告主张给付请求权,并要求法院对此作出给付判决的请求;确认之诉,是指原告要求法院确认其主张的法律关系存在(积极的确认之诉)或不存在(消极的确认之诉)的请求;形成之诉,则是指原告要求法院变动法律关系的诉讼,通常该法律关系的变动是法律所明确规定的。

引发争议。[1] 亲子关系异议之诉的诉讼类型判断,涉及谁有诉权,判决是否具有对世效力等问题,应予明辨。我们认为,从形成之诉的明定原则来看,亲子关系异议之诉源于《民法典》第1073条;从形成之诉的诉讼目的是变动法律关系来看,不论是起诉确认亲子关系还是否认亲子关系,"异议"一词均为不认可已有的亲子关系,其诉讼目的均是变动现存的亲子关系。因此,亲子关系异议之诉应为形成之诉。

更重要的是,亲子关系异议之诉为形成之诉具有合理性和必要性。亲子关系涉及自然人的基本身份关系以及未成年人的重大利益,不宜赋予当事人单方意思即可直接变动亲子关系的权利,也不宜允许第三人随意提起对他人亲子关系的异议之诉,因此必须以法律明文规定父母子女对亲子关系的确认和否认权利并通过诉讼行使之。其一,形成之诉判决的既判力和形成力不仅存在于当事人之间,而且具有对世效力。而确认之诉的判决是单纯确认当事人之间法律关系存在或不存在的判决,其判决没有形成力,判决的既判力通常只及于当事人。亲子身份是自然人重要的身份法律关系,涉及本人及其他亲属的若干权利义务,亲子关系异议之诉为形成之诉更有利于稳定亲子关系。其二,形成诉权的法定可以避免诉权滥用。形成之诉的根基在于形成诉权,而形成权的本质还是依单方意思即可变动民事法律关系,故形成权通常规定有明确的权利人和权利存续的期间,也即能够提起诉讼的当事人是法律明确规定的。但是确认之诉的提出在法律上没有限制。为了限制诉权滥用,民事诉讼的理论和实践通常是从有无诉的利益来判断诉讼的必要性和实效性,因此对于确认之诉法官需判断当事人有无诉讼利益。由于我国关于确认利益的法律规则、关于确认利益的成熟理论,以及判断确认利益的程序环节有待完善,确认利益判断为限制路径尚未真正发挥限制确认之诉的功能。[2] 例如,《婚姻法解释(三)》第2条对亲子关系异议之诉的提起几乎没有限制条件。这受到学者的批评,认为"倘若任何人都可以随意提起确认、否认之诉,将有损父母与儿童的尊严、利益,造成精神上的伤害"。[3]

2. 请求确认亲子关系

(1) 权利人

有权请求确认亲子关系的,只能是子女的父亲或者母亲,子女已经成年的,成年子女本人也有权起诉确认亲子关系。之所以限制权利人的范围,是考虑到亲子关系的确认将对父母子女双方以及其他近亲属的权利义务产生重要的影响。在《民法典》编纂过程中,对于亲子关系异议之诉的主体范围也有不同意见,从利害关系人到父、母、成年子女和未成年子女,再到父、母或者成年子女,主体范围越来越狭窄。到《民法典》颁布后,亲子关系否认之诉的主体仅限于

---

[1] 对于当事人所提的亲子关系异议之诉的类型,学界主要有3种观点:确认之诉;亲子关系的否认之诉为形成之诉;形成之诉。参见杨立新:《家事法》,法律出版社2013年版,第179页;张卫平:《诉的利益:内涵、功用与制度设计》,载《法学评论》2017年第4期;刘哲玮:《确认之诉的限缩及其路径》,载《法学研究》2018年第1期;曹志勋:《论我国法上确认之诉的认定》,载《法学》2018年第11期;陈桂明、李仕春:《形成之诉独立存在吗?——对诉讼类型传统理论的质疑》,载《法学家》2007年第4期;史尚宽:《亲属法论》,中国政法大学出版社2000年版,第547页;张燕玲:《亲子否认之诉的理念变迁》,载《南京大学学报(人文科学·社会科学)》2019年第5期;江晨:《婚生否认之诉原告资格的立法完善和规范适用》,载《政治与法律》2020年第5期;李春景:《关于亲子关系否认制度若干问题探讨——评析〈婚姻法司法解释三〉第2条第1款之规定》,载《河北法学》2016年第12期;欧元捷:《确认亲子关系诉讼的原告资格论——以诉的种类为秩序框架》,载《政治与法律》2018年第11期等。

[2] 参见刘哲玮:《确认之诉的限缩及其路径》,载《法学研究》2018年第1期。

[3] 参见汪金兰、孟晓丽:《民法典中亲子关系确认制度的构建》,载《安徽大学学报(哲学社会科学版)》2020年第1期。

父或者母,请求确认亲子关系的主体限于父或者母以及成年子女。

(2)诉讼限制条件——正当理由

权利人请求确认亲子关系,应当具有"正当理由"。权利人对亲子关系有异议,认为自己才是子女的父母,可以请求确认亲子关系,但是为了维护家庭关系的稳定和谐,以及保护未成年人的合法权益,《民法典》规定父或者母对亲子关系有异议时,还需举证证明其有"正当理由",才能提起亲子关系之诉。

正当理由不是民事诉讼的起诉条件,而是请求确认亲子关系诉讼的限制条件。在司法实践中,有将《民法典》第1073条的"正当理由"等同《民事诉讼法》第122条规定的起诉必须"有具体的诉讼请求和事实、理由"的情况,我们认为这种处理方式是错误的,立案登记制下,人民法院对起诉的"具体理由"仅作形式审查,而"正当理由"要在诉讼中由人民法院根据案件具体情况进行判断。适用"正当理由"应当遵循保护未成年人合法权益原则和公序良俗原则,特别是在请求确认他人的婚生子女为自己的子女,请求确认因自己强奸犯罪所生育子女与自己的亲子关系等诉讼中,要从严审查其理由的正当性。

(3)请求确认亲子关系的举证与亲子身份推定

《民法典婚姻家庭编解释(一)》第39条第2款规定,"父或者母以及成年子女起诉请求确认亲子关系,并提供必要证据予以证明,另一方没有相反证据又拒绝做亲子鉴定的,人民法院可以认定确认亲子关系一方的主张成立"。权利人请求确认亲子关系,应当提供必要证据。这里的"必要证据"是指证据能够形成合理的证据链条证明当事人之间可能存在亲子关系,一般包括两类:一是与生母在子女可能的受胎期间同居;二是所谓"生父"曾经承认,例如信件、字据等能够证明其承认父子关系的,或者所谓"生父"以此身份负担或者分担子女的生活教育费用等。被告方没有证据否认权利人的主张,又不愿意采用最直接客观的亲子鉴定排除自己与子女的亲子关系,将承担不利的法律后果。人民法院可以据此推定原告和子女之间存在亲子关系。

3. 请求否认亲子关系

亲子关系的否认,是指对已经确立的亲子关系提出异议并否认亲子关系的存在,在司法实践中最常见的是对父亲身份推定的否认。《民法典》第1073条第1款规定,"对亲子关系有异议且有正当理由的,父或者母可以向人民法院提起诉讼,请求……否认亲子关系"。

(1)权利人

有权提出否认之诉的只能是子女的父亲或者母亲,成年子女不能起诉请求否认亲子关系。之所以限制否认权利人的范围:一是考虑到亲子关系的否认将对亲子身份以及其他近亲属关系产生重大影响;二是担心被父母抚养成年的子女,借亲子关系否认而拒绝承担赡养义务。

(2)诉讼限制条件——正当理由

权利人提起亲子关系否认之诉,应当具有"正当理由"。与请求确认亲子关系一样,否认亲子关系也需要具有正当理由,人民法院将据此判断亲子关系否认之诉的正当性、合理性,以维护家庭关系的稳定并保护未成年人的合法权益。例如,自称生父之第三人,起诉否认已被婚生推定并与父母共同生活的未成年子女的亲子关系,如果受理这样的亲子关系否认之诉,可能造成未成年人现有抚养环境的明显恶化,应严格审查其理由的正当性。

(3)请求否认亲子关系的举证与身份否认推定

《民法典婚姻家庭编解释(一)》第39条第1款规定,"父或者母向人民法院起诉请求否认亲子关系,并已提供必要证据予以证明,另一方没有相反证据又拒绝做亲子鉴定的,人民法院可以认定否认亲子关系一方的主张成立"。这里的"必要证据",是指证据能够形成合理的证据链条证明当事人之间不可能存在亲子关系或者没有亲子关系,例如,在子女可能的受胎期间由于服刑、国外未归等客观原因无法与子女的生母同居,患有不孕不育的疾病,或者提供了子女与他人已经确定亲子关系的证明等。被告方可以提供证据否认权利人的主张,例如,提供原告同意采取异质人工授精生育子女的证明,但如果没有证据否认,又不同意子女与原告做亲子鉴定来证明亲子关系存在的,将承担不利的法律后果。人民法院可以据此推定原告和子女之间不存在亲子关系。

三、人工生育的亲子关系

人工生育,是指通过人工生殖技术辅助生育,是对人类自然生育模式的补充。人工辅助生殖技术通常包括人工授精、体外授精—胚胎移植(试管婴儿)、代孕技术等,人类可以用人工方法代替自然生育部分步骤,使子女可能存在遗传学意义上、生物学意义上以及社会学意义上的父母,冲击着以男女两性性行为受孕生育方式而形成的传统社会观念和法律制度。因此,人工生育的亲子关系需要特别的亲子关系确立规则。

(一)现行法对人工辅助生殖技术的许可和限制

根据2001年卫生部《人类辅助生殖技术管理办法》,现行法许可采用的人类辅助生殖技术包括人工授精和体外受精—胚胎移植技术及其各种衍生技术。[1] 根据精液来源不同,人工授精又可分为丈夫精液人工授精(也称为同质人工授精)和供精人工授精(也称为异质人工授精)。同时,该办法禁止以任何形式买卖配子、合子、胚胎;禁止医疗机构和医务人员实施任何形式的代孕技术。

(二)人工生育子女的亲子关系确立

1.母亲身份的单一确立规则

人工生育子女的母亲确认仍然遵循分娩者为母的确认规则;即使因违法实施的代孕手术而怀孕生育的女性,也应被认定为是其所生育子女的母亲。

2.协议(同意)原则

人类辅助生殖技术的应用应当在医疗机构中进行,以医疗为目的,并符合国家计划生育政策、伦理原则和有关法律规定。医务人员有义务告知受术夫妇,通过人类辅助生殖技术出生的后代与自然受孕分娩的后代享有同样的法律权利和义务,包括后代的继承权、受教育权、赡养父母的义务、父母离异时对孩子监护权的裁定等,受术夫妇对通过借助该技术出生的孩子(包括对有出生缺陷的孩子)负有伦理、道德和法律上的权利和义务。受术夫妇需要在充分了解手术的情况下自愿同意实施手术并签署知情同意书。[2]《民法典婚姻家庭编解释(一)》第40条规定:"婚姻关系存续期间,夫妻双方一致同意进行人工授精,所生子女应视为婚生子女,

---

[1]《人类辅助生殖技术管理办法》第24条规定:"本办法所称人类辅助生殖技术是指运用医学技术和方法对配子、合子、胚胎进行人工操作,以达到受孕目的的技术,分为人工授精和体外受精—胚胎移植技术及其各种衍生技术。人工授精是指用人工方式将精液注入女性体内以取代性交途径使其妊娠的一种方法。根据精液来源不同,分为丈夫精液人工授精和供精人工授精。体外受精—胚胎移植技术及其各种衍生技术是指从女性体内取出卵子,在器皿内培养后,加入经技术处理的精子,待卵子受精后,继续培养,到形成早期胚胎时,再转移到子宫内着床,发育成胎儿直至分娩的技术。"

[2] 参见《人类辅助生殖技术管理办法》《人类辅助生殖技术和人类精子库伦理原则》。

父母子女间的权利义务关系适用民法典的有关规定。"也即,无论是丈夫精液人工授精还是供精人工授精,因夫妻双方一致同意进行的人工授精手术所生育的子女,都是夫妻双方的婚生子女。

3. 配子提供者与子女无法律亲子关系

根据《人类辅助生殖技术和人类精子库伦理原则》,医务人员有义务告知捐赠者不可查询受者及其后代的一切信息,并签署书面知情同意书;也有义务告知供精者,对其供精出生的后代无任何的权利和义务。

第二节 养父母子女

养父母子女关系,是指因收养而在收养人和被收养人之间产生的法律拟制的父母子女身份关系。《民法典》第1111条第1款规定,"自收养关系成立之日起,养父母与养子女间的权利义务关系,适用本法关于父母子女关系的规定"。

一、收养概述

(一)收养的概念和特征

收养,是指自然人依法律规定的条件和程序,将他人的子女领为自己子女的民事法律行为。收养在性质、目的、形式要件以及资格要件等方面具有如下特征。

1. 收养是一种身份法律行为。身份法律行为,是指以身份变动为目的的法律行为,收养行为将导致在被收养人和收养人之间成立亲子关系,被收养人与收养人的近亲属之间成立近亲属关系,被收养人原来的亲子关系和近亲属关系因此解消。

2. 收养以建立法律拟制的亲子关系为目的。收养的目的是使本无亲子身份关系的收养人和被收养人之间建立法律拟制的亲子关系,因此只能收养子女,不能收养他人为孙子女,也不能收养他人为兄弟姐妹。

3. 收养为要式的法律行为。身份法律行为多为要式,这是因为身份关系的变动不仅影响当事人的人身权益还影响其财产权益,不仅影响身份关系的双方当事人而且影响有利害关系的第三人,所以法律规定了严格的形式要件以确保身份行为的真实性和合法性。

4. 收养关系当事人的资格有严格限制。收养将建立法律上的亲子关系,不仅与收养人、送养人及被收养人身份利益密切相关,而且还涉及社会公共利益,因此立法对收养关系当事人的资格有严格限制,并通过收养评估监督保障被收养人的权益。

要注意区分他人抚养和收养:《民法典》第1107条规定:"孤儿或者生父母无力抚养的子女,可以由生父母的亲属、朋友抚养;抚养人与被抚养人的关系不适用本章规定。"由于抚养人和被抚养人并不是以建立亲子关系为目的,亲属、朋友对孤儿或者生父母无力抚养的子女的抚养可能不是法定义务,而是基于道义亲情等,因此应当得到保护和提倡,但并不因为抚养的事实而产生抚养的法律义务,更不会产生法律拟制的亲子身份。而收养是身份行为,以建立亲子关系为目的,收养关系一旦成立,收养人抚养被收养人就是亲子关系中应尽的法律义务,除此之外,收养人和被收养人之间还有监护、保护、继承等权利义务。

(二) 收养的法律渊源

我国 1991 年颁布了第一部《收养法》（已失效），于 1992 年 4 月 1 日施行；该法于 1998 年 11 月 4 日修正，修正后的法于 1999 年 4 月 1 日起施行；2021 年 1 月 1 日《民法典》施行，原《收养法》被废止。在认定收养关系是否合法有效时，以收养行为是否符合当时的法律法规要求的条件和程序为准。

除上述法律外，我国收养制度的法律渊源还包括：2024 年《外国人在中华人民共和国收养子女登记办法》、2008 年《收养登记工作规范》、2021 年《收养评估办法（试行）》、2023 年《中国公民收养子女登记办法》等。

二、收养的原则

《民法典》第 1044 条第 1 款是对收养原则的规定："收养应当遵循最有利于被收养人的原则，保障被收养人和收养人的合法权益。"

（一）最有利于被收养人原则

收养制度从"为家"的收养、"为亲"的收养，逐渐发展到现代"为子女"的收养。所谓"为子女"的收养，是指收养立法以保护养子女的利益为出发点，优先考虑子女的最大利益，以未成年养子女的健康成长为目的。我国 1991 年加入《儿童权利公约》，在 1991 年原《收养法》中已经确定收养要"有利于被收养的未成年人的抚养、成长"这一原则，《民法典》进一步将之表述为"收养应当遵循最有利于被收养人的原则"，既符合现代收养立法发展的趋势，也是我国《民法典》婚姻家庭编保护未成年人合法权益的具体体现。

（二）保障被收养人和收养人的合法权益原则

1998 年修订原《收养法》时，增加了"保障被收养人和收养人合法权益"的原则，《民法典》保留了该原则。收养关系涉及收养人和被收养人双方的利益，《民法典》应保障被收养人和收养人双方合法权益的平等实现。《民法典》中关于收养人的条件、送养人的条件，被收养人的意愿，以及收养的效力等具体制度都体现了保障被收养人和收养人合法权益原则。例如，《民法典》第 1110 条关于"收养人、送养人要求保守收养秘密的，其他人应当尊重其意愿，不得泄露"的规定，体现了对收养人合法合理的意愿的保护。

《民法典》第 1044 条第 2 款明确规定，"禁止借收养名义买卖未成年人"。在收养过程中收取营养费、辛苦费、介绍费等，名为收养实为买卖的行为，不仅违反《民法典》，而且也触犯了刑法。[1] 买卖未成年人不以买卖他人子女为限，只要是未成年人，即使是自己的子女，也是违法犯罪行为。[2]

三、收养成立的条件

收养成立的条件，是指收养关系当事人应当满足的条件以及当事人之间相互关系应该满足的条件。收养关系当事人包括被收养人、收养人和送养人。

---

[1] 拐卖妇女、儿童罪，参见《刑法》第 240 条。
[2] 最高人民法院、最高人民检察院、公安部、司法部《关于依法惩治拐卖妇女儿童犯罪的意见》（法发〔2010〕7 号）第 16 条明确，以非法获利为目的，出卖亲生子女的，应当以拐卖妇女、儿童罪论处。《中国反对拐卖人口行动计划（2021—2030 年）》提出，"明确办理拐卖人口犯罪案件的法律适用标准，对以非法获利为目的偷盗婴幼儿、强抢儿童或者出卖亲生子女、借收养名义拐卖儿童、出卖捡拾儿童等行为，坚决依法惩处。建立统一的办理拐卖人口犯罪案件证据审查认定规则和量刑标准"。

（一）被收养人的条件

根据《民法典》第1093条的规定，被收养人只能是未成年人。与原《收养法》要求的被收养人为"不满十四周岁的未成年人"不同，《民法典》规定下列3类未成年人都可以被收养。

1. 丧失父母的孤儿。父母双亡的未成年人是孤儿，只有父亲或母亲一方死亡，即使生存的一方父母没有行为能力，或者没有抚养能力，或者下落不明，也都不属于丧失父母的孤儿。

2. 查找不到生父母的未成年人。查找不到生父母的未成年人，是指被父母或其他监护人遗弃或者由于其他原因与父母或监护人分离又无法查找到生父母的未成年人。

3. 生父母有特殊困难无力抚养的子女。生父母有特殊困难无力抚养的子女，是指有抚养义务的生父母由于身体健康、经济困难等客观原因无法抚养的未成年子女。

需要注意的是，《民法典》不承认成年人收养。我国原《收养法》一直承认特殊情况下的成年人收养，包括收养三代以内旁系血亲子女的，以及继父母收养继子女的情况。《民法典》不允许成年人收养的理由主要是：其一，根据最有利于被收养人的原则，收养法以向需要抚养的被收养人提供稳定的家庭成长环境以保证被收养人的健康成长为宗旨的，所以《民法典》把被收养人的条件从不满14周岁的未成年人放宽到未成年人，但不再允许成年人收养。其二，如允许由生父母抚养成年的子女被他人收养，其与生父母的权利义务因此消除，不再负有对生父母的赡养扶助义务，这对生父母明显不利，也不符合现代收养制度的目的。其三，成年人收养的目的主要是养老或者财产传承，例如收养三代以内旁系血亲子女的，有些就是基于民间立嗣（俗称"过继"）的习惯，其目的是宗祧继承或养老。但是这些目的可经由遗嘱或遗赠扶养协议达成，而无须在立法上确立成年人收养。

（二）送养人的条件

根据《民法典》第1094条、第1095条，具有送养资格的主体有如下4类。

1. 孤儿的监护人；

2. 儿童福利机构；

3. 有特殊困难无力抚养自己子女的生父母；

4. 未成年人的父母均不具备完全民事行为能力且可能严重危害该未成年人的，该未成年人的监护人。

需要注意的是，儿童福利机构作为送养人，被收养人是由儿童福利机构抚养的由民政部门长期监护的未成年人。根据2020年《未成年人保护法》第94条、第95条的规定，民政部门进行收养评估后，可以依法将其长期监护的未成年人交由符合条件的申请人收养。在出现如下情况时，未成年人由民政部门长期监护：(1)查找不到未成年人的父母或者其他监护人；(2)监护人死亡或者被宣告死亡且无其他人可以担任监护人；(3)监护人丧失监护能力且无其他人可以担任监护人；(4)人民法院判决撤销监护人资格并指定由民政部门担任监护人；(5)法律规定的其他情形。

（三）收养人的条件

根据《民法典》第1098条、第1102条，收养人应满足如下条件。

1. 无子女或只有一名子女；

2. 有抚养教育和保护被收养人的能力；
3. 未患有医学上认为不应当收养子女的疾病；
4. 无不利于被收养人健康成长的违法犯罪记录；
5. 年满30周岁；
6. 无配偶者收养异性的，收养人与被收养人的年龄应当相差40周岁以上。

需要注意的是：(1)无子女的收养人可以收养2名子女，有子女的收养人只能收养1名子女；(2)无不利于被收养人健康成长的违法犯罪记录，这是《民法典》对收养人新增的要求，也是"最有利于被收养人原则"的具体体现；(3)无配偶者收养异性的，收养人与被收养人的年龄应当相差40周岁以上，这是《民法典》根据男女平等的原则对原《收养法》单身男性收养女性限制条件的修改。

（四）有关收养条件的特殊规定

1. 收养限制条件的豁免。

(1)收养三代以内同辈旁系血亲子女的，可以不受生父母有特殊困难无力抚养以及单身异性收养相差40周岁的限制；华侨收养三代以内同辈旁系血亲的子女，还不受无子女或只有一名子女的限制。

(2)收养孤儿、残疾儿童或者社会福利机构抚养的查找不到生父母的弃婴和儿童，可以不受收养子女人数以及收养人有无子女的限制。

(3)继父或者继母经继子女的生父母同意收养继子女，不受生父母有特殊困难无力抚养的限制、不受收养子女人数的限制、不受《民法典》第1094条对收养人的条件限制，收养前也不需要进行收养评估。

2. 生父母送养子女，必须由父母共同送养。但生父母一方不明或者查找不到可以单方送养。配偶一方死亡，另一方送养未成年子女的，死亡一方的父母有优先抚养的权利。被宣告死亡的人在被宣告死亡期间，其子女被他人依法收养的，在死亡宣告被撤销后，不得以未经本人同意为由主张收养行为无效(《民法典》第52条、第1097条、第1108条)。

3. 有配偶者收养子女，应当夫妻共同收养(《民法典》第1101条)。

4. 收养8周岁以上未成年人的，应当征得被收养人的同意(《民法典》第1104条)。

5. 监护人送养未成年孤儿的，应当征得有抚养义务的人同意。有抚养义务的人不同意送养，监护人又不愿意继续履行监护职责的，应当依照《民法典》第一编的规定另行确定监护人(《民法典》第1096条)。

四、收养成立的程序

《民法典》第1105条是关于收养成立程序的规定，内容为："收养应当向县级以上人民政府民政部门登记。收养关系自登记之日起成立。收养查找不到生父母的未成年人的，办理登记的民政部门应当在登记前予以公告。收养关系当事人愿意签订收养协议的，可以签订收养协议。收养关系当事人各方或者一方要求办理收养公证的，应当办理收养公证。县级以上人民政府民政部门应当依法进行收养评估。"

关于收养成立的形式要件有两点需要注意：其一，目前收养登记是成立收养关系的唯一法定程序，而收养协议与收养公证只是一种补充性程序，不直接对收养的成立产生影响。当然，即使没有签订收养协议，收养人收养与送养人送养，也应当双方自愿(《民法典》第1104

条)。其二,1991年原《收养法》实施之前,按照当时的规定办理了合法手续的,成立有效收养关系。同时,当时的司法解释也承认事实收养,"亲友、群众公认,或有关组织证明确以养父母与养子女关系长期共同生活的,虽未办理合法手续,也应按收养关系对待"。[1] 1991年原《收养法》实施之后,除收养查找不到生父母的弃婴和儿童以及社会福利机构抚养的孤儿应该向民政部门办理收养登记外,其他情形如订立书面收养协议,或者办理收养公证也可以成立有效的收养关系。[2] 1998年原《收养法》施行后,成立有效收养必须办理收养登记。[3]

结合《民法典》第1105条和2023年修订的《中国公民收养子女登记办法》,收养成立的程序如下。

(一)办理收养登记的机关

办理收养登记的法定机关,是县级人民政府民政部门。按照被收养人情况的不同,《中国公民收养子女登记办法》第4条规定,办理登记的机关也不同:

1. 收养社会福利机构抚养的查找不到生父母的弃婴、儿童和孤儿的,在社会福利机构所在地的收养登记机关办理登记。

2. 收养非社会福利机构抚养的查找不到生父母的弃婴和儿童的,在弃婴和儿童发现地的收养登记机关办理登记。

3. 收养生父母有特殊困难无力抚养的子女或者由监护人监护的孤儿的,在被收养人生父母或者监护人常住户口所在地(组织作为监护人的,在该组织所在地)的收养登记机关办理登记。

4. 收养三代以内同辈旁系血亲的子女,以及继父或者继母收养继子女的,在被收养人生父或者生母常住户口所在地的收养登记机关办理登记。

(二)收养登记的具体程序

1. 申请

办理收养登记时当事人应当亲自到场,这是为了保证收养当事人意思表示真实。申请收养登记时,收养人应当向收养登记机关提交收养申请书以及相关证件和证明材料(《中国公民收养子女登记办法》第6条)。申请办理收养登记时,送养人也应当向收养登记机关提交相关证件和证明材料(《中国公民收养子女登记办法》第7条)。

2. 评估

收养评估,是指民政部门对收养申请人是否具备抚养、教育和保护被收养人的能力进行调查、评估,并出具评估报告的专业服务行为。根据2021年《收养评估办法(试行)》第2条的规定,除收养继子女外,"中国内地居民在中国境内收养子女的",都应进行收养评估。收养评估的原则是:遵循最有利于被收养人的原则,独立、客观、公正地对收养申请人进行评估,依法保

---

[1] 参见最高人民法院《关于贯彻执行民事政策法律若干问题的意见》(1984年8月30日,已失效)第28条。

[2] 1991年原《收养法》第15条规定:"收养查找不到生父母的弃婴和儿童以及社会福利机构抚养的孤儿的,应当向民政部门登记。除前款规定外,收养应当由收养人、送养人依照本法规定的收养、送养条件订立书面协议,并可以办理收养公证;收养人或者送养人要求办理收养公证的,应当办理收养公证。"

[3] 1998年原《收养法》第15条规定:"收养应当向县级以上人民政府民政部门登记。收养关系自登记之日起成立。收养查找不到生父母的弃婴和儿童的,办理登记的民政部门应当在登记前予以公告。收养关系当事人愿意订立收养协议的,可以订立收养协议。收养关系当事人各方或者一方要求办理收养公证的,应当办理收养公证。"

护个人信息和隐私。收养评估的内容是评估收养申请人的收养动机、道德品行、受教育程度、健康状况、经济及住房条件、婚姻家庭关系、共同生活家庭成员意见、抚育计划、邻里关系、社区环境、与被收养人融合情况(收养申请人与被收养人融合的时间不少于30日)等。最终形成的收养评估报告是民政部门办理收养登记的参考依据。

收养评估的实施,可以由民政部门自行组织,也可以委托第三方机构开展,但均应符合《收养评估办法(试行)》所要求的人员或机构条件。收养评估流程包括:书面告知、评估准备、实施评估、出具评估报告。收养评估期间,收养评估小组或者受委托的第三方机构发现收养申请人及其共同生活家庭成员有弄虚作假、伪造、变造相关材料或者隐瞒相关事实的;参加非法组织、邪教组织的;买卖、性侵、虐待或者遗弃、非法送养未成年人,以及其他侵犯未成年人身心健康的;有持续性、经常性的家庭暴力的;有故意犯罪行为,判处或者可能判处有期徒刑以上刑罚的;患有精神类疾病、传染性疾病、重度残疾或者智力残疾、重大疾病的;存在吸毒、酗酒、赌博、嫖娼等恶习的;故意或者过失导致正与其进行融合的未成年人受到侵害或者面临其他危险情形的;以及有其他不利于未成年人身心健康行为的,应当向民政部门报告。如果存在故意或者过失导致正与其进行融合的未成年人受到侵害或者面临其他危险情形的,民政部门应当立即向公安机关报案。

3. 审查

收养登记机关收到收养登记申请书及有关材料后,审查期限为30日。审查的主要内容包括:(1)收养申请人是否符合法律所规定的收养人条件以及其收养的目的是否正当;(2)被收养人是否符合法律所规定的被收养人条件;(3)送养人是否符合法律所规定的送养人条件;(4)当事人申请收养的意思表示是否真实;(5)是否通过县级以上人民政府民政部门依法进行的收养评估。

根据《民法典》第1105条第2款和《中国公民收养子女登记办法》第8条第2款的规定,申请收养查找不到生父母的未成年人的,办理登记的民政部门应当在登记前予以公告。2008年《收养登记工作规范》要求,公告应当刊登在收养登记机关所在地设区的市(地区)级以上地方报纸上,并附有查找不到生父母的未成年人的照片。自公告之日起满60日,弃婴、儿童的生父母或者其他监护人未认领的,视为查找不到生父母的未成年人。

4. 登记

审查收养登记机关认为申请人符合《民法典》规定的收养条件的,应为其办理收养登记,发给收养证。收养关系自登记之日起成立。对不符合《民法典》规定条件的,不予登记,并对当事人说明理由。

收养关系成立后,需要为被收养人办理户口登记或者迁移手续的,由收养人持收养登记证到户口登记机关按照国家有关规定办理(《民法典》第1106条、《中国公民收养子女登记办法》第9条)。

(三)外国人在我国收养子女的程序

外国人依法可以在我国收养子女,并应按照《民法典》《外国人在中华人民共和国收养子女登记办法》的规定办理收养登记。

外国人在我国收养子女,应遵守我国法律和收养人所在国有关收养的法律,法定程序如下。

1.收养人应当提供由其所在国有权机构出具的有关其年龄、婚姻、职业、财产、健康、有无受过刑事处罚等状况的证明材料。上述证明材料应当经收养人所在国外交机关或者外交机关授权的机构认证,并经中华人民共和国驻该国使领馆认证,或者履行中华人民共和国缔结或者参加的国际条约规定的证明手续。

2.中国收养组织审查收养证明材料后,在省、自治区、直辖市人民政府民政部门报送的被收养人中,参照收养人意愿选择适当的被收养人,并将被收养人及其送养人情况送交收养人。收养人同意收养的,中国收养组织则向其发出来华收养子女通知书。

3.外国人应当亲自来华办理收养手续。收养人与送养人签订书面收养协议后,收养关系当事人应当共同到被收养人常住户口所在地的省、自治区、直辖市人民政府民政部门办理收养登记。收养关系自登记之日起成立。

五、收养的效力

收养的法律效力就是收养关系依法成立后在当事人及其近亲属之间引起的身份关系变动的法律后果。我国的收养属于完全收养,即被收养人与收养人之间建立亲子关系,与收养人的近亲属之间建立近亲属关系;被收养人与生父母及其近亲属之间的亲属身份关系消灭。据此,收养的效力分为拟制效力和解消效力。

(一)收养的拟制效力

《民法典》第1111条第1款明确了收养的拟制效力,内容为:"自收养关系成立之日起,养父母与养子女间的权利义务关系,适用本法关于父母子女关系的规定;养子女与养父母的近亲属间的权利义务关系,适用本法关于子女与父母的近亲属关系的规定。"收养的拟制效力使无亲子血缘联系的当事人之间产生了父母子女关系,收养的拟制效力还及于养父母的近亲属。收养的拟制效力有二:

1.收养人与被收养人之间产生法律拟制的父母子女关系。养子女可以随养父或者养母的姓氏,经当事人协商一致,也可以保留原姓氏(《民法典》第1112条)。

2.被收养人与收养人的近亲属间产生拟制的近亲属关系。养子女与收养人的父母形成养祖孙关系;养子女与收养人的其他子女(包括婚生子女、非婚生子女、养子女)间形成养兄弟姐妹关系;此外,养子女与养父母的其他近亲属包括祖父母外祖父母、孙子女外孙子女以及兄弟姐妹之间也产生相应的亲属身份。

至于收养的效力中是否包括被收养人的后代与收养人及其近亲属间产生法律拟制的亲属身份关系,由于《民法典》不再允许收养成年人,可以不予考虑。从法理上讲,被收养人的后代应该与收养人及其近亲属产生相应的身份关系,但是这不属于收养所产生法律效力,而是基于自然人出生而与其父母的亲属所产生的法律效力。

(二)收养的解消效力

《民法典》第1111条第2款明确了收养的解消效力,内容为:"养子女与生父母及其他近亲属间的权利义务关系,因收养关系的成立而消除。"在被收养人与收养人及其近亲属产生拟制血亲关系的同时,被收养人与其生父母及其近亲属间的权利义务同时解消。但被收养人与生父母及其他近亲属之间自然的血缘联系不会因收养而消除,因此被收养人与原自然血亲仍受直系血亲和三代以内旁系血亲禁止结婚的限制。

六、收养行为无效

(一) 收养无效的原因

《民法典》第 1113 条第 1 款规定:"有本法第一编关于民事法律行为无效规定情形或者违反本编规定的收养行为无效。"据此,收养无效的原因包括以下两点。

1. 有《民法典》第一编关于民事法律行为无效规定情形的收养行为无效

《民法典》第一编关于民事法律行为无效规定情形具体包括以下情况:其一,当事人欠缺民事行为能力(《民法典》第 144 条)。例如,未成年人的父母均欠缺民事行为能力,但由其作为送养人送养子女的。其二,违反法律、行政法规的强制性规定的(《民法典》第 153 条第 1 款)。例如,违反法律禁止买卖未成年人规定,借收养名义买卖子女的。其三,违背公序良俗的(《民法典》第 153 条第 2 款)。例如,收养同辈甚至长辈亲属为养子女的行为,造成亲属称谓、权利义务关系混乱的,属于违背善良风俗的收养。

2. 违反《民法典》婚姻家庭编之规定的收养行为无效

这主要是指不具备《民法典》婚姻家庭编所规定之收养要件,骗取收养登记的行为。例如,收养成年人,生母谎称生父不明而单独将子女送养等。收养关系当事人弄虚作假骗取收养登记的,收养关系无效,由收养登记机关撤销登记,收缴收养登记证(《中国公民收养子女登记办法》第 13 条)。

(二) 收养无效的法律后果

根据《民法典》第 1113 条第 2 款的规定,无效的收养行为自始无效,即从行为开始时起就没有法律效力。

七、收养关系的解除

收养关系的解除,是指收养关系有效成立后,基于当事人的合意,或者因为收养关系当事人关系恶化难以维系收养关系,基于一方当事人的请求,依法终止收养关系。收养关系的解除会引起身份关系的变化,影响被收养人的权益,不少国家或地区都明确规定收养关系一经形成不得解除。《民法典》考虑如果出现收养关系当事人关系恶化而无法共同生活,或者一方严重侵害另一方合法权益的情形时,那么不允许双方解除关系并不能真正解决问题,所以规定收养关系可以依法解除,同时对收养关系的解除规定较为严格的条件,并直接规定赡养义务及经济补偿等,避免解除收养关系后产生不公平的法律后果。

(一) 收养关系的协议解除

1. 协议解除的条件

允许协议解除的情况有两种:第一种,被收养人尚未成年的,为保障被收养人的权益,一般不得解除收养关系。但经收养人和送养人协议解除的除外。收养人、送养人协议解除收养关系的,还应征得 8 周岁以上养子女本人的同意(《民法典》第 1114 条第 1 款)。第二种,被收养人已经成年的,如养父母和养子女之间关系恶化、无法共同生活的,收养关系也可以由收养人和被收养人协议解除(《民法典》第 1115 条)。

2. 协议解除的程序

《民法典》第 1116 条规定:"当事人协议解除收养关系的,应当到民政部门办理解除收养关系登记。"要求解除收养关系登记的当事人应持居民户口簿、居民身份证、收养登记证和解除收养关系的书面协议共同到被收养人常住户口所在地的收养登记机关办理解除收养关系登记。

收养登记机关在收到解除收养关系登记申请书及有关材料后,应当自次日起 30 日内进行审查,对符合《民法典》相关规定的,为当事人办理解除收养关系的登记,收回收养登记证,发给解除收养关系证明(《中国公民收养子女登记办法》第 10 条、第 11 条)。

(二)收养关系的诉讼解除

1. 诉讼解除的条件

可以起诉要求解除收养关系的情况有两种:第一种,被收养人尚未成年的,如收养人不履行抚养义务,有虐待、遗弃等侵害未成年养子女合法权益行为的,送养人有权要求解除养父母与养子女间的收养关系。送养人、收养人不能达成解除收养关系协议的,送养人可以向人民法院起诉解除收养关系(《民法典》第 1114 条第 2 款)。第二种,被收养人已经成年的,如养父母与成年养子女关系恶化、无法共同生活,且双方无法就收养关系的解除达成协议的,当事人双方均可向人民法院起诉要求解除收养关系(《民法典》第 1115 条)。

2. 诉讼解除的程序

要求解除收养关系的当事人依照《民事诉讼法》的规定向有管辖权的人民法院提起诉讼。人民法院受理案件后,应当进行调解,调解无效的应根据案件的实际情况判决是否准予解除收养关系。经审理查明收养人有不履行抚养义务或有虐待、遗弃未成年养子女合法权益行为的,应判决解除该收养关系。如果系因送养人反悔要求解除的,人民法院应维护合法的收养关系,对其诉讼请求不予支持。

经审理查明养父母与成年养子女关系恶化、无法共同生活的,调解无效可以判决解除收养关系。例如,养父母与成年养子女关系恶化、无法共同生活,一方起诉到人民法院坚决要求解除收养关系,而另一方不同意解除。人民法院应根据案件的具体情况,审理查明双方是否关系恶化无法共同生活,并注意保护老年养父母的合法权益。同时,应区分提出解除收养关系的是哪一方:如果是成年养子女提出,养父母不同意,那么人民法院应注重保护老年养父母的合法权益,在不解除收养关系更有利于收养人时,应判决不予解除;如果提出解除收养关系的是养父母,态度坚决,人民法院无法调和双方关系,继续维持收养关系对养父母的晚年生活确无益处,解除收养并不损害成年养子女的利益的,可以判决解除收养关系。

(三)收养关系解除的法律后果

根据《民法典》的规定,收养关系解除后,产生下列法律后果。

1. 拟制血亲关系的解除

《民法典》第 1117 条规定,收养关系解除后,养子女与养父母以及其他近亲属间的权利义务关系即行消除。解除收养关系的直接后果是收养人和被收养人之间法律拟制亲子关系的终止,双方不再具有父母子女间的权利义务关系。因收养而产生的其他近亲属关系也随收养的解除而消灭。

2. 自然血亲关系的恢复

《民法典》第 1117 条规定,收养关系解除后,养子女与生父母以及其他近亲属间的权利义务关系自行恢复。这是保障未成年养子女权益的必然要求,拟制的亲子关系和近亲属关系消灭,自然的亲子关系和近亲属关系必须自行恢复,这样才能确保对未成年子女的监护、抚养、教育和保护。但成年养子女与生父母及其他近亲属间的权利义务关系是否恢复,可以由双方协商确定。

3. 解除收养的其他法律后果

《民法典》第 1118 条对解除收养关系后,成年养子女对养父母的生活费给付义务,养父母向成年养子女或送养人的抚养费补偿请求权作了明确的规定。

(1)收养关系解除后,经养父母抚养的成年养子女,对缺乏劳动能力又缺乏生活来源的养父母,应当给付生活费。虽然双方的身份关系解除,但是养父母抚养教育养子女的事实不会随之消除,基于权利义务相一致的原则,养子女仍应负担需要赡养的养父母的生活费。至于生活费的数额,可以依据养父母抚养养子女的事实、养父母的实际需要、成年养子女的负担能力等综合确定。

(2)养父母对成年养子女的补偿请求权。因养子女成年后虐待、遗弃养父母而解除收养关系的,养父母可以要求养子女补偿收养期间支出的抚养费。

(3)养父母对生父母的补偿请求权。因生父母要求解除收养关系的,养父母可以要求生父母适当补偿收养期间支出的抚养费;但是收养关系是因养父母虐待、遗弃养子女而解除的,养父母不得要求生父母的补偿抚养费。

第三节 有抚养教育关系的继父母子女关系

《民法典》第 1072 条规定:"继父母与继子女间,不得虐待或者歧视。继父或者继母和受其抚养教育的继子女间的权利义务关系,适用本法关于父母子女关系的规定。"继父母子女本来是直系姻亲关系,在法律上并没有重要的权利义务关系,但双方通常在一个家庭中共同生活,从保护的角度,立法规定二者之间相互不得虐待或者歧视。但是,如果继父或者继母抚养教育了继子女,抚养教育的事实会在继父母子女之间增加法律拟制的亲子关系。

一、继父母子女的概念

子女的生父母再婚,子女与生父母再婚配偶之间的关系即为继父母子女关系,再婚配偶为子女的继父母,子女为再婚配偶的继子女。继父母子女关系是直系姻亲关系,所谓直系姻亲,是指直系血亲的配偶和配偶的直系血亲。对于继父母来说,继子女是其配偶的直系血亲(生子女),对于继子女来说,继父母是其直系血亲(生父母)的配偶。但是,直系姻亲还有多种,如公婆与儿媳,岳父母与女婿,也会包括配偶婚外所生育子女与另一方配偶的关系等,但这些并非继父母子女关系。

二、继父母子女之间适用父母子女关系法的条件

为了鼓励继父母善待、抚养、保护、教育继子女,《民法典》第 1072 条第 2 款规定:"继父或者继母和受其抚养教育的继子女间的权利义务关系,适用本法关于父母子女关系的规定。"根据法律规定及相关司法解释,继父母子女之间适用父母子女关系法的条件有二。

第一,继父母子女之间存在直系姻亲关系,即继父与生母,继母与生父结婚,继父母和继子女之间就建立起直系姻亲关系。

第二,继父母抚养教育了继子女。继父母对继子女的抚养教育可以是支付抚养费用,也可以是在生活学习上予以照顾教育和保护,一般而言,与继子女共同生活的继父母可以推定为抚养教育了继子女。对继父母抚养教育继子女的事实有争议的,人民法院应当依据《民法典婚姻家庭编解释(二)》第18条,以共同生活时间长短为基础,综合考虑共同生活期间继父母是否实际进行生活照料、是否履行家庭教育职责、是否承担抚养费等因素予以认定。需要注意的是,只有继父母抚养教育了继子女才能形成法律拟制的亲子关系,但是只有继子女赡养扶助了继父母则并不会形成法律拟制的亲子关系。

两个条件同时具备,继父母子女即为有抚养教育关系的继父母子女,双方之间的权利义务关系适用父母子女关系法。

三、有抚养教育关系的继父母子女之间的权利义务关系

根据《民法典》第1072条第2款的规定,有抚养教育关系的继父母子女间的权利义务关系适用《民法典》关于父母子女关系的规定。因此形成拟制血亲关系的继父母子女间具有如下权利义务:继父母对未成年继子女有抚养、监护、教育、保护的权利和义务,受继父母抚养教育成年的继子女对继父母有赡养、扶助和保护的义务,继父母子女之间互享继承权。

需要注意的是,有抚养教育关系的继父母子女之间的权利义务关系,不及于继父母或继子女的其他近亲属,也不影响继子女与其生父母之间的权利义务关系。这一点与收养不同,收养所产生的亲属拟制效力会及于养父母及其近亲属、养子女、生父母及其近亲属。例如,养兄弟姐妹是旁系血亲,继兄弟姐妹则是旁系姻亲,养祖父母是养子女的直系血亲,继祖父母与继子女没有法律上的权利义务关系。再如,养子女与生父母及其近亲属之间的权利义务关系解消,相互之间没有抚养、赡养、保护、教育、继承等权利义务,而继子女与生父母及其近亲属之间的权利义务完全不受继父母是否抚养教育继子女的影响。

四、继父母与生父母离婚对有抚养教育关系的继父母子女关系的影响

(一)继父母与继子女间直系姻亲关系消灭

继父母与生父母离婚,继父母子女的直系姻亲关系随之消灭,当事人可以主张双方不再适用《民法典》关于父母子女关系规定。但如下情形除外:其一,继父或者继母与继子女因收养而成立养父母子女关系的,收养关系未经依法解除,养父母子女之间仍适用《民法典》关于父母子女关系规定(《民法典》第1111条第1款)。其二,继父母与生父母离婚后,继父母仍与继子女共同生活的,双方仍可适用《民法典》关于父母子女关系的规定(《民法典婚姻家庭编解释(二)》第19条第1款)。这是对当事人意思自治的尊重。需要注意的是,继父母与生父母的婚姻因生父母死亡而终止的,继父母与继子女的姻亲关系并不随之消灭,有抚养教育关系的继父母子女之间权利义务仍应适用《民法典》父母子女关系的法律规定。

(二)因离婚继父母不同意继续抚养继子女的可以不再抚养

根据《民法典婚姻家庭编解释(一)》第54条的规定,生父与继母或生母与继父离婚时,对曾受其抚养教育的继子女,继父或继母不同意继续抚养的,仍应由生父母抚养。这是因为,继父母与继子女的生父母离婚,由于中介的婚姻关系因离婚而终止,继父母子女之间的姻亲关系终止,互相不再具有继父母和继子女的身份关系。如果继父母不同意继续抚养教育前继子女,则双方之间的关系不再适用父母子女关系。

(三)继父母有权要求曾受其抚养教育的成年继子女支付生活费

根据《民法典婚姻家庭编解释(二)》第19条第2款的规定,继父母子女关系解除后,缺乏劳动能力又缺乏生活来源的继父或者继母有权请求曾受其抚养教育的成年继子女给付生活

费。这是因为,虽然继父母子女之间的姻亲关系因继父母与生父母离婚而消灭,但继父母曾抚养教育继子女的事实不会消灭。因此,有负担能力的继子女对曾经长期抚养教育过他们的年老体弱、生活困难的继父母负有一定程度上的赡养扶助义务。给付生活费的义务并非基于父母子女的身份关系,而是基于曾经受抚养教育的事实。生活费的数额,可综合考虑继父母抚养教育情况、成年继子女负担能力等因素而定。但是继父或者继母曾经虐待、遗弃继子女或者曾实施其他严重损害继子女合法权益行为的,无权要求成年继子女给付生活费。

第二章 父母子女间的权利义务

第一节 概　　述

费孝通先生的三角结构家庭理论指出,男女结合形成三角结构的一边,生育子女后,子女分别与父母建立三角结构的另外两边。至此,此核心家庭就完成了整个三角结构。"这个完成了的三角在人类社会学的视野里称作家庭。"[1]可见,除婚姻关系外,亲子关系是家事法调整的另一重要内容。法律对亲子关系的调整主要依靠有关父母子女间的权利义务规范,民法上将这一内容称为亲子法或父母子女关系法。我们已在前文中介绍了父母子女关系的不同类型,以下聚焦于父母子女关系中的权利义务。

一、父母子女间的权利义务之意义

有关父母子女间权利义务的规定,在早期主要体现为家长权。此后的法律发展过程中,家长权逐渐转变为亲权。在传统法学中,亲权指父母对未成年子女在人身和财产方面的管教和保护的权利义务。其实质以教育养育保护未成年子女为中心,既是权利,又是义务。[2] 我国《民法典》并未采用"亲权"这一术语,也未对亲权作出明确、系统的规定,没有区分亲权和监护制度,[3]在婚姻家庭编直接规定了父母子女间的权利义务。仔细研读父母子女间的权利义务规定,不难发现这些规定实际包含了亲权的内容。

放在婚姻家庭法这一宏观视野中,父母子女间的权利义务实质是为家庭法律秩序服务。我国《民法典》未采用亲权概念体系而是直接规定父母子女间的权利义务的做法契合我国重视家庭人伦的传统,希冀以社会主义核心价值观和优良家风为指引,坚持父母子女间权利的利他性,[4]在价值取向上既注重保护未成年人,又强调老年人应老有所养,老有所依,旨在帮助父母子女建立幸福美满的共同生活,体现家庭对未成年子女、弱势成年人的保障功能,促进"社会主义家庭文明新风尚"。

二、父母子女关系法的历史源流

(一)家本位—亲本位—子本位:父母子女关系法的转型

从世界范围的制度发展史看,父母子女关系法经历了家本位—亲本位—子本位几个不同的阶段。早期以私有制为基础的奴隶社会,其制度属于典型的家本位的亲子法。

古罗马第一部成文法《十二铜表法》中第四表专门规定了家长权。家属终身在家长权的支

---

[1] 费孝通:《乡土中国　生育制度》,北京大学出版社1998年版,第163页。
[2] 史尚宽:《亲属法论》,中国政法大学出版社2000年版,第657页。
[3] 参见徐涤宇、张家勇主编:《〈中华人民共和国民法典〉评注·精要版》,中国人民大学出版社2022年版,第27页。
[4] 参见余延满:《亲属法原论》,法律出版社2007年版,第450页。

配下,无论配偶还是子女。家长可以对子女实施监察、惩戒、殴打、出卖,甚至可因婴儿畸形将其杀死,也可以将妻子驱逐出家门。在第五表继承和监护中还规定,女性未出嫁前由家长监护,出嫁后由丈夫监护。法定继承中,死者遗产由族亲继承,无族亲时由宗亲继承。父母子女关系的重心以维护家族利益为重,因此,在财产分配上强调家长权,在继承上,除顺应家族继承外,强调宗亲在特殊情形下也具有财产继承权;在父母子女权利义务上,强调子女在家族传宗接代上具有重要义务,孝道也是子女的重要义务。

到欧洲中世纪时,家父权逐渐被父权取代[1]。家长利益逐渐取代家族利益成为父母子女关系的核心。18世纪启蒙运动前,婚姻家庭法的基本结构旨在保证次级的家庭成员(妇女、未成年人)的权利义务安排是为了促进占据主导地位的家庭成员(丈夫)的利益而设定的。在父母子女关系上,"父亲可以要求子女为自己劳动,且子女的婚姻也被视为是促进父亲利益的一种方式"[2]。近代大陆法系发达国家的制度体系在父母子女关系上也表现出强烈的亲本位[3]。如在1804年《法国民法典》中,父母与子女相互间的权利和义务的规定不平等,父母拥有十分广泛的权利,子女在法律上处于无权的地位。未成年子女在成年之前处于父母的绝对控制之下[4]。父母有权控制、支配子女的人身、财产,甚至对未成年子女的财产享有用益权[5]。1900年《德国民法典》也有类似的规定[6]。

父母子女关系法从亲本位到子本位的转变与20世纪最后20~30年儿童权利保护力度的不断加强有关。在法国法上,20世纪70年代废止了"父母权力"这一术语,取而代之的是"亲权"这一概念。亲权在法语中被解释为为儿童利益服务的一系列权利义务。亲权的内容包括保护儿童的健康和安全,尊重儿童人格,促进儿童发展;为儿童提供安全居所,尤其是在父母离异的情况下;监督照顾儿童的日常所需,教育儿童等。在英国法上,自20世纪70年代中期以来,在父母为抚养儿童的主要责任人等原则的影响下,现代儿童法开始初具雏形。1975年《儿童法》用"父母的权利和义务"代替了早前制度的"监护"这一术语。儿童不再是过去制度中被监护的对象,"父母的权利和义务"也开始聚焦于如何保护儿童的合法权益。1986年"吉利克案"判决,进一步肯定了父母对其子女的权利只是尽可能帮助子女采取合理措施履行其应担负的责任[7]。1988年,法律改革委员会就提议将"父母的权利和义务"的术语修改为"父母责任"[8]。这一变化趋势可以总结为缩减父母权利,突出"促进未成年人发展"的权利重点。1989年11月20日,第44届联合国大会通过了《儿童权利公约》。该公约第3条第1款明确规定"关于儿童的一切行动……均应以儿童的最大利益为一种首要考虑"。此即为儿童最大利益原则,指任何福利机构、法院、行政当局或立法机构处理相关事项时,均应以儿童的最大利益为首要考虑内容。除此之外,公约还明确规定了保护儿童权利的其他基本原则,包括:一是无歧

---

[1] 参见王洪:《婚姻家庭法》,法律出版社2003年版,第219页。
[2] [英]约翰·伊克拉:《家庭法和私生活》,石雷译,法律出版社2015年版,第11页。
[3] 参见王丽萍:《从"亲本位"到"子女本位"演变的亲子法》,载《金陵法律评论》2006年第1期。
[4] 1804年《法国民法典》第372条。
[5] 1804年《法国民法典》第374条、第375条、第384条等。
[6] 参见1900年《德国民法典》第1305条、第1626条、第1685条。
[7] Gillick v. West Norfolk and Wisbech AHA [1986] A. C. 112.
[8] 有关英国儿童法的发展史,see Masson, Bailey-Harris, Probert, *Cretney Principles of Family Law*, 8th ed., Sweet & Maxwell, 2008, p. 325 – 326。

视原则。这是指对任何儿童无论其出身、背景如何,都要平等地对待。二是尊重儿童权利原则。这一原则是指每个儿童都享有生存发展的权利。应当采取立法、行政等措施促进儿童的健康成长。三是尊重儿童观点原则。其含义是指有主见能力的儿童有权对影响到本人的一切事项自由发表意见,对儿童的意见应按照其年龄和成熟程度给予适当的考虑。以上4项基本原则提升了国际上儿童权利话语的讨论空间。在父母子女关系法中,儿童权利超越父母责任成为法律法规的重点。在《儿童权利公约》出台之后不久,很多国家和地区都修改了自己的法律,加大了对未成年人的保护,比如,英格兰1989年《儿童法》、苏格兰1995年《儿童法》、澳大利亚1995年《家庭法改革法》、1995年《俄罗斯联邦家庭法典》、加拿大安大略省1990年《儿童和家庭服务法》等。[1] 在儿童权利话语下,儿童权利可以划分为以下3类:第一类权利是基本权利,包括儿童的生存权和受保护权,比如,儿童的生存权、人身自由权、人格权、健康权、身体权、受教育权、减免刑责权、休息权等;第二类权利是发展权利,包括儿童自我发展所必需的各种条件的满足,主要表现为儿童的受抚养权和受教育权,主要保证儿童拥有一个安全的环境,拥有教育、游戏、良好的健康照护以及社会、宗教、文化参与的机会,从而获得健全均衡的发展。基本权利和发展权利是儿童在发展过程中必不可少的,儿童在生理和心理上都具有强烈的内驱力获取这些利益,因而较易证成,并被法学界认可;第三类权利是自主权利。正如学者所言,"具有高度自主权的个体是他们自己的道德世界的创建者之一",自主生活的充裕程度决定了自我感受的福祉多少。[2] 儿童心智的不成熟在一定程度上削弱了儿童行使自主权的能力,但这不是否认儿童自主权的理由。只是儿童的自主权应是与儿童发展相适应的,与未来成年人理性自治世界中行使自主权相联系并提供心理基础的过程,是用"动态的自决机制"塑造自主结果的过程。由此要求儿童监护人"为儿童建立最有利的环境,推动儿童逐步完善的个性得到进一步发展,以这种方式来塑造结果"。[3] 动态的自决机制中包括儿童在其中塑造结果的自主活动,这当然包括儿童的自主决定。当然,为了防止儿童错误行使自主权进而造成无法挽回的结果,因此,社会也允许对儿童自由施加某种限制以维护其基本权利和发展权利。随着国际社会的不断发展,儿童最大利益原则已经成为父母子女关系法中的一项基本原则,指导父母子女关系法始终以儿童的最大利益为首要考虑内容,围绕儿童的基本权利、发展权利和自主权利不断提升儿童权利的保护力度,完善保护方法。

(二)我国社会父母子女关系法的发展简况

我国传统社会中,父权制是父母子女关系法的核心内容。婚姻的一个重要功能是传宗接代,"合二性之好,上以事宗庙,而下以继后世"。[4]《礼记·内则》记载:"父母怒不说,挞之流血,不敢疾怨,起敬起孝。"父母为尊,子女处于从属的地位,子女被打也不能控告。家长控制家庭的财产权,父母在世,子女"不有私财"。汉律维护以父权为中心的封建家庭关系,孝治是汉朝社会治理的核心理念之一。汉武帝曾下诏:"导孝以民,则天下顺。"[5]汉律以"不孝"为重罪,告父母即为不孝当"弃市";殴父母者当"枭首";杀父母"以大逆论",即将本人腰斩,妻、子

---

[1] 加拿大各省大体也在20世纪的最后20年中出台了自己的保护儿童的法律。
[2] See Raz, *The Morality of Freedom*, Oxford University Press, 1986, p.154, 191.
[3] Eekelaar, *The Interests of the Child and the Child's Wishes: The Role of Dynamic Self-determination*, in Alston ed., The Best Interests of the Child: Reconciling Culture and Human Rights, Oxford University Press, 1994, p.54.
[4] 《礼记·婚义》。
[5] 《汉书·宣帝纪》。

弃市。唐律赋予家长极大的权力。家长对子女拥有惩戒权和财产权,子女有非礼行为,家长可动用家法惩戒。家庭的一切财产由家长支配,子孙如果另立户口,私存资财,要判处徒刑3年。家长对子女还有主婚权。[1] 家长的惩戒权、财产权、主婚权在明清律中都得到了延续。因此,我国传统社会的父母子女关系法的家庭制度的理想模型是子女孝顺父母,父母由男性子孙照顾,家产由男性子孙共同继承。父权制和夫权制相辅相成,共同构筑了传统中国家庭的制度架构。直至20世纪30年代国民政府在借鉴大陆法系立法的基础上订立了"民法亲属编"及"继承编"。"民法亲属编"及"继承编"虽继受了欧洲近代的法律思潮,原则上男、女子孙被平等对待,[2]但因受传统家族主义尊长权威及宗祧继承、男性至上的思想影响,在父母子女关系上,"民法亲属编"仍保留了封建、半封建性家庭制度和继承制度,典型例证是"民法亲属编"中仍然保留了家长的权力,维护父权制,实质是传统观念和现代思想的折中和妥协。[3] 父权制的主要特点是:(1)父亲居于家庭中的权力核心地位。丈夫居于一家之主的地位,承担传家传宗的重要义务,祭祀的承继,分家析产主要围绕男子进行。女儿出嫁后,归宿夫家,承担夫家的传宗接代的义务,不再承担原生家庭的这些义务。(2)子女与父母的关系上,子女居于从属地位,主要承担孝敬父母责任,在各项事务中听从父母安排,包括婚姻等。涉及家产的处分,儿子没有发言权。[4] (3)父母对子女的关系上,父母享有教育、惩戒以及财产支配的权利。通过家长的财产支配,支持以家长意愿为核心的家庭生产和财产分配。

新民主主义革命时期,1934年4月颁布的《中华苏维埃共和国婚姻法》废除了封建婚姻家庭制度,在父母子女关系上主要强调未成年子女在父母离婚后的受抚养权,规定离婚后归女方抚养的子女由男方负担子女必需生活费的2/3,直至16岁;女方再行结婚,后夫愿意抚养子女的,须向政府登记后才能抚养,禁止中途停止抚养和虐待;禁止虐待和抛弃私生子,私生子享有同婚生子同样的权利。1950年原《婚姻法》设专章规定了"父母子女间的关系",明确规定了父母子女间享有平等的相互扶养的权利义务关系;婚生子女和非婚生子女享有同等的权利;另外特别规定了在继父母子女家庭中,继父母不得虐待或歧视继子女。1980年原《婚姻法》在第三章"家庭关系"中承继了以上规定,同时增加了关于子女姓氏的规定,父母对子女管教、保护权利义务的内容,保护未成年子女合法权益的立法观念在这部分制度规定中得到了充分体现。1991年9月4日,我国颁布了《未成年人保护法》,其第4条明确规定了保护未成年人工作的4项原则是保障未成年人的合法权益,尊重未成年人的人格尊严,适应未成年人身心发展的特点以及教育和保护相结合。在这一年的12月29日,全国人大常委会批准《儿童权利公约》,正式承诺"关于儿童的一切行动,不论是由公私社会福利机构、法院、行政当局执行还是由立法机构执行,均应以儿童的最大利益为首要考虑"。这一规定在学界被称为"儿童最大利益原则"。自此,理论界和实务界在讨论我国父母子女关系法时,自觉融入了"儿童最大利益原则"并以此标准讨论立法完善建议和司法判决。

(三)父母子女关系法的主要内容

根据我国法律规定,父母子女关系法主要分为四个部分:一是父母对子女有抚养、教育、保

---

[1] 参见曾代伟主编:《中国法制史》,法律出版社2006年版,第140页。
[2] 参见陈慧馨:《民法亲属编——理论与实务》,台北,元照出版有限公司2016年版,第238页。
[3] 参见戴东雄:《民法亲属编七十年之回顾与前瞻》,载谢在全等:《物权·亲属编》,中国政法大学出版社2002年版,第147页。
[4] [日]滋贺秀三:《中国家族法原理》,张建国、李力译,商务印书馆2017年版,第218页。

护的权利义务;二是成年子女对父母有赡养、扶助和保护的义务;三是父母子女间相互尊重,父母尊重子女的人格独立和人格尊严,子女也应尊重父母的婚姻自由,包括离婚和再婚的自由,父母再婚后,子女亦不得干涉父母婚后的生活;四是在继承上,根据《民法典》第1070条之规定,父母与子女有相互继承遗产的权利。

第二节 抚养、教育和保护

我国《宪法》第49条第3款前半句规定,"父母有抚养教育未成年子女的义务"。《民法典》第26条第1款明确规定:"父母对未成年子女负有抚养、教育和保护的义务。"《民法典》第1067条第1款,第1068条在此基础上作了进一步规定。根据这些规定,父母对子女的权利义务主要包括以下内容。

一、父母对子女的抚养义务

《民法典》第26条第1款明确规定了父母对子女的抚养义务。第1067条第1款从反面对这一抚养义务进行了规定,内容为:"父母不履行抚养义务的,未成年子女或者不能独立生活的成年子女,有要求父母给付抚养费的权利。"

抚养,是指父母在物质上为子女提供供养,在日常生活中照料子女,使子女得以健康成长。抚养与扶养不同,广义的扶养是指亲属之间在经济上、物质上的供养,生活上的照料。[1] 因此,抚养实质上是广义扶养下的一种类型。为保障未成年子女的生存权和发展权,父母履行抚养义务就是父母对子女所负的最基本、最主要的义务。

由于抚养义务是保障未成年子女生存权等基本权利的法定义务,因此,父母对子女的抚养义务不设任何附加条件。除法律另有规定外,任何情况下父母都必须履行抚养义务。离婚不是父母不承担抚养义务的合法理由,亦不能因离婚后子女姓氏被擅自修改为由拒绝支付抚养费,因此,离婚后的父母仍应履行对未成年子女的抚养义务。《民法典》第1084条第2款规定:"离婚后,父母对于子女仍有抚养、教育、保护的权利和义务。"第1071条第2款亦规定,不直接抚养非婚生子女的生父或者生母,应当负担未成年子女的抚养费。但子女一旦成年即年满18周岁,在一般情况下,法律不再要求父母承担对子女的抚养义务。但对于无法独立生活的成年子女,如因精神疾病或丧失劳动能力,父母又有负担能力时,父母仍应继续抚养成年子女,或给付必要的抚养费。同样,根据第1071条第2款,这一抚养义务也不受父母离婚影响。《民法典婚姻家庭编解释(一)》第41条对《民法典》第1067条规定的"不能独立生活的成年子女"解释为,是指"尚在校接受高中及其以下学历教育,或者丧失、部分丧失劳动能力等非因主观原因而无法维持正常生活的成年子女"。《民法典婚姻家庭编解释(一)》第42条进一步解释了第1067条规定中的抚养费,"包括子女生活费、教育费、医疗费等费用"。

父母怠于履行抚养义务,将导致未成年子女或不能独立生活的成年子女受抚养权直接受损,因此,法律赋予了子女向父母追索抚养费的权利。追索抚养费的请求权基础规定于《民法

---

[1] 史尚宽:《亲属法论》,中国政法大学出版社2000年版,第750页。

典》第1067条,且子女向父母追索抚养费不受婚姻关系是否仍然存续影响,子女有权向离婚后怠于履行抚养义务的父母一方追索,这可以从《民法典》第1071条第2款和第1084条第2款中解释得出。根据第1071条第2款亦可推出,即使父母双方没有婚姻关系,系同居关系等其他情形所生非婚生子女,该子女亦可向父母行使抚养费请求权。[1] 追索抚养费纠纷,可由抚养费义务人所在单位或有关部门进行调解,亦可直接由诉讼程序处理。人民法院可以根据父母的抚养能力和抚养权利人的需要,确定抚养费的数额、给付期限和方式。实践中,常常引发争议的是基本抚养费之外,参加课外辅导班等费用是否也应划入抚养费范畴。实务中,法官主要依据儿童最大利益原则结合抚养能力、费用的可预见性综合考察,对于婚姻存续期间同意参加,且持续到离婚后的兴趣班费用,即便在基本抚养费之外,如未超出父母一方的抚养能力,仍应遵循儿童最大利益原则,予以支持。[2] 对于拒不履行抚养义务,情节恶劣,构成犯罪的,应当依法追究刑事责任。

二、父母对子女的教育义务

1980年原《婚姻法》第17条规定父母对子女有"管教"的权利与义务,2001年修正后的原《婚姻法》将其修改为父母对子女有"教育"的权利和义务。这被《民法典》第1068条所沿用。这一术语的修改在父母子女关系法中进一步限缩了父母的权利,不再强调父母对子女的管理。这体现了最有利于未成年人原则,背后反映出父母对子女更多的是一种责任。

《民法典》第1068条规定中的教育,是指父母有权利和义务按照法律和社会道德的要求,采用正确的、与未成年人相符的教育方式,对未成年子女加以培养、引导,对其行为进行必要的约束,使未成年子女得以健康成长。[3] 这需要家庭、学校、社会教育共同协力。相比学校教育、社会教育,家庭教育是最重要的环节。父母是子女出生后首先见到的人,也是子女最直接的启蒙老师,父母不但是家庭教育的亲身实践者,也是子女未来接受学校教育和社会教育的重要保障。法律明确规定了父母对子女的教育权利和义务,2021年颁布的《家庭教育促进法》第2条规定,"家庭教育,是指父母或者其他监护人为促进未成年人全面健康成长,对其实施的道德品质、身体素质、生活技能、文化修养、行为习惯等方面的培育、引导和影响"。家庭教育的目的在于保护未成年人的身心健康,保障未成年人的合法权益,促进未成年人德智体美劳全面发展,培养有理想、有道德、有文化、有纪律的社会主义建设者和接班人,培养担当民族复兴大任的时代新人,预防与制止子女的违法行为,让未成年人在家庭教育过程中完成初步的社会化。家庭教育有以下五方面的要求:(1)尊重未成年人身心发展规律和个体差异;(2)尊重未成年人人格尊严,保护未成年人隐私权和个人信息,保障未成年人合法权益;(3)遵循家庭教育特点,贯彻

---

[1] 参见杨大文主编:《亲属法》(第5版),法律出版社2012年版,第212页。

[2] 2015年12月4日最高人民法院公布的49起婚姻家庭纠纷典型案例之麻某某诉麻晓某扶养费纠纷案。此外,2022年6月20日,上海市高级人民法院在李某甲诉李某扶养费纠纷案中针对这一问题给出如下指导意见:(1)父母就子女抚养费的支付标准、支付方式等存在明确约定的,该约定对双方具有约束力,即便抚养费标准较高于当地一般生活水平,原则上不应予以推翻。(2)对于争议较大的教育培训支出,抚养人之间未约定或约定不明的,对父母离婚时既已参加的培训,应考虑保障未成年人接受教育的连贯性,原则上予以支持;对超出既有范围的培训,实际抚养一方应履行必要的告知义务,未能协商一致的非必要支出,应视为实际抚养一方自愿为子女负担的部分,不宜划入未实际抚养一方的抚养费分担范围。(3)对于实际负担能力的认定,应从抚养义务人的收入水平和财产状况两方面作出整体性判断。义务人处于失业状态的,应结合其失业原因、个人创收能力以及所从事行业的收入水平加以判断,而非机械地以当前的收入情况作为确定抚养费的标准。

[3] 参见黄薇主编:《中华人民共和国民法典婚姻家庭编解读》,中国法制出版社2020年版,第140页。

科学的家庭教育理念和方法;(4)家庭教育、学校教育、社会教育紧密结合、协调一致;(5)结合实际情况采取灵活多样的措施。[1]

家庭教育的内容包括德育、智育、体育、美育、劳育等方面,法律要求:(1)父母应当学习家庭教育知识,接受家庭教育指导。[2] (2)教育和引导未成年人遵纪守法、勤俭节约,养成良好的思想品德和行为习惯。[3] (3)关注未成年人的心理健康,教导其珍爱生命,对其进行交通出行、健康上网和防欺凌、防溺水、防诈骗、防拐卖、防性侵等方面的安全知识教育,帮助其掌握安全知识和技能,增强其自我保护的意识和能力。[4] (4)帮助未成年人树立正确的劳动观念,参加力所能及的劳动,提高生活自理能力和独立生活能力,养成吃苦耐劳的优秀品格和热爱劳动的良好习惯。[5] (5)预防和制止未成年人的不良行为和违法犯罪行为,并进行合理管教;不得虐待、遗弃、非法送养未成年人或者对未成年人实施家庭暴力;不得放任、教唆或者利用未成年人实施违法犯罪行为;不得放任、唆使未成年人参与邪教、迷信活动或者接受恐怖主义、分裂主义、极端主义等侵害;不得放任、唆使未成年人吸烟(含电子烟,下同)、饮酒、赌博、流浪乞讨或者欺凌他人;不得放任或者迫使应当接受义务教育的未成年人失学、辍学;不得放任未成年人沉迷网络,接触危害或者可能影响其身心健康的图书、报刊、电影、广播电视节目、音像制品、电子出版物和网络信息等;不得放任未成年人进入营业性娱乐场所、酒吧、互联网上网服务营业场所等不适宜未成年人活动的场所。[6] (6)父母应当尊重未成年子女受教育的权利,适龄儿童、少年的父母或者其他法定监护人应当依法保证其按时入学接受并完成义务教育,不得使在校接受义务教育的未成年子女辍学,否则由当地乡镇人民政府或者县级人民政府教育行政部门给予批评教育,责令限期改正。[7]

父母双方平等享有教育子女的权利,履行教育子女的义务。父母既不能放手不管,也不应采用暴力、侮辱等方式教育子女。法院对个案中发现的教育方式不当的父母已经开始通过"家庭教育令"或"家庭教育指导令"等进行干预,改变父母的教育行为,疗愈父母子女关系。[8] 对未成年子女造成他人损害的,父母应当依法承担民事责任。《民法典》第1188条第1款规定,无民事行为能力人、限制民事行为能力人造成他人损害的,由监护人承担侵权责任。监护人尽到监护职责的,可以减轻其侵权责任。第2款规定,有财产的无民事行为能力人、限制民事行为能力人造成他人损害的,从本人财产中支付赔偿费用,不足部分,由监护人赔偿。该条款中的无民事行为能力人、限制民事行为能力人即为被监护人,因监护人责任在性质上属于无过错责任,监护人承担责任的前提是监护人对未成年人承担监护责任。即使监护人尽到监护职责,也只是减轻其侵权责任,而不是免除其责任。因此,父母离婚后,父母仍平等履行对子女的教育义务,父母一方暂时未与未成年人共同生活不是拒绝承担未成年人侵权赔偿责任的合法理

---

[1] 《家庭教育促进法》第3条、第5条。
[2] 《未成年人保护法》(2024年修订)第15条。
[3] 《未成年人保护法》(2024年修订)第16条。
[4] 《未成年人保护法》(2024年修订)第16条,《家庭教育促进法》第16条。
[5] 参见《家庭教育促进法》第16条。
[6] 《未成年人保护法》(2024年修订)第16条、第17条。《预防未成年人犯罪法》第16条、第29条。
[7] 《义务教育法》(2018年修订)第5条、第58条。
[8] 参见2023年最高人民检察院发布的《在办理涉未成年人案件中全面开展家庭教育指导工作典型案例》(第二批),案例二胡某某故意伤害案(胡某某采用暴力教育方式教育子女),案例三朱某印某抢劫案(未成年人的父母外出务工、祖父母隔代抚养、有效监护缺位)。

由,父母离婚不应影响双方就未成年子女侵权行为的替代责任承担。只是在父母内部侵权责任的分担上,是否与未成年人子女共同生活是一个重要的考虑因素,需要结合双方对子女实施管教的不同情况予以综合考虑。

三、父母对子女的保护义务

1980年原《婚姻法》第17条规定,父母对子女有"管教和保护"的权利与义务;2001年原《婚姻法》第23条将其修改为父母对子女有"保护和教育"的权利和义务。立法机关在2001年修正原《婚姻法》后,再次对保护义务和教育义务的前后顺序作出了调整。《民法典》第1068条规定,"父母有教育、保护未成年子女的权利和义务"。《民法典》第1068条的现有规定将教育置于保护之前,是因为教育义务对父母积极履行职责的要求更高,怠于履职或履职不当都可能引发公权力机关的干预,导致法院签发家庭教育指导令,且教育是实现未成年人社会化的基本条件之一,为此,立法机构将其置于保护义务之前更加符合未成年人社会化的生活逻辑。

父母对子女的保护义务,是指父母应当保护未成年人的人身安全和合法权益,预防和排除来自外界的危害,确保未成年人能在一个安全的环境下健康成长。[1]《民法典》总则编第34条第1款明确规定:"监护人的职责是……保护被监护人的人身权利、财产权利以及其他合法权益等。"父母是未成年子女的法定监护人和法定代理人,应对未成年人的人身和财产履行保护义务。因此,父母对未成年子女的保护义务包括人身保护和财产保护两个方面。

对未成年子女的人身保护主要包括:父母对未成年子女进行日常照顾,生活照料,保护未成年子女的身心健康,为未成年人提供衣食住行等;保护未成年子女的人身不受侵害;在未成年子女遭受人身损害时,父母有权以法定代理人的身份提起诉讼,请求排除侵害、赔偿损失;在未成年子女脱离家庭或监护人时,被他人非法诱骗、拐卖、隐匿或者扣留时,父母享有子女返还请求权,父母也有权请求司法机关追究拐骗者的刑事责任,这是父母对子女应尽保护之职责及理应享有的权利。《民法典》第34条第2款也明确规定:"监护人依法履行监护职责产生的权利,受法律保护。"

对未成年子女的财产保护主要是指:父母对未成年子女因继承、受赠等获得的财产及财产利益进行管理和保护,除为未成年子女的利益外,不得处理属于该未成年人的财产。因保护未成年子女的财产,父母享有以下权利:一是对未成年子女的财产享有管理权,可以对未成年子女的财产进行保管或实施增加财产价值的行为。二是对未成年子女的财产享有使用权。父母可以在不损害子女财产的前提下使用未成年子女的财产,如未成年子女因继承获得的房产,其父母可以与子女共同居住使用。三是对未成年子女的财产享有特定处分权,指在有利于未成年子女利益的情况下,父母有权对未成年子女的财产进行处分。但这种处分必须符合未成年子女的利益。在未成年子女遭受财产损害时,父母有权以法定代理人的身份提起诉讼,请求排除侵害、赔偿损失。

---

[1] 参见黄薇主编:《中华人民共和国民法典婚姻家庭编解读》,中国法制出版社2020年版,第142页。

第三节 赡养、扶助和保护

我国《宪法》第49条第3款规定:"成年子女有赡养扶助父母的义务。"《民法典》第26条第2款规定:"成年子女对父母负有赡养、扶助和保护的义务。"《民法典》第1067条第2款进一步规定:"成年子女不履行赡养义务的,缺乏劳动能力或者生活困难的父母,有要求成年子女给付赡养费的权利。"《老年人权益保障法》(2018年修订)第14条第1款也规定,赡养人应当履行对老年人经济上供养、生活上照料和精神上慰藉的义务,照顾老年人的特殊需要。根据这些规定,父母对子女的权利义务主要包括以下内容。

一、成年子女对父母的赡养义务

赡养义务,是指成年子女为父母生活等提供必要的物质条件和生活费用,照料父母的日常生活起居。父母抚养教育了子女,为社会发展和民族进步作出了贡献,在子女成年时,理应得到社会和家庭的尊重和照顾。因此,我国《宪法》对成年子女对父母的赡养义务作了明确规定。从社会层面看,《宪法》第45条规定了我国公民在年老时,有权利从国家和社会中获得物质帮助。《老年人权益保障法》第4条第2款进一步规定:"国家和社会应当采取措施,健全保障老年人权益的各项制度,逐步改善保障老年人生活、健康、安全以及参与社会发展的条件,实现老有所养、老有所医、老有所为、老有所学、老有所乐。"但目前在我国社会老龄化不断加深的背景下,不可能仅仅依靠国家和社会完全解决老年人的赡养问题。《老年人权益保障法》第13条也从另一方面规定:"老年人养老以居家为基础,家庭成员应当尊重、关心和照料老年人。"这一规定再次强调了成年子女对老年人的赡养义务在解决我国老年人养老问题中仍居主要地位。

理解成年子女对父母的赡养义务,需要注意以下几点。

第一,赡养义务的义务人是有负担能力的成年子女,未成年的以及没有独立生活能力的成年子女不担负对父母的赡养义务。这是因为未成年子女、没有独立生活能力的成年子女在客观上不具备履行赡养义务的能力。赡养义务的义务人不分男女,儿子和女儿在成年后都有义务赡养父母,外嫁女也有赡养父母的义务。

第二,赡养费请求权人是缺乏劳动能力或者生活困难的父母,只要缺乏劳动能力和生活困难两项条件满足一项,权利人就有权请求成年子女给付赡养费。父母是否离婚或是再婚,对父母享有的赡养费请求权没有影响。成年子女对父母的赡养义务不因父母婚姻关系的变化发生任何改变。在父母有劳动能力、经济生活也不困难的情况下,父母能否要求子女给付赡养费?这需要结合《民法典》第1067条第2款的规定进行解释。根据对《民法典》第1067条第2款的文义解释,该条款要求成年子女给付赡养费的权利人是缺乏劳动能力或者生活困难的父母。从对该款的反面解释中可以推出,如果父母尚具有劳动能力或者生活并未落入困难的境地,则父母无法获得该请求权的权利主体资格。在司法实践中,对于有生活来源的父母提出的给付赡养费的诉讼请求,人民法院往往以不具备生活困难的条件为由不予支持。

就赡养义务的内容看,赡养义务包括物质上的赡养义务和精神上的赡养义务。在物质方面,2018年修正后的《老年人权益保障法》明确规定了以下内容:(1)赡养人应当履行对老年人经济上供养、生活上照料和精神上慰藉的义务,照顾老年人的特殊需要。在老年人生活不能自理时,照料老年人,或者委托他人或养老机构照料老年人。(2)赡养人应当使患病的老年人及时得到治疗和护理。(3)赡养人应当妥善安排老年人的住房,不得强迫老年人居住或者迁居条件低劣的房屋。[1] 司法实务中,由成年子女对父母的赡养义务所引发的问题主要表现为赡养费纠纷。赡养费包括基本生活费用、医疗费用、身体失能或半失能时的护理费用等。赡养费用一般不低于子女本人或当地的普通生活水平。除了物质上的赡养义务外,2012年修正《老年人权益保障法》时就已经将精神赡养也规定为一项赡养义务。2013年7月1日,修正后的《老年人权益保障法》实施之日,江苏省无锡市北塘区人民法院审理了全国第一例"常回家看看"老年人精神赡养案,判决被告每2个月至少回家看望老人1次。2018年修正后的《老年人权益保障法》第18条第1款、第2款明确规定:"家庭成员应当关心老年人的精神需求,不得忽视、冷落老年人。与老年人分开居住的家庭成员,应当经常看望或者问候老年人。"因此,对老年人的精神赡养,就不再受限于《民法典》第1067条第2款规定的条件限制。有劳动能力、可以依靠自身满足自我生活的老年人也有权请求成年子女履行精神赡养的义务。子女即使不承担支付赡养费的义务,也应经常到父母住处探视或者以视频电话等方式关心、关爱父母。

　　成年子女对父母的赡养义务是法定义务,不能通过约定予以排除。经老年人同意,赡养人之间可以就履行赡养义务签订协议。赡养协议的内容不得违反法律的规定和老年人的意愿。子女不能以放弃继承权或其他财产权益为由主张不承担赡养义务。多位子女间达成的赡养老人的协议不能对抗适格父母要求赡养的请求权。父母有权向任何一位子女请求支付赡养费。前述赡养老人的协议只在多位子女内部具有一定的法律效力。若父母在子女年幼时未尽到抚养义务,这是否可以构成免除成年子女赡养父母的义务的条件?根据《民法典》第26条和第1067条的规定,成年子女对父母的赡养义务是法定的强制性义务,法律没有附加任何条件。《民法典》第26条规定的父母抚养未成年子女和成年子女赡养父母的两个内容之间也没有设立任何关联条件,属于相互独立的法律行为。请求成年子女赡养的权利并非以父母履行了抚养义务为前提。这体现了保护家庭伦理的立法精神。父母子女之间特殊的身份关系,不能简单地用等价有偿的一般民法理念加以衡量。若父母怠于履行抚养子女的义务且存在恶意,可以根据父母行为的具体情形以及恶意程度依据现行法律制度进行惩处。如果构成故意杀人罪(未遂)、强奸罪(父亲强奸女儿)、虐待罪、遗弃罪等,应依照法律规定予以刑事制裁。若父母怠于履行抚养未成年子女的行为尚未构成刑事犯罪,但在民事法上,有构成《民法典》第36条规定的撤销监护资格的法定事由的,包括"(一)实施严重损害被监护人身心健康的行为;(二)怠于履行监护职责,或者无法履行监护职责且拒绝将监护职责部分或者全部委托给他人,导致被监护人处于危困状态;(三)实施严重侵害被监护人合法权益的其他行为"的,可以依法撤销其监护人资格。例如,在乐平市民政局申请撤销罗某监护人资格案中,监护人罗某在3名被监护人年幼时即离家出走,不履行对子女的抚养、照顾、教育等义务长达6年;在被监护人父亲去世,3名被监护人处于无人照看、生活危困的状况下,罗某知情后仍怠于履行监护职责,导致3名未成年人流离失所,被法院撤销了其监护人资格。[2] 即使监护人资格被撤销后,被撤销资

―――――――――――
[1] 参见《老年人权益保障法》(2018年修订)第14条、第15条、第16条。
[2] 参见最高人民法院于2023年1月12日发布《人民法院贯彻实施民法典典型案例》(第二批)中乐平市民政局申请撤销罗某监护人资格案。

格的监护人父母仍应负担其对未成年子女的抚养费。因此,在我国的制度中并未将父母怠于履行未成年子女的抚养义务设定为免除成年子女赡养父母义务的法定事由。[1]

成年子女对父母的赡养义务具有长期性,直至父母死亡时停止。这一赡养义务也不适用于诉讼时效的规定。如果成年子女不履行赡养义务,有请求权的父母可以请求有关部门调解或向人民法院提起诉讼。人民法院在处理涉及老年人的赡养纠纷时,应坚持保护老年人合法权益原则,通过调解或判决令成年子女承担赡养义务。对负有赡养义务而拒绝赡养,情节恶劣构成遗弃罪的,应判令成年子女承担相应的刑事责任。

二、成年子女对父母的扶助义务

扶助在中文中的意思是扶持帮助。以往在讨论成年子女对父母的扶助义务时常常将其和成年子女对父母的赡养义务放在一起,统称为赡养扶助义务,或者简称为赡养义务。随着我国社会老龄化程度的加深,老年人口中出现失能或半失能的人逐渐增多,有必要单独讨论成年子女对父母的扶助义务。《民法典》总则编的监护制度新增加了意定监护制度。《民法典》总则编第35条第3款中已经体现了当代监护制度的协助决定理念,内容为:"成年人的监护人履行监护职责,应当最大程度地尊重被监护人的真实意愿,保障并协助被监护人实施与其智力、精神健康状况相适应的民事法律行为。对被监护人有能力独立处理的事务,监护人不得干涉。"因此,从《民法典》体系解释的角度看,这里的扶助义务包括两层含义:一是指成年子女应对老年人的生活给予必要的帮助。2018年修正后的《老年人权益保障法》涉及扶助义务的主要内容有:(1)成年子女对老年人自有的住房有维修的义务;(2)成年子女有义务耕种或者委托他人耕种父母承包的田地,照管或者委托他人照管父母的林木和牲畜等,收益归父母所有。二是应尽可能以帮助者的方式帮助父母在个人事项上行使自主决定权,尊重老年人的个人意愿。因此,在涉及父母就医治疗等事项时,也应履行扶助义务,尽可能维护父母的残余意思能力,尊重父母的个人意愿。[2]

三、成年子女对父母的保护义务

保护义务是指成年子女对父母的人身和财产的保护。这一义务主要涵盖以下内容:一是在人身保护上,成年子女不得有危害父母人身安全的行为。禁止对父母实施家庭暴力,禁止虐待、遗弃父母,强迫父母承担其力不能及的劳动。保护老年人的人身自由和人格尊严。不干涉老年人离婚、再婚及婚后的生活。关心老年人的精神需求,不得忽视、冷落老年人。不与父母同住时,经常探视父母,或通过电话或视频电话关心、关爱父母。二是在财产保护上,老年人自有的或者承租的住房,子女或者其他亲属不得侵占,不得擅自改变产权关系或者租赁关系。老年人对个人的财产,依法享有占有、使用、收益和处分的权利,成年子女不得干涉,不得以窃取、骗取、强行索取等方式侵犯老年人的财产权益。关心、关爱父母,防止父母陷入各种针对老年人的以养生、投资、治病设局的诈骗,被骗走钱财。

---

[1] 2010年,我国台湾地区修改了"民法"和"刑法",将父母与子女间的赡养义务修正为相对义务。在子女遭受父母性侵犯、虐待、遗弃或其他不法侵害时,子女有权请求法院减轻或免除其赡养父母的义务。在子女遭受前述侵害的情形下,子女此后对父母未实施扶助、养育、保护等的,刑法上亦可免除对其遗弃罪的追诉。

[2] 参见李霞:《协助决定取代成年监护替代决定——兼论民法典婚姻家庭编监护与协助的增设》,载《法学研究》2019年第1期。

第三章 其他家庭关系

在家庭社会学中,按照家庭代际层次和亲属关系,家庭被划分为核心家庭和主干家庭等。核心家庭,是指由父母以及未婚子女组成的家庭。主干家庭是家庭三代成员共同组成并生活在一起的家庭。受西方个人自由主义文化的影响,西方大陆法系典型立法例的家庭制度主要针对核心家庭的夫妻关系和父母子女关系进行调整,对在核心家庭成员之外的其他家庭关系调整不多。[1] 我国近年来的家庭结构表现出核心家庭和主干家庭并存的模式。在《民法典》的立法过程中,立法者还专门新增了第 1045 条第 3 款,"配偶、父母、子女和其他共同生活的近亲属为家庭成员",并在第 1074 条和第 1075 条基本保留了原《婚姻法》第 28 条和第 29 条的规定,用以调整除夫妻关系和父母子女关系之外的其他家庭关系。此种制度规定有利于更好实现家庭养老育幼的功能,也是《民法典》第 1 条弘扬社会主义核心价值观、第 1043 条弘扬家庭美德的具体体现。

第一节 兄弟姐妹之间的关系

我国 1950 年原《婚姻法》并未规定兄弟姐妹间的关系。但由于实际生活中当父母早逝后,家中兄、姐往往承担了抚养教育弟、妹的责任,我国立法机关就在 1980 年原《婚姻法》中相应增加了兄弟姐妹间关系的规定,该法第 23 条规定:"有负担能力的兄、姐,对于父母已经死亡或父母无力抚养的未成年的弟、妹,有抚养的义务。"至此,兄弟姐妹间的关系就被纳入了我国婚姻家庭法的调整范围。在多子女家庭中,让有负担能力的兄、姐抚养照顾父母已经死亡或父母无力抚养的未成年的弟、妹,这一立法规定的变化主要体现了我国法律制度中对于未成年人的充分保护,有利于维护兄友弟恭的中国传统家庭美德。在此基础上,1984 年最高人民法院《关于贯彻执行民事政策法律若干问题的意见》(已失效)第 26 条对兄弟姐妹间的权利义务关系作了补充解释:"由兄、姐抚养长大的有负担能力的弟、妹,对丧失劳动能力、孤独无依的兄、姐,有抚养的义务。"这一解释规定有利于解决特殊老年群体的养老问题,同时进一步维护了前述兄友弟恭的中国传统家庭美德。有关兄弟姐妹间权利义务关系的上述规定既符合我国的传统文化,又经过了实践的检验,因此,在 2001 年原《婚姻法》修正时,1984 年最高人民法院《关于贯彻执行民事政策法律若干问题的意见》(已失效)第 26 条的解释规定被正式纳入法律条文中。2020 年颁布的《民法典》完全赞同已有制度中有关兄弟姐妹间权利义务关系规定的精神,基本

---

[1] 比如,《德国民法典》第 1601 条和《法国民法典》第 205 条都不认可兄弟姐妹间有扶养义务。

沿用了前述相关规定。

一、兄弟姐妹间的扶养权利义务关系

依据亲属关系原理，兄弟姐妹系血缘联系最密切的旁系血亲。因此，在一般的家庭情境中，兄弟姐妹间没有扶养权利义务关系。未成年人的受抚养权主要通过父母的抚养教育义务得以保护。但当父母早逝或因某些特殊情形导致无力承担抚养义务时，兄弟姐妹间就会产生特殊的扶养权利义务关系。《民法典》第1075条规定："有负担能力的兄、姐，对于父母已经死亡或者父母无力抚养的未成年弟、妹，有扶养的义务。由兄、姐抚养长大的有负担能力的弟、妹，对于缺乏劳动能力又缺乏生活来源的兄、姐，有扶养的义务。"本条所指兄弟姐妹，是指具有血缘联系的兄弟姐妹，包括全血缘联系的兄弟姐妹和半血缘联系的兄弟姐妹，以及具有法律拟制关系的养兄弟姐妹，不包括继兄弟姐妹。继兄弟姐妹的情况相对特殊。若配偶结婚时，各自将自己已生育的子女同时带进这一新家庭，且子女间并无血缘联系，这些子女就属于继兄弟姐妹。继兄弟姐妹属于姻亲关系，没有法律上的权利义务关系。但继兄、姐自愿扶养继弟、妹形成的事实扶养关系在一定程度上受到法律的保护，若继兄、姐扶养未成年继弟、妹长大的，应参照适用《民法典》第1075条第2款之规定，有负担能力的继弟、妹应扶养缺乏劳动能力又缺乏生活来源的继兄、姐。[1]

就兄弟姐妹间扶养义务的性质而言，这一扶养义务与夫妻之间、父母子女之间的生活保持义务有别，其本质上属于生活扶助义务。在顺位上也劣后于夫妻之间、父母子女之间的生活保持义务。

二、兄、姐对弟、妹承担扶养义务的条件

根据《民法典》第1075条之规定，只有满足以下条件时，兄、姐始对弟、妹承担扶养义务。

第一，弟、妹尚未成年，且不具有独立生活能力。如果弟、妹已经成年，那么即使其不具有独立生活能力，也不符合本条规定的扶养条件；此外，弟、妹虽未成年，但已满16周岁，以其劳动为主要生活来源，并能维持当地一般生活水平的，根据《民法典婚姻家庭编解释（一）》第53条第2款之规定，父母可以停止继续抚养该子女，因此，在扶养义务上处于后顺位的兄、姐亦无须扶养。

第二，父母已经死亡或父母无力抚养。这一要件强调未成年弟、妹第一顺位的抚养义务人不能履行抚养子女的义务，包括主体缺位（已经死亡）和法律能力上的不能（无力抚养）。因此，若一方属于主体缺位，另一方属于法律能力上的不能，也满足第1075条规定的兄、姐承担扶养义务的成立要件。

第三，兄、姐有负担能力。由于第1075条规定的扶养义务为一般生活扶助义务，在性质和程度上劣后于生活保障义务。因此，这里的有负担能力指兄、姐以自己的劳动收入或其他收入满足自己和第一顺位扶养请求权人（包括自己的配偶、子女和父母）的合理生活、教育、医疗等扶养需求后仍有结余。[2] 且对弟、妹的扶养也不要求须达到与兄、姐相当的生活水平。

以上3项构成要件必须同时具备，且根据第1075条之规定，这一扶养义务并未要求兄、姐和弟、妹必须共同居住在一起时，才承担这一义务。

---

[1] 参见徐涤宇、张家勇主编：《〈中华人民共和国民法典〉评注》（精要版），中国人民大学出版社2022年版，第1121页。
[2] 参见最高人民法院民法典贯彻实施工作领导小组主编：《中华人民共和国民法典婚姻家庭编继承编理解与适用》，人民法院出版社2020年版，第229页。

三、弟、妹对兄、姐承担扶养义务的条件

根据《民法典》第 1075 条之规定,弟、妹对兄、姐承担扶养义务的条件包括以下 3 点。

第一,兄、姐缺乏劳动能力又无生活来源。根据法律规定,这里的构成要件中兄、姐必须同时具备无劳动能力和无生活来源这两个要件。只有同时具备这两个要件,才能充分说明兄、姐存在被扶养的需求。这是兄、姐需要弟、妹承担扶养义务的前提条件。"缺乏劳动能力"应理解为兄、姐缺少生活资料难以维持基本生活,又没有第一顺序的扶养义务人(如配偶或子女),或者第一顺位的扶养义务人没有扶养能力。这里的无力扶养,是指其丧失劳动能力且没有生活来源,或者不能以自己的收入满足弟、妹合理的生活、教育、医疗等需要。

第二,弟、妹由兄、姐抚养长大。弟、妹对兄、姐承担扶养义务来源于弟、妹受兄、姐抚养长大的事实。这符合权利和义务对等的基本法理。

第三,弟、妹具有负担能力。对弟、妹具有负担能力的要求同前述兄、姐对弟、妹承担扶养义务的构成要件之三——兄、姐须具有负担能力相同,即弟、妹在保障自己生活的基础上可以扶养照顾其兄、姐。

以上 3 项构成要件必须同时具备,且根据第 1075 条之规定,这一扶养义务并未要求兄弟姐妹必须为共同生活在一起的家庭成员。

四、兄弟姐妹间的继承权

《民法典》第 1127 条明文规定了兄弟姐妹属于第二顺位继承人。在法定继承中,兄弟姐妹的继承顺序劣后于配偶、父母、子女这些第一顺位继承人。值得注意的是,第 1127 条第 5 款中明确解释了本条所指兄弟姐妹的含义,"包括同父母的兄弟姐妹、同父异母或者同母异父的兄弟姐妹、养兄弟姐妹、有扶养关系的继兄弟姐妹"。换言之,法律认可具有血缘联系或收养关系的兄弟姐妹相互间具有继承权。

如前所述,继兄弟姐妹相互间属于无法律权利义务的姻亲关系。但继兄弟姐妹已经形成了事实上的扶养关系,根据最高人民法院《关于适用〈中华人民共和国民法典〉继承编的解释(一)》(以下简称《民法典继承编解释(一)》)第 13 条第 1 款之规定,继兄弟姐妹因该事实抚养关系,相互间产生继承权。没有扶养关系,继兄弟姐妹间不能互为第二顺位继承人。

第二节 祖父母与孙子女、外祖父母与外孙子女的关系

祖父母与孙子女、外祖父母与外孙子女的关系是我国社会中常见的一种亲属关系。一方面,随着我国社会的发展,目前部分城市家庭受职场压力的影响,更多祖辈搬至子女生活的城市,参与到孙辈的抚养教育中。部分农村家庭受农民工外出务工的影响,祖辈和孙辈会成为留守在家的人口,祖辈也会参与到孙辈的抚养教育中。另一方面,2022 年年末,我国 60 岁及以上人口数量达到 2.8 亿人,人口老龄化程度持续加深[1]。在今后相当长的历史时期内仍需重点关注老年弱势群体的赡养问题。就社会保障制度而言,我国的社会保障制度较新中国成立之

---

[1]《多地老龄化程度加深 如何面对人口发展新常态?——中国探索应对人口发展新趋势的生动实践》,载新华网, http://www.xinhuanet.com/2023-07/04/c_1129732373.htm。

初取得了巨大发展,且目前还在不断完善中,但现有的社会保障制度仍存在一些问题,不能为所有群体提供充分有效的保障。因此,法律对祖孙之间关系的调整确有必要,一方面可以明确祖辈在孙辈抚养教育过程中承担的是一种补充责任;另一方面,也能为未成年人和老年人等弱势群体提供来自家庭的保障。

虽然祖父母与孙子女、外祖父母与外孙子女的亲属关系较近,但如前所述,婚姻家庭法主要调整夫妻关系和父母子女关系。1950 年原《婚姻法》并未规定祖孙关系。1980 年原《婚姻法》出于对我国社会现实的考量,为了尽可能充分保护未成年人的利益,将家庭关系的调整对象进一步扩大至祖父母与孙子女、外祖父母与外孙子女的关系,兄弟姐妹关系。1980 年原《婚姻法》中有关祖父母与孙子女、外祖父母与外孙子女的关系的规定在 2001 年原《婚姻法》修正时得到了维持。2020 年颁布的《民法典》也沿用了这些规定。

一、祖父母与孙子女、外祖父母与外孙子女间的抚养、赡养权利义务

《民法典》第 1074 条规定了祖父母与孙子女、外祖父母与外孙子女间的抚养、赡养权利义务:"有负担能力的祖父母、外祖父母,对于父母已经死亡或者父母无力抚养的未成年孙子女、外孙子女,有抚养的义务。有负担能力的孙子女、外孙子女,对于子女已经死亡或者子女无力赡养的祖父母、外祖父母,有赡养的义务。"本条所指祖父母与孙子女、外祖父母与外孙子女是指具有血缘联系的祖孙关系,经合法收养程序建立关系的养祖父母与养孙子女、养外祖父母与养外孙子女亦可适用本条规定。这包括祖父母、外祖父母收养的子女结婚生育的孙子女、外孙子女,祖父母、外祖父母生育的子女结婚后收养的孙子女、外孙子女。换言之,无论是祖父母、外祖父母与父母之间成立合法的收养关系,还是父母与孙子女、外孙子女之间成立合法的收养关系,抑或祖父母、外祖父母合法收养的养子女又合法收养了孙子女、外孙子女的情形,都可以适用本条规定。需要特别注意的是,继祖父母与继孙子女、继外祖父母与继外孙子女间的权利义务关系。目前学界较多观点认为,因抚养事实形成的继父母子女关系可以在继父母与继子女间产生法律拟制的亲子关系效力,但这种亲子关系的法律效力与其他法定亲子关系不能等同,不构成法律拟制的亲子关系。[1] 从最高人民法院颁布的司法解释来看,《民法典继承编解释(一)》第 13 条明确规定继兄弟姐妹的继承权源于继兄弟姐妹间的事实扶养关系,与继父母子女间因抚养教育事实拟制创设的亲子关系无关。《民法典继承编解释(一)》第 15 条中有关代位继承的规定中只肯定了与被继承人已形成了抚养教育关系的继子女的生子女具有代位继承的权利,而适格代位继承人中并不包括与被代位继承人(包括被继承人的生子女、养子女或已形成抚养教育关系的继子女)已形成抚养教育关系的继子女。由此可见,没有扶养关系的继祖孙属于直系姻亲关系,不能适用第 1074 条调整继祖孙相互间的权利义务关系。

就祖父母与孙子女、外祖父母与外孙子女的扶养、赡养义务的性质而言,其与兄弟姐妹间的扶养义务一样,属于生活扶助义务,在顺位上也劣后于夫妻之间、父母子女之间的生活保持义务。

二、祖父母对孙子女、外祖父母对外孙子女承担抚养义务的条件

根据《民法典》第 1074 条的规定,只有满足以下条件时,祖父母对孙子女、外祖父母对外孙

---

[1] 参见魏小军、谈婷:《有关继父母子女关系立法的思考》,载《理论探索》2006 年第 2 期;张学军:《〈中国民法典〉"亲属"法律制度研究》,载《政法论坛》2021 年第 3 期;王葆莳:《论继父母子女之间的法定继承权——〈民法典〉第 1072 条和第 1127 条解释论》,载《法学》2021 年第 9 期。

子女才承担抚养义务。

第一,孙子女、外孙子女必须是未成年人。换言之,孙子女、外孙子女必须为不满18周岁且无独立生活能力的未成年人。在孙子女、外孙子女已经成年时,即使孙子女、外孙子女不具有独立生活能力,祖父母、外祖父母也无须承担抚养义务,这与父母对子女承担的抚养义务不同。

第二,孙子女、外孙子女的父母已经死亡或无力抚养。可能涉及的情形包括孙子女、外孙子女的父母自然死亡或被宣告死亡,或者孙子女、外孙子女的父母一方自然死亡或宣告死亡,另一方又无力抚养的情形。这里的无力抚养也是指其丧失劳动能力且没有生活来源,或者不能以自己的收入满足子女合理的生活、教育、医疗等需要。[1]

第三,祖父母、外祖父母具有抚养能力。这是指祖父母、外祖父母有劳动收入或者其他生活来源,可以在确保自身及其父母、配偶、子女的生活、教育、医疗等基础上,还有能力负担抚养孙子女、外孙子女的费用。

根据《民法典》第1074条的规定,以上3个构成要件必须同时具备,祖父母才有抚养孙子女的义务,外祖父母才有抚养外孙子女的义务。本条规定也没有将此种义务限制在祖父母、外祖父母与孙子女、外孙子女共同生活的情形。

三、孙子女对祖父母、外孙子女对外祖父母承担赡养义务的条件

根据《民法典》第1074条的规定,只有满足以下条件时,孙子女对祖父母、外孙子女对外祖父母才承担赡养义务。

第一,祖父母、外祖父母缺乏劳动能力或生活困难,需要赡养。《民法典》第1067条第2款明确规定父母年迈时请求成年子女支付赡养费的条件是父母"缺乏劳动能力或者生活困难"。孙子女对祖父母、外孙子女对外祖父母的赡养义务在性质上属于生活扶助义务,程度上低于父母、配偶间的生活保障义务,顺位上也劣后于子女对父母的赡养义务。故前述父母请求成年子女支付赡养费的条件亦可适用于孙子女对祖父母、外孙子女对外祖父母的赡养义务。

第二,祖父母、外祖父母的子女已经死亡或无力赡养。可能涉及的情形包括祖父母、外祖父母的子女自然死亡或被宣告死亡,或者祖父母、外祖父母的子女,一方自然死亡或宣告死亡,另一方又无力赡养的情形。

第三,孙子女、外孙子女已经成年且具有赡养能力。换言之,孙子女、外孙子女不但已经具有完全民事行为能力,且已经经济独立,能在保障自己以及第一顺位扶养请求权人(配偶、子女)生活的基础上,用其剩余的资金承担祖父母、外祖父母的赡养义务。

同样,法律没有要求孙子女、外孙子女必须与祖父母、外祖父母共同生活时,才有这一赡养义务。

四、祖父母与孙子女、外祖父母与外孙子女的继承权

根据《民法典》第1127条和第1128条的规定,孙子女、外孙子女是祖父母、外祖父母第二顺序法定继承人;在孙子女、外孙子女的父母先于祖父母、外祖父母死亡时,该孙子女、外孙子女可以以法定代位继承人的身份继承其祖父母、外祖父母的遗产,取得被代位父亲或母亲应继承的遗产份额。此外,《民法典继承编解释(一)》第16条进一步解释规定,孙子女、外孙子女作

---

[1] 参见最高人民法院民法典贯彻实施工作领导小组主编:《中华人民共和国民法典婚姻家庭编继承编理解与适用》,人民法院出版社2020年版,第228页。

为代位继承人,如果其缺乏劳动能力又没有生活来源,或者对被继承人尽过主要赡养义务的,在分配遗产时,可以多分。需要注意的是,《民法典继承编解释(一)》第17条还规定:"继承人丧失继承权的,其晚辈直系血亲不得代位继承。如该代位继承人缺乏劳动能力又没有生活来源,或者对被继承人尽赡养义务较多的,可以适当分给遗产。"因此,如果被继承人生前遗留的遗产进入法定继承程序,即使孙子女、外孙子女因继承人丧失继承权导致无法代位继承,但如果孙子女、外孙子女既缺乏劳动能力,又没有生活来源,或者对祖父母、外祖父母尽了较多赡养义务的,仍可依法酌情分得部分遗产。

第三节 其他家庭关系中的几个问题

一、兄弟姐妹间的扶养义务和祖孙间的抚养义务是否存在冲突

对某一需要扶养或抚养的未成年人而言,如果既有满足法定条件应对其履行扶养义务的兄、姐,又有满足法定条件应对其履行抚养义务的祖父母、外祖父母,此时应确定谁为扶养人或抚养人呢?对此问题,《民法典》并未作出明文规定。根据《民法典》第1074条、第1075条的规定,只要符合这两条规定的法定条件,义务人就有承担扶养或抚养该未成年人的义务,并无顺序上的优劣之分。比较《民法典》第27条之规定,未成年人的父母已经死亡或者没有监护能力时,祖父母、外祖父母是第一顺序法定监护人,兄、姐则属于第二顺序法定监护人。从民间生活习惯来看,当未成年人的父母已经死亡或没有监护能力,但有祖父母、外祖父母时,该未成年人大多跟随祖父母、外祖父母,也有部分遭遇父母死亡或丧失监护能力的未成年人跟随自己的兄、姐生活。考虑到监护制度和扶养制度二者在立法目的和功能上的差异,鉴于扶养制度旨在为被扶养人提供基本的生活保障,因此,不应依照《民法典》第27条规定的顺位关系确定义务人。如有多个义务人,不区分多个义务人的优劣顺位,让多个义务人共同承担该未成年人的抚养教育责任,实则可以更好地保护未成年人利益,这符合我国《民法典》和《未成年人保护法》明确规定的最有利于未成年人原则。在遇到类似纠纷时,由有负担能力的祖父母、外祖父母以及兄、姐协商该未成年人的抚养教育问题,这也符合《民法典》第1043条规定的"树立优良家风,弘扬家庭美德"。多个义务人共同承担该未成年人的扶养或抚养义务,也可以进一步减轻各义务人的义务份额。

二、在其他家庭关系中确定抚养、赡养、扶养义务人的一般程序

在未成年人的父母死亡时或孙子女、外孙子女成年后,祖父母、外祖父母需要赡养,且符合《民法典》第1074条规定的法定条件,或受兄、姐扶养的弟、妹成年后,符合第1075条规定的承担扶养兄、姐义务的法定条件时,为维护家庭和睦,实践中通常由双方当事人就抚养、赡养、扶养的具体方式通过协商取得一致意见,由双方当事人缔结书面的抚养、赡养、扶养协议。如若各方当事人发生争执无法达成协议,也应通过村委会、居委会等第三方进行调解或在诉至法院后,由法院主持调解,调解不成的,由人民法院判决。

在达成抚养、赡养、扶养协议,或在第三方主持下达成调解协议,或通过法院判决后,在协议或判决书的执行过程中,当事人的经济状况或生活状况发生变化的,当事人自可请求变更抚养、赡养、扶养协议,由双方当事人变更协议内容。在协商无果时,也可以请求第三方主持调解或者请求法院判决,请求依法变更抚养、赡养、扶养协议。

三、祖父母、外祖父母是否可以探望孙子女、外孙子女

我国《民法典》虽未对隔代探望权作出明文规定,但《民法典》第 10 条规定,法律没有规定的,可以适用习惯,但是不得违背公序良俗。据此,符合公序良俗的民事习惯可以在法律无明文规定时成为处理民事纠纷的依据。根据我国优良家风以及传统风俗习惯,隔代近亲属探望孙子女或外孙子女符合我国的公序良俗、优良家风和社会认可的人伦秩序。在探望与未成年人最大利益相符时,在实践中大多肯认了祖父母、外祖父母的隔代探望权,如"马某臣、段某娥诉于某艳探望权纠纷案"。[1]

---

[1] 最高人民法院于 2023 年 1 月 12 日发布《人民法院贯彻实施民法典典型案例》(第二批)马某臣、段某娥诉于某艳探望权纠纷案。参见李贝:《〈民法典〉时代隔代探望纠纷的裁判思路——从权利进路向义务进路的转向》,载《法商研究》2022 年第 4 期。

第四编

继承法总则

第一章 概 述

第一节 继承的意义

继承有广义与狭义之分:广义的继承,在内容上是集身份继承与财产继承于一体的,适应古代宗法制度和等级制度的要求,这是封建时代继承制度的最大特色。除财产继承外,还有祭祀权的继承,王位、爵位的继承,族长、家长地位的继承等。我国历史上的宗祧继承是明显的例证。而狭义的"继承法"在内容上仅以财产继承为限。这种意义上的继承法,是近现代社会公法与私法相分离,以及民法法典化之后确立形成的,是近、现代大陆法系国家立法的通例。

继承制度的意义,主要在于其作为私人所有权保护的基本内容而存在。倘若没有继承制度,则自然人的所有权人是不完整的:在自然人去世之后,所有物没有继承制度的安排,则又归于无主状态。因此,主要应从私人所有权完整意义上去理解继承制度。

从本质上看,继承制度是一种财产权利保护制度。无论是以意思自治为核心的遗嘱继承,还是推定意思自治(推定被继承人希望将其财产在身后归属于最紧密的近亲属)的法定继承,本质上都是对个人所有权处分之法律保障。

从社会学角度,继承是家庭保障的重要内容。在家庭中较年长者去世后,其名下的资产继续留在家庭之中,用于抚养、赡养家庭中相对经济弱势者,这在早期社会及没有社会及宗族保障的时代,是家庭所承担的一项重要的职能。

继承也是社会交易安全的保障。家庭之外的第三方与家庭成员的交易往来,因为有继承制度的保障,即使家庭成员在交易未完成之时去世,家庭之外的交易相对方依然有完成整个交易的可能性。

第二节 继承法的概念

首先,继承法是调整家庭关系的法律。继承法确定的法定继承人的范围,所确定丧偶但继续孝敬的儿媳或者女婿的附条件的继承权,规定的必留份制度,本质上调整的是家庭关系。

其次,从财产法的角度来看,继承是物之所有权取得的方式之一,同时也是近现代法上债务与责任承继的重要原因。继承法调整在被继承人死亡之时,其留下的积极财产的归属规则,以及对应的消极财产的责任主体;以及在无继承人之时的财产归属。

继承法的内容规定,主要出现在《民法典》继承编的规定中,但《民法典》其他编、章的规定,也有涉及继承制度的,例如,关于因继承发生的物权变动规则,由物权编规定;在合同履行中因当事人去世而发生的提存等,则由合同编规定;关于股权继承的规则,则由单行法《公司法》作了对应的规范;关于遗嘱信托,主要的规定出现在《信托法》中。因此,"继承法"是一个广泛内容的统称。

第三节 继承法的性质

继承法兼有财产法与身份法的性质,属于与亲属身份关联最为密切的财产法。从财产法角度来看,继承是财产取得的方式之一,财产法的规范内容是继承法的主要内容。但是继承法具有显著的身份法和财产法相结合的特征,由于特定的亲属身份是继承权的发生根据,部分遗产分割请求权的来源,也基于家庭中的共同生活关系,典型的如丧偶的儿媳或者女婿应履行道德而非法律上的赡养义务而获得第一顺位的继承人地位。

随着现代社会自然人社会经济生活的多样化与外在化,遗产也呈现多元化特点,不再限于单纯无物上负担的物权,还延伸至债权、公司股权及物上负担(如向银行按揭贷款而进行了抵押的不动产)。在这样的形势下,继承已经超越了家庭成员,成为社会陌生人之间财产关系的清算与重新安排。财产法的色彩因此也进一步得以强化。

继承法也兼有任意法与强行法的性质,是《民法典》中强制性规定占比最高的部门法。继承法中的部分规范是指引性质,而更多的规范则带有强行性质。典型的如关于遗嘱形式的规定,属于《民法典》中不多的要式法律行为,且不得通过当事人的意思自治创设新的遗嘱形式。关于法定继承人的范围和顺序的规定,虽然可以通过遗嘱变更,但也是国家意志的一种体现。

继承法兼具实体法与程序法的内容。从被继承人的角度来看,继承制度本质上是对其生前的各项法律关系的清算,类似法人终止之时的清算,因此需要秉承特定的程序,如制作遗产清单等,保障债权人的利益,保障必留份人的优先所得权益,避免进入先占先得的无序状态。

总之,继承法是私法的重要组成部分,也是极具特征的私法部门法。

第四节 继承法的基本原则

继承法的基本原则,并未直接出现在《民法典》"继承编"中的"总则"部分,但作为统领继承法的基本纲领,我们可以根据"总则"部分归纳出如下原则。

第一,继承平等原则。对比我国古代因男尊女卑观念所形成的女性继承权被限制甚至被完全剥夺的情形,当代继承法贯彻了男女平等的原则;我国当代继承法也摒弃了历史上的嫡长子继承制度,并明确了同一顺位的近亲属具有同等的继承权。因此,继承平等原则是我国继承法的重要原则之一。

第二,有限的遗嘱自由原则。遗嘱自由是意思自治及私人财产保护的当然内容,但是在继承中,遗嘱自由受若干规定的限制。首先,遗嘱的形式受法定类型的限制,当事人不得创设新的遗嘱类型;其次,遗嘱的内容也受限制,主要受公序良俗与必留份制度的限制。因此,相对于《民法典》中"合同编"等的规定,遗嘱自由所体现的意思自治空间是相对有限的。不过,除了法定的限制外,遗嘱内容依然是相对自由的。在解释遗嘱之时,也应尽量满足遗嘱人的意愿。

第三,限定继承原则。与传统的父债子偿不同,我国现行立法摒弃了无限继承,继承人、受遗赠人只需要在所取得的遗产范围之内向被继承人的债权人承担清偿责任。限定继承原则所明确的有限责任,确保了人格独立,避免了因继承而带来额外的责任与负债。

第五节 继承法的沿革

继承制度并非舶来品,我国自古就有继承制度。从历史上看,我国经历了从广义继承制度发展到狭义继承制度的漫长历史。

一、我国古代的继承制度

在我国古代,最初确立的是"父死子继、嫡庶有别"的宗法继承原则。当时实行嫡长继承制,以嫡长子为主要继承人。嫡长继承和兄弟相宗一起,构成宗法制度的两大支柱。无论是王位、爵位、封地还是其他财产,都主要由死者的嫡长子承受,即只有正妻所生的长子才被认为具有承父之重的资格。其余的儿子仅享有处于次要地位的继承权。嫡长子被称为"世子",在诸侯死后,只有世子有资格继承诸侯的身份。其他儿子被称为"别子",只能继承分封的土地,不能继承家长身份。嫡长子为大宗,其他儿子为小宗。这种嫡长继承制是奴隶、封建制的宗法等级制度在继承问题上的必然要求,它又是同一夫一妻多妾制紧密联系在一起的。

中国古代的继承,是原则性地将女性排除在外的一种继承制度。女儿除在出嫁时得到一定妆奁外,原则上不得与其兄弟一起继承家业,只有在成为"绝产户"时,女子才能继承遗产。立嗣制度在一定程度上,又进一步取代、排斥了女子的财产继承:立嗣继后,按亲等远近,从旁系血亲卑亲属中寻找继承人,直至远房和同姓为嗣,从而排斥女子的继承可能。

因此在中国古代,继承制度的身份法的色彩尤其浓重,是一种以身份为基础的继承,财产之继承不过是身份继承的附带性后果。

二、近代中国的继承制度

清末宣统三年(公元1911年)完成编纂的《大清民律草案》,其第五编即为"继承编",共分为6章,包括"通则""继承""遗嘱""特留财产""无人承认之继承""债权人或受遗赠人之权利",共计110条。从体例上看,《大清民律草案》继受了当时大陆法系民法典之体例,也拷贝了其内容。但该草案基本停留在纸面上,对中国近现代继承制度的影响,更多体现在学术性质方面,并未在社会生活方式方面产生过影响。

北洋政府于1925~1926年制定了《民律继承编草案》,共分为7章225条,特设专章规定了宗祧继承制度,但该法律草案也未正式通过施行。1930年12月,中华民国政府颁布了民法继承编,并于1931年5月施行。该继承编分为"遗产继承人""遗产之继承""遗嘱"3章,共计88条。该法的特点为:废除宗祧继承;遗产继承权不分男女;承认配偶有相互继承遗产的权利;原则上采用法定继承制,规定了特留份以限制遗嘱自由;规定限定继承,即继承人对偿还被继承人的债务负有限责任等。

三、新中国继承法制的发展

新中国成立后,我国开始进行社会主义立法。1954 年《宪法》第 12 条规定:"国家依照法律保护公民的私有财产的继承权。"这一表述是现行宪法中"国家依照法律规定保护公民的私有财产权和继承权"之历史渊源。

1979 年 2 月,最高人民法院在《关于贯彻执行民事政策法律的意见》(已失效)第三部分,分 7 段较系统地对继承法相关问题的法律适用作出了规定。对继承的基本原则、法定继承、遗嘱自由及其限制、特定群体(烈属、"五保户"、寡妇)的继承及遗产债务问题,都有所覆盖。最高人民法院的该项规范性文件,具有临时应急性质。

5 年之后即 1984 年,最高人民法院进一步颁发了《关于贯彻执行民事政策法律若干问题的意见》(已失效),继承相关规范出现在其第五部分(第 34 条~第 52 条)中。该意见对继承的基本原则、继承开始即死亡的认定、遗产与夫妻共同财产的析产、继承权的放弃、代位继承、遗嘱继承、遗产债务的清偿、转继承、继承权的剥夺等问题都作了明确规定。以上两个规范性文件,构成了在原《继承法》颁布之前继承制度的基本内容,是调整继承关系的基本依据。

1985 年 4 月 10 日,六届全国人大三次会议通过了原《继承法》,这是新中国的第一部原《继承法》,是一部早于原《民法通则》的民事单行法。这种单行立法的方式,一方面,说明了在 20 世纪 80 年代,婚姻、继承等规范是老百姓最基本的生活中急迫需要的规范;另一方面,则正式开启了婚姻家庭与继承制度游离于民法之外的发展路径,直到《民法典》制定后才实现回归。

1985 年颁布的原《继承法》共计 5 章 37 条,内容依然相对简单。为了对未尽事宜作出明确规定及正确贯彻执行原《继承法》,最高人民法院于 1985 年 9 月 11 日发布了《关于贯彻执行〈中华人民共和国继承法〉若干问题的意见》(已失效,以下简称《继承法意见》),对审理继承案件中具体适用原《继承法》的问题,提出了一些更具体的意见。在《民法典》颁布之前,上述法律与规范性文件,构成了我国继承制度的基本法律框架。

第二章 遗 产

第一节 遗产的概念

遗产是自然人死亡时遗留的个人合法财产。我国《民法典》第1122条规定："遗产是自然人死亡时遗留的个人合法财产，但是依照法律规定或者根据其性质不得继承的遗产，不得继承。"[1]该规定既明确了我国民法中遗产的概念，又确定了我国民法中遗产的范围，是《民法典》继承编中的核心条款之一。

我国《民法典》在术语的使用中，未区分抽象意义上的遗产，与具体意义上的遗物，都统一使用了"遗产"一词，进而出现一个似是而非的问题：遗产是否仅包括积极财产，抑或也包括债务？事实上在《民法典》中，在不同的条款中可能存在不同的认定方式。

例如，在《民法典》第1161条的规定即"继承人以所得遗产实际价值为限清偿被继承人依法应当缴纳的税款和债务"中，遗产仅是指积极财产，不包括消极财产。类似的理解还出现在：第1156条第2款即"不宜分割的遗产，可以采取折价、适当补偿或者共有等方法处理"，以及第1151条的规定即"存有遗产的人，应当妥善保管遗产，任何组织或者个人不得侵吞或者争抢"。在后两个条款中，很典型地指向了具体的遗物，而不是抽象意义上的遗产整体。

相反，在第1147条规定的遗产管理人制作的"遗产清单"，以及第1160条中前半句的规定即"无人继承又无人受遗赠的遗产，归国家所有"等这些表述中，遗产应当作抽象解释，即认定为包括积极财产及消极财产。

因此，笔者认为，遗产包括被公民死亡时遗留的全部财产权利和财产义务，[2]只是在个别表述中遗产对应了具体的遗物，当狭义解释为积极财产。

此外，需要明确的一点是，抚恤金与死亡赔偿金，虽然都与被继承人的死亡直接相关，但前者是对死者近亲属和抚养人的生活补助，具有精神抚慰的性质，而后者本质上是对死者近亲属的财产赔偿。因此，这两者在性质上也不属于遗产。

---

[1] 本条承袭自1985年原《继承法》第3条之规定，后者采取列举式的方式，罗列出公民合法财产的各种来源，包括："（一）公民的收入；（二）公民的房屋、储蓄和生活用品；（三）公民的林木、牲畜和家禽；（四）公民的文物、图书资料；（五）法律允许公民所有的生产资料；（六）公民的著作权、专利权中的财产权利；（七）公民的其他合法财产。"该条虽然从立法模式上摒弃了此种明示列举的方法，而仅高度抽象地规定"遗产是自然人死亡时遗留的个人合法财产"，但其内容不应发生实质改变，在具体理解时，仍然可以从上述七个方面加以剖析。

[2] 参见蒋月主编：《婚姻家庭与继承法》（第3版），厦门大学出版社2014年版，第309页。

第二节 遗产的范围

在明确了"遗产"的概念这一相对抽象的概念之后,我们进一步分析遗产的范围。对遗产范围的具体认定,在继承程序中居于重要地位。首先,无论是依据法定继承、遗嘱继承,还是依据遗赠或遗赠扶养协议获得遗产,都必须首先明确当事人所主张的财产是否属于遗产。如果该财产根本不在遗产范围内,那么不发生该财产的继承问题。其次,被继承人之债权人主张清偿,也需查明继承人所继承的遗产,继而进一步明确其承担责任的范围。

此外,在实践中,此类争议继承发生在如立遗嘱的夫妻一方在遗嘱中处分了夫妻共同财产中属于配偶的部分,或在遗嘱中处分了已经灭失的财产等情况,此时就需要先对遗产的范围进行辨别。

《民法典》从正、反两面,对自然人死亡时遗留的遗产进行了界定。

一、自然死亡时遗留的合法财产

首先,《民法典》从正面角度明确了"自然死亡时遗留的合法财产"。

判断遗产的时间点是自然人死亡时。在自然人死亡之前,其财产不能算作遗产,不能发生继承,仅当自然人死亡之时,才能确定遗产的范围。在自然人死亡之后,其遗产往往也会产生相应的孳息,此类孳息从法律上讲不是遗产的范围,只是在遗产分割之时,与遗产一并处理。典型的如自然人死亡之时存款有100万元,待2个多月后遗产分割之时即继承人凭借继承权公证取出之时,存款本息总额变成了1,006,000元整,那么6000元的孳息只是一并归了该继承人而已。

自然人在死亡之前已经处分掉的收入不能再计算入遗产之中。例如,夫妻两人生前售卖属于共同财产的住房,得到售房款8万元,后来赠与其子3万元用以购房,其后丈夫死亡,则此时丈夫的财产并非8万元的一半4万元,而是尚存的5万元的一半,即2.5万元。

遗产仅包括公民死亡时遗留的个人财产。该财产必须由死亡的公民生前享有,仅当该财产在公民生前属于该公民时,才能成为遗产,而若死亡公民生前仅占有该财产,则该财产不属于遗产,若死亡公民生前与他人共有某财产,则不属于该公民的部分也不属于遗产,需要先将公民的个人财产从共有财产中析出,才能发生继承。

其次,在实务中,争议较大的是夫妻共同财产中的析产。我国的夫妻共同财产及夫妻个人财产,并不以登记为必要条件,甚至有部分夫妻在婚内以双方财产协议的方式对部分财产进行了分割。此时,在不涉及其他情况时,不应以产权登记作为认定该房屋权属的唯一依据,而应当尊重夫妻双方的意思自治,按照协议认定遗产范围。最高人民法院在公报案例即唐某甲诉李某某、唐某乙法定继承纠纷案[1]中,明确写明:

"本案中,《分居协议书》约定'财富中心房屋归李某某拥有,李某某可以任何方式处置这些房产,唐某甲不得阻挠和反对,并有义务协办相关事务'。该协议书系唐某甲与上诉人李某

---

[1] 载《中华人民共和国最高人民法院公报》2014年第12期。

某基于夫妻关系作出的内部约定,是二人在平等自愿的前提下协商一致对家庭财产在彼此之间进行分配的结果,不涉及婚姻家庭以外的第三人利益,具有民事合同性质,对双方均具有约束力。财富中心房屋并未进入市场交易流转,其所有权归属的确定亦不涉及交易秩序与流转安全。故唐某乙虽在本案中对该约定的效力提出异议,但其作为唐某甲的子女并非原《物权法》意义上的第三人。因此,虽然财富中心房屋登记在唐某甲名下,双方因房屋贷款之故没有办理产权过户登记手续,但物权法的不动产登记原则不应影响婚内财产分割协议关于房屋权属约定的效力。且结合唐某甲与李某某已依据《分居协议书》各自占有、使用、管理相应房产之情形,应当将财富中心房屋认定为李某某的个人财产,而非唐某甲之遗产予以法定继承。"

最后,遗产需是合法财产,来源非法的财产,并不能成为遗产。即使被继承了,也不能取得保有的正当性,依然可以被依法追缴。

二、不属于遗产的个人财产

《民法典》对遗产同样作了反面的规定,即排除了"依法律规定及其性质不能继承的财产"作为财产的可能性。

原则上,财产性质的利益和权利都可以被列为遗产从而发生继承,但在某些特殊领域,法律出于特殊考虑作出特别规定,限制相关权利和利益的继承,这主要发生在国有资源使用权、土地承包经营权与宅基地使用权等领域。所谓国有资源使用权,指的是公民依法使用国有资源的权利,诸如采矿权、探矿权、取水权、捕捞权、养殖权等。这些权利仅由特定人享有,其取得需要经过特殊的法律程序,权利人在享有使用权的同时,还承担管理、保护和合理利用的义务,该权利不得转让,也不得继承,若权利人死亡,继承人需要重新取得国有资源使用权,并经有关部门核准之后,才能继续从事相关业务,而不因继承人身份当然取得国有资源使用权。[1]

土地承包经营权,是指公民对集体所有的土地或者国家所有由集体使用的土地进行占有、使用、收益的权利。在李某祥诉李某梅继承权纠纷案中,[2]法院明确指出:

"以家庭承包方式实行农村土地承包经营,主要目的在于为农村集体经济组织的每一位成员提供基本的生活保障。根据农村土地承包法第十五条的规定,家庭承包方式的农村土地承包经营权,其承包方是本集体经济组织的农户,其本质特征是以本集体经济组织内部的农户家庭为单位实行农村土地承包经营。因此,这种形式的农村土地承包经营权只能属于农户家庭,而不可能属于某一个家庭成员。……农村土地承包经营权不属于个人财产,故不发生继承问题。"《民法典继承编司法解释(一)》第二条规定:"承包人死亡时尚未取得承包收益的,可以将死者生前对承包所投入的资金和所付出的劳动及其增值和孳息,由发包单位或者接续承包合同的人合理折价、补偿。其价额作为遗产。"

由此可见,在土地承包经营关系中,可以继承的是承包应得的"个人收益",但土地承包经营权本身是否可以继承,还需要依据相关法规进行判断,若属于"依照法律允许由继承人继续承包的",则应当按照承包合同办理。例如,2018年《农村土地承包法》第32条规定:"承包人应得的承包收益,依照继承法的规定继承。林地承包的承包人死亡,其继承人可以在承包期内继续承包。"该法第54条规定:"土地承包经营权通过招标、拍卖、公开协商等方式取得的,该承包人死亡时,其应得的承包收益,依照继承法的规定继承;在承包期内,其继承人可以继续

---

[1] 参见房绍坤主编:《亲属与继承法》(第2版),科学出版社2015年版,第170页。
[2] 参见江苏省南京市江宁区(县)人民法院民事判决书,载《最高人民法院公报》2009年第12期(总第158期)。

承包。"

又如,宅基地使用权,通常认为虽然在被继承人死亡后,宅基地依然由被继承人的其他家庭成员使用,但该使用权并非被继承人的遗产,继承人因房屋所有权的继承而取得宅基地使用权,并非直接继承取得宅基地使用权。

人身专属性的权利或利益,纵然其具备财产价值,亦不得继承,典型的领取养老金的权利是专属于个人的权利,被继承人死亡后,继承人显然不能代替被继承人继续领取养老金。

此外,实务中还存在诸多通过约定将特定财产排除在遗产之外的情形,主要出现在互联网服务商领域。除微信在其《腾讯微信软件许可及服务协议》中明确规定"非初始申请注册人不得通过继承方式使用微信账号"外,其他的大多数网络服务提供商仅在用户协议中以"账户仅限初始申请注册人使用""账户仅限于本人使用""公司给予您一项个人的、不可转让的许可"或"未经公司同意,禁止以赠与、借用、转让等其他任何方式许可他人使用账号"等表达方式规定用户不得将账号交由他人使用。各主流网络服务商用户协议普遍反映出以下问题:第一,用户协议中有关继承问题的规定基本处于空白状态,用户协议大多规避了有关继承的表述,而仅规定了账号的使用权问题;第二,用户协议中的继承、转让等条款大多仅针对账号本身的使用权而非账号内的各类资产进行规定。

一方面,个人账户,包括个人邮箱地址,是否属于财产进而在使用人死亡之时属于遗产,存在争议。绝大部分互联网服务商都将用户定性为"使用人"而非"所有权人",并约定了使用权兼具人身属性。另一方面,从意思自治的角度,通过约定将特定财产权排除在遗产之外,是一个合法的约定。

三、肖像权、姓名权的保护与遗产范围

对死者肖像权、姓名权的保护,以及其与继承之间的关系,始终处于一个模糊的地带,值得分析探究。

原《民法通则》规定,公民的民事权利能力始于出生,终于死亡,故死者不再是民事权利的主体。虽然最高人民法院于1989年对天津已故艺人荷花女名誉权案、1990年对已故法师海灯名誉权案的复函中均表示死者的名誉权应依法受到保护,于2000年《关于周海婴诉绍兴越王珠宝金行侵犯鲁迅肖像权一案应否受理的答复意见》中亦表示在公民死亡后,肖像权应依法受到保护,但在1993年最高人民法院《关于审理名誉权案件若干问题的解答》(法发〔1993〕15号,已失效)中未使用"死者名誉权"的概念而代之以"死者名誉"之表述,在2001年最高人民法院《关于确定民事侵权精神损害赔偿责任若干问题的解释》(已被修订)中亦明确规定死者近亲属因他人"侵害死者姓名、肖像、名誉、荣誉"遭受精神痛苦而享有诉权,以"名誉""肖像"取代了"名誉权""肖像权"的措辞。可见,现行法律、司法解释均已明确了死者不是肖像权的主体。

但是,死者虽然不享有肖像权,其肖像作为一种客观存在是不会消亡的,死者的肖像会对其近亲属产生精神及经济上的特定利益:一方面,因死者生前与其近亲属之间存在着紧密的身份关系和情感联系,对死者肖像的侮辱、贬损等不当使用会降低其社会评价,造成近亲属的精神痛苦。另一方面,不当使用的行为,自然可以理解为是对近亲属的直接侵权行为,对近亲属的救济自然具有正当性。

值得斟酌的是:部分死者的肖像因死者生前的特定身份(通称的"名人")可能具有一定的商业性价值,如何认定由此而产生的财产利益的归属。现行司法判决通常认定应当归属于近

亲属,他人未经授权不得擅自使用死者的肖像进行牟利,例如,在湖北汉家刘氏茶业股份有限公司与光文·堪达雷里肖像权纠纷再审案[1]中,法院认为:该案中,汉家公司在未取得刘某周近亲属授权同意的情况下,以营利为目的使用刘某周姓名、肖像的行为构成侵权,光文有权提出相应诉讼主张。法院判决汉家公司赔偿光文损失100万元系对汉家公司使用刘某周照片、姓名的数量、位置、时间、形式、范围及其主观过错程度、侵权行为具体情节等各项因素综合考量的结果。

那么问题来了:本案中刘某周已经去世,如果其近亲属有权"授权",那么其授权的权利来源,除"继承"外,似乎并未有其他解释,毕竟在刘某周生前,这些权利是属于他的。

因此,在自然人死亡之后,其肖像、姓名,是否能为其继承人取得相关经济权益,依然是一个在法律上并不清晰,而在司法审判实践中又有不同看法的问题。[2]

四、保险金作为遗产的特殊情形

《保险法》对于保险金作为遗产之情形,有特别的规定。

《保险法》第42条规定:"被保险人死亡后,有下列情形之一的,保险金作为被保险人的遗产,由保险人依照《中华人民共和国继承法》的规定履行给付保险金的义务:(一)没有指定受益人,或者受益人指定不明无法确定的;(二)受益人先于被保险人死亡,没有其他受益人的;(三)受益人依法丧失受益权或者放弃受益权,没有其他受益人的。受益人与被保险人在同一事件中死亡,且不能确定死亡先后顺序的,推定受益人死亡在先。"

根据上述规定,如果保单指定了受益人,那么受益人将直接根据保险合同的约定获得保险金,此时其取得的保险金并非遗产;如果保单存在《保险法》第42条的规定之情形,则保险金属于遗产。在实践中,受益人与继承人可能是同一(批)人,但保险金是否被认定为遗产所引发的法律后果往往会有所不同:如果接受的是遗产,那么就需要向债权人承担有限的遗产债务;如果是直接依据保险合同取得的保险金,那么该笔钱不适用遗产债务的限定清偿规范。

---

[1] 北京市高级人民法院民事裁定书,(2020)京民申2602号。
[2] 在王某某、徐某某肖像权纠纷、姓名权纠纷、荣誉权纠纷案,贵州省高级人民法院民事判决书,(2016)黔民终440号中,法院作出了不同的判决,指出:"本院认为,首先,根据本案查明的事实及本院(2015)黔高民三终字第3号民事判决书的认定,徐某某对其创作的美术作品《外祖王立夫画像》享有著作权,该著作权于2009年已在贵州省版权局完成了登记,取得了《作品登记证书》。徐某某向国家工商行政管理总局商标局申请注册了'王立夫及图'、'王立夫'、'王立夫烧房'商标,享有商标权。王某某虽向该局就'王立夫及图'、'王立夫'提出商标异议,但该局认为王某某的异议不成立,王某某再次向国家工商行政管理总局商标局评审委员会申请商标异议复审,该委员会以王某某的主张缺乏事实依据为由,裁定核准了'王立夫及图'、'王立夫'商标注册。一审认定徐某某作为前述商标的权利人,有权依法使用和允许他人使用其注册商标并无不当。其次,徐某某、王立夫酒业公司在使用前述商标的过程中,现有证据不足以证明存在《最高人民法院关于确定民事侵权精神损害赔偿责任若干问题的解释》第三条规定的侮辱、诽谤、贬损、丑化或者违反社会公共利益,社会公德的其他方式,侵害王某某的祖父王立夫的姓名、肖像、名誉、荣誉等行为,客观上也没有造成王立夫社会评价的降低,因此,一审法院认为王某某主张徐某某、王立夫酒业公司侵犯王立夫的肖像权、姓名权及荣誉权没有事实依据并无不当,本院予以维持。"

第三章 继承的开始

第一节 继承开始的原因

被继承人之死亡,是继承的开始原因,且是唯一原因。

中世纪后西欧流行的一句拉丁语法谚为"*nemo est herres vivents*",即"没有人可以成为生存者的继承人";也就是说,只有在自然人去世之时,才能确定其继承人。

《意大利民法典》第456条规定,继承于被继承人死亡之时在其最后住所地开启。《日本民法典》第882条规定:继承因死亡而开始。因此,自然人死亡,是继承开始或者开启继承流程的原因,这是各国立法之通例。

自然人之死亡,又进一步区分为生理死亡与宣告死亡。

生理死亡又称自然死亡,是自然人生命现象的终结。生理死亡首先是一个医学问题,现行立法并未明确死亡的具体标准采用"停止呼吸说"还是"脑死亡说"。在医学尚不发达时期,没有医疗设备的介入,停止呼吸与脑死亡几乎是在同一时间发生的。但是随着科技的发展,自然人脑死亡之后依然可以依靠呼吸机生存若干时间,因此若自然人在医院死亡,其死亡时间判断的标准在于医生所出具的死亡证明。根据《民法典》第15条的规定,自然人的死亡时间,以死亡证明记载的时间为准;没有死亡证明的,以户籍登记或者其他有效身份登记记载的时间为准。有其他证据足以推翻以上记载时间的,以该证据证明的时间为准。事实上,只有在医院去世,才出具死亡证明,在医院之外,并没有权威机构出具相关证明,因此只能推定以特定文件的记载为准。

宣告死亡又称拟制死亡,是指自然人失踪达到法定期限,经利害关系人申请,由法院依法定程序宣告其死亡,从而在法律上结束其生前的人身关系与财产关系的制度。[1] 宣告死亡通常要具备以下条件:(1)自然人下落不明满法定期间;(2)须经利害关系人申请;(3)须由人民法院依法定程序判决宣告。宣告死亡由于无法确定自然人是否真实死亡,更不能确定死亡的时间,只是出于其配偶的再婚利益、继承人的继承利益等因素的考量而推定该自然人在法律上死亡。因此死亡的时点不是自然的,为了便于后续继承中遗产和继承人范围的确定,也需由法律事前进行规定。依据《民法典》第48条的规定,宣告死亡的时间确定,又进一步区分为两类:"被宣告死亡的人,人民法院宣告死亡的判决作出之日视为其死亡的日期;因意外事件下落不明宣告死亡的,意外事件发生之日视为其死亡的日期。"意外事件的发生使得自然人死亡有迹可循,在意外事件发生时生还可能性过小,以此为时间节点更符合一般人的认识。

---

[1] 参见江平主编:《民法学》,中国政法大学出版社2015年版,第62页。

第二节 死亡时间的确定

死亡的确定是继承的开始,而死亡时间的确定,在继承中则有更复杂的意义,即一旦继承开始,继承人的继承权即由期待权转化为既得权,遗产范围、继承人范围以及遗产转移方式等继承具体事项均得以确定。

在实践中相对复杂的情形是,相互有继承关系的人于同一事件中死亡。此时如果能够判断各当事人死亡的具体时间或者先后顺序,自然可以依照死亡时间确定继承人,即使继承人之后死亡也不影响其先继承被继承人的遗产并纳入自己的遗产范围供自己的继承人继承。但如果无法依据死亡证明等判断死亡的先后时间的,为解决相互之间的继承关系,法律上不得不作出推定。

按照《民法典》第1121条第2款的规定,应推定没有其他继承人的人先死亡。都有其他继承人,辈分不同的,推定长辈先死亡;辈分相同的,推定同时死亡,相互不发生继承。这里"没有其他继承人"是指于死亡之时除与同一事件中死亡的其他人互为继承人外,无其他继承人的,推定其先死亡。这样的推定规则,是为了尽量使遗产能够在其他亲属之间获得继承,避免最后能获得遗产的继承人因无其他继承人而不得不由国家取得其遗产。辈分不同推定长辈死亡,辈分相同推定同时死亡,本质目的都是尽量使财产在被继承人的家族中流传下去,而不是因无人继承而收归国有。推定长辈先死亡有利于财产向下流动、福泽后辈;推定辈分相同同时死亡则可以避免相互继承而致部分遗产形成继承死循环无法外流。

需要关注的是特别法的规定,考虑《民法典》第1121条与《保险法》第42条第2款"受益人与被保险人在同一事件中死亡,且不能确定死亡先后顺序的,推定受益人死亡在先"规则的关系,在涉及保险金的继承案件中,这两条在适用上可能存在重合。根据最高人民法院的相关司法观点,有关保险金继承中可能涉及的死亡时间推定以适用《保险法》第42条的规定为宜。根据特别法优于一般法的原则,保险金作为与被保险人相关的一种特殊性质的财产,其继承问题应优先适用《保险法》的规定。并且,《保险法》第42条第1款已经明确保险金作为遗产继承的几种情形,第2款则单独就被保险人和受益人的死亡时间推定问题作出不同于《民法典》继承编的特别规定。由此可知,《保险法》第42条第2款有关死亡时间的规定仅针对保险金作为遗产继承的情况。

第四章 继承权和受遗赠权

第一节 继承权的概念和性质

继承一经开始,继承人依法定原因或者因被继承人之遗嘱取得被继承人死亡之时的所有财产(包括消极财产)。此项因他人死亡而继受取得他人财产的权利,为继承权。继承权是取得并保有所有权的正当性原因,如果事后查明无继承权或者存在继承权丧失的情形,则财产因不当得利而被要求返回。

民法上的继承权,因继承开始之前后,而有不同的性质与内容,因此我们也可以说,继承权是一项统称,事实上在不同阶段,继承权之法律性质具有不同性质。

在继承开始前,继承权仅具有期待权性质。在规定特留份之立法例中,遗嘱处分遗产之范围受一定比例的限制,因此继承人原则上都会得到至少在特留份范围内的遗产,除非存在继承权丧失之法定情形。因此,在这些立法例中,继承权的期待权性质是较为显著的。在我国,除特定人士享受的必留份外,普通继承人并无得到遗产的必然性,因此其继承权的期待权性质较弱。但无论如何,此阶段的继承人,更多是一个身份法上的关系,有取得遗产之可能。享有这种继承权的继承人被称为推定继承人。

继承开始后,在继承人尚未明确接受或放弃继承之前,存在一个短暂的期间,此时的继承权为具有形成权性质之继承权。如果接受继承,则取得遗产之所有权;如果放弃继承,则溯及继承发生之时未有任何权利。因此,此时的继承权,具有形成权的性质。

在继承开始之后,继承人如果毫不犹豫地表示了接受,则在没有丧失继承权并且被继承人留有遗产的情况下,继承人依照法定或遗嘱指定方式而实际取得遗产的权利。这种权利是现实的实体权利,又称"继承既得权"。此时的继承权具有支配权的性质。享有此阶段继承权的继承人称为实质继承人。

从另一个视角讨论继承权的性质,其究竟属于财产权,还是身份权性质?这是一个值得探讨的问题。一方面,继承权源于身份关系,非基于身份关系的,例如,丧偶的儿媳或者女婿对公婆或者岳父母因持续赡养而取得遗产,一般认为是一种酌情取得遗产的权利,并不是一种严格意义上的继承权。从这个角度看,继承权具有身份权的特征。

另一方面,从内容上看,继承权更接近财产权的性质,是衔接所有权的前提性权利。《民法典继承编解释(一)》第32条规定:"继承人因放弃继承权,致其不能履行法定义务的,放弃继承权的行为无效。"从这个角度分析,继承权更具有财产性质。因为如果属于身份权,继承人对于是否放弃应该具有更高的自由度,而不是受制于债权人。

第二节 受遗赠的概念和性质

遗赠是遗嘱人在遗嘱中将遗产"赠与"给法定继承人之外的人的单方法律行为。遗赠不同于死因赠与，后者是双方法律行为，遗赠的法律构造是凭借遗嘱人之单方法律行为即可设定第三人为受遗赠人，受遗赠人可以在继承开始之后在特定的时间内作出是否接受的单方意思表示。

遗赠的类型，可以宽泛地分为两大类：概括性遗赠，如遗嘱人将全部遗产的1/3遗赠给受遗赠人；特定物的遗赠，如将一辆保时捷车遗赠给某人。在遗嘱中豁免第三方的债务，也被认定为遗赠的一种，可以解释为特定物的遗赠。

受遗赠人与继承人的法律地位，仅仅在是否属于法定继承人的范围这一问题上存在区别，还是在法律结构上也存在区别？这是一个值得研究的问题。

结合《民法典》第1163条的规定，第1161条中的"继承人"的表述，是一个广义表述，是包括受遗赠人的。从《民法典》第1125条关于受遗赠人丧失受遗赠权的适用规定看，继承人与受遗赠人也处于同一法律地位。

但是，关于两者法律地位的区别，也同样体现在立法中。

首先，《民法典》第1124条在两者接受与放弃方面作了区别对待，继承的接受是推定的，而受遗赠的接受则是需要明确表示的。

其次，在选择遗产管理人的权限上，只有继承人有权推选，而受遗赠人则最多是利害关系人，仅仅可以向人民法院申请指定遗产管理人，并且遗产管理人报告义务的相对人，仅限于继承人，不包括受遗赠人。

最后，在程序法上，《民事诉讼法》明确了继承人在若干情形下的法律地位，但是不包括受遗赠人。当然，根据《民法典》第1163条的规定，在先分割了遗产后发现有债权人主张的情形出现时，受遗赠人似乎也应该是遗产债务的适格被告。

最值得关注的则是受遗赠是否发生物权变动的效力，抑或只产生债法上的效力？《民法典》第230条"因继承取得物权的，自继承开始时发生效力"的规定，对比原《物权法》第29条的规定"因继承或者受遗赠取得物权的，自继承或者受遗赠开始时发生效力"，二者显著的区别是删除"受遗赠"这一表述外，带来了解释空间。如果遗赠不产生物权变动的效力，那么意味着只能产生债的效力，即受遗赠人取得了向全体继承人（继承开始后全体继承人之间是共有遗产之法律关系）请求交付遗赠物的债权。

从整体解释的角度，受遗赠人取得债权效力，可能更符合立法之整体目的。

第三节 继承权与受遗赠权的接受与放弃

无论是继承权，还是受遗赠权，都是当事人获得他人遗产的权利，一方面可以接受，另一方面自然也可以予以拒绝,后者我们称之为继承的放弃。

接受还是放弃,首先,是一个当事人的意思自治问题;其次,这也是一个利弊衡量的问题。

从实体上看,接受继承可能并非绝对、完全获利。例如,在遗嘱继承或者受遗赠之时,遗嘱人在遗嘱中附上了义务,如果接受了该项继承,本质上是形成了一个准"双务合同"关系,需要继承人或者受遗赠人履行一项义务。

从程序上看,接受继承意味着需要应对债权人可能提起的诉讼。《民法典》第1163条规定:"既有法定继承又有遗嘱继承、遗赠的,由法定继承人清偿被继承人依法应当缴纳的税款和债务;超过法定继承遗产实际价值部分,由遗嘱继承人和受遗赠人按比例以所得遗产清偿。"按照此项规定,即使最终所继承的遗产在扣减债务与税款之后尚有余额,但从程序上继承人仍不得不协助遗产管理人编制财产清单,应对可能的债务诉讼等。对于不想介入这些遗产管理清算程序或者诉讼程序者,可以通过放弃继承而免于成为诉讼当事人。

总之,接受还是选择放弃继承,属于意思自治的范畴。

一、接受与放弃的一般规则

虽然继承人、受遗赠人有接受与拒绝的选择,但是此项选择也并非可以任意为之。

《民法典》第1124条规定:"继承开始后,继承人放弃继承的,应当在遗产处理前,以书面形式作出放弃继承的表示;没有表示的,视为接受继承。受遗赠人应当在知道受遗赠后六十日内,作出接受或者放弃受遗赠的表示;到期没有表示的,视为放弃受遗赠。"该条是关于接受与放弃的基本规定。

首先,立法就接受与放弃的推定,对继承人与受遗赠人作了不同的规定:法律推定继承人有继承的意思,但推定受遗赠人有放弃的意思。之所以设定这样的不同规则,主要是因为两者与被继承人的亲属关系或者亲密疏远程度不同。

其次,要求接受及放弃的形式以书面方式为准。虽然从措辞来看,只明确了继承人放弃继承需要以书面形式作出表示;而对受遗赠人没有作出书面表示的要求。但考虑制度的一致性,应当解释为对受遗赠人适用同样的规则。盖因无论是接受还是放弃,对继承人来说均有重大的利害关系,因此,要求以书面形式表示会显得更为严肃与郑重,并且容易举证。如果在诉讼中某继承人口头表示放弃继承的,根据《民法典继承编解释(一)》第34条[1]的规定,须制作笔录并要求该继承人签名,以此代表书面形式。在公证处进行继承权公证时,如果向公证员作出接受或者放弃的意思表示,并且记录在笔录中,也应当认这种书面形式。在过去的司法实践中,承认以"占有遗产"这一事实行为作为接受遗赠的意思表示,这是值得肯定的。

再次,对于选择接受或放弃的时间进行了规定:继承人选择放弃继承权的期间较长,从继承开始后到遗产分割前均可以作出表示;而受遗赠人必须在知道受遗赠之日起60日内作出表示。这里继承人可以作选择的期间虽长于受遗赠人,但也不得超过遗产分割的时间。因为一旦对遗产进行分割,遗产将变成继承人的所有物,继承人此时作出的放弃表示将视为对所有权的放弃而非对继承的放弃,[2]且分割完毕后即使放弃所有权,这部分财产如何处理也将成为

---

[1] 《民法典继承编解释(一)》第34条规定:"在诉讼中,继承人向人民法院以口头方式表示放弃继承的,要制作笔录,由放弃继承的人签名。"

[2] 《民法典继承编解释(一)》第35条规定:"继承人放弃继承的意思表示,应当在继承开始后、遗产分割前作出。遗产分割后表示放弃的不再是继承权,而是所有权。"

问题。

最后,法律规定了作出接受或者放弃的意思表示的对象,根据《民法典继承编解释(一)》第 33 条[1]的规定,放弃的表示须面向遗产管理人或者其他继承人作出。这是一个立法之进步,弥补了原《继承法》时代具体向谁作出意思表示不明确的问题。

关于放弃反悔的问题,《民法典继承编解释(一)》第 36 条对此有所规定,内容为:"遗产处理前或者在诉讼进行中,继承人对放弃继承反悔的,由人民法院根据其提出的具体理由,决定是否承认。遗产处理后,继承人对放弃继承反悔的,不予承认。"但遗憾的是,最高人民法院只规定了程序问题(时间限制),并未规定什么样的具体理由可以被承认。最高人民法院用"反悔"这样的非法律术语,从历史上看可能是一种通俗易懂的表述,但依然不得不说这样的措辞相当不严谨。严格来说,放弃这一意思表示,也应当受《民法典》中意思表示规则的规制,即只有发生受胁迫、受欺诈、重大误解等影响意思表示效力的事实时,才能撤销该放弃的意思表示。

二、放弃的特别规则

(一)继承开始前放弃的效力

部分立法例明确规定,继承开始之前的放弃不发生法律效力,典型的如《法国民法典》第 791 条规定:"任何人,即使通过订立夫妻财产契约,亦不得放弃对仍然活着的人将来的遗产的继承,也不得让予可能对此种遗产继承享有的权利。"关于这个问题,我国现行立法并未明确规定予以禁止。但是从司法解释的措辞来看,明确了放弃的时间在继承开始之后遗产分割之前,因此应当解释为继承开始之前不得予以放弃,或者放弃不发生法律效力。从继承权的性质看,继承开始之前的继承权,是期待权性质,并无真正的权利实质性内容,因此立法将放弃限制在继承开始之后,具有正当性基础。

当然也有观点认为,在特定情况下,可以在继承开始之前予以放弃。例如,陈苇教授曾言:"要求继承人仅得于继承开始后放弃继承,立法侧重于保护继承人的利益,以使其根据继承开始后的遗产状况审慎地作出决定。而通过承认继承合同的效力,继而允许继承人可于继承开始前放弃继承,则侧重尊重当事人的自由意志。此种抛弃并不违反法律之强制性规定,也不违反社会公共利益,因此应当充分尊重当事人对自己继承事务的安排。"[2]

(二)放弃自由与债权人保护

《民法典继承编解释(一)》第 32 条规定:"继承人因放弃继承权,致其不能履行法定义务的,放弃继承权的行为无效。"

此项规定是为了保护债权人的利益,而对放弃自由予以了限制。但从条文措辞来看,该条限制为"法定义务",似乎比普通的债务范围要狭窄,应当解释为基于身份关系产生的法定给付义务,因行政法、刑法产生的公法上的义务,以及已经进入强制执行阶段的债务。

从理论上看,放弃继承行为以人格独立为基础,旨在实现继承人的意志自由。现代继承法中的继承虽已由"身份继承"过渡至"财产继承",但仍然关乎继承人人格的基本自由及尊严,故放弃继承行为具有财产行为与身份行为的双重属性而非纯粹的财产行为。此外,放弃继承行为只是阻止继承人将来责任财产的增加,即放弃增加责任财产的机会,与放弃继承人自身现

---

[1]《民法典继承编解释(一)》第 33 条规定:"继承人放弃继承应当以书面形式向遗产管理人或者其他继承人表示。"
[2] 陈苇:《当代中国民众继承习惯调查实证研究》,群众出版社 2008 年版,第 479 页。

有责任财产的行为还是有区别的。如果肯定放弃继承可以成为债权人撤销权行使的对象,则属于干涉继承人的意志自由,导致变相地强迫继承,有悖现代继承法尊重继承人意志自由的立法理念。

上述规范的效力是"无效"。关于放弃继承行为能否成为《民法典》第539条规定的债权人撤销权的标的？在过去的司法审判实践中此类问题多有发生,法院判决支持债权人撤销放弃继承的诉讼请求的案例不少,也有部分法院否定了此类诉请。从《民法典》第539条规定的措辞看,放弃继承行为超越了撤销权明确的范畴。

（三）行为能力欠缺者的放弃代理

关于行为能力欠缺者的继承代理的规定。《民法典》第19条规定:"八周岁以上的未成年人为限制民事行为能力人,实施民事法律行为由其法定代理人代理或者经其法定代理人同意、追认;但是,可以独立实施纯获利益的民事法律行为或者与其年龄、智力相适应的民事法律行为。"第20条规定:"不满八周岁的未成年人为无民事行为能力人,由其法定代理人代理实施民事法律行为。"在几乎无条件适用限定继承的中国法下,法定代理人不得损害被代理人的继承利益,如果明显损害被代理人利益的,应当认定其代理行为无效。

无行为能力人的继承、受遗赠之接受,由其法定代理人代为行使。限制行为能力人的继承、受遗赠之接受,由其法定代理人代为行使,或征得法定代理人同意后亲自行使。法定代理人不得损害被代理人的继承利益,不得放弃或者部分放弃继承,但是继承财产中附有负担或者被继承人负有债务的除外。关于后者,例如未履行出资义务的股权的继承,以及当被继承人负有重大债务之时,应当赋予继承人的法定代理人酌情放弃的权利。

第四节 继承权和受遗赠权的丧失

继承权丧失,是指本可依法定继承或遗嘱获得遗产的继承人,由于某些缘由而失去继承资格从而无法获得遗产的情况,不仅针对法定继承,也包括遗嘱继承。各国立法都规定了特定情形下继承权的丧失。从制度价值的角度来看,规定继承权丧失的主要理由有三:

其一,维持社会伦理道德,维护公序良俗。如果发生继承人针对被继承人的恶意行为,典型的如道德上的逆选择——杀害被继承人以期尽快获得遗产,那么丧失继承权制度将较好地防范此类逆选择。类似的规定也出现在《保险法》中:受益人因杀害被保险人而丧失保险受益权。这是维护社会伦理道德与公序良俗的基本要求。

其二,维护继承秩序。继承,应当按照被继承人之遗嘱,或者法律之规定,进行遗产分配。如果纵容继承人通过伤害其他继承人的方式而多分得遗产,将破坏继承的有序进行。

其三,维护遗嘱人的意思自治。通过伪造、篡改、隐匿、销毁遗嘱,或者干扰遗嘱人设立、变更遗嘱的行为,也是法律应当严格规制的。设立遗嘱实为离世之人生前的一项重大意思自治行为。无论是否为了自己的利益,采取不当行为导致遗嘱人被动设立、变更遗嘱内容,均是对遗嘱人自由意志的亵渎。更何况大部分导致继承权丧失的不当行为就是为了自己早日或超额获得利益。

总之,继承权丧失的规定,体现了继承并不是家事,继承需要国家公权力直接介入。

一、继承权丧失的事由

在比较法上,多以列举的模式规定继承权丧失之事由,我国从原《继承法》到现行《民法典》,也都采用了这种立法模式,并且《民法典》根据社会生活的形态,丰富了继承权丧失的相关事由。

《民法典》第1125条对继承权的丧失作了明确规定,内容为:"继承人有下列行为之一的,丧失继承权:(一)故意杀害被继承人;(二)为争夺遗产而杀害其他继承人;(三)遗弃被继承人,或者虐待被继承人情节严重;(四)伪造、篡改、隐匿或者销毁遗嘱,情节严重;(五)以欺诈、胁迫手段迫使或者妨碍被继承人设立、变更或者撤回遗嘱,情节严重。继承人有前款第三项至第五项行为,确有悔改表现,被继承人表示宽恕或者事后在遗嘱中将其列为继承人的,该继承人不丧失继承权。受遗赠人有本条第一款规定行为的,丧失受遗赠权。"同时根据《民法典继承编解释(一)》第5条的规定,在继承遗产的过程中,若继承人之间就是否丧失继承权产生争议提起诉讼的,法院也需要依据《民法典》的该条规定予以认定。[1]

继承权丧失,是指失去继承资格,法律不再允许其继受被继承人的遗产。具体包括被继承人未立遗嘱,法定继承人法定继承的资格丧失;还包括遗嘱人设立遗嘱后,被列为遗嘱继承人所拥有的继承权的丧失。

导致继承权丧失的事由,又进一步可以细分为绝对丧失事项和相对丧失事项。

(一)绝对丧失事项

绝对丧失继承权的事项有两个,一是故意杀害被继承人,二是为了争夺遗产故意杀害其他继承人,即《民法典》第1125条第1款第1、2项的规定。这两个行为不仅表示出行为人对财产的觊觎,更表示出对他人生命权的漠视,行为性质非常恶劣。因此这二者为绝对丧失继承权的事项,即便被继承人表示宽恕也不能恢复其继承权。

1. 故意杀害被继承人

故意杀害被继承人的要件有三:一是有杀人的主观故意,即主观上希望自己的行为导致被继承人死亡,若是过失致被继承人死亡则不属于该情形,即故意伤害致人死亡不属于此情形。二是有杀人的行为,即确实为杀人实施了危及被继承人生命权的行为,但并不要求最终造成被继承人死亡的结果,即无论杀人行为是既遂还是未遂均应丧失继承权。[2] 至于处于犯罪预备状态未造成任何损害是否也属于此类情况法律并未规定。我们也认为,进入犯罪预备状态已对被继承人的生命构成威胁,自然也应丧失继承权。三是故意杀害的对象应为被继承人,既包括未立遗嘱的被继承人,也包括已立遗嘱的遗嘱人。

需要明确的是,立法未规定必须以继承遗产为目的,即动机上并不限于继承相关目的。有学者认为,故意杀害被继承人之所以罪大恶极应丧失继承权,是因为他们企图使继承早日实现或图谋遗产之非分继承,因此故意杀害被继承人应以谋划遗产为前提。根据我国台湾地区学

---

[1]《民法典继承编解释(一)》第5条规定:"在遗产继承中,继承人之间因是否丧失继承权发生纠纷,向人民法院提起诉讼的,由人民法院依民法典第一千一百二十五条的规定,判决确认其是否丧失继承权。"

[2]《民法典继承编解释(一)》第7条规定:"继承人故意杀害被继承人的,不论是既遂还是未遂,均应当确认其丧失继承权。"

者林秀雄先生言,"惟多数学者认为,不问有无谋夺遗产之意图,均属违背道义,应剥夺其继承权"。[1] 因为任何理由的杀害,均会对被继承人造成生理或精神上的伤害,这种从自己错误行为中获益的做法应为法律所排斥。且根据文义解释和体系解释,同条同款第 2 项规定"为争夺遗产而杀害其他继承人",即绝对失权的另一事项明确了要以"争夺遗产"为前提,而本项规定未提及以谋划遗产为目的,应认为无须以此为必要前提。

另外,根据《民法典》第 1125 条第 3 款的规定,法定继承人以外的人,虽因遗嘱人的遗嘱获得受遗赠权,但若实施故意杀害遗嘱人的行为,也会丧失受遗赠权。

2. 为争夺遗产而杀害其他继承人

此情形的成立要件有三:一是需要有故意杀害的主观因素,与上一情形相似,过失致人死亡的不属于此情形。二是故意杀害的目的为争夺遗产,即为达到其他目的杀害继承人的不属于此种情形。因为构成此情形的后果是剥夺其继承权,杀害继承人的原因若与继承遗产无关,不应该用丧失继承权去惩罚他。三是故意杀害的对象为其他继承人。这里的"其他继承人"应该作广义解释,无论是否立有遗嘱,均泛指全体继承人。同时,并不一定以知晓是否订立遗嘱或知晓遗嘱的内容为前提。换句话说,如果继承人之一错误地认为父亲意图将所有遗产以遗嘱方式交给其弟,并因此杀害其弟。这种出于错误认识而为杀害行为的,并不影响丧失继承权规则之适用。

此情形与前一情形相比,可能最重要的一个区别就是动机,即此情形是以争夺遗产为目的而为的杀害。关于这个动机的查明,具体是通过刑事程序查明,还是在民事诉讼中查明,并无规定。我国台湾地区关于绝对失权事项规定了"故意致被继承人或应继承人于死或虽未致死因而受刑之宣告者"。[2] 这里提到的"受刑之宣告"可以排除一些因正当防卫、紧急避险、无犯罪行为能力等因素而故意杀害被继承人或其他继承人的情况。既然构成了刑事案件,在刑事诉讼中查明,并在民事诉讼中予以援引,可能是一个更为谨慎恰当的做法。当然,也存在极端情况,即继承人之一杀害了其他继承人后自杀,刑事程序因无当事人而不再提起,此时只能依靠民事诉讼确定其动机。

(二) 相对丧失事项

《民法典》第 1125 条第 1 款第 3 项至第 5 项规定了相对丧失继承权的事项。相比上文绝对失权的事项,造成相对失权的行为没有恶劣到不可挽回的地步,若被继承人表示谅解、宽恕,仍有恢复继承权的机会。

1. 遗弃被继承人,或者虐待被继承人情节严重

遗弃或虐待被继承人,情节严重的可构成刑法犯罪。遗弃被继承人是指对被继承人负有扶养义务而拒绝扶养的行为,包括将其逐出家门等作为行为,以及不提供经济、生活上的帮助而放任其自生自灭等不作为行为。虐待被继承人可以参考《民法典婚姻家庭编解释(一)》第 1 条规定,持续性、经常性的家庭暴力可以认定为虐待,即对被继承人持续性、经常性的以殴打、捆绑、残害、限制人身自由以及经常性以谩骂、恐吓等方式实施的身体、精神等侵害行为。

无论是遗弃还是虐待,均需要达到情节严重的程度。虐待行为是否达到情节严重,依据

---

[1] 参见林秀雄:《继承法讲义》(第 8 版),台北,元照出版有限公司 2017 年版,第 38 页。
[2] 我国台湾地区"民法典"第 1145 条第 1 项第 1 款规定:"故意致被继承人或应继承人于死或虽未致死因而受刑之宣告者。"

《民法典继承编解释(一)》第6条的规定,可以从实施虐待行为的时间、手段、后果和社会影响等方面综合予以认定,且无论是否追究刑事责任均可确认其丧失继承权。[1] 那么遗弃行为是否达到情节严重也可参考该解释,考虑行为的时间、手段、后果和社会影响等方面因素进行综合认定。

2. 伪造、篡改、隐匿或者销毁遗嘱,情节严重

此情形丧失继承权需要满足3个要件:一是存在合法有效的遗嘱。《民法典》第1143条规定了遗嘱无效的几种情形:无民事行为能力人和限制民事行为能力人订立的遗嘱无效;非遗嘱人真实意思而受欺诈、胁迫订立的遗嘱无效;伪造的遗嘱无效;篡改遗嘱的,篡改的内容无效。若遗嘱或遗嘱中因为出现以上行为而当然无效时,在此基础上的篡改、隐匿、销毁行为无不正当实现继承目的的可能,不应导致继承权丧失。二是需要有伪造、篡改、隐匿或销毁遗嘱的行为,其中隐匿遗嘱的行为是本次《民法典》新增的内容。三是达到情节严重的程度。

以"情节严重"作为构成要件之一,事实上并不妥当。依照《民法典继承编解释(一)》第9条的规定,"侵害了缺乏劳动能力又无生活来源的继承人的利益,并造成其生活困难"属于情节严重。如果参考这一标准,该条的适用将成为极小概率事件。因为缺乏劳动能力又无生活来源的继承人本来在社会生活中就越来越少。在这样的规则下,大部分情况都无法到达情节严重的要件,从而可能会变相鼓励伪造、篡改、隐匿或者销毁遗嘱行为的发生。

3. 以欺诈、胁迫手段迫使或者妨碍被继承人设立、变更或者撤回遗嘱,情节严重

该情形是《民法典》中新增的一条关于相对丧失继承权的事项,主要是列举了若干妨碍遗嘱自由的具体行为。

遗嘱自由是继承法的基本原则,任何妨碍遗嘱自由的行为,都应该受到法律的规制。从动机角度看,继承人是最有动机妨碍遗嘱自由的,因此需要法律予以严厉的"制裁"。

关于"情节严重"的规定,与上文"伪造、篡改、隐匿或者销毁遗嘱、情节严重"中的含义一致,不再赘述。

《民法典》第1125条的规定,沿用了原《继承法》的规定,对丧失继承权的事由作了列举但未兜底的规定,这是值得商榷的。从立法的事由来看,现实中严重侵犯其他继承人利益的实例并不限于立法的规定;从恶劣程度来看,也并不亚于所列举的情形。例如,过去司法审判实践中出现的伪造其他继承人放弃继承的公证文书,从效果上看,与伪造遗嘱并无不同;另外在有些案例中,部分继承人利用信息不对称、不共享的现实情况,私自隐匿遗产以期独吞。这些行为,无法产生刑法上的责任,如果继承相关规则也不予以制裁,只会助长恶劣风气,鼓励不当行为。

二、继承权丧失的法律效果

如果绝对失权的事由出现,那么行为人继承权的丧失是绝对的、永久的、不可恢复的。《民法典继承编解释(一)》第8条规定:"继承人有民法典第一千一百二十五条第一款第一项或者第二项所列之行为,而被继承人以遗嘱将遗产指定由该继承人继承的,可以确认遗嘱无效,并确认该继承人丧失继承权。"这说明,即便被继承人事后表示原谅,或事后在遗嘱中(仍)将其列为遗嘱继承人,行为人也不可以凭借遗嘱完成遗产的继受,其已彻底失去继承资格。

---

[1]《民法典继承编解释(一)》第6条规定:"继承人是否符合民法典第一千一百二十五条第一款第三项规定的'虐待被继承人情节严重',可以从实施虐待行为的时间、手段、后果和社会影响等方面认定。虐待被继承人情节严重的,不论是否追究刑事责任,均可确认其丧失继承权。"

相对失权的事由出现时,行为人继承权的丧失是相对的、有可能恢复的。《民法典》第1125条第2款规定:"继承人有前款第三项至第五项行为,确有悔改表现,被继承人表示宽恕或者事后在遗嘱中将其列为继承人的,该继承人不丧失继承权。"

这里的"该继承人不丧失继承权",实际应当理解为继承权的恢复。因为一旦出现了上述相对失权事由,即导致继承人丧失继承权。继承权的恢复,需要满足两个构成要件:其一,实施不当行为的继承人需要"确有悔改表现"。这里的"确有悔改表现"可能表现为善待被继承人,主动交代篡改、隐匿遗嘱等行为,在诉讼中应由主张自己有悔改表现一方承担举证责任。其二,被继承人的直接或者间接宽恕行为。所谓直接,是指被继承人明确表示宽恕该继承人的不当行为;所谓间接,是指事后在遗嘱中将其列为继承人。允许宽恕,在一定程度上体现了继承法属于婚姻家庭法的一部分,在处理家庭关系时允许有一定的柔和性。

丧失继承权又无法恢复的,将失去继承被继承人遗产的资格。与此同时,该行为人的晚辈直系血亲也会失去代位继承的资格和权利。即当该行为人先于被继承人死亡且被继承人死亡时无有效遗嘱而必须实行法定继承时,行为人的晚辈直系血亲也无法代位继承该行为人本可获得的继承份额,因为行为人已丧失继承权,代位继承失去了前提。部分国家的立法例明确规定了丧失继承权并不影响其直系卑亲属的代位权,但我国立法作了相反的规定,这是值得肯定的。如此规定,是为了避免出现某个继承人发觉自己无法继承后以牺牲自己的方式最终让自己子女受益的情形。

考虑继承的养老育幼功能,现行的司法解释也作了一个柔性的例外规定,即若行为人的晚辈直系血亲缺乏劳动能力又没有生活来源,或者对被继承人尽赡养义务较多的,可以根据《民法典继承编解释(一)》第17条的规定适当分给遗产,以避免行为人的不当行为殃及后辈,造成其晚辈直系血亲生活困难。

第五编

法定继承

第一章　法定继承概述

第一节　法定继承的概念和特征

法定继承,是指被继承人生前未作成死因处分(遗嘱或继承契约等为死亡情形而作成的法律行为)的,依据法律规定确定的继承人范围、继承顺序、继承份额以及遗产分配原则将被继承人的遗产转移给继承人的继承方式。法定继承的目的既是使继承的法律效果普遍与利益状况相契合,也符合被继承人的典型的推定意愿。[1]

与意定继承相比,法定继承具有如下特征。[2]

第一,法定继承规定具有强行性。法定继承的继承人范围、继承顺序、继承份额、遗产分配原则都由法律明确规定,不直接体现被继承人的意愿。关于继承人范围、继承顺序的规定属于强行性规定,无法由继承人通过协议予以变更。虽然《民法典》第1130条第1款规定,同一顺序继承人继承遗产的份额一般应当均等,但是第5款允许继承人协商不以均等的方式分割遗产份额。

第二,法定继承以特定的亲属关系为前提。法定继承的适用,以继承人与被继承人之间存在特定的亲属关系为前提。法定继承人的范围通常限于被继承人的配偶、血亲。法定继承人的继承顺序也取决于继承人与被继承人之间亲属关系的远近。因此,法定继承实际上体现了家庭继承的理念,即将被继承人的遗产留给与被继承人具有亲属关系的自然人。

第三,法定继承具有补充性。被继承人可经法律行为,全部或部分排除法定继承效果。被继承人可以指定由他人因遗赠而取得(《民法典》第1133条第3款规定之遗赠;第1158条规定之遗赠扶养协议);可以仅排除法定继承人参与继承,但不指定其他人继承该法定继承人的份额。为死亡情形所作的法律行为称作死因处分。基于死因处分,也即基于私法自治,发生意定继承效果,意定继承效果优先于法定继承效果。[3] 此点明确体现于《民法典》继承编第1123条

---

[1] 参见[德]迪特·莱波尔德:《德国继承法》(第22版),林佳业、季红明译,法律出版社2023年版,第21~22页。
[2] 参见李永军主编:《中国民法学·第四卷　婚姻继承》,中国民主法制出版社2022年版,第230页。
[3] 凡在被继承人死亡时才生效的继承法上的法律行为,均属于死因处分。死因处分中的"处分"并非是指生前法律行为意义上的处分行为,后者是指对现有权利直接产生效果的行为,如权利转让、权利内容的变更、权利废止等。两者的区别还在于:若经生前处分行为取得权利(如所有权转移),则在该处分行为外,还应存在一项法律原因(最常见的法律原因是债法性质合同,如买卖合同),否则权利取得可经不当得利请求权被主张返还;与之不同的是,经死因处分做成的给予本身内嵌法律原因。死因处分是上位概念,包括单方法律行为(遗嘱)和契约法律行为(继承契约)。以遗嘱方式作出的死因处分称作终意处分。遗嘱可以随时被撤回,故继承效果以被继承人最后作成的遗嘱处分为准。与此不同的是,契约性处分一般有拘束力。参见[德]迪特·莱波尔德:《德国继承法》(第22版),林佳业、季红明译,法律出版社2023年版,第22~23页。在中国法上,被继承人与继承人以外的主体之间所达成的遗赠扶养协议属于契约性处分(继承契约)范畴,即该法律行为是由契约双方经合意做成的:契约一方(被继承人)发出

的规定,内容为:"继承开始后,按照法定继承办理;有遗嘱的,按照遗嘱继承或者遗赠办理;有遗赠扶养协议的,按照协议办理。"据此,继承开始后,被继承人留下有效的遗赠扶养协议的,因协议系基于双方当事人的意愿,关涉扶养义务人和被继承人的生前利益,得优先按协议处理;[1]被继承人没有留下有效遗赠扶养协议而有有效遗嘱的,先适用遗嘱继承;被继承人没有留下有效遗嘱或者遗嘱中没有处分的财产,方适用法定继承。

第二节 法定继承的适用范围

结合《民法典》第1154条以及第1123条、第1125条、第1133条、第1158条之规定,法定继承适用于以下情形。[2]

第一,被继承人生前未设立遗嘱继承或遗赠,也没有遗赠扶养协议的。

被继承人生前没有遗赠扶养协议,也没有设立遗嘱继承或遗赠的,在被继承人死亡时,不可能依据被继承人意思发生意定继承效果,只能适用法定继承(《民法典》第1123条)。

第二,遗嘱继承人放弃继承或者受遗赠人放弃受遗赠。

因被继承人单方法律行为(遗嘱)而发生的遗嘱继承和遗赠,虽使特定的继承人或继承人以外的人受益,但受益人作为私法主体,也有其自治权,故而继承法也顺应其意志。拒绝继承将使遗产继受效果发生恢复。继承人拒绝继承,主要目的在于避免因继承而继受一项资不抵债的遗产,由此对自己产生不利。此外,拒绝继承还能使他人取得遗产,如拒绝继承后,可由成为法定继承人的直系血亲卑亲属继承遗产。拒绝继承是继承人的权利。至于继承事由来源于法定继承,抑或属于经遗嘱或继承契约发生的意定继承,则非所问。[3]在遗赠扶养协议的情形下,作为双方法律行为当事人的受遗赠人,亦有权放弃其正常履行遗赠程序之后而从被继承人处可得的财产利益。

遗嘱继承人放弃继承或者受遗赠人放弃受遗赠,就遗嘱指定由其继承或受遗赠的部分遗产适用法定继承(《民法典》第1154条第1项)。依据《民法典》第1124条的规定,继承开始后,继承人可以放弃继承。在遗产处理前,继承人以书面形式向遗产管理人或其他继承人作出了放弃继承的意思表示,即构成有效的放弃继承,从而,本应由该继承人继承的部分遗产就适用法定继承,由被继承人的其他法定继承人继承。因遗产继承而有争议进入法院程序的,继承人放弃继承的意思表示可以向法院作出,由法院予以记录的或有表示人向法院递交经公证认证的文书的,也应认为作出了符合形式要求的放弃继承的表示。在继承开始后,受遗赠人在知道

订立死因处分的要约,另一方对此作出承诺,如承诺向被继承人负担一定的给付义务,可能是向被继承人支付终身养老金,将住房提供给被继承人使用或承担护理费用。但德国法上的继承契约所包括的不仅是被继承人与法定继承人之外的主体间的协议,还包括被继承人与继承人之间所订立的继承契约(如继承扶养协议)。

[1] 参见房绍坤、范李瑛、张洪波:《婚姻家庭继承法》(第7版),中国人民大学出版社2021年版,第202页。

[2] 李永军主编:《中国民法学·第四卷 婚姻继承》,中国民主法制出版社2022年版,第230~232页;王歌雅主编:《婚姻继承法学》(第2版),中国人民大学出版社2013年版,第196~197页;蒋月主编:《婚姻家庭与继承法》(第3版),厦门大学出版社2014年版,第315~317页。

[3] 参见[德]迪特·莱波尔德:《德国继承法》(第22版),林佳业、季红明译,法律出版社2023年版,第324页。

受遗赠的60日内,作出放弃受遗赠的表示的,构成有效的放弃受遗赠。受遗赠人在知道受遗赠的60日内,没有作出表示的,视为放弃受遗赠。受遗赠人放弃遗赠部分的遗产,适用法定继承。

有关行为能力适用一般规定:限制行为能力人为放弃继承、受遗赠的表示,应取得法定代理人的同意(《民法典》第145条第1款),方为有效。无行为能力人只能由法定代理人代为放弃;为胎儿放弃继承、受遗赠的,亦同。

如果继承人放弃继承的意思表示、受遗赠人放弃受遗赠的意思表示系受胁迫、欺诈而作出,继承人、受遗赠人可以请求撤销放弃继承、放弃受遗赠的单方法律行为,从而放弃继承的部分遗产、放弃受遗赠的部分遗产不适用法定继承。放弃继承的主要效果是放弃继承人地位,如果继承人对此主要效果认识有误,成立法律效果错误(内容错误),自可依据《民法典》第147条请求撤销,进而就此放弃继承的部分遗产适用法定继承。继承人对遗产价值的构成因素(未知的债务,或者相反,存在其他的积极财产)认识有误,则可能成立性质错误,可撤销放弃继承的意思表示,而有法定继承的适用可能。[1]

第三,遗嘱继承人、受遗赠人先于遗嘱人死亡或者终止。

依据《民法典》第1154条第3项之规定,遗嘱继承人、受遗赠人先于遗嘱人死亡或者终止,遗嘱指定由其继承或受遗赠的部分适用法定继承。但在法定继承中,继承人先于被继承人死亡的,可能发生代位继承,由继承人的直系晚辈血亲继承继承人的应继份额(《民法典》第1128条第1款)。在遗嘱继承中,遗嘱继承人先于遗嘱人死亡的,遗嘱继承人丧失继承能力,遗产相关部分适用法定继承。也就是说,在遗嘱继承中,代位继承没有适用的余地。遗嘱继承人先于遗嘱人死亡的,即使遗嘱继承人是遗嘱人的子女或者兄弟姐妹,其直系晚辈血亲或者子女也不能代位继承。

受遗赠人先于遗嘱人死亡或者终止的,丧失民事主体资格,无法再作出接受遗赠的意思表示,遗产相关部分适用法定继承。受遗赠人终止,是指作为受遗赠人的集体、组织终止。

第四,遗嘱继承人丧失继承权或者受遗赠人丧失受遗赠权。

依据《民法典》第1125条的规定,遗嘱继承人丧失继承权或者受遗赠人丧失受遗赠权,遗嘱指定由其继承或受遗赠的部分遗产适用法定继承。遗嘱继承人丧失继承权的情形,按照《民法典》第1125条第1款第1项至第2项予以确定。因此,继承人故意杀害被继承人、为争夺遗产而杀害其他继承人的,终局地丧失继承权。被继承人以遗嘱将遗产指定由该继承人继承的,涉及该被继承人的遗嘱部分无效,从而,遗嘱为其保留的遗产适用法定继承。此外,在下列情形下,如果继承人确有悔改表现,被继承人表示宽恕或者事后在遗嘱中将其列为继承人的,继承人的继承权不丧失,从而遗嘱指定由其继承的部分不适用法定继承:(1)遗弃被继承人,或者虐待被继承人情节严重;(2)伪造、篡改、隐匿或者销毁遗嘱,情节严重;(3)以欺诈、胁迫手段迫使或者妨碍被继承人设立、变更或者撤回遗嘱,情节严重。

受遗赠人有上述行为的也丧失继承权。需要注意的是,受遗赠人一旦实施上述行为之一,其受遗赠权即终局地丧失,不可能因被继承人的宽恕而恢复,从而其本应受遗赠的部分遗产适用法定继承。

---

[1] 参见[德]迪特·莱波尔德:《德国继承法》(第22版),林佳业、季红明译,法律出版社2023年版,第330页。

第五,遗嘱未处分的遗产。

被继承人虽然订立了遗嘱,但遗嘱仅处分了部分遗产,因此,遗嘱未处分的部分遗产适用法定继承。这意味着,遗嘱处分的部分遗产,适用遗嘱继承;遗嘱未处分的部分遗产,适用法定继承。

第六,遗嘱无效部分所涉及的遗产。

被继承人虽然订立了遗嘱,但遗嘱全部无效或部分无效。应注意的是,此处的遗嘱全部无效或者部分无效是遗嘱经过解释后的认定结果。就遗嘱制度背后的法律考量而言,应尽量实现被继承人的意愿,在不能探知被继承人有相反意思的情况下,与其认定遗嘱全部无效,进而就全部遗产发生法定继承效果,还不如使遗嘱其余部分继续有效,因为后者的情形一般更符合被继承人的意愿。[1] 故而,适用《民法典》第156条时考虑对被继承人意愿的维护,遗嘱的部分内容无效一般不会导致整个遗嘱没有效力,在例外情况下可能导致其他部分受该部分无效的影响而整体无效。遗嘱全部无效的,全部遗产适用法定继承;遗嘱部分无效的,遗嘱无效部分所涉及的遗产适用法定继承。遗嘱无效的情形主要是被继承人订立遗嘱时为无民事行为能力人或者限制民事行为能力人,抑或受到欺诈、胁迫(《民法典》第1143条第1款、第2款)。被继承人生前与他人订立了遗赠扶养协议,遗嘱全部或部分内容与遗赠扶养协议的内容存在抵触的,遗嘱全部或者部分内容无效,无效部分涉及遗产的归属,应根据遗赠扶养协议确定,不适用法定继承。此外,被继承人以遗嘱处分了国家、集体或者他人财产的,该部分遗嘱无效,但不适用法定继承。

第三节 法定继承的依据

一、继承理念的变迁

从法制史的发展来看,继承法经历了从个人导向到家庭导向的变迁。在以家庭为生产单位的时代,遗产,尤其是作为生产工具的遗产具有重要意义。遗产的传承有助于维持家庭成员的生活福利状况。这种情况的典型代表就是"子承父业"。因此,继承法的重点是将家庭财富保留在家庭内部。在现代社会,家庭成员的工作和职业逐渐脱离了家庭,家庭逐渐从生产单位转化为消费单位,遗产的保障功能被弱化,家庭成员的生活保障主要依靠社会保障体系。在这一背景下,遗产更多的是向作为继承人的个人转移,而非向家庭转移。当然,法定继承仍旧基于婚姻关系和家庭关系本身以及由此而形成的正义观(建立在家庭内部人际关系和经济联系基础上的典型化观点)而设定,还具有较强的家庭性。继承法明确规定了法定继承人的范围和顺序、引入特留份制度,因此,法定继承能将被继承人的遗产尽可能地留在家庭内部、分配给家庭成员,以助家庭之稳定与巩固。[2]

---

[1] 参见[德]迪特·莱波尔德:《德国继承法》(第22版),林佳业、季红明译,法律出版社2023年版,第206~207页。

[2] 参见李永军主编:《民法学教程》(第2版),中国政法大学出版社2023年版,第858~859页;Muscheler, Erbrecht, Bd. I, Mohr Siebeck, 2010, Rn. 7; Röthel, Erbrecht, 18. Aufl., C. H. Beck, 2020, § I Rn. 14 ff.; Lange, Erbrecht, 3. Aufl., C. H. Beck, 2022, Kapitel 5 Rn. 5ff.。

二、我国法定继承的依据

在被继承人有作出死因处分而发生意定继承效果的情况下,继承人取得被继承人财产的正当性在于被继承人有权且有意愿如此安排身后的财产归属。在法定继承中,继承人取得遗产的正当性并不那么一目了然。

从《民法典》继承编规定的法定继承人的范围来看,法定继承人的范围被限制在实现家庭经济职能所必须涉及的少数亲属范围内,因此,法定继承的依据在于家庭继承理念。早在20世纪八九十年代,学界普遍认为,继承制度的产生,旨在适应社会主义家庭职能的要求,即维护家庭的生产职能、实现家庭养老育幼的经济职能。具体而言,由于家庭是基本的消费单位,我国继承制度的目的,首先是保证子女和亲属,尤其是未成年的子女和需要赡养的老人以及丧失劳动能力的残疾人,获得生活资料;同时,由于家庭联产承包责任制和个体户的出现,家庭还作为生产单位而存在,因此,我国继承制度的目的,还在于保证家庭生产的延续。当时学者认为,我国继承制度以法定继承为主、以遗嘱继承为辅,法定继承旨在发挥家庭的经济职能。《民法典》继承编"法定继承"章节基本沿用了原《继承法》的规定,从而法定继承的家庭导向得以维持。由此也可以确认,在法定继承中,遗产转移给法定继承人的正当性在于使财产在家庭内部传递、巩固家庭关系。[1]

第四节　法定继承人的范围

一、概述

法定继承人,是指非基于被继承人之死因处分而由法律直接规定的可依法继承被继承人遗产的人。我国《民法典》第1127条规定,配偶、子女、父母、兄弟姐妹、祖父母、外祖父母为法定继承人,该规定系以婚姻关系和一定范围内的血亲关系为基础辅以扶养关系确定法定继承人的范围,且法定继承人的范围限于孙子女、外孙子女之外的近亲属(相较《民法典》第1045条)。此外,为了鼓励赡养老人的道德风尚,《民法典》第1129条赋予本无法定权利义务关系的特定姻亲以法定继承人地位。

在比较法上,法定继承人的范围也以血亲关系和婚姻关系为基础进行廓定,立法例有或采"亲属继承无限制主义"或采"亲属继承限制主义"的不同,但共通之处在于其所规定的法定继承人的范围通常更大。比如,德国采"亲属继承无限制主义",法定继承人不受亲等的限制,血缘联系较近的血亲不在世时,血缘联系较远的血亲可以成为法定继承人;被继承人的血亲均不在世时,国家才能成为法定继承人。德国法中的配偶,无固定顺位。配偶与作为被继承人法定继承人的不同血亲共同继承时,配偶的继承份额的数额有别;血亲与被继承人血缘联系越疏远,则配偶的继承份额越大。[2] 采取"亲属继承限制主义"立法例者,法定继承人只限于一定亲等以内的亲属和配偶。至于对于亲等的限制,则各有不同。例如,依据《法国民法典》第734

---

[1] 参见李永军主编:《民法学教程》(第2版),中国政法大学出版社2023年版,第859页。
[2] 参见[德]迪特·莱波尔德:《德国继承法》(第22版),林佳业、季红明译,法律出版社2023年版,第54页、第85~86页。

条的规定,在没有有继承权的配偶的情况下,亲属按照以下顺序继承遗产:(1)子女和他们的直系卑血亲;(2)父和母,兄弟姐妹以及兄弟姐妹的直系卑血亲;(3)父和母以外的直系尊血亲;(4)兄弟姐妹和他们的直系卑血亲以外的旁系亲属。以上4类亲属各构成一个继承人顺序,并排除其后各顺序继承。依据第745条之规定,属于第734条第4点所指的继承人系列的旁系亲属,超过第六亲等的,不继承遗产。配偶无固定继承顺序,继承份额也随血亲与被继承人血缘联系的疏远而变大。有继承权的配偶,或者单独继承,或者与被继承人的亲属共同继承(《法国民法典》第756条)。如果被继承人既无子女或直系卑血亲,也没有父母,则在世配偶受领全部遗产(《法国民法典》第757-2条)。[1] 我国澳门特别行政区民法第1973条则规定5个顺位的继承人:(1)配偶及直系血亲卑亲属;(2)配偶及直系血亲尊亲属;(3)与死者有事实婚关系之人;(4)兄弟姊妹及其直系血亲卑亲属;(5)四亲等内之其他旁系血亲。在澳门特别行政区,配偶亦无固定继承顺位,配偶或与直系血亲卑亲属同为第一顺位继承人,或与直系血亲尊亲属为第二顺位继承人。

而根据《民法典》的规定,在确定法定继承人的范围时,要考虑家庭的职能、风俗习惯以及保护私有财产的需要,扩大血缘联系形成的家庭连接,更重视婚姻关系与养老育幼中的财产传承趋向。我国长期以来实行的"一对夫妻只能生育一个孩子"的计划生育政策,致使国内现有的人口结构发生了很大变化,家庭人口数量逐渐减少,生育率和新生儿人数呈下滑趋势,法定继承中继承人的范围很大程度上被缩小,加之我国现行继承法规定的法定继承人的范围本就狭窄,导致出现被继承人亲属较少或均已死亡的情形,甚至在很多情形下不存在法定继承人,进而发生被继承人的遗产无人继承,最终被收归国有。另外,在我国历代以及当代民间,伯、叔、姑、舅、侄子女、甥子女等相互继承遗产也是常有之事。因此,也赋予旁系血亲四亲等以内的亲属以法定继承权,较为符合我国的传统习惯。[2] 从单亲家庭和无子女家庭数量增多、远亲之间相互照顾和帮助需要增加的普遍趋势出发,赋予一定范围内的远亲以法定继承权也是妥当之举。[3]

二、配偶

基于婚姻关系而成为夫妻之男女,即为配偶,互有法定继承权(《民法典》第1061条)。当被继承人去世时,在世配偶能否取得法定继承权,取决于与被继承人的婚姻关系是否持续至继承开始之时。婚姻关系在继承开始前因无效或被撤销而自始无效的(《民法典》第1054条)或因离婚(《民法典》第1080条)已经解除的,配偶的法定继承权随之消灭。

夫妻双方分居的,即使分居已满2年,但只要夫妻双方尚未离婚,夫妻双方仍然互为法定继承人。此外,如果夫妻一方在离婚冷静期内死亡,配偶仍然是其法定继承人。夫妻一方在离婚诉讼期间、人民法院判决离婚之前死亡,在夫妻一方死亡之前婚姻关系尚未终止,生存的另一方仍具有配偶身份,以此推论,在世配偶自然是去世一方的法定继承人。[4] 对此,比较法上有不同处理,一些国家规定,在继承开始时法律规定的离婚条件已经满足,且被继承人此前已

---

[1] 参见《法国民法典》,罗结珍译,北京大学出版社2023年版,第442~446页、第452页及以下。
[2] 参见刘耀东:《继承法修改中的疑难问题研究》,法律出版社2014年版,第9页;郭明瑞:《完善法定继承制度三题》,载《法学家》2013年第4期;郭明瑞:《民法典编纂中继承法的修订原则》,载《比较法研究》2015年第3期。
[3] Vgl. Lange, Erbrecht, 3. Aufl., C. H. Beck, 2022, Kapitel 1 Rn. 46.
[4] 参见李永军主编:《中国民法学·第四卷 婚姻继承》,中国民主法制出版社2022年版,第233页。

申请离婚或已同意配偶的离婚申请的,配偶也丧失法定继承权,即婚姻关系解消的法律效果提前产生。此外,先亡配偶有宣告婚姻无效或被撤销的理由的,死亡前已申请废止婚姻的,被申请方也丧失法定继承权。[1] 上述比较法上的处理考虑宣告婚姻关系无效或被撤销判决或离婚判决发生既判力时点前后的当事人利益状况的相似性(实质要件皆已满足,仅在程序的后续必然进展节点上发生配偶一方死亡之偶然情形),对相同情形作同等处理,合乎法的价值判断的体系一致性,更合理,值得借鉴。

非婚共同生活关系中的在世一方没有法定继承权。由于非婚共同生活关系与婚姻关系存在本质区别,故针对非婚共同生活关系不可类推适用《民法典》第1061条。这一点根本就不存在法律漏洞。长久以来,我国婚姻法都明确贯彻登记结婚原则,司法解释仅就特定时点前的共同生活关系赋予信赖保护。以夫妻名义共同生活的男女双方已经符合结婚实质要件,而未依法办理登记的,仅在1994年2月1日民政部原《婚姻登记管理条例》公布实施以前,才会被作为事实婚姻处理,男女双方才可以配偶身份主张享有继承权(《民法典婚姻家庭编解释(一)》第7条、第8条)。至于1994年2月1日民政部原《婚姻登记管理条例》公布实施以后出现的情形,必须严格依照婚姻法中登记结婚的规定判定,虽然最高人民法院的司法解释赋予补办结婚登记而成为配偶的可能性,但对于非婚同居一方已经去世的情形,婚姻关系(溯及于实质结婚条件符合时)确立因需要双方共同补办结婚登记而亦归于不可能。根据现行法仅能通过死因处分向非婚共同生活者设立遗赠。

三、子女

何谓法定继承人的子女,依据《民法典》第1127条第3款的法律定义,"本编所称子女,包括婚生子女、非婚生子女、养子女和有扶养关系的继子女"本条第1款中的"子女"亦应作此理解。

(一)婚生子女和非婚生子女

我国婚姻法长期以来都将非婚生子女与婚生子女同等对待,规定两者皆有继承父母遗产的权利(1950年原《婚姻法》第14条、第15条,《民法典》第1070条、第1071条)。必须注意的是,法律意义上的血亲联系与生物学上的生育关系并不完全一致,在继承法领域和亲属法领域均是如此。若婚生子女或非婚生子女被他人收养,则其法律地位不再是此处所谓之"子女"。

(二)养子女

根据《民法典》第1111条并结合第1070条的规定,在收养关系成立后,被收养人取得作为收养人子女的法律地位,是收养人的法定继承人。若收养关系不成立、收养行为无效或收养关系嗣后解除的,则被收养人不具有法定继承人地位(《民法典》第1113条、第1117条)。收养人在死亡前已提出收养申请的,比较法上有认为法院在其死亡后可以宣告成立收养关系,被收养人可据此取得对收养人的法定继承权。[2] 在中国法上,似乎也可作相同解读。在收养血亲或继子女时,从收养人想要为被收养人提供稳定的抚育环境、促进其未来的发展这一角度而言,作类似的解释与我们的人情礼仪不悖。在被收养人并非收养人的血亲或继子女的情况下,收养人在死亡前已提出收养申请的,承认在收养人死亡后宣告收养关系成立、被收养人据此取得对收养人的法定继承权亦无不可。具体理由有三:一是此为被收养人的真实意思;二是也有助

---

[1] 参见[德]迪特·莱波尔德:《德国继承法》(第22版),林佳业、季红明译,法律出版社2023年版,第84页。
[2] 参见[德]迪特·莱波尔德:《德国继承法》(第22版),林佳业、季红明译,法律出版社2023年版,第62页。

于被收养人的成长;三是无损收养人之法定继承人的正当权利,因其法定继承人落空的仅仅是少一个法定继承人一并继承的期待或者希望;如果并非收养人因故而偶然地未待收养关系成立而死亡,那么被收养人仅随时间的经过就可与收养人建立起拟制的父母子女关系,成为收养人的法定继承人,而收养行为这种人身行为根本无须收养人的父母子女或兄弟姐妹、祖父母、外祖母等法定继承人同意即可生效(基于《民法典》第1101条的反面推论)。

(三)有扶养关系的继子女

继子女与继父母仅为姻亲,此种关系与继父母与直系血亲和配偶之间的亲密关系相比通常较为疏远,继子女想要获得与继父母之血亲或配偶同等的法定继承人地位需要特别的正当理由。

血亲和配偶的继承权可以统称为亲属继承权。配偶和血亲享有法定继承权,一是基于被继承人与前者之间的私人关系,二是(正是因为两者的私人关系)基于被继承人与前者在经济方面的交织关系。配偶和血亲(特别是父母),对被继承人财富的增长一般都做出过不小的贡献,这种贡献可能是直接的,也可能是间接的。承认家庭继承权的另一个理由在于其对家庭的供养功能。这主要体现在对直系血亲卑亲属的供养方面。被继承人既然生前对子女负有广泛的抚养义务,那么死亡后,其财产由该些人员在法定继承权范围内享受也不失其合理性。身份关系、经济交织关系和相互供养关系这3点是承认血亲继承权和配偶继承权的内在理由。在不少情形中,法律规定的法定继承效果确实可以反映被继承人的意愿。而被继承人有此典型意愿恰恰缘于紧密的家庭关系,后者是因,前者仅是果。[1]

由此观之,继子女想要获得家庭继承权,也需满足与继父母形成紧密的家庭关系(身份关系、经济交织关系和相互供养关系),方有取得法定继承权之正当性。我国继承法规定,有扶养关系的继子女亦与血亲子女一样拥有法定继承人之地位,其逻辑似乎也易理解。

就何谓"有扶养关系的继子女"的扶养关系,存在不同理解的可能性。此处显然采用了广义的扶养概念,有扶养关系包括了因继父母对继子女抚养、继子女对继父母赡养而形成扶养关系的情形。[2] 但是,就继承法的此种用语也有不同的限缩解释版本。根据《民法典》婚姻家庭编中"家庭关系"章之"父母子女关系"节中的继父母子女关系(继父或者继母和受其抚养教育的继子女间适用父母子女关系的规定,进而产生相互间的继承权)[3]界定继承法中的作为法定继承人的"有扶养关系的继子女"。结合《民法典》第1072条第2款及第1070条的规定,"有扶养关系的继子女"仅是指"受继父或继母抚养教育的继子女",而排除了"未受继父或继母抚养教育的继子女"。基于此,在协调《民法典》婚姻家庭编的规定与继承编中关于"受抚养的继子女"与"有扶养关系的继子女"的诸规定时,以婚姻家庭编关于父母子女关系的类型强制为优先,应对继承法上的法定继承人之"有扶养关系的继子女"作限缩解释。[4]

---

[1] 参见[德]迪特·莱波尔德:《德国继承法》(第22版),林佳业、季红明译,法律出版社2023年版,第53~54页;郭明瑞:《完善法定继承制度三题》,载《法学家》2013年第4期;郭明瑞:《民法典编纂中继承法的修订原则》,载《比较法研究》2015年第3期。

[2] 参见夏吟兰主编:《婚姻家庭继承法》(第3版),中国政法大学出版社2021年版,第252页。

[3] 1950年原《婚姻法》并无此规定。《民法典》第1072条第2款规定,继父或者继母和受其抚养教育的继子女间的权利义务关系,适用本法关于父母子女关系的规定。该规定系承袭自1980年原《婚姻法》第18条(2001年修正后的原《婚姻法》第27条)。

[4] 参见李永军主编:《中国民法学·第四卷 婚姻继承》,中国民主法制出版社2022年版,第235~236页。

但是，相反的理解则支持以继承法上的规定为优先，即采用广义解释，未受继父母抚养的成年继子女赡养继父母的，也在"有扶养关系的继子女"之列。全国人大常委会法工委关于继承编的释义中就此争议明确指出，"需要说明的是，继承编界定的子女的范围，要比婚姻家庭编的规定宽泛，因为继承编的规定为'有扶养关系的继子女'，这既包括继子女受继父母抚养的情形，也包括继子女赡养继父母的情形。根据婚姻家庭编的规定，只有在继子女受到继父母抚养时，才可以适用父母子女之间的权利义务关系。如果一个继子女在未成年时期并未受其继父母的抚养，但是其对继父母进行了赡养，虽然按照婚姻家庭编该继子女与继父母之间不适用父母子女之间的权利义务关系的规定，但是按照继承编的规定，该继子女可以被认定为其继父母的子女，具有第一顺序继承人的地位，这也符合权利义务相一致的原则"〔1〕 此外，从体系上讲，继承法编是专门调整关于因继承而产生的民事关系的规范体系，其对于法定继承人的范围的认定有着特别的考量。至于婚姻法或者《民法典》婚姻家庭编中"家庭关系"章之下的"父母子女关系和其他近亲属关系"的内容，体例上包含父母子女关系的认定、父母子女之间的扶养（抚养与赡养）义务、经由父母子女关系而产生的亲属关系以及扶养义务（祖孙间的抚养赡养义务、兄姐与弟弟妹妹间的扶养义务），此节核心是（抚养、赡养）扶养权利与义务，父母子女间相互继承权的规定即使不被认为在体系上格格不入，也只能认为其处于次要地位。由此可明显看出，父母子女继承权的问题并非此处的主题，也自然不能以此不太合乎逻辑的体例安排推导出立法者就此有全面深入的思考并作出终局的、优先于继承法的相关规定的决断。当然，也不宜以婚姻家庭编中的"宾"夺继承法中法定继承规定的"主"。

在实践中，有的高级人民法院对"有扶养关系的继子女"进行了非常严格的解释，认为这里的扶养关系是一种双向扶养关系，即继父母抚养了继子女且继子女赡养了继父母，如果只有继父母抚养继子女或成年继子女赡养继父母这样的单向扶养关系，被扶养的一方并不必然享有继承对方遗产的权利。〔2〕 如此严格的解释，将"继子女未受继父母抚养却赡养继父母"的情形从"有扶养关系的继子女"之中排除，似有不妥。具体言之，即使自动享有法定继承权的亲生成年子女，其未成年的时期受过父母的抚养之恩，无须要求其成年后实际赡养父母，即可享有法定继承人地位。而在"继子女未受继父母抚养却赡养继父母"的情形下，继子女虽未受继父母养育之恩，却对继父母尽了赡养义务的，此种子女与父母的家庭关系亲密程度至少不会比亲生子女与父母的家庭关系亲密程度更低。若对此种类似利益状况作同等处理，举轻以明重而认可"未受继父母抚养却赡养继父母的继子女"的法定继承人地位，似无不可。这也契合了我国在确定法定继承人地位、继承份额上多分少分时重视权利人在扶养方面的付出，并鼓励（不限于血亲的）亲属间扶养（养老、育幼、同辈相互扶养）的继承法观念（《民法典》第1129条至第1131条）。

对于将"受继父母抚养教育的继子女"界定为"有扶养关系的继子女"，存在共识。但在具体的认定时可能存在一些疑问。比如，继父与母亲结婚时，继子尚未成年，没有独立生活能力。继子的母亲收入较高，能够负担儿子的生活所需，且儿子在学校寄宿读书。针对此案情，湖北省高级人民法院亦判定，继子母亲与继父在婚姻期间，在未有证据显示双方采分别财产制的情

---

〔1〕 黄薇主编：《中华人民共和国民法典继承编释义》，法律出版社2020年版，第48页。
〔2〕 参见四川省高级人民法院（2017）川民申3930号民事裁定书、云南省高级人民法院（2018）云民申1536号民事裁定书。

况下，母亲的收入为夫妻共同财产，母亲所支出儿子的学习教育和生活费用，亦有继父之财产贡献，故而认为继父与继子之间形成了扶养关系，在继父死亡时，年满24周岁的继子为其"有扶养关系的继子女"。[1] 此种认定似有过于宽松之嫌。本案中，继子郭某与继父王某共同生活的基础比较薄弱，在亲情方面的紧密关系似乎并未建立，如果继子改姓继父的姓氏可能说明二者的关系较为紧密且稳固。

在将"受继父母抚养教育的继子女"界定为"有扶养关系的继子女"时，认定方面还可能存在一些其他疑问，比如，继子女受继父母抚养教育，经过何种时间长度、何种程度上的抚养教育即可认定为形成因受继父母抚养教育而可享有法定继承权？[2] 经过2年、6年，或者个案判断？如果继子女受到继父母相当长的时间（如6年）的抚养教育，之后继父母与继子女的亲生母亲或父亲离婚的，已经形成的有抚养关系的继子女地位是否因亲生父母与继母继父离婚而再度被切断？依常理，缺少血缘纽带的继父母子女关系会因继父母与生父母之间婚姻关系的终结而被切断。[3] 如果继父母子女关系不会被继父母与亲生父母的婚姻关系终结而被切断，那么亲生父母再婚且继子女与后续之继父母之间是否会再度形成抚养关系？如果答案是肯定的，那么继子女可能与不同的继父母形成几段抚养关系，加之其又可继承亲生父母的遗产，进而享有的不只是双重继承权，而是多重法定继承权。[4] 与有扶养关系的继父母子女关系的成立相伴而生的不只是继子女单方享有权利，其还不得不承受更多的负担——对多个继父母承担赡养义务。[5] 若只要继子女受继父母抚养教育，继子女和继父母之间就成立拟制父母子女关系，从而依据《民法典》婚姻家庭编第1070条的规定相互享有继承权，可能有不妥之处。比如，若认为因此而形成拟制父母子女关系，那么这种拟制父母子女关系却没有解除的可能，而因收养而形成的拟制父母子女关系却有解除之可能，养父母亦得因此而不再承担对未成年的被收养人的扶养义务（《民法典》第1114条至第1118条）。相较之下，继父母所承担的义务（仍负有抚养已与其离婚的配偶的子女——继子女）重于养父母（包括收养继子女而成为养父母），难谓合理。

在中国法上，继子女之所以能够成为法定继承人，有其历史上的独特缘由。从确定继承人

---

[1] 湖北省高级人民法院（2019）鄂民申3676号民事裁定书。类似裁判如北京市第一中级人民法院（2021）京01民终2258号民事判决书。不同观点参见广东省珠海市中级人民法院（2020）粤04民终2395号民事判决书：一审法院认为，判断继子女未成年时是否受继父母抚养教育时，应将此处的"抚养教育"理解为共同生活、直接的抚养教育，不应作扩大解释。该案中，王某1的母亲与被继承人登记结婚时，王某1已年满17周岁，显然王某1在未成年时受继父直接抚养教育的时间较短，即使继父曾支付王某1大学期间的学费、生活费，帮助王某1照顾子女，以及王某1在有收入来源后为继父缴纳社保、支付生活开支等，也属继父子女间正常的人情往来，并不能因此认定双方形成了扶养关系。二审法院也持相同态度否认了该案中继父与继女之间形成了扶养关系，基本的考虑有二：一是虽然继父为王某1承担了中学时代的生活费、教育费，但继父并未为王某1提供主要生活来源；二是王某1的母亲赵某与被继承人登记结婚时，王某1已年满17周岁，在没有足够证据支持的情况下，以常理推之，王某1接受继父抚养教育的时间较短，不足以认定他们之间形成了扶养关系。

[2] 参见褚莹：《有扶养关系的继子女对离婚后的继父母是否享有继承权》，载《中国公证》2014年第11期。

[3] 重庆市第一中级人民法院（2017）渝01民终8253号民事判决书认为："从情理上看，由于继子女与继父母之间没有血缘联系，继子女与继父母之间的关系纽带主要是继父母与生父母之间的婚姻关系，根据老百姓的通常认知，很少有继父母在其与生母感情破裂离婚后，在其还有亲生子女的情况下，还愿意将自己的财产遗留给继子女。"

[4] 参见夏吟兰主编：《婚姻家庭继承法》（第3版），中国政法大学出版社2021年版，第252页。

[5] 参见王葆莳：《论继父母子女之间的法定继承权——〈民法典〉第1072条和第1127条解释论》，载《法学》2021年第9期。

的范围应基于婚姻关系和血缘联系上的考虑而言,继子女不应享有继承权,以建立收养关系取代有扶养关系来确定"继子女"的继承权不失为一种办法,这也是域外立法所采之常规处理方式。但由于我国收养的条件和程序特别严格,许多继父母由于受条件限制难以办理对继子女的收养,而家庭共同生活的事实也成为确定法定继承人的考量因素。因此,有扶养关系的继子女(继父母)才被提升为法定继承人。[1] 基于此种法定继承人的特殊理由,在确认"有扶养关系的继子女"时,也应从类似于拟制血亲或血亲的家庭关系的紧密性方面着手考虑,根据个案审慎断之。[2] 对于仅有一时或者一段时间的抚养教育关系的,因继父母离婚而中断家庭关系的继子女,应认为其不属于"有扶养关系的继子女",不享有对继父母的法定继承权。[3]

四、父母

依据《民法典》第1127条第4款的定义,作为法定继承人的父母是指生父母、养父母和有扶养关系的继父母。

生父母与生子女间天然地形成父母子女关系,而获得法律的明确认可,相互享有继承权。非婚生子女与生父母之间的关系亦同。生子女被他人收养的,则亲子关系以及相应的权利义务消灭,相互的继承权亦归于消灭。生子女被他人收养后收养关系又解除的,与生父母的权利义务关系自行恢复,生父母重新享有生子女的法定继承人地位,但生子女已成年且不同意恢复其与生父母以及其他近亲属间的权利义务关系的除外(《民法典》第1117条)。养父母与养子女基于拟制父母子女关系而相互间享有继承权,但是,收养关系解除的,养父母子女关系即行消除(《民法典》第1117条第1句),养父母不再是养子女的法定继承人。

继父母对已经形成扶养关系的继子女享有继承权。所谓"已经形成扶养关系"包括继父母抚养继子女的情形,也包括继父母被继子女赡养的情形。前一种情形根据《民法典》婚姻家庭编可以适用父母子女关系的规定,但在解释时应从类似于拟制血亲或血亲的家庭关系的紧密性方面着手考虑,就个案审慎断之。对于仅有一时或者一段时间的抚养教育关系的,因继父母离婚而与继子女中断家庭关系的,得认为其不属于"有抚养关系的继父母",继父母不享有对于继子女的法定继承权,但有通过《民法典》第1131条酌分遗产的可能。在后一种情形下,如果继子女在未成年时期并未受到继父母的抚养,但其仍赡养继父母的,按照《民法典》婚姻家庭编该继父母与继子女之间不适用父母子女之间的权利义务关系的规定,但是按照"继承编"的规定,该继父母可被认定为该继子女的父母,具有第一顺序继承人的地位。这主要是考虑到被继承人与被继承人形成扶养关系的继父母,彼此间有较多的感情和金钱投入,在被继承人死亡后,扶养将无法进行,留有一定的遗产继续对其继父母进行扶养也符合被继承人的意愿。[4]

五、兄弟姐妹

根据《民法典》第1127条第5款的规定,法定继承人意义上的兄弟姐妹包括同父母的兄弟

---

[1] 参见郭明瑞:《完善法定继承制度三题》,载《法学家》2013年第4期;刘耀东:《继承法修改中的疑难问题研究》,法律出版社2014年版,第2页。

[2] 北京市第二中级人民法院(2022)京02民终6861号民事裁定书认为:"身份关系的认定须审慎。当事人之间是否形成有扶养关系的继父母、继子女关系,应从继子女是否与继父或继母共同生活、继子女对继父或者继母是否尽过赡养扶助义务、继父母对未成年继子女是否履行了抚养义务,以及继父或者继母与继子女之间互相身份认可接纳情况等因素综合考虑。"

[3] 参见褚莹:《有扶养关系的继子女对离婚后的继父母是否享有继承权》,载《中国公证》2014年第11期。

[4] 参见黄薇主编:《中华人民共和国民法典继承编释义》,法律出版社2020年版,第49页。

姐妹、同父异母或者同母异父的兄弟姐妹、养兄弟姐妹、有扶养关系的继兄弟姐妹。

兄弟姐妹是被继承人最近的旁系血亲，彼此间有相互继承的权利，亲兄弟姐妹的关系因一方被收养而消除的除外（《民法典继承编解释（一）》第12条第2款）。对于养兄弟姐妹，因收养关系的成立产生法律拟制的血缘联系，亲生子女与养子女之间，也是法律上的兄弟姐妹。但此种亲属间的权利义务关系得因收养关系的解除而即行消除（《民法典》第1117条、《民法典继承编解释（一）》第12条）。

对于继兄弟姐妹，一如继父母子女，现代国家大多不承认相互之间的继承权，认为继兄弟姐妹之间不存在血缘联系。但是基于特别的考量，我国《民法典》继承编承认"有扶养关系的继兄弟姐妹"享有继承权，这既包括受被继承人生前扶养的继兄弟姐妹，也包括扶养被继承人的继兄弟姐妹。[1] 在解释时，应从类似于拟制血亲或血亲的家庭关系的紧密性方面着手考虑，就个案审慎断之。

六、祖父母、外祖父母

我国《民法典》第1127条第1款规定祖父母、外祖父母是法定继承人，但未作详细界定。解释上认为其范围包括：亲生（外）祖父母、养（外）祖父母以及实际形成扶养关系的继（外）祖父母。此外，需要指出的是，（外）孙子女不属于法定继承人，但他们可以通过代位继承方式取得其（外）祖父母的遗产。[2]

七、丧偶儿媳、丧偶女婿

我国1985年制定施行的原《继承法》第12条就曾规定，丧偶儿媳对公、婆，丧偶女婿对岳父、岳母，尽了主要赡养义务的，作为第一顺序继承人。1985年颁布的《继承法意见》第29条规定，丧偶儿媳对公婆、丧偶女婿对岳父、岳母，无论其是否再婚，依原《继承法》第12条规定作为第一顺序继承人时，不影响其子女代位继承。我国《民法典》第1129条基本全部传承延续此前原《继承法》的规定。据此，对公、婆尽了主要赡养义务的丧偶儿媳和对岳父、岳母尽了主要赡养义务的丧偶女婿，属于法定继承人，并且为第一顺序继承人。

在《民法典》继承编的编纂过程中，对于这一规定争议较大，主要有以下3种意见。

（一）"废除说"

此说主张取消这一规定。首先，古今中外的继承法普遍认为，法定继承人应该是配偶和有血缘联系的亲属，儿媳与公婆、女婿与岳父母是姻亲关系，姻亲不应当属于法定继承人。其次，此立法的本意是鼓励赡养老人，此条规定也发挥了实际作用，对老人的赡养有一定的保障。但无论丧偶与否，儿媳对公婆、女婿对岳父母在法律上都无赡养义务，通过立法规范本属于道德范畴的问题并不科学。再次，在被继承人没有承担法定义务的赡养人时，被继承人生前的赡养可以通过遗赠扶养协议等途径解决。即使被继承人生前不能自行解决养老问题，也应当由国家负责。目前，我国社会保障制度已经建立并且将不断完善，已经有能力负担需要帮助的公民的养老问题。最后，丧偶儿媳和丧偶女婿基于此条规定成为法定继承人，同时他们的子女可以根据代位继承的规定参与继承，如此，丧偶一方所在的这一支脉就可以取得两份遗产，与我国按支继承的传统不符，对被继承人未丧偶的其他子女亦有失公平。有的建议，对于丧偶儿媳、

---

[1] 参见黄薇主编：《中华人民共和国民法典继承编释义》，法律出版社2020年版，第49~50页。
[2] 参见夏吟兰主编：《婚姻家庭继承法》（第3版），中国政法大学出版社2021年版，第253页。

丧偶女婿的继承问题,可以通过酌情分给适当遗产的方式解决,即适用《民法典》第1131条"对继承人以外的依靠被继承人扶养的人,或者继承人以外的对被继承人扶养较多的人,可以分给适当的遗产"的规定。根据丧偶儿媳、丧偶女婿的赡养情况分给他们适当的遗产,足以保护他们的正当利益。[1]

(二)"保留说"

有的学者认为,这一规定应当予以保留。第一,法定继承人范围的确定,是立法政策选择的结果,要与本国的现实生活和民众的继承观念相适应。继承法的这一规定在实践中效果很好,广受好评,不能因为其他国家没有规定就予以废弃。第二,恰恰是因为儿媳、女婿对公婆、岳父母在法律上并没有赡养义务,法律为了鼓励他们赡养公婆、岳父母,才规定其为法定继承人。第三,我国的人口结构正在逐渐步入老龄化阶段,而养老社会保障制度又显然不是短时间内就可以完善的。这在客观上要求我们在完善社会保障制度的同时寻求其他应对手段。赋予丧偶儿媳、丧偶女婿以继承权,可以起到激励作用,达到更好地赡养老人的目的。第四,丧偶儿媳、丧偶女婿要成为法定继承人,是有严格的条件限制的:一是在时间上,要对公婆或者岳父母有长期性、经常性的赡养,直至其身故;二是在程度上,这种赡养是公婆或者岳父母的主要生活支柱。满足这两个要求的丧偶儿媳、丧偶女婿作为第一顺序继承人参加继承,完全合情合理。第五,如果被继承人有多个子女,儿媳、女婿在丧偶的情况下不仅承担起养育子女的责任,还对被继承人尽了主要赡养义务,而被继承人的其他子女却只承担了次要赡养义务甚至不尽赡养义务,那么在继承财产时有所差别也符合公平原则。[2]

(三)"修改说"

该说认为,继承法的这一规定确实可以达到赡养老人、淳化社会风尚的目的,此为我国继承法的一大特色。但此规定又有不合理之处,为协调该制度与代位继承之间的冲突,可以对其作一定修改。修改建议又分为两种。一种建议将尽了主要赡养义务的丧偶儿媳或女婿改为遗产酌给请求权人,另一种建议则做了更细致的区分处理:丧偶儿媳对公、婆,丧偶女婿对岳父、岳母,尽了主要赡养义务,没有代位继承人的,作为第一顺序继承人;有代位继承人的,可以分给他们适当的遗产。第二种做法较合理,解决了与代位继承之间的矛盾,同时也不会产生学者所诟病的"丧偶一方因其子女代位继承而导致该支继承份额增加"的现象。[3]

《民法典》编纂过程中,全国人大常委会法工委研究认为,法定继承人一般与被继承人存在血亲、婚姻关系,继承法除高度重视这两种关系外,还高度重视扶养关系在继承中所起的作用。尽了主要赡养义务的丧偶儿媳和丧偶女婿可以作为第一顺序继承人参与继承,是我国继承法法定继承制度中的一项重要特色,这一规定符合社会主义核心价值观,符合中华民族传统家庭美德和公序良俗,有利于弘扬优良家风,促进家庭内部互助友爱、团结和睦,使老年人能够老有所养。同时,这一规定也完全符合权利义务相一致的原则。最后但也可能是法工委支持该规定的重要基础在于,在相关的调研活动中,基层群众普遍认为这一规定在实践中效果很好,具

---

[1] 参见黄薇主编:《中华人民共和国民法典继承编释义》,法律出版社2020年版,第57页。此种归纳早见于刘耀东:《继承法修改中的疑难问题研究》,法律出版社2014年版,第4~5页。

[2] 参见黄薇主编:《中华人民共和国民法典继承编释义》,法律出版社2020年版,第57~58页。核心观点也见于刘耀东:《继承法修改中的疑难问题研究》,法律出版社2014年版,第4页。

[3] 参见刘耀东:《继承法修改中的疑难问题研究》,法律出版社2014年版,第5~6页。

有倡导性作用,应当坚持。因而,《民法典》继承编保留了继承法中关于尽了主要赡养义务的丧偶儿媳、丧偶女婿的继承地位的规定。[1]

综合上述观点,争议不在于该规定之促进赡养老人、淳化社会风尚的目的,而在于赋予对公婆、岳父母尽了主要赡养义务(并非法律上的义务)的一方以何种继承地位(第一法定继承人地位还是酌分遗产请求权)。如果从法定继承人所得继承遗产的份额的角度考虑,例外情况下(请求分得遗产份额的法定继承人能够证明对被继承人尽了较多扶养义务或主要扶养义务的情况下)也会考虑继承人是否对被继承人尽了扶养义务以及尽了多少扶养义务,在分配遗产时酌定多分或少分,则在实际适用中因法定继承人地位或因酌分遗产请求权(《民法典》第1131条)而得之继承份额可能并无明显差别。[2]

在法律适用中必须注意的是,丧偶儿媳、丧偶女婿对公婆、岳父母本无法定的赡养义务,其对公婆、岳父母的赡养系基于道德的给付。依据《民法典继承编解释(一)》第19条的解释规则,为被继承人生活提供了主要经济来源,或者在劳务等方面给予了主要扶助的,应当认定其尽了主要赡养义务。该司法解释所谓"提供了主要经济来源",一般是指丧偶儿媳、丧偶女婿承担了较大部分的赡养费,或者公婆、岳父母主要依靠丧偶儿媳、丧偶女婿生活;此外,赡养必须具有持续性、经常性。如果丧偶儿媳、丧偶女婿曾经与公婆、岳父母共同居住并提供了主要经济来源,随后双方不再共同居住,抑或由别的继承人轮流赡养的,丧偶儿媳、丧偶女婿也没有对公婆、岳父母尽到主要赡养义务,丧偶儿媳、丧偶女婿就不再是第一顺序法定继承人。不过,丧偶儿媳对公婆,丧偶女婿对岳父母尽到的赡养尚未达到主要赡养的程度,也可能属于《民法典》第1131条规定的"继承人以外的对被继承人扶养较多的人",从而享有遗产酌给请求权。[3]

此外,在法定继承中,依据《民法典继承编解释(一)》第18条以及《民法典》第1129条之规定,丧偶儿媳对公婆、丧偶女婿对岳父母,无论其是否再婚,都可以直接作为第一顺序继承人参与继承,同时其子女作为公婆、岳父母的孙子女、外孙子女还可以代替其(先于被继承人去世的)母亲、父亲之位继承(公婆、岳父母的遗产)。

八、法定继承人范围的扩充

鉴于继承法对法定继承人的范围规定较狭窄,为了尽量减少无人继承的遗产的出现,在《民法典》继承编的编纂过程中,有一些意见提出,建议扩大法定继承人的范围,增加相关主体为法定继承人。具体意见及其主要理由如下。

---

[1] 参见黄薇主编:《中华人民共和国民法典继承编释义》,法律出版社2020年版,第58~59页。
[2] 具体示例,参见江苏省无锡市中级人民法院(2023)苏02民终672号民事判决书,法院认定顾某1作为唯一第一顺序的法定继承人(受继父抚养成人的继女),在其成年后继父与亲生母亲离婚,其与继父的联系基本中断,对继父基本未尽赡养义务,因而其对被继承人(继父)仅有10%的继承份额,而被继承人的侄子等继承人以外之人则因为对被继承人赡养得较多,而取得90%的继承份额。在无锡市中级人民法院的实质论证和法律推理中提到,"百善孝为先",赡养老人是中华民族的传统美德,"权利与义务相一致"也是我国法律始终秉承的司法原则和价值取向,无论是原《继承法》还是现行《民法典》,在"遗产分配的原则""酌情分得遗产权""丧偶儿媳、丧偶女婿的继承权"等多个法条中都体现了"尽孝者可分财产""尽孝多者可多分财产"的原则与精神。此种推理深值赞同。不具有法定继承人地位,并不意味着继承份额会少于法定继承人,关键在于所尽扶养之多少。
[3] 北京市第二中级人民法院(2017)京02民终12409号民事判决书、广东省广州市中级人民法院(2016)粤01民终9479号民事判决书、山东省青岛市中级人民法院(2021)鲁02民终13790号民事判决书、山东省青岛市中级人民法院(2022)鲁02民终13773号民事判决书。

(一) 增加孙子女、外孙子女为法定继承人

对于是否将孙子女、外孙子女列为法定继承人，存在赞成和反对两种意见。

赞成者的主要理由如下：(1) 将孙子女、外孙子女列为法定继承人，符合民法权利义务相一致的原则。婚姻法规定孙子女、外孙子女在一定条件下有赡养祖父母、外祖父母的义务，但继承法并没有将孙子女、外孙子女规定为法定继承人，造成权利义务不一致。(2) 将孙子女、外孙子女列为法定继承人，更有利于赡养祖父母、外祖父母。(3) 中国的习俗是"隔辈亲"，被继承人往往愿意将自己的遗产留给孙子女、外孙子女，还可以避免目前把财产赠与孙子女、外孙子女需要缴纳较高税款的问题。(4) 从实际情况看，孙子女、外孙子女成为祖父母、外祖父母的法定继承人比后者成为前者的法定继承人更有现实意义。

反对者的主要理由为：(1) 婚姻法规定的孙子女、外孙子女对祖父母、外祖父母的赡养为例外情形；(2) 孙子女、外孙子女的父母是其祖父母、外祖父母的第一顺序法定继承人，孙子女、外孙子女又是其父母的第一顺序法定继承人，如果孙子女、外孙子女处于未成年或者缺乏劳动能力的状态，法律还规定了父母的抚养义务，没有必要将孙子女、外孙子女列为祖父母、外祖父母的法定继承人；(3) 继承法规定了代位继承制度，实质上赋予了孙子女、外孙子女在特殊情形下第一顺序法定继承人的地位。

面对此种争论，全国人大常委会法工委研究认为，如果将孙子女、外孙子女规定为法定继承人，将与代位继承制度相冲突。此外，如果将孙子女、外孙子女列为法定继承人，还需要考虑将其列为哪一顺序的问题。如果将其列为第一顺序继承人，孙子女、外孙子女如何与同为第一顺序继承人的子女相协调则需要法律作进一步规定，如果孙子女、外孙子女可以同时与子女作为第一顺序继承人继承遗产，那么可能会造成被继承人子女之间的不公平；如果孙子女与外孙子女不能同时与子女作为第一顺序继承人继承遗产，那么需要规定先由子女继承，子女不继承的，才由其子女继承，即将两者统一规定为"直系晚辈血亲"，并辅之规定"以亲等近者优先"。由于《民法典》中没有关于"亲等"含义的规定，还需对"亲等"作进一步规定，但这不符合法律用语应当简单精练、便于老百姓理解的原则。如果将其列为第二顺序继承人，反倒是削弱了孙子女、外孙子女的继承权，因为第二顺序继承人只有在没有第一顺序继承人继承时，才能继承遗产。为此，《民法典》继承编没有将孙子女、外孙子女列为法定继承人。[1]

《民法典》继承编的处理结果可资赞同。孙子女、外孙子女未被列为法定继承人并不影响其权利。就我国《民法典》第1127条第1款所规定的法定继承人范围（孙子女、外孙子女不在此列）而言，初看之下，范围较窄。但结合本法第1128条第1款的子女的直系晚辈血亲的代位继承权以及《民法典继承编解释（一）》第14条的代位继承人不受辈数的限制，得出的解释结论是：子女及其直系晚辈血亲（直系血亲卑亲属）为第一顺序继承人，子女在世时，子女作为本支的代表继承；子女先于被继承人去世时行代位继承，以此类推，并无亲等/辈数限制。此与比较法上规定子女及其直系血亲卑亲属为第一顺序继承人的规定，并无不同。差别在于子女以及其直系血亲晚辈亲属（包括孙子女、外孙子女）所享有的继承地位，因为比较法上通常作为第二顺位的直系血亲尊亲属及其直系血亲卑亲属在我国继承法中被提升为第一顺序，而被继承人子女（直系血亲卑亲属这一支的代表）的继承份额因同顺位的继承人的增多（被继承人的父

---

[1] 参见黄薇主编：《中华人民共和国民法典继承编释义》，法律出版社2020年版，第39~40页。

母)而减少了(对此详见后文的继承顺序内容)。

但是,若将子女及孙子女、外孙子女及其直系晚辈血亲统一在"直系晚辈血亲"或"子女及其直系晚辈血亲"的名义下列为第一顺序法定继承人,亦无不可。被继承人的直系晚辈血亲,是指被继承人的子女、孙子女、外孙子女等,成员范围及关系并不复杂。"以亲等近者优先"的辅助规定并不复杂难懂,也并非必要。仅需将"直系晚辈血亲"或"子女及其直系晚辈血亲"关联到《民法典》第1128条的代位继承,在直系晚辈血亲各支的长辈(子女)在世时,由该支长辈继承;若其先于被继承人死亡,由其直系晚辈血亲代位继承。

(二)增加侄子女、甥子女、叔伯姑舅姨为法定继承人

对于是否将侄子女、甥子女、叔伯姑舅姨列为法定继承人,在立法过程中有不同意见。

有的意见认为,应当增加侄子女、甥子女、叔伯姑舅姨为法定继承人,并列为第三顺序。主要理由为:(1)继承应当坚持尽量不将遗产收归国家所有的原则,计划生育政策会带来无人继承遗产增多的情况,因此法定继承人的范围不宜过窄;(2)侄子女、甥子女、叔伯姑舅姨都属于三代旁系血亲,将这些主体列为第三顺序继承人可以起到兜底作用;(3)可以有一定的限制,如生前对被继承人进行照料等。

有的意见认为,应当增加侄子女、甥子女为法定继承人,叔伯姑舅姨不应列为法定继承人。主要理由为:(1)虽然叔伯姑舅姨与侄子女、甥子女都属于三代旁系血亲,但他们属于不同的亲系,前者属于二代直系血亲衍生的三代旁系血亲,后者属于一代直系血亲衍生的三代旁系血亲,他们的亲疏关系以及继承后对遗产的继续传承范围有很大区别;(2)当今社会我国核心家庭已占绝大多数,将血缘联系较远,相互没有共同生活、帮扶关系的其他亲属列为法定继承人,其目的只是防止遗产被收归国有或者集体所有,无论从理论上还是政策上都值得商榷。目前,对于没有法定近亲属的人,通过社会保障制度,国家、集体给予的精神关心、物质帮助更多。

有的意见认为,应当保留现有规定。主要理由为:(1)司法机构和公证机构等实务部门认为,现行继承人的范围已经基本能够满足现实需要,没有必要扩大,无人继承的情况非常少;(2)目前独生子女以及婚后不生育的现象增多,客观上反而会导致被继承人没有侄子女、甥子女;(3)现代生活方式使人口流动性加强,被继承人与叔伯姑舅姨、侄子女、甥子女之间的往来较少;(4)扩大法定继承人的范围,会引发新的继承纠纷。

《民法典》最终保留了既有规定,其立法上的考虑在于,"法定继承人范围的确定,既要考虑保护公民的私有财产权和发挥遗产养老育幼的功能,又要考虑节约社会资源和发挥遗产的社会效用,因此法定继承人的范围不宜过窄,也不宜过宽。继承法中的法定继承人范围的规定施行三十余年已被社会公众所熟悉,考虑到我国的传统习惯及家庭实际情况,在《民法典》继承编的编纂过程中既要注意保持法律制度的稳定性,又要回应实践中出现的新情况。针对目前社会上核心家庭多、家庭人口数少等情况,应当适当扩大可以继承财产的人的范围。考虑到侄子女、甥子女即被继承人的兄弟姐妹的子女,与叔伯姑舅姨相比,与被继承人在血缘和情感上更亲密,让侄子女、甥子女继承遗产也符合遗产向晚辈流转的原则,赋予侄子女、甥子女继承财产的权利是合适的,但是这不是必须通过扩大法定继承人的范围才能达成。《民法典》继承编在规定法定继承人的范围时还是保持了继承法的规定,没有扩大法定继承人的范围,但是在代位继承制度中,将侄子女、甥子女列为代位继承人,即在被继承人的兄弟姐妹先于被继承人死亡时,被继承人的侄子女、甥子女可以代位继承,从而解决了侄子女、甥子女的继承问题,起到了

实质上扩大法定继承人范围的效果。法定继承人与代位继承人以外的其他亲属,如果与被继承人之间具有相互扶养的关系,根据本法第1131条规定,也可以分得适当的遗产"。[1]

现有的规定应予尊重,但其判断的理由并非全然牢靠可信。将侄子女、甥子女列为代位继承人,确实在一定程度上回应了扩大法定继承人范围的建议,但尚有不足的是,现实生活的多样性也显示出侄子女、甥子女的子女与被继承人亦可能多有联系。虽然侄子女、甥子女的子女通常因为父母的存在而无实际参与继承的可能,但并不能以此否定其应享有法定继承人之地位。法定继承人的最大范围应包括有血缘联系的血亲,包括推定彼此有情感、生活联系的血亲,而不是以外部人视角猜度之,将四亲等内的旁系血亲从法定继承人的范围中排除出去。至于可以通过《民法典》第1131条的遗产酌分请求权给予法定继承人与代位继承人以外的其他亲属适当的遗产的可能性,由于其要求请求人与被继承人之间具有相互扶养的关系,因此需请求人提供证明,适用条件相当严格,在很大程度上排除了这些可能的继承人的继承可能。如果考虑到《民法典》第1160条规定无人继承遗产最终由国家或集体所有制组织所有(实际是最末顺序的继承人)而并不要求其与被继承人之间具有相互的扶养关系,那么以扶养关系确定法定继承人的边界,将法定继承人与代位继承人以外的亲属排斥于外,甚至远于国家、集体组织,似有不妥。只有在个人严重依赖国家、集体组织取得社会保障、养老的时代场景下,才能证明国家、集体组织实际继承顺位提前的正当性。

此外,即使"侄子女、甥子女即被继承人的兄弟姐妹的子女,与叔伯姑舅姨相比,与被继承人在血缘和情感上更亲密,让侄子女、甥子女继承遗产也符合遗产向晚辈流转的原则,赋予侄子女、甥子女继承财产的权利是合适的"这样的判断是逻辑一贯的,那也不能否定赋予叔伯姑舅姨以某一顺位的法定继承人地位,尤其是在侄子女、甥子女可能不存在的情况下更不应断然否定之。"司法机构和公证机构等实务部门认为,现行继承人范围已经基本满足现实需要,没有必要扩大,无人继承的情况非常少",恰恰也说明现有的法定继承人和代位继承人的范围仍有不足,应再予适当扩大,此种需求不应被无视。

第五节 法定继承人的继承顺序

法定继承人的顺序,是指法律规定的法定继承人继承遗产的先后次序、顺位。一般而言,被继承人与继承人之间血缘联系的远近及共同生活关系的密切程度,是各国法律确定法定继承顺序的主要依据。法定继承顺序具有优先性和排他性,只有在没有前一顺序的继承人继承时,后一顺序的继承人才能继承遗产。从各国关于法定继承顺序的规定来看,一般都将被继承人的直系晚辈血亲作为第一顺序继承人,只在是否有亲等的限制方面有些差异。此外,各国继承法律在法定继承顺序的多寡、配偶是否有固定继承顺序以及直系尊血亲与旁系血亲之间的优先顺序等方面有所差异。

一、父母的继承顺序

关于父母应列于第一还是第二继承顺序,在我国存有争议,这些不同观点在《民法典》编纂

---

[1] 黄薇主编:《中华人民共和国民法典继承编释义》,法律出版社2020年版,第41~42页。

期间也未离场。

一些意见提出,将父母列在配偶和子女之后作为第二顺序继承人。主要理由为:(1)如果父母与子女同列为第一顺序,遗产中的一部分被父母继承,那么在被继承人的父母死亡时,其部分遗产就由父母的子女即被继承人的兄弟姐妹继承,最终导致遗产向旁系血亲分散。(2)这有悖于社会上大多数人的内心愿望和长期形成的继承习惯。一般来说,死者总是希望将遗产留给自己的子女并通过他们在自己的直系卑亲属中保持下去,以保证子孙的延续和家庭经济的传承。只有在无直系晚辈血亲时,才会考虑将财产留给父母。(3)现代社会大多数国家的继承法都规定死者的直系晚辈血亲为第一顺序继承人,以保证遗产尽可能留在死者的直系晚辈血亲家庭内。(4)从我国的民间习惯看,原《继承法》实施30多年来,很多地区人们的继承习惯仍然是子女优先于父母继承,即在死者有后人时,父母一般不参与遗产继承。(5)死者的父母如果属于年老无劳动能力或者无经济来源不能独立生活的人,死者的子女作为孙辈有义务对祖辈进行扶养,并通过社会保障制度给予一定的养老金或者基本生活费,可以保障其生活,不能将赡养问题与继承问题混为一谈。[1]

反对意见认为,若将父母规定为子女与配偶之后的第二顺序法定继承人,那么他们实际上很难得到子女的遗产。在我国家庭少子化的背景下,父母在子女成家立业时基本上会倾其所有将财产赠与子女,如果在子女死亡时父母无法继承,不仅不公平合理,而且其心理也无法接受,并且今后的养老也会成为问题。当前,我国的人口结构老龄化程度不断加深,因此必须重视对老年人合法权益的保护,现时我国对老年人的社会保障制度还是有不够完善的地方,尤其是农村的社会保障制度更弱,因此,规定父母为第一顺序法定继承人,使其能够取得遗产养老,也有助于解决我国人口老龄化问题,缓解整个社会的压力。[2]

《民法典》继承编保留了继承法的规定。其理由在于,继承方面的法律深受民族传统和价值理念的影响,在中华民族的传统美德中孝文化占据重要地位,先于父母死亡的人一般都希望能为父母留下一笔财产以供他们安度晚年,而法定继承制度是对被继承人财产处分意愿的推定,在确定法定继承的顺序时,父母的重要性不容忽视。原《继承法》施行30多年来,父母为第一顺序继承人的规定得到民众的普遍认可,应当慎重考虑是否修改,以免引起更多争议。[3]

立法时慎重考虑的态度和推崇民族传统之孝德,值得赞同。不过在实现孝德的方式的细节路径方面,可能有待斟酌。支持将父母列在配偶和子女之后作为第二顺序继承人者,也只是以其(所认为的更好的)方式实现孝德,兼顾对家庭财产内部流传意愿的保护。反对意见或《民法典》继承编的现行规定,都没有回应"在被继承人的父母死亡时,其部分遗产就由其子女即被继承人的兄弟姐妹继承,最终导致遗产向旁系血亲分散"的问题。更多的问题可能展示于如下示例中。

被继承人因故(如交通事故)死亡时年40岁,其有配偶及共同生育的独生子10岁,父母健在均年届65岁,兄弟38岁。依法定继承规则,独生子在此继承事件中要与祖父母二人、母亲一

---

[1] 参见黄薇主编:《中华人民共和国民法典继承编释义》,法律出版社2020年版,第44页。核心观点参见刘耀东:《继承法修改中的疑难问题研究》,法律出版社2014年版,第13~14页;陈苇:《当代中国民众继承习惯调查实证研究》,群众出版社2008年版,第69~70页。

[2] 参见黄薇主编:《中华人民共和国民法典继承编释义》,法律出版社2020年版,第44~45页。核心观点参见刘耀东:《继承法修改中的疑难问题研究》,法律出版社2014年版,第13~14页。

[3] 参见黄薇主编:《中华人民共和国民法典继承编释义》,法律出版社2020年版,第44~45页。

并继承父亲的遗产——(死亡赔偿金及其他财产)共计80万元,按照祖父母二人、母亲、独生子皆为第一顺位人的规则,每位继承人平均可得1/4的份额。

孝亲之事,本非无条件承担,父母无扶养之需求时,不必割舍被继承人子女的继承份额。父母需要赡养的,此义务本不该由一人承担(有兄弟同负赡养义务)时,不应全盘从被继承人的遗产中预先支出,即使预先支出,也应在用于赡养目的之后有结余时,归回先死亡的被继承人的遗产,依其本来可推定的意愿,由其配偶、子女分享。这种财产流向,更符合核心家庭的构造现实(共同生活、亲密关系、抚育幼小)。对于失去一个家庭支柱的核心家庭来说,未来的经济状况本就会大受影响(如双职工失去了一份收入,单职工家庭失去的可能是主要挣钱的一方,即使是主要操持家务的一方去世也会给家庭生活带来抚养子女方面的负担),如果再被分走大部分的财产,也就大大挤占了被继承人子女未来长久生命中的发展资源。而这些资源(继承份额对应的20万元)对于年届65岁的老人可享用的时间不长。如果此财产充裕,足够老人生前所需,则实际上是先去世的被继承人一人承担了赡养义务,弟弟未承担赡养义务,未支出费用;而老人去世时,由被继承人继承的财产又有部分流向先去世的被继承人的弟弟,弟弟又受有积极利益。此种后果,难言公平,也不符合被继承人的意愿。诚如"很多地区人们的继承习惯仍然是子女优先于父母继承,即在死者有后人时,父母一般不参与遗产继承"所述,在法律赋予父母第一继承顺位时,其参与遗产继承的权利正当性高于习惯,然而其参与遗产继承时,可能是出于其尚在世的其他子女的策动,在老人继承先亡子女的财产之后再通过各种方式间接(其他子女甚或其子女的配偶通过影响老人的决策,启动遗嘱订立,或生前赠与等)取得利益。表面上,父母在为自己争取养老的资源,背后却隐藏复杂的道德风险。

综合而言,法定继承中父母的继承顺序的确定,不仅要考虑维护社会老龄化阶段的老年人合法权益的目的,也需以整体视角考量养老育幼的多重利益的紧张关系之后再确定。规定父母为第一顺序法定继承人,使其能够取得遗产养老,确实有助于解决我国人口老龄化问题,缓解社会的压力。但少年儿童的养育投资,也是其父母肩头的重要负担。在被继承人死亡时,尤其要考虑被继承人的配偶是子女的第一顺位抚养义务人(《民法典》婚姻家庭编第1067条、第1074条、第1075条),祖父母则是后顺位的抚养义务人,仅在父母已死亡或父母无力抚养未成年人时才负有抚养义务的法律状况(《民法典》第1074条第1款)。被继承人的生存配偶需要以个人所分得的财产份额(比如1/4份额)承担被继承人原本拥有的全部财产(扣除自我扶养的费用)应承担的父亲抚养子女的义务,而母亲自身对子女的抚养义务部分的履行则要通过个人的劳动勉励为之,在分得的遗产用尽之后独自承担对子女的抚养义务。在此种利益格局之下,一概以被继承人父母为第一顺位这样硬性的处理与现实需要不合,罔顾被继承人配偶的生存利益以及其履行抚养子女义务的重要角色,也会连锁影响未成年子女的成长及其成年后可能负有赡养祖父母义务时的负担能力(《民法典》第1074条第2款)。

二、配偶的继承顺序

被继承人的配偶是日常生活中与被继承人在经济、生活、感情等方面关系最密切的人之一。因此,各国或地区均肯定配偶当然地具有法定继承人地位,但对于配偶的继承顺序存在不同的处理方式,将配偶作为无固定继承顺序的法定继承人的立法模式主要存在以下两种。[1]

---

[1] 参见刘耀东:《继承法修改中的疑难问题研究》,法律出版社2014年版,第10~13页。

(一)配偶继承无固定顺序立法模式

在此模式下,配偶可以与任何一个或部分继承顺序中的法定继承人共同继承。以配偶是否可参与到任何一个继承顺序中继承遗产为标准,此立法模式又可以进一步细分为两类。

1. 配偶继承完全无固定顺序,即配偶可以参与到法定继承顺序中的任一顺序里并与该顺序的血亲继承人共同继承,如根据我国台湾地区"民法"第 1138 条及第 1144 条的规定,法定继承人除配偶外,第一顺序为直系血亲卑亲属;第二顺序为父母;第三顺序为兄弟姐妹;第四顺序为祖父母。配偶与第一顺序继承人同为继承时,其应继份与其他继承人等同;与第二顺序或第三顺序继承人同为继承时,其应继份为 1/2;与第四顺序继承人同为继承时,应继份为 2/3;无第一至第四顺序的法定继承人时,由配偶取得遗产之全部。《瑞士民法典》第 462 条规定,配偶与直系卑血亲共同继承时,继承 1/2 遗产;与父母系的继承人共同继承时,继承 3/4 遗产;父母系亦无继承人时,继承全部遗产。此外,意大利、日本、奥地利、智利、加拿大魁北克省等国家或地区亦是如此,张玉敏教授起草的继承法立法建议稿也采此模式。

2. 配偶继承有限制的无固定顺序,即被继承人的配偶只能参与到法定继承顺序中的部分顺序里并与该顺序的血亲继承人共同继承。如《韩国民法典》第 1000 条规定,"按下列顺位排列继承人:(1)被继承人的直系卑亲属;(2)被继承人的直系尊亲属;(3)被继承人的兄弟姐妹;(4)被继承人四亲等以内的旁系血亲。"第 1003 条规定:"根据第 1000 条第 1 款第 1 项及第 2 项的规定有继承人时,被继承人的配偶与该继承人为同顺位的共同继承人,如无继承人时,则为单独继承人。"据此,配偶的继承顺序虽非固定,但只能参与第一、第二继承顺序。此外,捷克民法、阿根廷民法等也采此模式,我国学者陈苇教授起草的继承法草案建议稿即采此模式。

(二)配偶继承固定顺序立法模式

配偶继承固定顺序,即配偶被列入某一继承顺序并被固定,其应继份额与同顺序其他法定继承人等同。各国家或地区立法例中的配偶继承固定顺序又可以细分为绝对固定和相对固定两种。

1. 配偶继承绝对固定顺序,是指配偶被完全、绝对地固定在某一特定的继承顺序上。大多数立法例均是将配偶固定在第一顺位,如《俄罗斯民法典》第 1142 条规定,第一顺序的法定继承人是被继承人的子女、配偶和父母。《越南民法典》第 676 条亦是如此。少数立法例将配偶固定在第二或第三顺序,如根据《西班牙民法典》第 930 条至第 944 条的规定,直系卑亲属为第一顺序法定继承人,直系尊亲属为第二顺序法定继承人,无直系尊卑亲属的,死者的配偶先于其旁系亲属取得继承权,即配偶处于第三顺序的继承地位。此外,如菲律宾、蒙古国、匈牙利、泰国等亦是如此。

2. 配偶继承相对固定顺序,是指配偶的继承顺序并不是仅仅被固定在某一个继承顺序上,而是被固定在某几个继承顺序上,其较之"绝对固定"呈现出一定的灵活性,同时又不同于非固定顺序。如《葡萄牙民法典》第 2133 条规定:"一、可继承遗产之人依下列顺序而被赋权继承:(1)配偶及直系血亲卑亲属;(2)配偶及直系血亲尊亲属;(3)兄弟姊妹及直系血亲卑亲属;(4)四亲等内之其他旁系血亲;(5)国家。二、在世配偶属第一顺序之可继承遗产之人;然而,如被继承人死亡时并无直系血亲卑亲属,而有直系血亲尊亲属,则在世配偶即属第二顺序之可继承遗产之人。"此外,我国澳门特别行政区(澳门特别行政区《民法典》第 1793 条)等亦是如此。

我国 1985 年原《继承法》即采用第二种模式。在《民法典》的编纂过程中,就对我国继承立法应否继续坚持此种模式存在不同见解。支持者认为,从我国原《继承法》实施几十年的经验来看,将配偶规定为第一顺序继承人,能够很好地保护配偶的合法利益,并无不当之处,应当坚持。《民法典》继承编在规定配偶的继承顺序时也保留了原《继承法》的规定。立法时的具体考量如下:"夫妻是构成家庭这一社会细胞的基本要素,他们之间虽然没有血缘联系,但相互之间感情最为密切,在经济上一般不分彼此、财产共有,在精神上相互慰藉、相互扶持,为终身的伴侣和依靠。在我国,配偶之间在共同生活中所尽相互扶助义务,也往往超过其他第一顺序继承人。因此,无论从亲属关系的亲疏远近,还是从扶养关系的密切程度上,我国继承法将配偶作为第一顺序法定继承人理所当然。如果不将配偶固定在第一顺序,易产生被继承人死亡后没有子女、父母时,所留遗产便由配偶和与被继承人经济联系不是很密切的兄弟姐妹等共同继承,虽然也可以规定彼此间继承份额的不同,但终究不算合理,也容易产生纠纷。对于被继承人有子女和父母,遗产按照第一顺序继承人的人数均分时,配偶取得的遗产份额较少的问题,笔者认为,继承遗产的份额在同一顺序的继承人之间平均分配的原则,虽然会产生继承人较多时每个人分配的遗产份额较少的问题,但是这使与被继承人具有同等亲密关系的同一顺序继承人都分配到均等的遗产,体现同一顺序继承人之间继承权的平等,符合公平原则。"[1]

此种延续旧有做法的思路,看起来很是谨慎。然而,更具说服力的则是建议配偶为不固定顺序继承人的观点。"并非将配偶列入第一顺序就能显示对其继承地位的重视,列于第一顺序也并不意味着就能最好地保护其利益。"[2]我国相关立法对配偶的保护力度不够,配偶相互之间作为最主要的照料者,通常也是遗产的主要贡献者,其继承地位应当得到加强。我国将配偶列为第一顺序继承人,其所得的遗产最多固然可能是全部,但若死者有多个子女并有父母在世,那么其继承份额则十分有限。出于兼顾配偶和血亲继承人继承权的考虑,可以规定配偶对特定遗产的优先权,因此建议配偶为不固定顺序的继承人。[3]

如前所述,《民法典》制定时存在明确的理性的内在考量——配偶之间在共同生活中所尽相互扶助义务,也往往超过其他第一顺序继承人,从亲属关系的亲疏远近以及从扶养关系的密切程度上配偶通常皆应享有超过其他第一顺序继承人的重要地位。也正是基于此种考量,再以"与被继承人具有同等亲密关系的同一顺序继承人都分配到均等的遗产,体现同一顺序继承人之间继承权的平等"的理由,去应对遗产按照第一顺序继承人的人数均分时配偶取得的遗产份额较少的问题,只能说其前后逻辑与价值判断都不够严谨。为贯彻《民法典》的明确可识别的理性考量,未来可以考虑将配偶列为无固定继承顺序的继承人,与任一顺序的法定继承人共同继承,其他法定继承人顺序越远,配偶的继承份额就越大。如此,既可保证配偶的继承权益,同时也可防止配偶继承权阻断血亲继承人的继承权,平衡他们之间的利益。[4]

---

[1] 黄薇主编:《中华人民共和国民法典继承编释义》,法律出版社2020年版,第46页。
[2] 张玉敏:《中国继承法立法建议稿及立法理由》,人民出版社2006年版,第86页。
[3] 参见陈苇、冉启玉:《完善我国法定继承范围和顺序立法的思考》,载《法学论坛》2013年第2期。
[4] 参见胡明玉、叶英萍:《法定继承人范围和顺序的立法修正》,载《海南大学学报(人文社会科学版)》2014年第2期;刘耀东:《继承法修改中的疑难问题研究》,法律出版社2014年版,第15页。

第六节 法定继承中的遗产分配原则

在法定继承开始后,由第一顺序的法定继承人参加继承。如果第一顺序的法定继承人不存在且无代位继承人,或第一顺序的继承人放弃继承或者被剥夺继承权,由第二顺序的法定继承人继承。如果同一顺序的法定继承人只有一人,则遗产全部归其所有。如果同一顺序的法定继承人有两个或两个以上有权参加继承的,则会发生遗产分配问题,因而必须确定每个继承人应取得的继承份额,即各继承人的应继份。

关于法定应继份的确定,主要有两种立法例:一种是以法律明确规定各个顺序、各种继承人的应继份,如《日本民法典》第900条规定;另一种立法例是法律仅规定各法定继承人应继份均等,而不加以细化。我国继承法的规定即属此类。

我国《民法典》第1130条确立了遗产分配的原则:第1款确立了一般情况下的平均分配规则,第2款至第5款则针对特殊情况确立了照顾特殊困难者、扶养与继承权利义务对等、继承人协商的规则。

一、遗产均分原则

我国《民法典》规定了法定继承中遗产分配的一般原则,只要不存在法律规定的特殊情形,则处于同一顺序的法定继承人在根据法定继承规则继承遗产时,法定继承人的应继份应当均等。同一顺序法定继承人,无论其是配偶,还是血亲继承人,不论性别、年龄、是否已婚,只要其生活状况、劳动能力、对被继承人的扶养程度基本相当,对被继承人的遗产皆应享有均等的应继份。此为继承权平等原则的直接体现。[1]

二、特定条件下遗产不均等分配

遗产分配不均等的情形主要有下列4类。

(一) 对生活有特殊困难又缺乏劳动能力的继承人应予照顾

属于此类特殊情况的继承人,应当同时具备生活有特殊困难且缺乏劳动能力两个条件。所谓"生活有特殊困难",主要指继承人没有独立、稳定的收入来源,或经济收入不足以维持最基本的生活水平;所谓"缺乏劳动能力",主要指继承人由于年龄(包括年迈和年幼)或身体原因(疾病或残疾)而部分或全部丧失劳动能力。如继承人同时具备上述两个要件,则应当根据其生活困难和缺乏劳动能力的具体情况,确定遗产分配中对其予以照顾的合理限度。

(二) 继承人对被继承人尽了主要扶养义务或与被继承人共同生活

所谓"对被继承人尽了主要扶养义务",是指为被继承人的生活提供了主要的经济来源,或在生活上给予主要照顾,在劳务等方面给予主要扶助(《民法典继承编解释(一)》第19条)。这些法定继承人履行了较多的扶养义务,多分遗产,自是理所应当。"与被继承人共同生活"的继承人,也是从不同的角度综合地描述此类继承人对被继承人的扶助,由于与被继承人共同生活,他们在物质生活、精神慰藉、劳务帮助方面与被继承人有着更为紧密的联系,故而他们在分

---

[1] 参见蒋月主编:《婚姻家庭与继承法》(第3版),厦门大学出版社2014年版,第330页。

配遗产时可以多分。此种思想清楚显现于《民法典继承编解释（一）》第23条的规定（有扶养能力和扶养条件的继承人虽然与被继承人共同生活，但对需要扶养的被继承人不尽扶养义务，分配遗产时，可以少分或者不分）中。若其虽与被继承人共同生活，但在物质生活、精神慰藉、劳务帮助方面并无较多付出的，自然不满足此处隐含之前提，自然不能多分。此一规范思想，体现了权利义务相一致的基本原则。

（三）继承人有扶养能力和有扶养条件，却不尽扶养义务

属于此种情形的继承人，分配遗产时，应当不分或者少分。此规定也反映了权利义务相一致的原则，也有利于实现养老育幼的宗旨。适用此规则时需要同时满足下列前提条件：一是被继承人需要生活上或经济上的扶养（赡养、扶养、抚养）；二是继承人具备履行扶养义务的能力和条件，如果继承人主观上愿意履行扶养义务，但因客观条件不具备履行扶养义务的能力，不应根据本款规定减少其遗产继承份额；三是继承人主观上不愿意尽扶养义务。根据《民法典继承编解释（一）》第22条的规定，继承人有扶养能力和扶养条件，愿意尽扶养义务，但被继承人因有固定收入和劳动能力，明确表示不要求其扶养的，分配遗产时，一般不应因此而影响其继承份额。

（四）当事人自主协商继承份额

在法定继承开始后，遗产的所有权即移转于继承人。继承人之间可以基于意思自治协商达成继承方案（遗产分割的时间、办法和份额），继承法尊重之（《民法典》第1132条）。当然，达成继承方案本身须当事人有相应的行为能力、真实的意思表示，亦须在法律的公序良俗框架内为之。

第七节　法定继承中的遗产酌分

一、概述

《民法典》第1131条规定，对继承人以外的依靠被继承人扶养的人，或者继承人以外的对被继承人扶养较多的人，可以分给适当的遗产。这是关于继承人以外的人酌情分得遗产的规定。由此确立的即为遗产酌给/酌分请求权制度。

法定继承制度具有身份性的特征，一般将被继承人的遗产分配给与被继承人具有血缘联系、婚姻关系的人。然而，如果将继承活动仅仅限定在有一定的血缘联系、婚姻关系的人之间，有时可能会出现不公平的局面，特别是如果与被继承人形成扶养关系的人并不属于继承人，即使其与被继承人有非常密切的经济、生活和情感上的联系，在被继承人没有订立遗嘱的情况下，其不得继承任何遗产。为了避免上述不公平的情形，一些国家或地区的立法例规定了继承人之外的人，特别是与被继承人形成扶养关系的人可以在一定条件下分得适当的遗产。《日本民法典》第958条之三规定，于前条场合，如认为相当时，家庭法院得因与被继承人共同生活的人、努力为被继承人治疗和护理的人及其他与被继承人有特别关系的人的请求，对该人等分与清算后剩余继承财产的全部或一部分。

《民法典》第1131条的规定系承袭我国原《继承法》第14条的规定。保留遗产酌分制度，

在《民法典》编纂过程中得到多数意见的支持,具体理由主要有五个方面。

(1) 该制度符合民众的传统习惯和家庭伦理道德,有利于鼓励民间扶养,发扬我国养老育幼、互助互爱的传统美德。

(2) 该制度使扶养扶助在被继承人死亡后仍得以延续,不会使相关人员立即丧失对原有生活的依靠,保障家庭、社会的健康稳定发展。

(3) 该制度是法律对被继承人意思推定的结果。被继承人死后,依照一般伦理道德、社会风俗,法律推定被继承人愿意继续用遗产维持被他扶养的人的生活或者报答扶养他的人,符合被继承人的个人意志。

(4) 该制度客观上扩大了遗产受益人的范围。如果被继承人没有法定继承人,但是有互相扶养的人,可以适当分给依靠他扶养或者扶养他的人,避免遗产全部收归国有。

(5) 该制度在实践中有需求。在我国,民间形成事实上亲属关系的情况比较多,例如,未办理结婚登记的同居异性伴侣。人们也愿意将遗产留给一定的事实关系中的人员。[1]

二、构成要件

(一) 可以分给适当遗产的人为继承人以外的人

该条的宗旨即在于创造一种新的遗产取得方式,使继承人以外的其他人基于正义、扶助的理念获得一定数量的遗产,因此可以分到适当遗产的人为继承人以外的人。其可能是被继承人的远亲属,也可能是与被继承人完全没有血缘联系的人。享有遗产酌给请求权的权利人,也可能是继承开始后,实际上不能参加继承、不享有应继份额的法定继承人范围内的亲属。[2] 比如,被继承人的兄弟姐妹作为第二顺序的法定继承人继承,被继承人的侄子、外甥无代位继承之地位,仅有酌分遗产的可能;又如,被继承人存在第一顺序的法定继承人,第二顺序的法定继承人就不能参与继承,从而可以成为遗产酌给请求权的权利人,如兄弟姐妹,也可以享有遗产酌给请求权。遗产酌给请求权的权利人也可能与被继承人无亲属关系,如同居生活者。此外,酌分遗产权利人还可能包括:(1) 被他人收养但赡养、扶助生父母较多但对生父母无继承权的子女;(2) 被继承人的子女先于被继承人死亡且丧失继承权,被继承人的子女的直系晚辈血亲对被继承人赡养较多,但无代位继承权的;(3) 未受继父母抚养的成年继子女,对继父母赡养、扶助较多但对继父母一方并无继承权的。

(二) 继承人以外的人与被继承人之间具有扶养关系

继承人以外的人可酌情分得适当的遗产,前提是其与被继承人之间具有扶养关系。这既包括依靠被继承人扶养的情形,也包括对被继承人扶养较多的情形。在此,"扶养"指提供经济来源、劳务帮助等方面的扶助,包括扶养、抚养、赡养3种类型。

至于扶养关系应达到何种程度,法条并未作出规定,并不以一定时间内持续性扶养作为判断是否具有扶养关系的标准。实践中,互相扶养的情况复杂,时间和程度也不一,无法进行量化,若规定一个统一的时间作为判断是否具有扶养关系的标准,会造成司法的机械化,很可能导致不公平的情况发生。为此,扶养关系成立与否,应个案具体判断。

原《继承法》曾对分给依靠被继承人扶养的继承人以外的人适当遗产有严苛的条件,要求

---

[1] 参见黄薇主编:《中华人民共和国民法典继承编释义》,法律出版社2020年版,第64~65页。
[2] 参见蒋月主编:《婚姻家庭与继承法》(第3版),厦门大学出版社2014年版,第332页。

既缺乏劳动能力又没有生活来源,这实质上排除了大部分受被继承人扶养的人分得适当遗产的机会。原《继承法》要求受被继承人扶养的继承人以外的人"缺乏劳动能力又没有生活来源"才可以分得适当遗产,其中,"缺乏劳动能力"指因智力或者身体未发育完全、年老等不具有劳动能力,或者因疾病、伤残等完全丧失或者部分丧失劳动能力的情况,"没有生活来源"指没有收入或者经济来源。从我国目前的社会保障情况来看,完全没有生活来源的人已经很少了。如果严格按照原《继承法》规定的条件确定可以适当分得遗产的人,可能会使很多受被继承人扶养的继承人以外的人不能分得任何遗产,使一些虽然有劳动能力但是其他原因导致生活来源较少的被扶养人以及虽然有一些生活来源但无劳动能力的被扶养人在被继承人死亡后生活水平大幅下降,这也可能不符合被继承人的意愿。被继承人生前对继承人以外的人进行扶养,按照社会常理,在其死后也愿意分出遗产中的一部分以继续帮助其生前扶养的人,而无论该被扶养人是否为缺乏劳动能力又没有生活来源。为此,《民法典》继承编删去了原《继承法》中规定的依靠被继承人扶养的继承人以外的人分得适当遗产必须符合"缺乏劳动能力又没有生活来源"这一条件的要求。对于继承人以外的扶养被继承人的人分给适当遗产的条件还是沿袭了原《继承法》的规定,即必须为"对被继承人扶养较多的人"。[1]

在判断何为"依靠"时,可以考虑的因素包括请求权人对被继承人在经济和生活上的依赖程度,以及这种依赖关系的持续时间等。虽然《民法典》继承编不再要求继承人以外依靠被继承人扶养的人必须缺乏劳动能力又没有生活来源,但是被扶养人的劳动能力和生活来源仍是重要的考虑因素。有劳动能力或有生活来源的人并不当然被排除在权利人的范围之外。判断继承人以外的人是否与被继承人形成扶养关系,必须对个案情形进行整体考量。

三、法律后果

我国《民法典》规定酌分遗产请求权的法律后果为可以分给适当遗产。但是对可以分得遗产的数额并无明确规定。这也就意味着权利人之可得遗产具有不确定性。这主要是考虑到实践中的情况纷繁复杂,无法规定一个统一的标准,在分配遗产时,对于被继承人以外的人,可以综合考虑被继承人与权利人之间的身份关系、情谊深厚,权利人的性别、年龄、身体状况和生活状况,[2]权利人与被继承人之间扶养关系的程度、遗产数额以及法定继承人的具体情况等因素,由当事人之间协商确定或者由法院确定适当的遗产份额。[3] 依据《民法典继承编解释(一)》第20条的规定,法院按照个案的具体情况,分给酌分遗产请求权人的份额,可以多于或少于继承人。由此可见,酌分遗产请求权具有内在的双重不确定性,法律后果方面的酌定也与该制度构成要件方面的酌定密切联动。

四、权利行使

遗产酌分请求权的性质是债权而非继承权,权利人为与被继承人生前形成扶养关系的人,相对人为继承人。[4] 继承开始时,遗产酌给请求权人既可以通过代理人,也可以亲自向遗产管理人或遗产继承人主张权利。倘若遗产管理人或者遗产继承人拒绝向遗产酌给请求权人给

---

[1] 黄薇主编:《中华人民共和国民法典继承编释义》,法律出版社2020年版,第66~67页。
[2] 参见李永军主编:《中国民法学·第四卷 婚姻继承》,中国民主法制出版社2022年版,第248~249页。
[3] 参见黄薇主编:《中华人民共和国民法典继承编释义》,法律出版社2020年版,第67~68页。
[4] 参见王歌雅、任江:《中华人民共和国继承法评注:法定继承》,厦门大学出版社2019年版,第194页;李佳伦:《民法典编纂中遗产酌给请求权的制度重构》,载《法学评论》2017年第3期。

付适当遗产,或者双方就应给付的遗产数额发生争议,那么遗产酌给请求权人可以诉诸司法救济。[1] 对此,《民法典继承编解释(一)》第 21 条规定,可以分给适当遗产的人,在其依法取得被继承人遗产的权利受到侵犯时,本人有权以独立的诉讼主体资格向人民法院提起诉讼。

该请求权的行使,适用《民法典》总则编诉讼时效的一般规定。[2]

---

[1] 参见蒋月主编:《婚姻家庭与继承法》(第 3 版),厦门大学出版社 2014 年版,第 334 页。
[2] 参见李永军主编:《中国民法学·第四卷 婚姻继承》,中国民主法制出版社 2022 年版,第 247、249 页。

第二章 代位继承

第一节 概 述

一、代位继承的概念

代位继承反映了我国"子承父份"的传统继承观念,在法制史上有其依据。"代位继承制度乃因对于继承期待权之尊重与公平之原理而来。"[1]易言之,代位继承制度确保了遗产在各个支系之间的均衡分配。根据《民法典》第1128条第1款、第2款的规定,被继承人的子女先于被继承人死亡的,由被继承人的子女的直系晚辈血亲代位继承;被继承人的兄弟姐妹先于被继承人死亡的,由被继承人的兄弟姐妹的子女代位继承。相对于原《继承法》第11条,《民法典》新增旁系代位继承,进一步扩大了代位继承的适用领域。从《民法典》的规定不难看出,代位继承,是指在特定继承人先于被继承人死亡时,由其特定继承人代其参与法定继承。参与继承的特定继承人的特定继承人被称为代位继承人,先于被继承人死亡的特定继承人被称为被代位继承人。代位继承仅发生于法定继承情形下,不适用遗嘱继承和遗赠。对于遗嘱信托来说,受益人取得财产并非基于继承,而是基于信托文件。即使其继承人可以根据《信托法》第48条的规定继承该权利,也并非代位继承。从实质理由来看,遗嘱继承、遗赠以及遗嘱信托本系尊重被继承人的意思自治,不涉及各支系公平分割遗产的问题。

二、代位继承权

代位继承人享有代位继承权。关于代位继承权的性质,学说上存在"固有权说"和"代位权说"两种观点。第一种观点认为,代位继承权是代位继承人自身所固有的权利,与被代位的继承人的继承权无关。第二种观点则认为,代位继承权源于被代位继承人的继承权,代位继承人只是依法代位享有该权利。何种观点更为合理,须考虑实定法上的规定。从《民法典》第1128条第1款、第2款规定的代位继承的要件来看,代位继承仅限于继承人先于被继承人死亡的情形,不包括继承人丧失继承权的情形。《民法典继承编解释(一)》第17条明确规定,继承人丧失继承权的,其晚辈直系血亲不得代位继承;如该代位继承人缺乏劳动能力又没有生活来源,或者对被继承人尽赡养义务较多的,可以适当分给遗产。易言之,在被代位继承人丧失继承权时,代位继承人不能享有代位继承权。此外,《民法典》第1128条第3款规定,代位继承人一般只能继承被代位继承人有权继承的遗产份额。这些规定实际上共同表明在我国法下代位继承权并非代位继承人的固有权,而系承继被代位继承人的继承权。质言之,我国法采"代位权

---

[1] 陈棋炎、黄宗乐、郭振恭:《民法继承新论》(修订10版),台北,三民书局股份有限公司2016年版,第44页。

说"。"固有权说"侧重保护代位继承人的期待,[1]但存在明显的弊端。"允许继承人在丧失继承权时可以由其直系晚辈血亲代位继承,违背丧失继承权制度的目的,容易引发道德风险,也不符合社会公众关于公平正义的期待。"[2]

三、代位继承的类型

根据被代位继承关系的性质,可以将代位继承区分为直系代位继承和旁系代位继承。根据《民法典》第1128条的规定,直系代位继承人为所有直系晚辈血亲。依据《民法典继承编解释(一)》第14条的规定,被继承人的孙子女、外孙子女、曾孙子女、外曾孙子女都可以代位继承,代位继承人不受辈数的限制。易言之,直系代位继承中,代位继承人不受辈数限制。但对于旁系代位继承来说,代位继承人仅限于被继承人的兄弟姐妹的子女,不包括其孙子女、外孙子女以及其他直系晚辈血亲,辈数严格受限。

第二节 代位继承的要件

一、直系代位继承的要件

(一)被继承人的子女先于被继承人死亡

直系代位继承所代位之继承权发生在第一顺位继承之中。是否有其他同顺位继承人不影响代位继承的发生。根据《民法典继承编解释(一)》第18条,丧偶儿媳对公婆、丧偶女婿对岳父母,无论其是否再婚,依照《民法典》第1129条规定作为第一顺序继承人时,不影响其子女代位继承。

直系代位继承仅限于被继承人的子女先于被继承人死亡这一种情形,因此不存在直系长辈血亲代位继承的问题。此处的子女包括婚生子女、非婚生子女、养子女和有扶养关系的继子女。当养子女和有扶养关系的继子女死亡时,如果其与被继承人之间的收养关系已经解除或者扶养关系已经解除,则不属于被继承人的子女,不发生代位继承。

此处的死亡既包括自然死亡,也包括宣告死亡。如果死亡宣告被撤销,被撤销死亡宣告的人有权依据《民法典》第53条的规定,要求取得财产的代位继承人返还,无法返还的,应当适当进行补偿。在相互有继承关系的数人在同一事件中死亡,难以确定死亡时间时,根据《民法典》第1121条第2款确定的死亡推定规则,亦可能发生代位继承。

(二)被继承人的子女未丧失继承权

综上所述,代位继承权的性质为代位权,故代位继承以被代位继承人享有继承权为前提。如果被代位继承人在死亡前已经丧失继承权,自然无法产生代位继承。《民法典》第1125条第1款规定了继承人丧失继承的5种情形。其中,"遗弃被继承人,或者虐待被继承人情节严重""伪造、篡改、隐匿或者销毁遗嘱,情节严重""以欺诈、胁迫手段迫使或者妨碍被继承人设立、变更或者撤回遗嘱,情节严重"3种情形属于相对丧失情形。如果被代位继承人在死亡前有悔改

---

[1] 参见林秀雄:《继承法讲义》(第8版),台北,元照出版有限公司2018年版,第28页。
[2] 黄薇主编:《中华人民共和国民法典释义》(下),法律出版社2020年版,第2163页。

表现,被继承人在其死亡前表示宽恕,则代位继承不受影响。如果被继承人将代位继承人列于遗嘱中,宽恕并不发生。被继承人的这种行为实际上是遗赠。代位继承人身份并不妨碍其成为受遗赠人。宽恕应当指向被代位的继承人。

继承权的丧失既可能发生在继承开始前,亦可能发生在继承开始后。例如,在继承开始后伪造、篡改、隐匿或者销毁遗嘱,情节严重。又如,在继承开始后为争夺遗产而杀害其他继承人。由于代位继承要求被代位继承人先于被继承人死亡,继承开始后丧失继承权的情形在代位继承中不可能出现。

对于放弃继承权来说,根据《民法典》第1124条第1款的规定,继承开始后,继承人放弃继承的,应当在遗产处理前,以书面形式作出放弃继承的表示;没有表示的,视为接受继承。该条规定并未明确继承开始前能否放弃继承,司法实践对于继承开始前继承人作出放弃继承表示的效力存在一定的分歧:一种观点认为,继承开始前不能放弃继承,因为继承人此时并不享有继承权,只享有继承期待权,本质上是一种将来继承的资格;[1]另一种观点则认为,法律并未限制继承开始前不能放弃继承,[2]开始前的放弃行为本质上是一种附期限的法律行为。[3] 从处分的角度来看,"在继承开始前,继承人尚无继承权或处于权利不确定状态,不存在放弃问题"。[4] 对此问题,比较法上也多持否定态度。[5] 附期限行为观点的问题在于,继承人放弃继承权时作为客体的权利尚未特定,处分行为不成立,自然也无法附期限。从实质理由来看,即使在负担行为层面,赋予其效力极易产生意思表示瑕疵,甚至引发违反公序良俗问题。[6] 还有法院明确指出,如果允许继承人在继承开始前放弃继承,会损害代位继承人的利益。[7] 例如,继承开始前继承人作出的放弃继承行为无效,则不影响后续代位继承的发生。

(三)代位继承人为被继承人子女的直系晚辈血亲

对于直系代位继承来说,代位继承人并非被继承人子女(被代位继承人)的法定继承人,而是其直系晚辈血亲,其配偶、父母、兄弟姐妹、祖父母、外祖父母虽属于继承人,但不可能成为法定继承人。根据《民法典继承编解释(一)》第14条的规定,被继承人的孙子女、外孙子女、曾孙子女、外曾孙子女都可以代位继承,代位继承人不受辈数的限制,只要是直系晚辈血亲即可。当然,后一晚辈血亲代位继承的前提是前一直系晚辈血亲死亡。如果同一辈分存在多个直系晚辈血亲,则多个直系晚辈血亲共同成为代位继承人。

根据《民法典继承编解释(一)》第15条的规定,被继承人的养子女、已形成扶养关系的继子女的亲生子女可以代位继承;被继承人亲生子女的养子女可以代位继承;被继承人养子女的养子女可以代位继承;与被继承人已形成扶养关系的继子女的养子女也可以代位继承。值得探讨的是存在抚养教育关系继父母子女的代位继承问题。依据该条规定,受被继承人抚养的

---

[1] 参见李某1等诉李某3等合同纠纷案,北京市第三中级人民法院(2021)京03民终18031号民事判决书。
[2] 参见苏某1诉苏某2、苏某3法定继承纠纷案,上海市第一中级人民法院(2021)沪01民申194号民事裁定书。
[3] 参见邱江:《继承开始前承诺放弃继承的效力》,载《人民法院报》2017年12月6日,第7版。
[4] 最高人民法院民法典贯彻实施工作领导小组主编:《中华人民共和国民法典婚姻家庭编继承编理解与适用》,人民法院出版社2020年版,第511页。
[5] 参见叶名怡:《论事前弃权的效力》,载《中外法学》2018年第2期。
[6] 参见叶名怡:《论事前弃权的效力》,载《中外法学》2018年第2期。
[7] 参见王某甲、王某乙诉被上诉人王某丙法定继承纠纷案,四川省成都市中级人民法院(2014)成民终字第3881号民事判决书。

继子女的生子女、养子女也可以成为代位继承人。该条规定并未明确与被继承人子女形成扶养教育关系的继子女能否作为代位继承人。最高人民法院民事审判第一庭认为,应否定与被继承人子女形成扶养教育关系的继子女的代位继承人地位,主要理由在于有扶养教育关系的继父母子女之间的权利义务仅局限于他们内部,受继父母抚养的继子女也与生子女和养子女不同,并非被继承人的直系晚辈血亲。[1]

由于有扶养教育关系事实只会在继父母和受其扶养的子女之间产生拟制血亲关系,不会在继父母与继子女其他亲属间产生拟制血亲关系,也不会在继子女与继父母其他亲属间产生拟制血亲关系,他们之间仍然为姻亲关系。被继承人继子女的生子女、养子女实际上与被继承人并不存在血亲关系。《民法典》第1128条第1款并未要求代位继承人与被继承人存在血亲关系,只要求代位继承人与被继承人子女存在血亲关系。因此,并不能以代位继承人与被继承人欠缺血亲关系否定其代位继承人地位,否则受被继承人扶养的继子女的生子女、养子女同样不能成为代位继承人。在肯定代位继承权系代位权而非固有权的立场之下,应当承认受被继承人子女扶养的继子女的代位继承人地位。需要注意的是,在此种情形下,受被继承人子女扶养的继子女的直系晚辈血亲并非被继承人子女的直系晚辈血亲,不具有代位继承人地位。与此不同,受被继承人抚养的继子女的生子女、养子女的直系晚辈血亲均可能成为代位继承人。

二、旁系代位继承的要件

(一)被继承人的兄弟姐妹先于被继承人死亡

根据《民法典》第1127条的规定,旁系继承仅发生在兄弟姐妹之间。其他旁系血亲无法定继承资格。此处的兄弟姐妹包括同父母的兄弟姐妹、同父异母或者同母异父的兄弟姐妹、养兄弟姐妹、有扶养关系的继兄弟姐妹。被继承人的兄弟姐妹先于被继承人死亡既包括自然死亡也包括宣告死亡。如果在被继承人兄弟姐妹死亡时,尚未形成血亲意义上的兄弟姐妹关系或者血亲意义上的兄弟姐妹关系已经消灭,则不发生代位继承。例如,在被继承人死亡时,继兄、姐对继弟、妹的扶养尚未到达一定时间,不符合拟制血亲的要求。此时,二者之间仍为姻亲关系,相互之间不具有继承人资格。实际扶养的继兄、姐可以依据《民法典》第1131条的规定,主张酌情分给适当的遗产。又如,被继承人因继父母收养而与其生子女形成拟制血亲关系,如果在被继承人死亡时,收养关系已经解除,则同样不发生代位继承。

(二)被继承人的兄弟姐妹未丧失继承权

旁系代位继承发生的前提是,无第一顺序法定继承人或者第一顺序法定继承人均放弃继承或者第一顺序法定继承人均丧失继承权。至于是否有兄弟姐妹之外的其他第二顺序法定继承人,并不影响代位继承的发生。根据《民法典继承编解释(一)》第17条的规定,在被继承人的兄弟姐妹死亡时,如果已经丧失继承权,则代位继承不发生。此为代位权说应有之义。与前述直系代位继承一样,在继承权相对丧失情形下,被继承人的兄弟姐妹在死亡前有悔改表现,被继承人在其死亡前表示宽恕,代位继承均不受影响。同样,继承开始前所为放弃继承的表示不生效力,即使被继承人的兄弟姐妹在继承开始前作出放弃继承的表示,亦不影响代位继承之发生。

---

[1] 参见最高人民法院民事审判第一庭编著:《最高人民法院民法典继承编司法解释(一)理解与适用》,人民法院出版社2022年版,第155~156页。

（三）代位继承人为被继承人的兄弟姐妹的子女

与子女代位继承不同，旁系代位继承人的范围较小，局限于被继承人的兄弟姐妹的子女，不包括被继承人的兄弟姐妹的其他直系晚辈血亲。如果被继承人的兄弟姐妹的子女先于被继承人的兄弟姐妹死亡，则代位继承不发生。即使被继承人的兄弟姐妹此时存在孙子女、外孙子女、曾孙子女、曾外孙子女，亦是如此。作为代位继承人的子女可以是其婚生子女、非婚生子女、养子女和有扶养关系的继子女。如前所述，既然采用"代位权说"，代位继承的发生并不以代位继承人和被继承人的血亲关系为前提。在被继承人的兄弟姐妹与其继子女形成扶养关系时，被继承人虽与其兄弟姐妹的继子女无血亲关系，但可形成代位继承关系。

第三节　代位继承的效力

在满足代位继承要件的情况下，代位继承人可以直接继承被继承人的财产。在直系代位继承场合，代位继承人直接以第一顺序法定继承人身份参与继承。[1] 在旁系代位继承场合，代位继承人直接以第二顺序法定继承人身份参与继承。据此，其享有法定继承人的相关权利，亦承担法定继承人的相关义务。例如，根据《民法典》第1145条，代位继承人同样有权参与推选继承人，在没有推选时，其亦有权担任遗产管理人。如果同一被代位继承人存在多个代位继承人，其权利和义务均应受其所代位继承权的限制。易言之，多个代位继承人共同行使权利，承担义务。

就代位继承之份额而言，根据《民法典》第1128条第3款，代位继承人一般只能继承被代位继承人有权继承的遗产份额。这是由代位继承权的性质决定的。依据《民法典》第1130条第1款，如果存在被代位继承人之外的其他同一顺序的法定继承人，代位继承人一般只能继承均等遗产份额。如果存在被代位继承人应当多分或者少分情形，则代位继承人所代位份额并非均等份额。作为例外，根据《民法典继承编解释（一）》第16条的规定，代位继承人缺乏劳动能力又没有生活来源，或者对被继承人尽过主要赡养义务的，分配遗产时，可以多分。[2] 需要注意的是，此处的没有生活来源，不仅指自身无收入或者财产，而且包括其无其他扶养义务人。如果代位继承人可以通过其他扶养义务人处获得生活来源，不属于可以多分情形。[3] 如果存在多个代位继承人，则代位继承人共同继承被代位继承人有权继承的遗产份额。例如，甲有乙、丙、丁3个子女，其中乙先于甲死亡，乙有戊、己两个子女，如无多分、少分情形，则戊、己各代位继承甲1/6的遗产份额。

---

[1] 参见王丹：《民法典继承编修改的几个重点问题》，载《人民司法（应用）》2020年第22期。相反观点认为，代位继承人本身并不是第一顺序法定继承人，因为如果存在多个代位继承人时并不是与其他第一顺序法定继承人继承均等份额，而只是在被代位继承人有权继承的遗产份额内继承。参见刘某宁等与杨某叶法定继承纠纷案，福建省厦门市海沧区人民法院（2010）海民初字第2816号民事判决书。这一观点并不合理，以第一顺序法定继承人参与继承与其继承份额并不必然挂钩，法律已经对其继承份额进行了限制。

[2] 参见闫某1与闫某2代位继承纠纷案，北京市朝阳区人民法院（2013）朝民初字第38119号民事判决书。

[3] 参见杨某1与杨某4等继承纠纷案，北京市高级人民法院（2023）京民申869号民事裁定书。

第三章 无人继承遗产的归属

第一节 归国家所有

根据《民法典》第1160条的规定,无人继承又无人受遗赠的遗产,归国家所有,用于公益事业;死者生前是集体所有制组织成员的,归所在集体所有制组织所有。该规则是为了避免财产出现无主情况。由于遗赠属于遗产债务,受遗赠人并不享有继承人的权利,亦不承担继承人的义务,而是属于遗产债权人。作为债权人的受遗赠人无法承受原本应由继承人享有的权利、承担的义务。[1] 据此,即使存在受遗赠人,亦需处理无人继承情形下,由谁承接应由继承人享有的权利、承担的义务。

所谓无人继承,是指在继承开始时,无法定继承人,或者全部法定继承人均丧失继承资格,或者全部法定继承人均放弃继承。在代位继承的情形下,代位继承人属于法定继承人,不能认定为无人继承。在遗嘱信托的情形下,作为受益人的法定继承人放弃继承权却未放弃信托受益权时,仍然属于无人继承情形。

如果法定继承人放弃继承,财产归国家或者集体所有制组织,此时原本应当属于继承人的其他权利、义务是否一并归属于国家或者集体所有制组织不无疑问。在《民法典》实施之前,因欠缺遗产管理人制度,法院往往将遗产清理和债务清偿作为继承人的法定义务。由此适用《继承法意见》(已失效)第46条(现《民法典继承编解释(一)》第32条),认定继承人放弃继承行为无效。[2]《民法典》实施后,仍有不少法院对《民法典继承编解释(一)》第32条所称"不能履行法定义务"作扩大解释,认定继承人放弃继承行为无效。[3] 当然亦有反对观点。[4] 在《民法典》新增遗产管理人制度后,不宜再作此种扩大解释。《民法典》增设遗产管理人的目的

---

[1] 参见李永军:《论遗赠在继承中的法律效力》,载《清华法学》2023年第1期。
[2] 参见赵某、杨某与李某被继承人债务清偿纠纷案,云南省大理白族自治州中级人民法院(2020)云29民终1153号民事判决书;张某与许某、杨某民间借贷案,陕西省咸阳市杨陵区人民法院(2020)陕0403民初1105号民事判决书;中国农业银行股份有限公司大连瓦房店支行与华某艳、张某峰信用卡纠纷案,辽宁省瓦房店市人民法院(2020)辽0281民初4306号民事判决书。
[3] 参见黄某雅、黄某飞与广州中某五金制品有限公司等买卖合同纠纷案,广东省广州市中级人民法院(2023)粤01民终18063号民事判决书;荣某与满某3等生命权、身体权、健康权纠纷案,山东省聊城市中级人民法院(2023)鲁15民申255号民事裁定书;许某1、熊某1、熊某2因与中国邮政储蓄银行股份有限公司永胜县永北镇支行被继承人债务清偿纠纷案,云南省丽江市中级人民法院(2023)云07民终617号民事判决书。
[4] 参见中国邮政储蓄银行股份有限公司萧县支行与羿某2、羿某2旭、马某被继承人债务清偿纠纷案,安徽省宿州市中级人民法院(2023)皖13民终831号民事判决书;某某投资公司与某某股份有限公司等纠纷案,陕西省西安市中级人民法院(2023)陕01民终22258号民事判决书。

正是"为确保遗产得到妥善管理、顺利分割,更好地维护继承人、债权人利益"。[1] 即使法定继承人全部放弃继承,根据《民法典》第 1145 条的规定,由被继承人生前住所地的民政部门或者村民委员会担任遗产管理人,不会存在债权人无处主张权利的问题,其利益能够得到很好的保护。此时,应承认继承人放弃继承行为的效力。

根据《民法典继承编解释(一)》第 37 条的规定,放弃继承的效力,追溯到继承开始的时间。因此,在继承人放弃继承时,从继承开始时,遗产自动移转给国家或者集体所有制组织。这种移转是自动发生的,不考虑财产法上特殊变动形式要求。

如果死者生前不是集体所有制组织成员,那么民政部门代表国家接收遗产,在被继承人无额外指定情形下,通常由其同时作为遗产管理人。归国家所有的遗产同样需要先清偿各种遗产债务。例如,根据《民法典继承编解释(一)》第 41 条的规定,遗产因无人继承又无人受遗赠归国家或者集体所有制组织所有时,按照《民法典》第 1131 条规定可以分给适当遗产的人提出取得遗产的诉讼请求,人民法院应当视情况适当分给遗产。易言之,应先清偿酌分请求权人的债务。

相对原《继承法》第 32 条,《民法典》第 1160 条特别规定,归国家所有的遗产需用于公益事业,不能用于其他目的。公益事业包含教育事业、医疗事业、扶贫事业、救灾事业、慈善事业等。被继承人可以在遗嘱中限定某项特殊公益目的而不指定受遗赠人。

第二节 归集体所有制组织所有

依据《民法典》第 1160 条的规定,如果被继承人生前是集体所有制组织成员的,无人继承的遗产归所在集体所有制组织所有。目前主要的集体所有制组织是农村集体经济组织。根据《农村集体经济组织法》第 2 条的规定,农村集体经济组织,是指以土地集体所有为基础,依法代表成员集体行使所有权,实行家庭承包经营为基础、统分结合双层经营体制的地区性经济组织,包括乡镇级集体经济组织、村级集体经济组织、组级集体经济组织。法律之所以规定被继承人为集体所有制组织成员时,无人继承的遗产归集体所有制组织,是因为"其生前一般都会从集体所有制组织获得土地承包权、分红等经济利益,故将其遗产确定归集体所有制组织所有合情合理"。[2] 易言之,被继承人生前从集体所有制组织获益是其遗产在无人继承时归集体所有制组织的主要原因。

只要被继承人具有集体所有制组织成员资格即可,其是否在集体所有制组织工作、生活在所不问。如果其他组织或者自然人在被继承人生前对其进行了照顾,可以依据《民法典》第 1131 条的规定,主张酌分请求权。与无人继承财产归国家所有不同,在无人继承财产归集体所有制组织时,无须用于公用事业,但需要符合相关法律的规定。

---

[1] 《关于〈中华人民共和国民法典(草案)〉的说明——2020 年 5 月 22 日在第十三届全国人民代表大会第三次会议上》。
[2] 黄薇主编:《中华人民共和国民法典释义》(下),法律出版社 2020 年版,第 2227 页。

第六编

遗嘱处分

第一章 遗嘱与遗嘱继承

第一节 遗嘱概述

一、遗嘱的概念

遗嘱是自然人处分其遗产的单方法律行为。弗里德里希·施莱尔马赫(Friedrich Schleiermacher)曾将遗嘱称为"生命最后的赠礼"[1],因为最后的慷慨试图给每个人留下合适的东西。[2] 对于遗嘱的定义,陈苇教授认为:遗嘱是自然人生前按照法律的规定处分个人财产及安排与此有关的事务并于死亡后发生效力的法律行为。遗嘱有广义与狭义之分。广义的遗嘱包括死者生前对于其死后一切事务作出处理和安排的行为。在我国,《民法典》继承编的遗嘱,是指狭义的遗嘱。仅涉及自然人所作出的与财产处置有关事务的安排。[3] 房绍坤教授等则指出:在继承法上,遗嘱是指自然人生前在法律允许的范围内,按照法律规定的方式对遗产或其他事务作出安排,并于死后发生法律效力的民事法律行为。遗嘱通常在两种含义上使用:一种是指遗嘱凭证(如销毁遗嘱时);另一种是指意思表示。前一含义多在日常语言中使用。学理上所称遗嘱基本是指意思表示。[4] 林秀雄教授将遗嘱定义为:"遗嘱人依法定方式所为于其死后发生效力之无相对人之单独行为。"[5]

一般而言,遗嘱的内容包括下述几个方面。

(一)指定遗嘱继承人或受遗赠人,或排除某继承人的继承权

遗嘱人可以通过遗嘱决定由谁获得自己的遗产。《民法典》第 1133 条规定:"自然人可以依照本法规定立遗嘱处分个人财产,并可以指定遗嘱执行人。自然人可以立遗嘱将个人财产指定由法定继承人中的一人或者数人继承。自然人可以立遗嘱将个人财产赠与国家、集体或者法定继承人以外的组织、个人。自然人可以依法设立遗嘱信托。"据此,如果获得遗产的人是法定继承人中的一人或者数人则成立遗嘱继承,如果获得遗产的人是国家、集体或者法定继承人以外的组织、个人则成立遗赠。

(二)确定遗产的分配方法

遗嘱人可以通过遗嘱处分自己的全部遗产,也可以通过遗嘱处分自己的部分遗产。遗嘱

---

[1] [德]马蒂亚斯·施默克尔:《德国继承法》(第 5 版),吴逸越译,中国人民大学出版社 2020 年版,转引自 *Friedrich Daniel Ernst Schleiermacher*, Gedanken Ⅱ, in: ders. Schriften aus der Berliner Zeit 1796 – 1799, ed. G. Meckenstock (Kritische Gesamtausgabe, 2). 1874. 115。

[2] 参见[德]马蒂亚斯·施默克尔:《德国继承法》(第 5 版),吴逸越译,中国人民大学出版社 2020 年版,第 87 页。

[3] 参见陈苇主编:《婚姻家庭继承法学》(第 4 版),中国政法大学出版社 2022 年版,第 343~344 页。

[4] 参见房绍坤、范李瑛、张洪波:《婚姻家庭继承法》(第 7 版),中国人民大学出版社 2021 年版,第 202~203 页。

[5] 林秀雄:《继承法讲义》(修订 8 版),台北,元照出版有限公司 2019 年版,第 221 页。

人可以通过遗嘱决定特定的遗产由特定的人获得,也可以不指定特定遗产的归属而仅规定每人获得的份额。

(三) 设立遗嘱执行人

遗嘱人可以为自己的遗嘱指定遗嘱执行人。遗嘱执行人通常同时兼任遗产管理人。《民法典》第1145条规定:"继承开始后,遗嘱执行人为遗产管理人;没有遗嘱执行人的,继承人应当及时推选遗产管理人;继承人未推选的,由继承人共同担任遗产管理人;没有继承人或者继承人均放弃继承的,由被继承人生前住所地的民政部门或者村民委员会担任遗产管理人。"

(四) 遗嘱可以附义务和条件

遗嘱人可以在遗嘱中附义务或附条件。遗嘱附义务的情形如"我死后房产由儿子继承,但儿子有义务允许他的后妈某某某在该房产中安度晚年直至去世"。《民法典》第1144条规定:"遗嘱继承或者遗赠附有义务的,继承人或者受遗赠人应当履行义务。没有正当理由不履行义务的,经利害关系人或者有关组织请求,人民法院可以取消其接受附义务部分遗产的权利。"此处所言"没有正当理由"应当综合个案情形予以考察,例如,父亲立下遗嘱决定由女儿继承房产,但有义务与其亲生母亲同住该房屋中直至母亲去世。但父亲去世之后母亲坚决不同意与女儿同住,此时不应认为女儿无正当理由不履行义务。如果继承人真的无正当理由不履行义务,则依据《民法典继承编解释(一)》第29条的规定处理,"附义务的遗嘱继承或者遗赠,如义务能够履行,而继承人、受遗赠人无正当理由不履行,经受益人或者其他继承人请求,人民法院可以取消其接受附义务部分遗产的权利,由提出请求的继承人或者受益人负责按遗嘱人的意愿履行义务,接受遗产"。

对于遗嘱是否可以附条件,我国《民法典》并无明确规定,理论上存在一定争议,但实践中附条件遗嘱大量存在。[1] 附条件遗嘱与先后位继承制度紧密相连,我国《民法典》并未明文规定附条件遗嘱,也由此未对先后位继承制度作出明确规定。但基于附条件遗嘱的法律构造,遗嘱人还可以在遗嘱中指定后位继承人、后位受遗赠人,在先位继承人、先位受遗赠人不能接受继承或遗赠,或有其他符合条件的情形出现时,由后位继承人、后位受遗赠人获得遗产。

(五) 设立遗嘱信托

《民法典》第1133条规定:"自然人可以依照本法规定立遗嘱处分个人财产,并可以指定遗嘱执行人。自然人可以立遗嘱将个人财产指定由法定继承人中的一人或者数人继承。自然人可以立遗嘱将个人财产赠与国家、集体或者法定继承人以外的组织、个人。自然人可以依法设立遗嘱信托。"可见,遗嘱人也可以通过遗嘱设立遗嘱信托。

二、遗嘱的法律特征

遗嘱的法律特征包括:首先,遗嘱是单方法律行为。这意味着遗嘱仅需立遗嘱人单方意思表示即告成立,进而在立遗嘱人死亡时发生效力,而无须遗嘱继承人或受遗赠人对遗嘱作出"承诺"。尽管根据《民法典》第1124条[2]的规定,遗嘱继承人或受遗赠人可以拒绝接受继承或遗赠,但这并不影响遗嘱的成立和生效。作为无相对人的意思表示,遗嘱无须送达即可生

---

[1] 参见李红玲:《论附条件遗嘱的调整规则》,载《法学》2018年第11期。
[2] 《民法典》第1124条规定:"继承开始后,继承人放弃继承的,应当在遗产处理前,以书面形式作出放弃继承的表示;没有表示的,视为接受继承。受遗赠人应当在知道受遗赠后六十日内,作出接受或者放弃受遗赠的表示;到期没有表示的,视为放弃受遗赠。"

效,立遗嘱人完全可以在无人所知的情况下将遗嘱锁在柜子里,直到去世之前才告诉他人将遗嘱取出,而遗嘱中指定的继承人或受遗赠人对此一无所知。

其次,遗嘱自立遗嘱人死亡时生效。遗嘱的生效附有法定期限,即立遗嘱人死亡、继承开始时生效。从法律行为成立与生效的角度来看,立遗嘱人"作成"遗嘱,仅意味着遗嘱的成立,只有立遗嘱人死亡时遗嘱方可发生效力。

再次,遗嘱是要式法律行为。《民法典》为遗嘱规定了严格的形式要件,不满足形式要求的遗嘱不能发生法律效力。遗嘱是立遗嘱人对自己死后财产的安排,事关重大,法律规定严格的形式要件是为了确定当事人的法律拘束意思,避免生活中关于遗产安排的草率承诺在当事人死后具备了法律拘束力。因此,仅当立遗嘱人依照法定形式作成遗嘱时,才认为该意思的表达构成严肃的处分遗产的意思,即遗嘱。我国《民法典》提供了丰富的遗嘱形式以供选择,包括自书遗嘱、代书遗嘱、打印遗嘱、录音录像遗嘱、公证遗嘱、口头遗嘱。

此外,遗嘱遵循"高度自决原则",禁止代理。遗嘱禁止代理的原因主要在于其所涉事项过于重大,即立遗嘱人可能通过遗嘱处分自己积累一生的财产。如果允许遗嘱代理,则可能会产生较高的道德风险。因此,仅当立遗嘱人具备完全行为能力时才能有效订立遗嘱。遗嘱禁止代理对于法定监护情形下被监护人的保护具有主要意义。在老年人由于阿尔茨海默病等原因丧失或部分丧失行为能力之后,其法定代理人不得代替老人订立遗嘱从而将老人的财产以遗嘱方式处分给他人。这也意味着老人一旦丧失民事行为能力,就不能再有效订立任何遗嘱。

最后,遗嘱是死因处分行为。遗嘱的性质非常特殊,理论上将其称为死因处分行为。其中蕴含两个方面的意思:其一,在于遗嘱属于非负担行为,该行为并非给立遗嘱人设定义务,而是在立遗嘱人死后处分其遗产;其二,在于遗嘱是一个死因行为,在立遗嘱人死后方可发生效力。

三、遗嘱自由原则与必留份制度

(一)遗嘱自由的含义

遗嘱自由,是指立遗嘱人可以依自身意志订立、变更、撤回遗嘱,不受他人干涉的自由。遗嘱的中心要素在于对财产的最终决定,即遗嘱自由。每个人都有权再一次根据自己的判断对其财产进行终意处分。[1] 遗嘱自由是在遗嘱继承领域世界各国广泛承认的一项基本原则。遗嘱是立遗嘱人的意志在遗产上的延续,对遗嘱自由的保护本质上是对私人财产权的保护。国家不仅承认个人在生前对自身财产的处分自由,同时也认可个人在死后让自己的意志继续对遗产的归属、利用施加影响。我国对遗嘱自由的保护力度极大,从《民法典》的规定来看,我国继承法上对遗嘱自由的限制仅有《民法典》第1141条规定的必留份一项,内容为:"遗嘱应当为缺乏劳动能力又没有生活来源的继承人保留必要的遗产份额。"在必留份的法律后果方面,如果遗嘱违反必留份的规定,并未给缺乏劳动能力又没有生活来源的继承人保留必要的遗产份额,也并不会导致遗嘱全部无效,而仅导致遗嘱部分无效。《民法典继承编解释(一)》第25条规定:"遗嘱人未保留缺乏劳动能力又没有生活来源的继承人的遗产份额,遗产处理时,应当为该继承人留下必要的遗产,所剩余的部分,才可参照遗嘱确定的分配原则处理。"从该法条文义表达的另一个角度解读的结果是:即便遗嘱违反了必留份的规定,也仅导致应当从全部遗产中扣减出应当留下的遗产份额,而剩余遗产依旧应当按照遗嘱确定的分配原则进行分配。由

---

[1] 参见[德]马蒂亚斯·施默克尔:《德国继承法》(第5版),吴逸越译,中国人民大学出版社2020年版,第91~92页。

此体现出我国《民法典》立法者对遗嘱自由最大限度的尊重。

(二)必留份制度

如前文所述,我国《民法典》继承编对遗嘱自由唯一的限制就是必留份制度。这一制度的功能在于发挥遗产养老育幼的功能,也是法律在底线上对基本亲情伦理的维护。《民法典》第1141条规定:"遗嘱应当为缺乏劳动能力又没有生活来源的继承人保留必要的遗产份额。"据此,必留份的适用应当满足以下条件。

1. 必留份权利人必须是法定继承人范围内的人。法定继承范围以外的人不能成为必留份权利人,法定继承中的酌分遗产人不属于必留份权利人。这一范围或许过于宽泛,在必留份制度的价值衡量中,一端是养老育幼的需求与亲情伦理的维护,另一端则是遗嘱自由的基本价值。我国《民法典》第1127条规定:"遗产按照下列顺序继承:(一)第一顺序:配偶、子女、父母;(二)第二顺序:兄弟姐妹、祖父母、外祖父母。继承开始后,由第一顺序继承人继承,第二顺序继承人不继承;没有第一顺序继承人继承的,由第二顺序继承人继承。本编所称子女,包括婚生子女、非婚生子女、养子女和有扶养关系的继子女。本编所称父母,包括生父母、养父母和有扶养关系的继父母。本编所称兄弟姐妹,包括同父母的兄弟姐妹、同父异母或者同母异父的兄弟姐妹、养兄弟姐妹、有扶养关系的继兄弟姐妹。"根据这一规定,配偶、婚生子女、非婚生子女、养子女和有扶养关系的继子女、生父母、养父母和有扶养关系的继父母、兄弟姐妹、祖父母、外祖父母都可能被纳入必留份权利人的范畴,而《民法典》第1129条规定:"丧偶儿媳对公婆,丧偶女婿对岳父母,尽了主要赡养义务的,作为第一顺序继承人。"丧偶儿媳、丧偶女婿也可能基于法律拟制成为法定继承人进而成为必留份权利人。尽管我国法定继承人的范围在理论上与实践中经常遭遇"过于狭窄"的批判,但其在必留份权利人范围这一问题上又稍显宽泛。因为从养老育幼与亲情伦理的价值出发,法律只需要求遗嘱人为其承担扶养义务的继承人留下必要遗产即可,如果遗嘱人在世时尚无须扶养某人,法律如何能够要求其在死后反而要以遗产对后者进行扶养?这其实是对遗嘱自由的不当限制。上述法定继承人的范围中,被继承人并非在所有情形下对法定继承人均承担扶养义务。例如,关于祖父母、外祖父母与孙子女、外孙子女之间的抚养、赡养义务,《民法典》第1074条规定:"有负担能力的祖父母、外祖父母,对于父母已经死亡或者父母无力抚养的未成年孙子女、外孙子女,有抚养的义务。有负担能力的孙子女、外孙子女,对于子女已经死亡或者子女无力赡养的祖父母、外祖父母,有赡养的义务。"对于兄弟姐妹之间的扶养义务,《民法典》第1075条规定:"有负担能力的兄、姐,对于父母已经死亡或者父母无力抚养的未成年弟、妹,有扶养的义务。由兄、姐抚养长大的有负担能力的弟、妹,对于缺乏劳动能力又缺乏生活来源的兄、姐,有扶养的义务。"可见,实际上只有第一顺序法定继承人(配偶、子女、父母)才必然是遗嘱人承担扶养义务的对象,而第二顺序法定继承人通常并非遗嘱人承担扶养义务的对象。因此,应当对《民法典》第1141条进行目的性限缩,使之仅适用于遗嘱人承担扶养义务的法定继承人。

2. 缺乏劳动能力。缺乏劳动能力指的是由于年龄、疾病、残疾、智力障碍等原因客观上无法参加劳动。未成年人通常被认为缺乏劳动能力,除非其属于《民法典》第18条第2款规定的"十六周岁以上的未成年人,以自己的劳动收入为主要生活来源的,视为完全民事行为能力人"的情形。对于成年人,则需要关注《民法典婚姻家庭编解释(一)》第41条的规定:"尚在校接受高中及其以下学历教育,或者丧失、部分丧失劳动能力等非因主观原因而无法维持正常生活的成年子女,可以认定为民法典第一千零六十七条规定的'不能独立生活的成年子女'。"该条规定虽然是针对父母子女抚养义务的规定,[1]但其中传递的抽象规则可以适用于必留份制度中缺乏劳动能力的判断,即尚在校接受高中及其以下学历教育的成年子女可以认定为缺乏劳动能力的继承人,从而成为必留份权利人。其内在机理在于:必留份制度本身的价值在于实现遗产的养老育幼功能以及维护基本的亲情伦理。在我国的法律制度中,尚在校接受高中及其以下学历教育的成年子女尚属于父母对其承担抚养义务的对象,那么其自然应当成为必留份制度救济的对象。实践中,不乏当事人主张自己因长期脱离社会从事家务劳动,或学业未竟尚未做好进入社会的准备而缺乏劳动能力,此种主张通常不会被法院采纳。对缺乏劳动能力应当结合当事人的年龄、性别、身体状况、职业特性以及其现实生活状态等进行综合判断,而不应僵化认定。例如,一位到了退休年龄尚活跃在讲台上的法学教授与一位同样年龄从事体力劳动的工人在是否依旧具有劳动能力的认定上应有所不同。

此外,判断缺乏劳动能力的时间点应当是继承开始时,这意味着如果遗嘱人在订立遗嘱时继承人尚有劳动能力,但在继承开始时即被继承人死亡时继承人丧失劳动能力,那么其可以主张必留份权利;如果继承开始时继承人尚有劳动能力,但遗产分割时继承人丧失劳动能力,则其不属于必留份权利人,无法主张必留份。此处的原因在于,继承开始这个时间点在继承法上本身的特殊性,它是继承法上各方面权利义务关系最终确定的关键时刻,如果在继承开始这一时间点之外再另行设置其他时间点作为确定权利义务关系的标准,则会破坏法律关系的稳定性和可预期性。对此,《民法典继承编解释(一)》第25条规定:"遗嘱人未保留缺乏劳动能力又没有生活来源的继承人的遗产份额,遗产处理时,应当为该继承人留下必要的遗产,所剩余的部分,才可参照遗嘱确定的分配原则处理。继承人是否缺乏劳动能力又没有生活来源,应当按遗嘱生效时该继承人的具体情况确定。"

3.没有生活来源。没有生活来源指的是收入不足以维持当地一般生活水平的情形。生活来源的种类并不限于工资等稳定收入,继承人收入不稳定,但全年收入能够达到当地一般生活水平的,也应认定为有生活来源。如果继承人自己没有劳动能力,但通过信托等其他手段能够获得收入,也属于有生活来源的情形。但需要注意的是,实践中有观点认为,只要继承人尚有扶养义务人在世就不属于必留份权利人,因为扶养义务人就是其生活来源。此种观点或可商榷,因为我国法律制度下扶养义务的范围可能比较宽泛,其涵盖了夫妻之间的扶养义务,父母对子女的抚养义务、子女对父母的赡养义务,祖父母、外祖父母和孙子女、外孙子女之间以及兄弟姐妹之间有条件的扶养义务,如果认为仅在继承人不存在任何扶养义务人的情形下方才可以认定为没有生活来源,这可能意味着该继承人要在失去大多数近亲属的情形下才能成为必留份权利人,这显然会实质性地架空必留份制度。

在法律效果方面,必留份的法律效果体现在以下方面。

1.遗嘱部分无效。必留份构成对遗嘱自由的限制,如果遗嘱违反必留份的规定则部分无效。《民法典继承编解释(一)》第25条第1款规定:"遗嘱人未保留缺乏劳动能力又没有生活来源的继承人的遗产份额,遗产处理时,应当为该继承人留下必要的遗产,所剩余的部分,才可

---

[1]《民法典》第1067条规定:"父母不履行抚养义务的,未成年子女或者不能独立生活的成年子女,有要求父母给付抚养费的权利。成年子女不履行赡养义务的,缺乏劳动能力或者生活困难的父母,有要求成年子女给付赡养费的权利。"

参照遗嘱确定的分配原则处理。"所谓部分无效的意思,是指在为必留份权利人留出足够的份额之后剩余遗产依旧应当依照遗嘱的意愿进行分配,而不能直接将全部遗产按照法定继承予以分配。

2. 保留的份额以维持继承人生活必要为已足,且不应超过法定应继份。根据《民法典》第1141条的文义,必留份的法律效果为"保留必要的遗产份额"。为使法条不至于沦为空文,此处所言"必要",不应简单地理解为法定应继份,其所指应为在一定时期内维持当地一般生活水平所必要的份额。例如,对未成年必留份权利人而言,应当保留直至其成年为止所需的必要份额。必留份最高不应超过法定应继份,即便在遗产价值不足以维持必留份权利人当地一半生活水平的情况下亦是如此。理由在于:必留份本身是对遗嘱自由的限制,但并不意味着彻底剥夺遗嘱自由,也非对罔顾必留份规定的遗嘱人的惩罚。必留份制度的适用不应造成这样的悖论:在遗嘱人意图通过遗嘱彻底剥夺必留份权利人的继承权时,必留份权利人得到的比遗嘱人根本没这样做时还多。

3. 必留份权利人仅可以基于必留份请求金钱给付,而不能请求特定遗产的给付。必留份是针对遗产份额的权利,而非针对特定遗产的权利。因此,基于必留份制度,权利人原则上无权请求继承房产以在其中居住,而仅能请求继承人以金钱给付的形式从遗产中分出必要份额以为给付。

(三)拓展:特留份制度

值得注意的是,比较法上的特留份制度。与我国《民法典》规定的必留份制度类似,特留份制度要求遗嘱人必须在遗嘱中给特定近亲属(通常是配偶、父母以及子女)留下足够的份额,如法定应继份的1/2或1/3等。与必留份制度相比,特留份制度并不关注特留份权利人是否缺乏劳动能力又没有生活来源,而仅出于对亲情伦理的维护,要求遗嘱人在分配遗产时不能完全忽略特定近亲属的利益,同时,具有使遗产至少有一部分得以在家族内部传承的功能。[1]

我国《民法典》并未规定特留份制度,仅规定了必留份制度,此二者不能混淆。

四、遗嘱能力

遗嘱能力,是指自然人有效订立遗嘱的能力。遗嘱能力本质上是民事行为能力,即表意能力。尽管遗嘱在立遗嘱人死亡时方才生效,但立遗嘱人在订立遗嘱时就需要具备遗嘱能力。我国《民法典》并未对遗嘱能力作出直接规定,但《民法典》第1143条第1款规定:"无民事行为能力人或者限制民事行为能力人所立的遗嘱无效。"这意味着我国法律制度下仅完全民事行为能力人可以有效订立遗嘱。从范围上看,我国法律规定中的遗嘱能力等于完全民事行为能力。这在比较法上并非通例,部分国家可能规定限制行为能力人在满足特定条件时也具备遗嘱能力。[2] 具体而言,我国法律制度中具备遗嘱能力的人包括年满18周岁的成年人以及以自己的劳动收入为主要生活来源的16周岁以上的未成年人;成年人若不能完全辨认或完全不能辨认自己行为,则不具备遗嘱能力。盲、聋、哑等身体障碍并不导致立遗嘱人丧失遗嘱能力。只要立遗嘱人具备完全行为能力,能够以某种方式清晰地表达自己的意思,就可以有效地订立遗嘱。

遗嘱能力的确定时间是遗嘱成立时。如果立遗嘱人在订立遗嘱时具备完全民事行为能

---

[1] 参见杨立新、和丽军:《对我国继承法特留份制度的再思考》,载《国家检察官学院学报》2013年第4期。
[2] 参见陈苇主编:《婚姻家庭继承法学》(第4版),中国政法大学出版社2022年版,第348页。

力,而在订立遗嘱后丧失或部分丧失民事行为能力,则不影响该遗嘱的效力。相反,若立遗嘱人在订立遗嘱时不具备完全民事行为能力,而事后由于成年、病愈等原因取得或恢复完全民事行为能力,该遗嘱依旧无效。对此《民法典继承编解释(一)》第28条规定:"遗嘱人立遗嘱时必须具有完全民事行为能力。无民事行为能力人或者限制民事行为能力人所立的遗嘱,即使其本人后来具有完全民事行为能力,仍属无效遗嘱。遗嘱人立遗嘱时具有完全民事行为能力,后来成为无民事行为能力人或者限制民事行为能力人的,不影响遗嘱的效力。"

案例

鲁某英与被告韩某1系夫妻关系,二人共生育被告韩某2、韩某4两个子女,原告韩某3系韩某4之子、鲁某英与韩某1之孙。鲁某英于2013年6月3日因病去世,鲁某英与韩某1的父母均于鲁某英去世前早年已故。2013年5月26日鲁某英已病重,在被告韩某1、韩某4在场并由潘某2、李某来等人见证的前提下(见证人与韩某4、韩某3也不属于法律上有利害关系的人),由天津市北辰区天穆镇法律服务所法律工作者王某民代书,订立遗嘱。该遗嘱载明"在我百年之后我丈夫韩某1名下住房一处使用权面积195.1平方米。在我百年后应属于我个人财产份额97.5平方米,全部由我长子之子韩某3个人继承并所有。我丈夫韩某1、我长子韩某4、我长女韩某2无继承权"。在遗嘱最后签字时,因鲁某英已病重在试图自行签字不能完成的情况下,由在场人相辅助,扶着其手签字一处,但字迹不好辨认,之后又由王某民代签一处鲁某英的名字,并由他人扶着鲁某英的手在上述两处签字处按捺指纹。被告韩某1、韩某2对登记在韩某4名下的该处住房的产权提出异议,认为权证记载的房屋与实际建筑现状不符,产权人与登记也不一致。

法院说理:"被继承人鲁某英在立遗嘱时系完全民事行为能力人,其订立的遗嘱符合法律规定的形式要件,意思表示真实、明确,该遗嘱应认定有效。关于申请人认为鲁某英病重、没有立遗嘱能力的问题。第一,申请人对此未能提供任何证据予以证明;第二,现有遗嘱见证人的证人证言、鲁某英生前朋友刘某的证人证言、录像均显示鲁某英虽然身患癌症但意识清楚、具有民事行为能力;第三,韩某1自述鲁某英立遗嘱时自己在场,本不同意,因恐加重鲁某英的癌症病情没有强烈表示反对,这恰恰表明立遗嘱行为系鲁某英自己的意思表示。故对申请人此项主张不予支持。从证人证言及订立遗嘱时现场录像的全程来看,在订立遗嘱及签字时鲁某英的意识是清楚的,其主观上具有将自己的财产留给韩某3并且完成签字的意思表示,只是由于严重的疾病不能独立完成签字的行为,才在他人帮扶下完成的签字。从录像整体看,在整个签字过程中鲁某英意识上没有受到他人干扰、胁迫、欺骗,完全是自己决定的签字行为。因此一、二审法院依法认定遗嘱形式要件合法、有效并无不当。"[1]

---

[1] 天津市高级人民法院民事裁定书,(2018)津民申2532号。

第二节　遗嘱继承

一、遗嘱继承的概念

遗嘱继承,是指法定继承人范围内的人基于遗嘱由被继承人处获得遗产的继承方式。遗嘱继承具有以下特征。

(一)遗嘱是遗嘱继承发生的主观基础

与法定继承不同,遗嘱继承依据遗嘱分配遗产,被继承人的意志在遗嘱上得以体现。遗嘱人可以通过遗嘱自由决定让谁继承,继承什么,继承多少,也可以通过遗嘱剥夺某人的继承权。

(二)特定亲属关系是遗嘱继承发生的客观基础

《民法典》第1133条规定:"自然人可以依照本法规定立遗嘱处分个人财产,并可以指定遗嘱执行人。自然人可以立遗嘱将个人财产指定由法定继承人中的一人或者数人继承。自然人可以立遗嘱将个人财产赠与国家、集体或者法定继承人以外的组织、个人。自然人可以依法设立遗嘱信托。"据此,在我国法律制度中,遗嘱继承与遗赠均产生于遗嘱,其区别仅在于遗嘱继承关系中的遗嘱继承人是法定继承人范围内的人,而遗赠关系中的受遗赠人是法定继承人范围以外的人。正因如此,如果爷爷立下遗嘱,将遗产留给孙子,则成立遗赠而非遗嘱继承。这一结果与大众的认知或有不同,实践中需要特别留意。因为遗嘱继承与遗赠在接受与拒绝方面的规则存在重大区别,《民法典》第1124条规定:"继承开始后,继承人放弃继承的,应当在遗产处理前,以书面形式作出放弃继承的表示;没有表示的,视为接受继承。受遗赠人应当在知道受遗赠后六十日内,作出接受或者放弃受遗赠的表示;到期没有表示的,视为放弃受遗赠。"这意味着,如果被认定为遗嘱继承,继承人只需静默即可继承遗产;而如果被认定为遗赠,如孙子基于遗嘱获得爷爷的遗产,那么孙子必须在知道受遗赠后60日内作出接受遗赠的表示,否则会被法律拟制为放弃继承。

二、遗嘱继承的适用

遗嘱继承优先于法定继承得到适用,但如果存在遗赠扶养协议,则劣后于遗赠扶养协议得到适用。《民法典》第1123条规定:"继承开始后,按照法定继承办理;有遗嘱的,按照遗嘱继承或者遗赠办理;有遗赠扶养协议的,按照协议办理。"

三、遗嘱继承的效力

遗嘱继承与法定继承一起构成继承关系的两种类型。一般认为,遗赠不属于继承关系,而是依继承法获取遗产的方式之一。基于继承的特性,遗嘱继承具有如下效力。

(一)遗嘱继承的物权效力

继承开始后,遗嘱继承人以继承人身份与其他继承人一同对全部遗产的集合以共同共有的方式享有物权。单个遗产的所有权通常要等到遗产分割完毕方可被个别继承人获得。与之相对,受遗赠人并不参与到对遗产集合的共有关系中,而是享有请求继承人交付相应遗产的债权。

(二)遗嘱继承是对财产权利义务的一并承受

遗嘱继承作为继承的一种,理论中通常将其理解为权利义务的一并承受。这意味着遗嘱继承人既可以基于遗嘱获得遗产,也要以继承人的身份在遗产价值限度内偿还遗产债务。

然而,这一理论上的理解可能并不符合我国《民法典》的规定。《民法典》第1163条规定:"既有法定继承又有遗嘱继承、遗赠的,由法定继承人清偿被继承人依法应当缴纳的税款和债务;超过法定继承遗产实际价值部分,由遗嘱继承人和受遗赠人按比例以所得遗产清偿。"依据该条规定,如果同时存在法定继承和遗嘱继承的话,应当由法定继承人先在法定继承遗产的实际价值范围内承担遗产债务,只有法定继承遗产的实际价值不能完全清偿遗产债务时,才由遗嘱继承人与受遗赠人进行清偿。这个规定在一定程度上体现出理论与实际的割裂:在理论上人们倾向于将法定继承与遗嘱继承放在继承关系的框架下进行讨论,而认为遗赠与此二者具有不同的性质。但当涉及真实的遗产债务纠纷时,法定继承自成一派,而遗嘱继承和遗赠劣后与法定继承在同一顺序上按比例清偿。由此似乎可以得出结论,从遗产债务清偿的角度来看,我国继承法上只有法定继承才是真正意义上权利义务的一并承受,而遗嘱继承与遗赠相同,在法定继承财产足以偿还全部遗产债务的情况下,均仅表现为积极财产的获取而无须偿还遗产债务。

第三节 遗嘱的形式

一、遗嘱形式的意义

遗嘱必须满足法定形式才能发生效力。从理论上讲,遗嘱的法定形式是遗嘱的特别成立要件,如果不满足法定形式,则遗嘱不成立。但出于规范便利的考量,民法在实在法规定中通常将法律行为不成立与无效等量齐观,并一概称其为"无效"。[1]《民法典总则编解释》第23条特别规定:"民事法律行为不成立,当事人请求返还财产、折价补偿或者赔偿损失的,参照适用民法典第一百五十七条的规定。"二者的法律后果也基本相同。

从法律行为成立要件的角度理解,遗嘱的法定形式是确定一份对于死后遗产的安排是否成为遗嘱的标准,其本质在于法律要求立遗嘱人通过满足遗嘱的法定形式确认自身的法律拘束意思——仅当遗嘱的法定形式得到满足时,方可认为其为立遗嘱人严肃的、具有法律拘束意思的遗产安排。人们在生活中,可能会出于各种原因表达安排自身遗产的意愿,例如,在争吵时父亲愤怒地宣称将会把自己全部的遗产捐赠出去;又如,老人出于一时的感动表示将会把自己居住的房产遗赠给对其悉心照料的保姆。从内容上看,这样一些日常生活中的表达都具备成为遗嘱的"潜力",但只要老人没有以法定形式将这些意愿固化下来,就不能认为上述意愿会在老人死后发挥遗嘱的效力,即便上述意愿可能在老人生前已经尽人皆知了。因此,从逻辑上讲本不应存在所谓"尽管遗嘱不满足法定形式,但依旧能够证明该遗嘱系立遗嘱人真实意愿"的情况。然而,并非每一个当事人都会具备足够的法律知识从而有效地订立遗嘱,实践中因各种纰漏导致遗嘱形式要件不满足的情形比比皆是。

---

[1] 参见李宇:《民法总则要义规范释论与判解集注》,法律出版社2017年版,第531页。虚假法律行为本身也属于不成立的法律行为,但法律同样将其规定为无效。

二、我国《民法典》规定的遗嘱形式

我国《民法典》规定了包括自书遗嘱、代书遗嘱、打印遗嘱、录音录像遗嘱、口头遗嘱、公证遗嘱在内的6种遗嘱形式,为自然人订立遗嘱提供了丰富的可能途径以供选择。

(一) 自书遗嘱

自书遗嘱,顾名思义是由立遗嘱人自己亲笔书写而成的遗嘱,其特点在于订立简单,保密性强,缺点在于一旦被质疑其真实性,如无法证明遗嘱上的笔迹为立遗嘱人真实所书,则其效力便会遭遇质疑。《民法典》第1134条规定:"自书遗嘱由遗嘱人亲笔书写,签名,注明年、月、日。"据此,自书遗嘱包含以下要件。

1. 立遗嘱人亲笔书写。此处需要特别强调书写的意义。亲笔书写具有较好的防伪功能,人们可以通过对比立遗嘱人的日常笔迹与遗嘱上呈现的笔迹判断其是否为立遗嘱人自身的意思表示;还可以通过笔迹的连续性防止出现换页、篡改等情形。因此,"亲自打印"或"亲自录入电脑"的遗嘱并不能作为自书遗嘱对待,因为其缺乏最为关键的"书写防伪"功能。也正因如此,我国《民法典》第1136条第二句规定,遗嘱人和见证人应当在遗嘱"每一页"签名,注明年、月、日,就是考虑打印遗嘱容易发生被偷换中间页等情形。

《民法典继承编解释(一)》第27条规定:"自然人在遗书中涉及死后个人财产处分的内容,确为死者的真实意思表示,有本人签名并注明了年、月、日,又无相反证据的,可以按自书遗嘱对待。"此处所称"遗书"同样应当限制解释为自然人亲笔书写的遗书,以保证书写的防伪功能得以充分发挥。

2. 立遗嘱人应当在遗嘱上签名。对签名问题有以下几点需要说明:首先,立遗嘱人应当在遗嘱末尾签名。签名意味着对其前面所书部分法律拘束意思的确认,如果立遗嘱人在遗嘱签名之后又书写了其他内容,则未被签名"覆盖"的部分不能认定为遗嘱内容。其次,对于遗嘱中存在修改的部分,立遗嘱人原则上应当对每一处修改单独签名并注明年、月、日予以确认,除非由于笔迹的连续性或其他原因可以排除对其真实性的怀疑。最后,自书遗嘱的签名应当由立遗嘱人亲笔书写,而不能使用诸如手印、指印、人名章等方式代替。

3. 遗嘱上应当注明年、月、日。注明年、月、日最主要功能在于确定遗嘱成立的时间。《民法典》第1142条第3款规定:"立有数份遗嘱,内容相抵触的,以最后的遗嘱为准。"在数份遗嘱内容抵触的情形下,遗嘱成立时间是确定哪份遗嘱能够最终发挥效力的决定因素。对于遗嘱中修改的部分,同样应当注明年、月、日以确定其修改的时间。根据我国通说,如果遗嘱未注明年、月、日同样会导致遗嘱无效。例如,在一则案例中,当事人提交的自书遗嘱上仅书写了:"模式口东西院有房6间,都为苏某1一人所有。母李某2。"并未注明年、月、日。北京市高级人民法院据此判决:"关于苏某1主张案涉自书遗嘱应为有效的意见,因该遗嘱未注明具体日期,不符合自书遗嘱的法定形式要件,原审法院认定上述自书遗嘱无效并按照法定继承处理,符合法律规定,苏某1的上述主张不能成立。原审法院依据查明事实,综合考虑遗产范围、案涉房屋的翻建、实际居住使用及赡养等情况,确定由苏某3居住使用案涉一间房屋、苏某1居住使用案涉其余八间房屋,符合本案实际,所作判决并无不当,苏某1关于本案法律适用错误的意见,亦缺乏依据。"[1] 一个值得关注的现象是,德国法上如果未注明年、月、日未必会导致遗嘱无效,

---

[1] 北京市高级人民法院民事裁定书,(2019)京民申1847号。

但如果存在多份效力冲突的遗嘱的话,未注明年、月、日的遗嘱则因无法证明自己成立在后而不能发生效力。[1]

（二）代书遗嘱

代书遗嘱,是指由立遗嘱人口述遗嘱内容,由他人代为书写的遗嘱。代书遗嘱与自书遗嘱均属于由自然人手书的遗嘱,书写在代书遗嘱中同样可以起到防伪造、防篡改的功能。但代书遗嘱由他人书写,并非出自立遗嘱人自己之手,需要通过其他手段确保该遗嘱内容是立遗嘱人的真实意思表示,因此,代书遗嘱中加入了对见证人的要求:《民法典》第 1135 条规定,"代书遗嘱应当有两个以上见证人在场见证,由其中一人代书,并由遗嘱人、代书人和其他见证人签名,注明年、月、日"。据此,代书遗嘱应当符合以下要求。

1. 代书遗嘱由代书人书写。这是代书遗嘱的主要特征。代书遗嘱应当由一位代书人从头到尾书写,中途不能换人。代书人应当手写,不能使用电脑、打字机等工具代替手写。代书人代书的内容即立遗嘱人口述的内容,是对立遗嘱人意思的记录。

2. 代书遗嘱应当由两个以上的见证人在场见证。代书人同时兼任见证人的身份,在代书人之外,至少还应有一名适格见证人在场。见证人应当符合《民法典》第 1140 条的规定:"下列人员不能作为遗嘱见证人:（一）无民事行为能力人、限制民事行为能力人以及其他不具有见证能力的人;（二）继承人、受遗赠人;（三）与继承人、受遗赠人有利害关系的人。"如果有 3 人以上的见证人,其中有人适格有人不适格,则只要适格见证人的数量达到 2 人即可。但是,基于《民法典》第 1135 条的明确规定（由其中一人代书）,代书人必须为适格见证人。

3. 立遗嘱人、代书人和其他见证人签名,注明年、月、日。因为代书遗嘱的一个重要功能在于,让没有书写能力的立遗嘱人得以借他人之手订立遗嘱,所以不能苛求所有代书遗嘱的遗嘱人均在遗嘱上签名。对于由于残疾、不识字等原因没有书写能力的遗嘱人,应当允许其以指印、手印的方式代替签名。考虑被盗用的可能性,印章不宜被认可为签名的替代方式。与自书遗嘱相同,若代书遗嘱在签名以及年、月、日方面存在瑕疵,则应当被认定为无效。

（三）打印遗嘱

打印遗嘱,是指用打印机、打字机等打印而成的遗嘱。与自书遗嘱、代书遗嘱相比,打印遗嘱的特点在于并不经人手写,而是由机器打印而成。这就使打印遗嘱天然丧失了由书写带来的防伪功能,因此,更容易被人伪造、篡改。需要注意的是,打印遗嘱既非自书遗嘱,又非代书遗嘱,尽管其既可能由遗嘱人自行录入打印,又有可能由他人录入打印,但缺少了手书这一前提,此类遗嘱只有可能构成打印遗嘱。《民法典》第 1136 条规定:"打印遗嘱应当有两个以上见证人在场见证。遗嘱人和见证人应当在遗嘱每一页签名,注明年、月、日。"据此,打印遗嘱应当满足下列条件。

1. 有两个以上的见证人在场见证。与代书遗嘱不同,打印遗嘱中并不存在所谓"录入人"这一角色,因此,打印遗嘱并非必须由见证人录入。打印遗嘱既可以由遗嘱人自行录入,也可以由见证人录入,还可以由遗嘱人与见证人以外的人录入。

2. 遗嘱人和见证人应当在遗嘱每一页签名,注明年、月、日。此处需要强调的是"每一页",因为打印遗嘱并不由人书写,因此失去了书写带来的防伪功能,其被换页伪造、篡改的可能性

---

[1] 参见[德]马蒂亚斯·施默克尔:《德国继承法》（第 5 版）,吴逸越译,中国人民大学出版社 2020 年版,第 101～102 页。

大大增加,因此,法律要求遗嘱人和见证人应当在遗嘱每一页都签名并且注明年、月、日。

案例

郭某1为证实郭某对遗产已进行处理,提交遗嘱一份,内容为:"为避免在我去世后,因遗留财产在继承中引发家庭矛盾,故特立此遗嘱以表达我对财产处分的真实意愿……因诉讼获得的石园北区房屋份额,由于我想让郭某1给我养老,我打算将该部分给郭某1继承;如果郭某1在给我养老期间,因身体原因不能再继续给我养老的话,谁给我养老,这部分份额就给谁,当然也应当给郭某1按照照顾我的年头给予同比例的补偿……"上述遗嘱内容为两张A4纸打印件,每页均有见证人陈某、杨某签字按手印;立遗嘱人郭某的名字由陈某代签,郭某的名字上按有手印。在一审程序中,当庭播放了郭某1主张的立遗嘱的录像,经质证,郭某2和曹某认为:录像不完整,看不到写遗嘱的画面,就是问老太太情况,签字按手印的画面都没有,遗嘱也没看到,不是同一天的视频。郭某4认为视频没有具体说明遗嘱内容。

法院说理:本院经审查认为,代书遗嘱应当有两人以上见证人在场见证,由其中一人代书,并由遗嘱人、代书人和其他见证人签名,注明年、月、日。对于本案争议遗嘱的效力问题,第一,该遗嘱系打印形成,并非由见证人代书,故郭某1虽主张该遗嘱系代书遗嘱,但并不符合代书遗嘱的形式要件。第二,遗嘱中虽有陈某芳、杨某林作为见证人签字,但根据已经查明的案件事实,杨某林的陈述内容多次反复,并称其对遗嘱的形成过程并不知情,只是在遗嘱形成打印版本后由陈某芳通知其至郭某家签字,故原审法院认定见证人并未全程见证遗嘱的订立过程,并无不当。第三,陈某芳与负责打印遗嘱的杨某对用于打印的遗嘱版本由谁制作形成所述不一。第四,遗嘱上果某的签字均为陈某芳代签,且遗嘱中郭某签名处虽按捺了手印,但郭某1未能举证证明该手印系郭某本人所按。第五,郭某1所提交的录像资料中,并无郭某口述遗嘱由见证人代书或者见证人向果某宣读遗嘱、陈某芳代郭某签字并由果某按捺手印确认、见证人签字见证等内容,不足以证明该遗嘱的形成过程。综上,郭某1提交的遗嘱难以认定为被继承人郭某的真实意思表示,故原审法院认定该遗嘱无效,并将涉案房产按法定继承处理,并无不当。鉴于郭某1对郭某尽了主要赡养义务,原审法院在按法定继承分割遗产时已充分考虑对于尽主要赡养义务人的权利保护,所确定的遗产分割比例亦无不当。[1]

(四)录音录像遗嘱

录音录像遗嘱是由遗嘱人口述,经录音录像记录下来的遗嘱。录音录像遗嘱的优势在于其直接记录遗嘱人的语音甚至音像,更容易从语气、神态中解读出遗嘱人的真实意思,同时也更容易从录音录像中判断遗嘱人当时的精神状态甚至民事行为能力。但录音录像本身同样存在被剪辑、伪造的风险,实践中可以配合代书遗嘱、打印遗嘱等其他遗嘱形式使用,起到"双保险"的作用。单独的录音录像遗嘱同样可以满足遗嘱法定形式从而发生效力,《民法典》第1137条规定:"以录音录像形式立的遗嘱,应当有两个以上见证人在场见证。遗嘱人和见证人应当在录音录像中记录其姓名或者肖像,以及年、月、日。"据此,录音录像遗嘱应当满足以下

---

[1] 参见北京市高级人民法院民事裁定书,(2022)京民申7466号。

条件。

1. 遗嘱人应当在录音、录像中口述遗嘱的全部内容。如果仅仅是对自书遗嘱、代书遗嘱的过程通过录像进行记录,则不构成录音录像遗嘱。

2. 录音录像遗嘱应当有两个以上的见证人在场见证。与打印遗嘱相似,录音录像遗嘱同样不需要某一个见证人充当"摄录人"。见证人只需具备见证人资格即可。

3. 遗嘱人和见证人应当在录音录像中记录其姓名或者肖像,以及年、月、日。此处需要注意的是,见证人也应在录音录像中发出声音或者记录其音像,通过录音录像的方式表明身份以及注明年、月、日,而不能仅仅在被封存的录像带、光盘等存储设备上签字。

此外,对于录音录像遗嘱制成后,是否要当场封存,并由相关人员在外部签名并注明年、月、日,学界的观点不一。部分学者在著作中并未作如此要求,[1]但也有不少的学者主张应当对录音录像遗嘱施以此种要求。例如,房绍坤教授主张:"依照《民法典》的规定,录音录像遗嘱应当符合以下要求……(3)录制好的音像带应现场封存,注明年、月、日,并由见证人在封缝处签名。"[2]陈苇教授主张:"录音录像遗嘱要符合以下要求……(3)录音录像遗嘱制成后,要当场封存,并由见证人签名,注明年、月、日。"[3]郭明瑞教授亦主张:"遗嘱人在录制完遗嘱后,应将记载遗嘱的磁带、光盘以及其他电子读物封存,遗嘱人、见证人均应在封存好的音像遗嘱的封口上签名并注明年、月、日。"[4]笔者认为此类要求有其合理性,但是仅以《民法典》第1137条规定而论,似乎无法解读出上述要求。因而如果录音录像遗嘱外部缺乏相关人员的签名或并未注明年、月、日,似乎不足以导致录音录像遗嘱无效。

(五)口头遗嘱

口头遗嘱,是指仅由当事人口述而未以其他法定形式固化的遗嘱。通常情形下法律不承认口头遗嘱的效力,因为其真实性难以考究。但在有些危急情况下,遗嘱人来不及以其他形式订立遗嘱,因此,法律例外地允许遗嘱人通过口头形式订立临时遗嘱,待危急情况消除后,口头遗嘱失效,遗嘱人还需另行订立遗嘱。《民法典》第1138条规定:"遗嘱人在危急情况下,可以立口头遗嘱。口头遗嘱应当有两个以上见证人在场见证。危急情况消除后,遗嘱人能够以书面或者录音录像形式立遗嘱的,所立的口头遗嘱无效。"据此,口头遗嘱应当满足下述条件。

1. 危急情况。口头遗嘱仅能在危急情况下订立,所谓危急情况,是指遗嘱人生命垂危以及面临天灾地变等情形,无法订立其他形式遗嘱的情况。如果按照生活常理,遗嘱人有充足的时间或能力选择其他形式订立遗嘱,那么遗嘱人不能订立口头遗嘱。

2. 有两个以上见证人在场见证。为了保障遗嘱的真实性,即便情况紧急,口头遗嘱若要生效依旧需要两个以上见证人在场见证,且见证人依旧需要具备见证人资格,在此方面不存在软化的空间和余地。

危急情况消除后,遗嘱人能够以书面或者录音录像形式立遗嘱的,所立的口头遗嘱无效。

---

[1] 参见何俊萍、郑小川、陈汉:《亲属法与继承法》,高等教育出版社2013年版,第373页;巫昌祯主编:《婚姻与继承法学》(第5版),中国政法大学出版社2011年版,第314~315页;夏吟兰主编:《婚姻家庭继承法》(第2版),高等教育出版社2021年版,第239页。
[2] 房绍坤、范李瑛、张洪波:《婚姻家庭继承法》(第7版),中国人民大学出版社2021年版,第208页。
[3] 陈苇主编:《婚姻家庭继承法学》(第4版),中国政法大学出版社2022年版,第354页。
[4] 郭明瑞、房绍坤、关涛:《继承法研究》,中国人民大学出版社2003年版,第269页。

有观点认为,法律应当对危急情况消除后,口头遗嘱的有效期间规定合理期限。[1] 也有学者明确指出,遗嘱人应当自急情况解除后两周另立遗嘱。[2] 笔者认为,对于危急情况何时消除不应僵化判断,应当结合个案中的具体情况,以生活常理检验遗嘱人是否有足够的时间和精力重新订立口头遗嘱。例如,病人在生命垂危时立下口头遗嘱,后来渡过危机但在转院途中出车祸死亡,此时不应认为危急情形已经渡过,因为遗嘱人尚未获得充足的时间另立遗嘱。对口头遗嘱不应设定僵化的失效期间,而应当在个案中具体判断当事人是否已经获得充分时间另立遗嘱。从价值考量上,在没有其他干扰因素的情况下,应当倾向肯定口头遗嘱的效力,给遗嘱人以较宽松的时间另立遗嘱,而不应急切地以危急情况已经消除为由否定其效力。理由是:在"敦促遗嘱人及时另立遗嘱"一事上并不存在显著的公共利益或外部考量,法律严格限制口头遗嘱适用情形的原因在于口头遗嘱容易被伪造因而不利于保护遗嘱人的利益,且当事人在紧急情形下所立遗嘱未必是其经过深思熟虑的结果,此种限制是对遗嘱人的保护而非制裁。在口头遗嘱满足形式要件可以证明为真的情形下,如果草率地因为期间经过而否定其效力,其实质是强行否定了当事人可以确定的处分遗产的意愿,与遗嘱自由原则相悖。此外,口头遗嘱何时失效之议仅在遗嘱人渡过危机之后又死亡时才有意义。由此或可设想,若法律规定口头遗嘱在危急情形过去两周后失效,这意味着如果一个人在渡过生命危机之后的第三周遭遇车祸死亡,其此前订立的口头遗嘱已经不能发生效力。遗嘱作为单方法律行为通常并不涉及交易安全,无关信赖利益的保护;法律也允许当事人随时撤回已经订立的遗嘱,所以,口头遗嘱失效期间与法的安定性关系同样不大。因此,实无必要设置此种另类期间,敦促遗嘱人不要"躺在遗嘱上睡觉"进而赶紧订立新的遗嘱。

(六)公证遗嘱

公证遗嘱是由公证机关办理的遗嘱。《遗嘱公证细则》第3条规定:"遗嘱公证是公证处按照法定程序证明遗嘱人设立遗嘱行为真实、合法的活动。经公证证明的遗嘱为公证遗嘱。"公证遗嘱的优势在于由专业的公证机构办理,相对于非专业人士订立遗嘱,采用公证形式订立遗嘱更为稳妥;其缺点在于相对自书遗嘱、代书遗嘱而言较为烦琐,同时需要额外支出一定费用。鉴于此,司法部《关于优化公证服务更好利企便民的意见》(司发〔2021〕2号)明确提出一系列要求,例如,全面推行公证证明材料清单管理,"坚决清理没有明确法律法规或者国务院决定依据、不必要的证明材料,凡是能够通过个人有效证照证明的、能够通过部门之间信息共享核验的证明材料,不得让当事人重复提供,杜绝循环证明、无谓证明";落实一次性告知制度,"公证机构必须一次性明确告知当事人办理公证的条件、程序、期限以及需要提交的材料、获取材料的途径和方式,减少现场排队等候时间和往返公证机构次数";均衡配置服务资源,"科学制定公证公益服务事项范围,鼓励公证机构为老年人、未成年人、残疾人、农民工及生活困难群众提供公益性法律服务,对符合法律援助条件的当事人,按照规定减免公证费"。随着公证机构业务的不断完善,各种惠民服务的不断推出,公证遗嘱的优势将越发明显。

《民法典》并未对公证遗嘱的生效条件作细致规定,而是仅在第1139条规定:"公证遗嘱由遗嘱人经公证机构办理。"实践中,公证遗嘱的效力主要受到《公证法》以及《遗嘱公证细则》的

---

[1] 参见陈苇主编:《婚姻家庭继承法学》(第4版),中国政法大学出版社2022年版,第354页。
[2] 参见郭明瑞、房绍坤、关涛:《继承法研究》,中国人民大学出版社2003年版,第271页;杨立新、朱呈义:《继承法专论》,高等教育出版社2006年版,第119页。

规制。《遗嘱公证细则》第6条第1款规定:"遗嘱公证应当由两名公证人员共同办理,由其中一名公证员在公证书上署名。因特殊情况由一名公证员办理时,应当有一名见证人在场,见证人应当在遗嘱和笔录上签名。"

在具体公证流程方面,《遗嘱公证细则》第12条规定:"公证人员询问遗嘱人,除见证人、翻译人员外,其他人员一般不得在场。公证人员应当按照《公证程序规则(试行)》第二十四条的规定制作谈话笔录。谈话笔录应当着重记录下列内容:(一)遗嘱人的身体状况、精神状况;遗嘱人系老年人、间歇性精神病人、危重伤病人的,还应当记录其对事物的识别、反应能力;(二)遗嘱人家庭成员情况,包括其配偶、子女、父母及与其共同生活人员的基本情况;(三)遗嘱所处分财产的情况,是否属于遗嘱人个人所有,以前是否曾以遗嘱或者遗赠扶养协议等方式进行过处分,有无已设立担保、已被查封、扣押等限制所有权的情况;(四)遗嘱人所提供的遗嘱或者遗嘱草稿的形成时间、地点和过程,是自书还是代书,是否本人的真实意愿,有无修改、补充,对遗产的处分是否附有条件;代书人的情况,遗嘱或者遗嘱草稿上的签名、盖章或者手印是否其本人所为;(五)遗嘱人未提供遗嘱或者遗嘱草稿的,应当详细记录其处分遗产的意思表示;(六)是否指定遗嘱执行人及遗嘱执行人的基本情况;(七)公证人员认为应当询问的其他内容。谈话笔录应当当场向遗嘱人宣读或者由遗嘱人阅读,遗嘱人无异议后,遗嘱人、公证人员、见证人应当在笔录上签名。"此外,《遗嘱公证细则》第16条规定:"公证人员发现有下列情形之一的,公证人员在与遗嘱人谈话时应当录音或者录像;(一)遗嘱人年老体弱;(二)遗嘱人为危重伤病人;(三)遗嘱人为聋、哑、盲人;(四)遗嘱人为间歇性精神病患者、弱智者。"

在遗嘱人签名方面,《遗嘱公证细则》第18条规定:"公证遗嘱采用打印形式。遗嘱人根据遗嘱原稿核对后,应当在打印的公证遗嘱上签名。遗嘱人不会签名或者签名有困难的,可以盖章方式代替在申请表、笔录和遗嘱上的签名;遗嘱人既不能签字又无印章的,应当以按手印方式代替签名或者盖章。有前款规定情形的,公证人员应当在笔录中注明。以按手印代替签名或者盖章的,公证人员应当提取遗嘱人全部的指纹存档。"

相较其他形式的遗嘱,公证遗嘱因公证机构的介入,其效力可能会受到一些特殊因素的影响,如《公证法》对公证员执业资格以及执业行为的特别规定,其第20条规定:"有下列情形之一的,不得担任公证员:(一)无民事行为能力或者限制民事行为能力的;(二)因故意犯罪或者职务过失犯罪受过刑事处罚的;(三)被开除公职的;(四)被吊销公证员、律师执业证书的。"如果公证员存在该条规定的不得担任公证员的情形,那么其无法有效为遗嘱进行公证,其所公证的遗嘱不能以公证遗嘱的形式生效。

三、遗嘱见证人

遗嘱见证人是见证遗嘱订立过程,证明遗嘱真实性的第三人。根据我国《民法典》的规定,代书遗嘱、打印遗嘱、录音录像遗嘱、口头遗嘱均需要见证人对遗嘱的真实性进行见证。

为了保证遗嘱的真实性,见证人必须对遗嘱的订立过程亲自见证、当场见证、全程见证。所谓亲自见证,是指见证人本人直接作为见证人参与到遗嘱订立的程序中,而不能委托他人,如果委托他人"代表"自己见证,则被委托人是见证人。所谓当场见证,是指证人亲自到达遗嘱订立现场进行公证,而不能通过视频会议等形式进行线上见证。所谓全程见证,是指见证人从开始到结束一直在场见证遗嘱订立的全过程,不能迟到、早退,也不能中途离场。

此外,《民法典》对遗嘱见证人提出了特殊要求,第1140条规定:"下列人员不能作为遗嘱见证人:(一)无民事行为能力人、限制民事行为能力人以及其他不具有见证能力的人;(二)继承人、受遗赠人;(三)与继承人、受遗赠人有利害关系的人。"该条规定实质上对遗嘱见证人在资格方面提出了两点要求:一是遗嘱见证人必须具备见证能力;二是遗嘱见证人不能是其所见证遗嘱的利害关系人。

遗嘱见证人必须具备见证能力。见证能力表现为完全民事行为能力,如果见证人本身不能完全辨认自身行为,甚至完全不能辨认自身行为,那么其更无法为他人的行为提供见证。此外,如果当事人由于饮酒、吸毒等原因暂时陷入意识混乱状态,尽管其具备完全行为能力,也无法为遗嘱提供有效见证。

对见证能力的要求可能因遗嘱形式的不同而有所不同。例如,在代书遗嘱、打印遗嘱中,遗嘱见证人的任务具体表现为核对书面遗嘱的内容与立遗嘱人口述的内容是否一致,一方面要求遗嘱见证人能够理解立遗嘱人口述的内容,另一方面要求遗嘱见证人能够读懂书面遗嘱所记载的内容。如果见证人存在耳聋、不通晓遗嘱订立所用语言(如对汉语并不纯熟的外国人)、目盲、不识字、不具有足够的阅读能力等情形,则不能对代书遗嘱、打印遗嘱进行有效见证。在录音录像遗嘱与口头遗嘱中,因为见证人仅需对当事人的口述内容进行见证,而不需要与书面内容进行比对,因此,不识字者也可以作为录音录像遗嘱和口头遗嘱的见证人。总而言之,对于见证能力问题应当把握其核心,即根据见证遗嘱真实性所必需之条件,结合具体遗嘱形式的特殊性进行单独判断。

遗嘱见证人不能是其所见证遗嘱的利害关系人。遗嘱最直接的利害关系人就是继承人和受遗赠人。在此之外,《民法典继承编解释(一)》第24条规定:"继承人、受遗赠人的债权人、债务人,共同经营的合伙人,也应当视为与继承人、受遗赠人有利害关系,不能作为遗嘱的见证人。"此类人群对于继承人、受遗赠人获得遗产存在利益诉求,因此,不允许其作为遗嘱的见证人。

第四节 遗嘱的撤回

一、遗嘱撤回的概念

在已作成的遗嘱生效之前,遗嘱人可以随时对其全部内容或部分内容进行废弃或变更。《民法典》第1142条规定:"遗嘱人可以撤回、变更自己所立的遗嘱。立遗嘱后,遗嘱人实施与遗嘱内容相反的民事法律行为的,视为对遗嘱相关内容的撤回。立有数份遗嘱,内容相抵触的,以最后的遗嘱为准。"

与遗嘱订立相同,遗嘱的撤回与变更同样遵循遗嘱自决原则。立遗嘱人撤回或变更遗嘱时应当具有完全民事行为能力。遗嘱的撤回和变更应当由立遗嘱人亲自做出,不得代理。如果立遗嘱人在订立遗嘱之后成为限制民事行为能力人或无民事行为能力人,则不能再有效撤回或变更其此前订立的遗嘱。

遗嘱可以明示或者默示撤回。所谓明示撤回,是指遗嘱人以明确的意思表示撤回此前订立的遗嘱,如在原遗嘱中注明"此遗嘱不生效力",或在新订立的遗嘱中明确表示"此前订立的遗嘱不生效力"等。所谓默示撤回，是指遗嘱人虽未明确表示，但从其行为中可以推知其撤回此前所立遗嘱的意思。《民法典》第1142条第2款规定："立遗嘱后，遗嘱人实施与遗嘱内容相反的民事法律行为的，视为对遗嘱相关内容的撤回。"此处所指即为对遗嘱的默示撤回。例如，遗嘱人先通过遗嘱将自己所有的房产指定由其子继承，后将该房产出卖给第三人，此时应当认为遗嘱人以其出卖房产的行为撤回了在先遗嘱。在此之外，遗嘱人还可能直接通过撕毁遗嘱的方式表明撤回遗嘱的意思。遗嘱人在订立遗嘱之后，又订立全部或部分内容与在先遗嘱相抵触的新遗嘱，则在先遗嘱中与在后遗嘱相抵触的部分被默示撤回。

案例

在(2006)西证字第19××号公证遗嘱中，遗赠人田某将坐落在北京市西城区复兴门北大街的房产、北京市西城区南礼士路的房产遗留给其外甥女戴某缨(丹麦国籍，现居国外)所有，并指定为其个人财产。2014年6月6日，《北京市国立公证处》作出(2014)京国立内证字第42××号《公证书》，载明：田某于2006年5月30日在北京市西城区公证处办理了遗嘱公证，公证书编号：(2006)西证字第19××号。现经过慎重考虑，自愿撤销上述遗嘱公证。2015年3月30日，遗赠人(被扶养人)田某与受遗赠人(扶养人)张某峰签订了《遗赠扶养承诺书》，载明：遗赠人田某，年事已高，膝下无子女，身体健康欠佳，为了维护老人的合法权益，使老人愉快地度过一个幸福的晚年，即日起，扶养人认真履行对被扶养人的生养死葬义务，把被抚养人视为自己的父母，经常探望给予精神慰藉。因老人生活行动不便，要及时给老人增添必需的生活日用品，满足老人的生活意愿。如果扶养人未按相关规定承担被扶养人的生养死葬义务，被扶养人有权解除遗赠遗嘱；只要扶养人很好地履行了对被抚养人的生养死葬义务，就依法享有接受遗赠的权利。

2015年3月30日，田某手写"遗嘱"一份，载明：我立此自书遗嘱，对我所拥有的部分财产作如此处理。我自愿将本人名下的两处房屋赠给张某峰。(1)房产一地址为西城区南礼士路××号，面积为60平方米。(2)房产二地址为西城复兴门北大街××号，面积为76.5平方米。本人声明：本遗嘱出于本人自愿，是本人的真实意思表示；本人意识清楚，具备完全民事行为能力，两处的房屋为本人所有，我遗赠给张某峰的房屋属于张某峰个人所有，特此为证。2018年1月25日，田某再次手写"遗嘱"载明："我年事已高，趁现在思维神志清晰，特立遗嘱将名下的两处房产自愿遗赠给张某峰，两处房产分别是，房产一地址：北京市西城区南礼士路××号，面积为60平方米。房产二地址为北京市西城区复兴门北大街××号，面积为76.5平方米。我明确声明，本人写此遗嘱期间神志清醒，没有受到任何人胁迫和欺诈，上述遗嘱为本人内心真实意思表示，我无子女，本人房产继承权益属于张某峰个人所有，不作为夫妻共有财产，其他任何人不得干涉，特此为证。"2018年10月13日，田某死亡。死亡证明中所载家属姓名填写为张某峰。2018年12月5日，张某峰在《法制日报》上刊登了公告，载明：本人张某峰自愿接受田某在自书遗嘱中遗赠给我的全部房产。在田某就医的相关材料中，家属签名处多次为张某峰签署，张某峰多次缴纳了田某看病的费用，张某峰还多次为田某交纳水费、燃气费、有线电视费等生活费用。在田某死后，张某峰为其办理了丧葬事宜。现戴某缨与张某峰就遗产所有权发生纠纷，诉至法院。

法院说理：遗嘱人可以撤回、变更自己所立的遗嘱。立遗嘱后，遗嘱人实施与遗嘱内容相反的民事法律行为的,视为对遗嘱相关内容的撤回。立有数份遗嘱,内容相抵触的,以最后的遗嘱为准。自然人可以与继承人以外的组织或者个人签订遗赠扶养协议。按照协议,该组织或者个人承担该自然人生养死葬的义务,享有受遗赠的权利。本案中,涉案两套房产系田某生前财产,田某虽于2006年5月办理遗嘱公证,将涉案两套房屋遗赠戴某缨,但该遗嘱已于2014年6月由田某办理公证予以撤销。戴某缨依据田某2006年5月作出的遗嘱将涉案两套房屋登记在自己名下,缺乏权利基础。戴某缨主张涉案两套房屋归其所有系田某遗愿,但未就其主张提供充分证据。根据查明的事实,田某在撤销上述遗嘱后,于2015年3月签订《遗赠抚养承诺书》及《遗嘱》,约定由张某峰对田某认真履行生养死葬义务,田某将涉案两套房屋遗赠张某峰。田某于2018年10月去世,张某峰于2018年12月登报表示接受遗赠,结合2018年1月田某再次手写的《遗嘱》、张某峰提交的相关票据、各方陈述意见等证据,能够认定张某峰已履行《遗赠抚养承诺书》中生养死葬之义务。据此,一审、二审法院确认涉案两套房产归张某峰所有,并无不当。[1]

二、多份内容抵触遗嘱的处理

此处应当注意法律规定的变化。原《继承法》时期,《继承法意见》第42条规定:"遗嘱人以不同形式立有数份内容相抵触的遗嘱,其中有公证遗嘱的,以最后所立公证遗嘱为准;没有公证遗嘱的,以最后所立的遗嘱为准。"该条规定确立了公证遗嘱在效力上的优先地位,即在先的公证遗嘱仅能以公证遗嘱的形式撤回,而无法以其他形式的遗嘱撤回。该规定通常被认为违反了遗嘱平等原则,因此,在《民法典》时代并未被延续下来。《民法典》第1142条第3款仅规定:"立有数份遗嘱,内容相抵触的,以最后的遗嘱为准。"

此处需要说明的是,当数份遗嘱内容相抵触时,通常仅就抵触部分发生撤回在先遗嘱的效力,对于在先遗嘱处分而在后遗嘱并未涉及的部分,在先遗嘱依旧能够发生效力。例如,甲立下遗嘱,将自己名下的房产、汽车、黄金、股票等全部遗产都交由儿子继承;其后甲感到对不起自己的女儿,于是又立下遗嘱,将名下的房产交由女儿继承。这并不意味着甲的在先遗嘱完全失去效力从而令汽车、黄金、股票等财产的继承依据法定继承的原则办理,而是意味着女儿可以依据在后遗嘱获得房产,而剩下的其他遗产依旧按照第一份遗嘱由甲的儿子继承。

另需明确的是,所谓遗嘱的撤回并非撤回"生效"的遗嘱。遗嘱的生效时间是继承开始即被继承人死亡时。因此,遗嘱撤回的对象均为成立但未生效的遗嘱,遗嘱生效意味着被继承人死亡,此时遗嘱已经无法撤回。

第五节 特殊的遗嘱形态

一、共同遗嘱

共同遗嘱,是指"两个或两个以上的遗嘱人共同订立一份遗嘱,又称合立遗嘱"[2]。共同

---

[1] 参见北京市高级人民法院民事裁定书,(2022)京民申4793号。
[2] 王毅纯:《共同遗嘱的效力认定与制度构造》,载《四川大学学报(哲学社会科学版)》2018年第1期。

遗嘱可以分为广义的共同遗嘱和狭义的共同遗嘱。广义共同遗嘱，是指两个或两个以上的遗嘱人将遗愿记录于同一文件中，但遗愿之间并不具有内在关联性，此类遗嘱本为多个遗嘱的集合，在理论上并无特异之处。狭义的共同遗嘱则是指两个或两个以上的遗嘱人共同订立遗嘱，其遗愿之间具备关联性的遗嘱。本书此处仅围绕狭义共同遗嘱展开讨论。

一般认为，共同遗嘱可以分为4种类型：一为相互指定型遗嘱，即双方当事人均指定对方为自己的继承人，由在后死亡者继承在先死亡者的遗产；二为共同指定型遗嘱，即双方当事人共同指定第三人为双方的唯一继承人，通常而言，该第三人为双方的共同子女；三为柏林式遗嘱，即双方当事人先指定对方为自己的继承人，再指定第三人为后死亡者的继承人；四为"相关遗嘱"，即双方当事人订立两份遗嘱，两份遗嘱虽然在形式上相互独立，但在内容上以对方互为条件，如果其中一份遗嘱被撤回或失效，则另一份遗嘱同样失效，而一旦其中一份遗嘱被执行，另一份遗嘱则不得再被撤回。[1]

比较法上对待共同遗嘱的态度不一，有的国家承认共同遗嘱（如德国、奥地利），有的国家反对（如法国、日本、意大利），有的国家未明确承认或禁止（如瑞士）。我国1985年原《继承法》与现行《民法典》均未直接对共同遗嘱作出规定。1999年司法部律师公证工作指导司《关于监护人与被监护人订立或变更共同遗嘱不应予以公证的复函》曾规定："经研究认为，符合法律规定条件的遗嘱方为有效。根据有关法律、法规和司法解释，设立或变更遗嘱的行为应由遗嘱人亲自实施，遗嘱人应有遗嘱能力（即完全民事行为能力），遗嘱必须表示遗嘱人的真实意思，不能由他人代理，且遗嘱只能处分其个人财产。因此，公证处不应办理监护人与无民事行为能力或者限制民事行为能力的被监护人的共同遗嘱公证，也不应办理其变更共同遗嘱公证。已经办理的应予撤销。"2000年《遗嘱公证细则》第15条规定："两个以上的遗嘱人申请办理共同遗嘱公证的，公证处应当引导他们分别设立遗嘱。遗嘱人坚持申请办理共同遗嘱公证的，共同遗嘱中应当明确遗嘱变更、撤销及生效的条件。"由此可以明确我国法律制度并不禁止当事人订立共同遗嘱。

理论上，之所以对是否应当允许订立共同遗嘱存在争议，主要是因为担心共同遗嘱可能会限制当事人的遗嘱自由，特别是在其中一方当事人已经死亡，而尚生存的另一方当事人获得了遗产之后又想要撤回遗嘱时。此类案件的处理在实践中也较复杂，这大概也是《遗嘱公证细则》第15条采取不禁止但亦不提倡的态度背后的原因。然而，一方面，此类遗嘱在实践中大量存在，一概对共同遗嘱予以否定不利于维护不懂法律的当事人对自身遗产安排有效性的合理期待；另一方面，遗嘱自由原则不应当成为限制当事人遗产处分自由的原因，当事人既可以通过普通遗嘱处分遗产，也可以通过共同遗嘱处分遗产，源于当事人自身意志产生的限制似乎并不违反遗嘱自由原则。由此观之，应当对共同遗嘱予以承认。反对共同遗嘱的观点本质上是对人的非理性的特殊救济，其合理性最主要在于除遗嘱外，人们通常不会如此大规模地对自身财产进行处分，甚至是对自己的全部财产予以处分。此种处分中通常包含大量的情感因素与人格色彩。我们应当正视财产与人格尊严之间的关系，当人们年老时，自由处分遗产的权利很可能成为其人格尊严的保障，老人可以借助自由分配遗产的权利在自身体力、精力甚至智力全面退化的时期依旧维持自身在家庭、社会中的地位。如果老人在生前已经作出了不可撤回的

---

[1] 参见汪洋：《民法典时代共同遗嘱的理论构造》，载《法商研究》2020年第6期。

遗产处分,此种保障将会丧失。因此,遗嘱自由应当在最为绝对的意义上得到保障,即遗嘱人自己也不得在生前基于自由意志限制自身的遗嘱自由。

共同遗嘱最为本质的特征在于,双方当事人意思表示之间的关联性,即"假如没有配偶另一方的处分,配偶一方的处分就不会为之,其中一项处分之无效或被撤回,导致另一项处分不生效力。"[1] 既有文献中经常以柏林式遗嘱举例对关联性这一概念予以说明。例如,甲、乙为夫妻关系,二人订立共同遗嘱,先指定对方为自己的继承人,而后指定乙在婚前与他人所生的儿子丙为后死亡者的继承人。此时若甲先死亡,则乙依旧可以撤回遗嘱,因为甲和丙之间并无亲密关系,甲并非因乙会把遗产留给丙才愿意将自身的遗产留给乙。但是若乙先死亡,则甲不能撤回遗嘱,因为基于乙、丙之间的母子关系,如果甲不将遗产留给丙,乙就不会将遗产先交由甲继承。此处需要注意的是,我国《民法典》第1072条规定:"继父母与继子女间,不得虐待或者歧视。继父或者继母和受其抚养教育的继子女间的权利义务关系,适用本法关于父母子女关系的规定。"由此,若继父母继子女之间形成了抚养关系,则似应认定二者之间具备亲密关系,由此引发终意处分之间的关联性。

在遗嘱形式方面,共同遗嘱本身并不构成一种特殊的遗嘱形式,其依旧需要满足法定形式才能生效。在我国《民法典》提供的诸多遗嘱形式中,如果选择公证遗嘱、录音录像遗嘱的方式订立共同遗嘱,则通常不会产生太多争议,因为无论是单独遗嘱还是共同遗嘱,在选取此类遗嘱形式时履行的程序通常不会有所不同。实践中的争议通常出现在当事人以书面形式订立共同遗嘱的情形中,如甲、乙夫妻二人以书面形式订立共同遗嘱,该遗嘱由甲书写,书写完毕后由甲、乙二人在遗嘱末尾分别签名并注明年、月、日。从形式上看,此时对于甲而言,该遗嘱构成自书遗嘱,可以发生效力;对于乙来说,该遗嘱构成代书遗嘱,在缺乏见证人的前提下,不满足遗嘱的形式要件,不能发生效力。[2] 从现行法律规定上来看,此种观点并无问题,因为对甲而言,遗嘱的真实性在自书遗嘱形式要件均告满足的情形下得以保障;但对乙来说,在缺乏见证人的情况下,确实存在其配偶伪造遗嘱的可能。例如,该遗嘱有3页,而双方均仅在第三页上签名且注明年、月、日,则甲完全可以将前两页替换,按照自己的意愿重新书写其内容。但此种划分的问题在于其强行割裂了原本为一体的共同遗嘱,使其分裂为一个有效的自书遗嘱和一个无效的代书遗嘱,此种做法或可商榷。原因在于强行割裂共同遗嘱违反了遗嘱人的真实意思,即便仅从自书遗嘱的侧面考察,该遗嘱也一定蕴含附条件的意思——仅当对方做出相应的有效遗产安排时,该遗嘱才对应地发生效力。因此,结合保障遗嘱真实性以及共同遗嘱整体性的考量,一旦共同遗嘱中有一方的意愿不能发生效力,则共同遗嘱整体无效。

二、后位继承

所谓后位继承,是指"在遗嘱继承中,遗嘱人先指定由某继承人继承的财产利益,其后因某种条件的成就或者期限的届至而转移给另一继承人继承的特殊继承制度"。[3] 其中,先继承遗产的继承人被称为先位继承人,后继承遗产的继承人被称为后位继承人。例如,父亲可以在遗嘱中指定自己的妻子为先位继承人,继而指定儿子在妻子去世之后作为后位继承人继承自己的遗产。

---

[1] 汪洋:《民法典时代共同遗嘱的理论构造》,载《法商研究》2020年第6期。
[2] 参见北京市丰台区人民法院民事判决书,(2015)丰民初字第20233号。
[3] 孙骥韬:《论后位继承之法理构造及制度功能》,载《中国政法大学学报》2019年第6期。

后位继承的本质是附条件或附期限的遗嘱。例如，以儿子成年或妻子去世为后位继承发生的时间点，则其本质为附期限遗嘱；而若以儿子未来回国发展、公司运行不善为后位继承的触发原因，则其本质为附条件遗嘱。至于究竟所附条件是生效条件还是解除条件，取决于究竟以哪方当事人的视角进行观察。如果以先位继承人的视角观察，其在继承开始时依据遗嘱继承了遗产，而一旦遗嘱设定的条件或期限满足，则其应当向后位继承人移交所继承的遗产，因此，其本质为附解除条件的遗嘱；如果以后位继承人的视角观察，其在继承开始时尚不能继承遗产，而只有等到遗嘱设定的条件或者期限满足时才能向先位继承人请求移交其应当继承的遗产，因此，其本质为附生效条件的遗嘱。由此可以发现，在先后位继承的法律关系中，遗嘱针对不同主体分别表现为附生效条件或附解除条件遗嘱的性质。

我国《民法典》并未直接规定后位继承制度，也因此带来我国是否承认后位继承制度的疑虑。笔者认为，该问题应当从两个方面进行观察：一方面，我国《民法典》确实缺乏对后位继承相关问题的明确规定，因此，比较法上的很多规则无法在我国法律制度中得到适用。例如，《德国民法典》第2109条第1款第1句规定，"继承开始后三十年仍未出现后位继承情形的，则后位继承人的指定失去效力"。此类规则很难通过理论阐释或法律续造加以实现。在此意义上，我国法律确实并未将后位继承作为一项法律制度加以对待。另一方面，附条件或附期限遗嘱在实践中大量存在，而且基于意思自治以及遗嘱自由的基本原则，法律并未禁止被继承人通过附条件或附期限遗嘱设定后位继承的遗产安排，那么从解释论上看，以威胁法律秩序安定性为由否定后位继承制度似乎缺乏实在法的支撑。简言之，我国法律规定对后位继承制度处于一种不明确否定但也不积极规制的状态中，后位继承可以被附条件、附期限遗嘱所容纳，但具体规范的缺乏似乎无法通过理论阐释得到完全的弥补。

第六节 遗嘱的解释

所谓遗嘱的解释，是指在遗嘱的语义不明，或其文义不能准确传达遗嘱人的真实意思时，通过遗嘱解释的相关规则探究遗嘱的真实含义。针对意思表示解释，我国《民法典》第142条规定："有相对人的意思表示的解释，应当按照所使用的词句，结合相关条款、行为的性质和目的、习惯以及诚信原则，确定意思表示的含义。无相对人的意思表示的解释，不能完全拘泥于所使用的词句，而应当结合相关条款、行为的性质和目的、习惯以及诚信原则，确定行为人的真实意思。"该条规定区分了有相对人的意思表示与无相对人的意思表示，对于有相对人的意思表示（如缔约中的要约、承诺）采用表示主义的立场，在当事人真实合意无法确定的前提下，以文义为基础探究意思表示的规范意义，即客观意思表示受领人的理解；对于无相对人的意思表示（以遗嘱为代表）采用意思主义的立场，不拘泥于意思表示的文义，而应当以探明当事人真实意思为第一要务。

我国学者李文涛曾以生动的例子说明遗嘱解释的特殊性："甲误以为乙是其救命恩人，在订立遗嘱时将乙确立为受遗赠人。但是事实上，丙才是甲真正的救命恩人。甲去世后,在遗嘱中找不到任何确立丙为受遗赠人的暗示,遗嘱清晰明确写明乙为受遗赠人。"[1]在此种情形下,无须讨论遗嘱的动机错误撤销问题,而应当直接依据遗嘱解释的相关规则,探明遗嘱人的真实意思是将遗产留给自己真正的救命恩人而非其在遗嘱中指定的乙。

遗嘱解释的特殊性在于,其直接进入探究表意人动机的领域。通常而言,法律行为拒绝对动机做个别的考察,而仅在例外情况下以一系列特殊规范对当事人的动机予以规制。简言之,法律行为的内容与动机是分离的,而法律一般不问动机。但在遗嘱解释中,当事人的动机却可以直接决定遗嘱的内容,甚至在遗嘱的文义内容与其动机发生偏离时,遗嘱人的动机具有更高的效力。

之所以如此是出于遗嘱解释中特别的价值考量。首先,遗嘱自由要求充分保障遗嘱人对遗产的支配能力,其真实意志可以死后在遗产上继续延伸。此种自由并不因表达的缺陷而受到减损。其次,遗嘱解释无须顾忌信赖利益保护问题。基于遗嘱自由原则,被继承人既可以随时订立遗嘱也可以撤回、变更已经订立的遗嘱,潜在的继承人对于遗产的获得通常没有任何的信赖利益可言。

遗嘱解释的意思主义立场通常会与遗嘱法定形式之间存在龃龉。为了确保遗嘱人遗嘱意思的严肃性,法律为遗嘱规定了严格的形式要件,如果不满足法定形式要件则遗嘱无效。对遗嘱施以法定类型强制的意义在于法律通过法定形式区分当事人的法律拘束意思,即区分何种表达为严肃的意思表示,何种意思仅为不具有法律效力的自然意思表达。从逻辑上看,本不应存在"虽未进入遗嘱,但却能够确定"的当事人的真实意思,因为它与法定形式的强制推定功能相悖。而遗嘱解释所谓意思主义的解释立场,恰恰是主张在遗嘱符合法定形式的文义之外探究当事人的"真实"意思,这似乎存在架空遗嘱法定形式规范的嫌疑。因此,"暗示理论"主张,"在遗嘱的阐释解释和补充解释过程中,遗嘱人的真实意思或假定意思都必须至少在遗嘱中找到某种线索或暗示,否则不能通过遗嘱解释出该意思,而可以基于错误来撤销遗嘱,并通过法定继承来处理"[2]。

第七节 遗嘱的效力

一、《民法典》第1143条规定的4种无效情形

遗嘱自作成时成立,于继承开始时生效。《民法典》第1143条规定:"无民事行为能力人或者限制民事行为能力人所立的遗嘱无效。遗嘱必须表示遗嘱人的真实意思,受欺诈、胁迫所立的遗嘱无效。伪造的遗嘱无效。遗嘱被篡改的,篡改的内容无效。"据此,遗嘱可能由于下述原因而无效。

(一)无民事行为能力人或者限制民事行为能力人所立的遗嘱无效

无民事行为能力人,是指由于年龄、疾病等原因完全不能辨认自身行为的自然人。

---

[1] 李文涛:《遗嘱的目的解释与形式——以暗示说理论的论争及其修正为中心》,载《北方法学》2019年第6期。
[2] 李文涛:《遗嘱的目的解释与形式——以暗示说理论的论争及其修正为中心》,载《北方法学》2019年第6期。

《民法典》第20条规定:"不满八周岁的未成年人为无民事行为能力人,由其法定代理人代理实施民事法律行为。"第21条规定:"不能辨认自己行为的成年人为无民事行为能力人,由其法定代理人代理实施民事法律行为。八周岁以上的未成年人不能辨认自己行为的,适用前款规定。"无民事行为能力人完全不能辨认自身行为,其所实施的法律行为一概无效,此点与《民法典》第144条的规定一致,即"无民事行为能力人实施的民事法律行为无效"。

限制行为能力人指的是由于年龄、疾病等原因不能完全辨认自身行为的自然人。《民法典》第19条规定:"八周岁以上的未成年人为限制民事行为能力人,实施民事法律行为由其法定代理人代理或者经其法定代理人同意、追认;但是,可以独立实施纯获利益的民事法律行为或者与其年龄、智力相适应的民事法律行为。"第22条规定:"不能完全辨认自己行为的成年人为限制民事行为能力人,实施民事法律行为由其法定代理人代理或者经其法定代理人同意、追认;但是,可以独立实施纯获利益的民事法律行为或者与其智力、精神健康状况相适应的民事法律行为。"此处需要注意《民法典》继承编与总则编关于限制行为能力人实施法律行为效力规定的差别。《民法典》第145条第1款规定:"限制民事行为能力人实施的纯获利益的民事法律行为或者与其年龄、智力、精神健康状况相适应的民事法律行为有效;实施的其他民事法律行为经法定代理人同意或者追认后有效。"《民法典》第1143条第1款规定:"无民事行为能力人或者限制民事行为能力人所立的遗嘱无效。"由此可见,限制行为能力人订立的遗嘱不能通过法定代理人的追认生效,这与遗嘱不得代理的基本原理相符。

(二)遗嘱必须表示遗嘱人的真实意思,受欺诈、胁迫所立的遗嘱无效

此处同样需要注意《民法典》总则编规定与继承编规定的区别。《民法典》第148条规定:"一方以欺诈手段,使对方在违背真实意思的情况下实施的民事法律行为,受欺诈方有权请求人民法院或者仲裁机构予以撤销。"第149条规定:"第三人实施欺诈行为,使一方在违背真实意思的情况下实施的民事法律行为,对方知道或者应当知道该欺诈行为的,受欺诈方有权请求人民法院或者仲裁机构予以撤销。"第150条规定:"一方或者第三人以胁迫手段,使对方在违背真实意思的情况下实施的民事法律行为,受胁迫方有权请求人民法院或者仲裁机构予以撤销。"依据《民法典》总则编规定,受欺诈、胁迫订立的法律行为均属于可撤销的法律行为,而依据《民法典》第1143条第2款规定,受欺诈、胁迫订立的遗嘱是无效遗嘱。遗嘱在被继承人死亡时生效,此时受欺诈、胁迫的"撤销权人"已经死亡,再赋予其撤销权已无意义,而令继承人通过继承享有撤销权也只是无谓地令法律关系复杂化,因此,规定受欺诈、胁迫订立的遗嘱一概无效是比较有效率的规制方式。在遗嘱生效前即被继承人死亡之前,被继承人可以随时撤回、变更遗嘱,也无须考虑遗嘱撤销的问题。

(三)伪造的遗嘱无效

伪造的遗嘱不能反映被继承人的真实意愿,因此属于无效遗嘱。此处需要注意《民法典》第1125条的规定:"继承人有下列行为之一的,丧失继承权:(一)故意杀害被继承人;(二)为争夺遗产而杀害其他继承人;(三)遗弃被继承人,或者虐待被继承人情节严重;(四)伪造、篡改、隐匿或者销毁遗嘱,情节严重;(五)以欺诈、胁迫手段迫使或者妨碍被继承人设立、变更或者撤回遗嘱,情节严重。继承人有前款第三项至第五项行为,确有悔改表现,被继承人

表示宽恕或者事后在遗嘱中将其列为继承人的,该继承人不丧失继承权。受遗赠人有本条第一款规定行为的,丧失受遗赠权。"根据此条,"伪造、篡改、隐匿或者销毁遗嘱,情节严重"属于继承权相对丧失的情形。针对所谓"情节严重",《民法典继承编解释(一)》第9条规定:"继承人伪造、篡改、隐匿或者销毁遗嘱,侵害了缺乏劳动能力又无生活来源的继承人的利益,并造成其生活困难的,应当认定为民法典第一千一百二十五条第一款第四项规定的'情节严重'。"

(四)遗嘱被篡改的,篡改的内容无效

遗嘱可能部分被篡改,如果发生此种情况,则篡改的内容无效。此时,若能证明原本遗嘱的内容,则原本遗嘱的内容依旧可以发生效力。此外,遗嘱部分被篡改的,未被篡改的部分依旧可以发生效力。同时,篡改遗嘱情节严重的,同样构成继承权相对丧失的情形。

二、遗嘱不满足法定形式而无效

遗嘱可能因为不满足法定形式而无效。如前文所述,不满足法定形式本质上是遗嘱不成立的问题,但出于规范的考量,理论上与实践中一向将其作为无效对待。

三、遗嘱违反必留份导致部分无效

遗嘱违反必留份则部分无效,应当为缺乏劳动能力又没有生活来源的继承人留足必要份额,剩余部分再按遗嘱确定的方案进行分配。

四、遗嘱违反公序良俗导致无效

遗嘱有可能因为违反公序良俗而无效。遗嘱违反公序良俗的样态通常表现为动机悖俗,如遗嘱人订立遗嘱将财产遗赠给自己的情妇,此时从遗嘱内容上看似乎并无悖俗之处:"我×××(遗嘱人),将名下财产×××,在我死后遗赠给×××(受遗赠人)。"然而此时促使遗嘱人作出此项遗赠的唯一原因就是其与情妇之间的不正当关系,因此,违反了公序良俗,应当认定为无效。

此外,遗嘱还可能以附条件的方式违背公序良俗,这在违背公序良俗的实践案例中属于较普遍的情况。例如,遗嘱人订立遗嘱,其中明确自身名下的房产由妻子继承,但若妻子改嫁,则房产改由自己的侄子继承。此种遗嘱通常会被认定为因干涉婚姻自由而违反公序良俗从而无效。此类情形还可能发生在诸如"若儿子离婚方可继承家产""若儿子改变信仰方可继承公司"之类的遗嘱条件上。此类遗嘱的特点在于遗嘱人均试图通过借助遗产的给予侵入或干涉原本属于他人人格自决的领域,对他人的婚姻、信仰等问题进行变相的"购买"。这一尝试是违反公序良俗的。

但需要注意的是,遗嘱人依旧可以通过遗嘱附条件的方式对遗产的未来使用甚至继承人的某些行为加以限制。例如,在遗嘱中规定"若儿子意图变卖家族企业,则该企业由女儿继承""若继承企业的女儿不加入某行业协会,则该企业由儿子继承"等。此类条件的特点在于,它们并非意图对继承人的人格领域进行干涉,而仅着眼遗产价值的维持或提升,如为家族企业的良好运行要求继承人加入某行业协会。

五、遗嘱中对他人财产的处分无效

实践中,遗嘱人可能在遗嘱中处分他人财产,遗嘱中处分他人财产的部分当然无效。对此,《民法典继承编解释(一)》第26条规定:"遗嘱人以遗嘱处分了国家、集体或者他人财产的,应当认定该部分遗嘱无效。"此种情形最常见的是在遗嘱中对夫妻共同财产连带配偶的部分一并进行处分。《民法典》第 1153 条规定:"夫妻共同所有的财产,除有约定的外,遗产分割时,应当先将共同所有的财产的一半分出给配偶所有,其余的为被继承人的遗产。"夫妻共同财产应当先进行析产,属于被继承人的部分才发生继承。

第二章 遗嘱信托

第一节 概 述

遗嘱信托是广义继承方式中的一种,本质上也是一种将遗产按照意愿分配给指定的人士的一种方式。遗嘱信托与普通的遗嘱继承不同的是:遗嘱继承是一个瞬时将资产承继的制度,即在当事人去世后,法律上瞬间都归指定的继承人(包括受遗赠人),只是事实中还需要一定的时间完成动产的占有及不动产的转移登记等手续。而遗嘱信托,则是通过设定信托的方式,由受托人取得遗产的全部所有权,然后进一步按照信托委托人即遗嘱人的意愿,按照遗嘱人所设定的条件或者期限,或者根据受托人依遗嘱内容取得的自由裁量权,逐步将信托财产(源于遗产)分配给受益人。

遗嘱信托相对于传统的遗嘱继承,提供了更加灵活的安排。例如,在胡某某、尹某 1 不当得利纠纷一案[1]中,遗嘱人的意愿是 20 万元作为女儿小婷以后上学所用,20 万元存款利息为父母妻儿同住所用,用作生活开支,房子妻儿共同所有,妻子有居住权,但不得处理变卖。抛开遗嘱中最后一段关于房子的内容,前面一段则是一项典型的遗嘱信托的内容:首先,对 20 万元进行了迟延分配,即将分配的时间从被继承人死亡迟延到"以后上学"这个时间点;其次,进一步对资产的分配进行了灵活安排,即在最终分配给女儿小婷之前,本金保留,利息分配给父母妻儿 4 人,而利息是长期存在的定期给付模式。

虽然上述案例是一个非专业人士拟定的遗嘱,但从内容上看,则体现了遗嘱人朴素的分配规则,即不希望一次性将遗产分配完毕,而是将本金及信托期间本金的收益分批、分不同类型的受益人进行分配。本质上,遗嘱信托是一种信任,是委托人(遗嘱人)信任受托人能完成其遗愿;同时,信托也是一种不信任或者一种担心,即担心他(她)的孩子过早拿到了遗产但是最终由于主观原因或者客观原因无法坚持到上学期间。

因此,遗嘱信托本质上是提供了一种遗嘱继承之外的可能性。参考我国古代文化传统,遗嘱信托是"托孤"在现代继承法中的体现,有一定的历史文化渊源,并不是一个典型的舶来品。当然,遗嘱信托在我国香港特别行政区、澳门特别行政区都有较成熟的实践,如香港特别行政区已故著名爱国企业家霍英东先生,设定了遗嘱信托,后来因受益人之间的争议而诉诸法院,关于该遗嘱信托相关的内容因诉讼而公开。[2] 在我国内地,立法视角下的遗嘱信托制度,最早源于 2001 年 10 月 1 日生效的《信托法》中的相关规定。

---

[1] 参见河南省信阳市中级人民法院民事判决书,(2017)豫 15 民终 4342 号。
[2] See Fok Chun Yue Benjamin v. Fok Chun Wan Ian & Ors [2015] HKCU 328.

《信托法》第13条第1款规定,设立遗嘱信托,应当遵守继承法关于遗嘱的规定;第2款规定,遗嘱指定的人拒绝或者无能力担任受托人的,由受益人另行选任受托人;受益人为无民事行为能力人或者限制民事行为能力人的,依法由其监护人代行选任。遗嘱对选任受托人另有规定的,从其规定。

《民法典》第1133条第4款规定"自然人可以依法设立遗嘱信托",此项规定对上述内容进行了回应性的规定,但没有进一步的详细规范。

从法律适用角度来看,遗嘱信托中的"遗嘱"部分,受《民法典》相关规定的调整与规范,而"信托"部分,则受《信托法》的调整与规范。因此,其设立、效力的认定,都存在双重法律适用的问题。

遗嘱信托是信托的特殊类型之一,但依然受制于我国《信托法》对信托的基本规定,即"本法所称信托,是指委托人基于对受托人的信任,将其财产权委托给受托人,由受托人按委托人的意愿以自己的名义,为受益人的利益或者特定目的,进行管理或者处分的行为"。因此,遗嘱信托是遗嘱人通过遗嘱这一单方法律行为的方式,以书面的形式,将遗产交付给选定的受托人,由受托人进行管理与处分,最终交付给指定的信托受益人的制度。因此,遗嘱信托的设立,需要满足形式要件与实质性要件。

从形式上看,既要符合《信托法》关于书面形式的要求,也要符合《民法典》对遗嘱形式的要求。因此,排除了口头遗嘱与录音录像遗嘱形式设立遗嘱信托的可能性,只能是公证遗嘱、自书遗嘱、代书遗嘱、打印遗嘱。至于《民法典》对上述4类书面形式的遗嘱的具体要求,本章不再赘述,可以参考本书其他章节的内容。当然也有观点认为,"应放松对遗嘱信托的形式限制,赋予委托人更多的选择自由,便于设立遗嘱信托,因此,遗嘱信托不应局限于书面形式"。[1]

在满足遗嘱形式要件之后,则需要进一步审查遗嘱信托的实质性要件。遗嘱信托的实质性要件,是指遗嘱内容是否足够清晰以满足信托的要求,即是否满足了信托关系当事人完整的要求,即有明确的受托人及受益人;是否对信托财产的交付、管理与处分,有明确的约定。

关于上述两项内容中的实质性要件,本章下面内容将有专门的论述。

第二节 遗嘱信托的当事人

遗嘱信托的当事人,依据《信托法》的规定,必要当事人包括委托人、受托人及受益人;可选当事人,即信托监察人。

委托人是比较确定的,即遗嘱人,也即被继承人本人。关于委托人需要有订立遗嘱的行为能力,以及处分财产的权限等,在此不再赘述。

从意思自治角度,遗嘱信托中自然可以任命一位信托的监察人,以监督信托的管理与分配符合遗嘱的内容。这是意思自治的范畴,立法并未作任何强制性或者引导性的规范,但是对于

---

[1] 张永:《遗嘱信托的规范构成与体系效应》,载《法学》2022年第10期。

信托财产价值较大，或者信托期限持续较长的遗嘱信托来说，设定信托的监察人，有助于其遗嘱信托的目的之实现。

一、受托人

遗嘱信托的受托人，首先由遗嘱指定。他是遗嘱信托中非常重要的角色，甚至可以说是最重要的角色。在我国内地既有的案例中，包括上文提到的香港特别行政区的霍英东案件，受托人都是委托人所信任的自然人。遗嘱信托依然是私法自治的体现，因此，只要是委托人或者受益人信任即可选任，并无资质要求。

从《信托法》角度看，并不排除法人担任遗嘱的受托人。在中国内地，过去商事信托中担任受托人的主要是信托公司，即学理上所谓的"专业受托人"。但从实践角度，专业受托人担任遗嘱信托的受托人的情形并不多，主要原因是遗嘱信托从法律角度看，是以单方法律行为的方式订立，专业受托人无法在事先介入将自己的利益诉求等重要事项体现在该遗嘱中。

从我国香港特别行政区、澳门特别行政区及域外特别是新加坡等华人社会的经验看，遗嘱的受托人往往与遗嘱执行人、遗产管理人"三位一体"，由同一人担任。[1] 由同一人担任，使整个继承的过程提高了工作效率，避免信息不对称形成诉讼或者其他纠纷。我国《民法典》并未限制遗产管理人担任遗嘱信托的受托人，因此可以理解为一个可行的方案。

考虑从遗嘱订立到遗嘱信托生效，在部分案件中是一个短时间的事项，如遗嘱人已经重病自认不久人世；也在有些案件中是一个漫长的过程。由于遗嘱是单方法律行为，遗嘱中所选任的受托人可能并不知情或者并未表达过接受委任的意思表示，也不存在必须担任的义务。因此，存在遗嘱信托在发生法律效力时的受托人缺位问题。对此，《信托法》作了原则性的规定。

如上文所述，受托人首先由遗嘱指定，并且遗嘱人既可以设定同一顺序多位受托人，也可以设立备位的受托人，即如果第一顺序的受托人因故无法担任受托人，则由后一顺序的受托人担任。这种备位的方式，是最值得推荐的遗嘱信托受托人指定模式。

遗嘱指定的人拒绝或者无能力担任受托人的，或者受托人先于委托人去世的，且遗嘱中设有备位受托人的，则由受益人另行选任受托人；受益人为无民事行为能力人或者限制民事行为能力人的，依法由其监护人代行选任。也就是说，《信托法》将此项选定的权限给予了全体受托人。事实上，遗嘱信托是一种递延满足受益人的模式，不能排除受益人与受托人之间可能存在一定的利益冲突，至少存在部分受益人与受托人之间利益冲突的可能性。因此，我国立法直接将这个受托人缺位之时的递补权限交给受益人。

严格来说，上述规定并不够完善，需要未来立法或者司法解释进一步细化。具体来说，现行立法对于多个受益人之间如何指定的规则，即适用简单多数决，还是适用全体一致表决机制，暂时没有规定。从"尽量促成"遗嘱信托的执行角度，建议采用简单多数决，即过半数的规则即可。当受益人按照简单多数决的原则依然无法选任出受托人的情况下，是否可以参考遗产管理人的模式，交给法院处理？对这个问题立法依然没规定，但从学理角度，建议参考遗产管理人的选任模式。

---

[1] 例如，在彭某某、叶某1委托合同纠纷一案[（2016）粤民终1828号]中，遗嘱中明确了同一人。叶某1在香港特别行政区梁某锦律师行立具《遗嘱书》，内容为："本人现在立下遗嘱，并取消以往所订立之一切遗嘱，遗嘱之附加条款及馈赠之承诺，并声明本遗嘱为本人最新订之遗嘱。（一）本人现在委任梁某锦（LEUNGCHEKAM）为本遗嘱之执行人及信托人（以下称'信托人'）……"

受托人作为信托财产的所有人,拥有信托财产的管理与处分权利。关于这一内容,在下一节的"信托财产"中予以详细论述。此外,信托受托人还有"辞任权"及"报酬请求权"。

《信托法》第 38 条规定了受托人的辞任权,即"设立信托后,经委托人和受益人同意,受托人可以辞任"。考虑遗嘱信托生效之时就是委托人去世之时,因此,在遗嘱信托这一特例中,应该解释为只要受益人同意,即可辞任。辞任权有别于拒绝权。拒绝权,是指在遗嘱人去世之后,信托受托人未实质性接受遗嘱之委任,直接予以拒绝。也就是说,拒绝意味着从未担任受托人。而辞任,是指担任受托人之后,由于主观或者客观的原因选择辞去。此时,因为信托财产的管理处于过程之中,其承担了信托法上的信义义务,因此,其辞任不再如拒绝权那么宽松,即需要受益人的同意。

信托受托人的"报酬请求权",类似遗产管理人的报酬请求权,我国立法并未直接规定。报酬请求权源于意思自治。如果遗嘱人在遗嘱信托中予以明确约定,或者在生前与受托人进行了单独的约定,则从约定;如果没有上述约定,受托人在考虑选择接受还是拒绝担任信托受托人之时,也可以与受益人进行协商约定。依据《信托法》第 35 条的规定,未作事先约定和补充约定的,不得收取报酬。

受托人的主要义务,主要体现在受益人的权利方面,因此我们在下文予以论述。

二、受益人

遗嘱信托的受益人,是信托财产的终极受益人。相对普通的遗嘱继承,遗嘱信托的受益人更宽泛:既可以包括遗嘱生效之时已经出生了的自然人(包括胎儿),也可以包括信托存续期间新出生的自然人。与遗嘱继承一样,信托的受益人,既可以包括法定继承人,也可以包括法定继承人之外的其他自然人。除家人等自然人之外,也可以是公益目的的慈善组织。

受益人的权利,主要包括实体性权利和程序性权利。

实体性权利,主要是指信托受益权。所谓信托受益权,是指受益人享有的、依据信托文件(遗嘱)规定的从信托中取得财产的权利。通俗地讲,就是获得信托分配的权利。从请求权的角度分析,则是向受托人要求获得分配的权利。遗嘱信托中的信托受益权,往往是附条件的:典型如考上大学之后获得××元的特别分配;也可以是附期限的,如至受益人年满 30 周岁后进行一次性分配剩余财产,在此之前只能分配固定金额。遗嘱信托对遗嘱人的制度价值之一,就是可以通过遗嘱的方式合理控制信托财产(遗产)的分配时间与分配条件。

遗嘱信托中的信托受益权,源于遗嘱这一具有身份法性质的法律行为,但受益权本身是一项典型的财产性权利,因此,受益人可以转让或者在受益人去世之时作为遗产被继承。当然,遗嘱人可以在遗嘱中明确约定不得转让或者继承,以确保遗嘱信托的受益人的相对封闭性。

程序性权利是基于信托关系而对受托人的监督性权利,既包括遗产管理过程中的监督权,也包括信托因分配完毕而终止之时对信托清算报告的确认权。无论是《民法典》还是《信托法》,对于上述程序性权利的具体实施方式及诉讼请求,都还没有明确的规定。

第三节 信托财产

遗嘱信托是一项财产安排制度,信托财产是此项制度中最为重要的内容。

一、信托财产的转移

被继承人死亡即遗嘱生效之后,如果受托人未拒绝出任的,则遗嘱信托即时生效。但更重要的问题是,受托人需要取得遗嘱中明确的财产,才能开始履行真正意义上的受托管理。虽然《信托法》第 2 条并未直接明确规定信托的受托人取得信托财产的所有权,但无论是我国的通说,还是《信托法》后续关于受托人管理信托财产的权限,都能推定认为受托人取得信托财产民法上的所有权。

《民法典》第 230 条规定,因继承取得物权的,自继承开始时发生效力。遗嘱信托和遗嘱继承本质上都是因继承而发生物权变动,继承人即刻取得遗产所有权,受托人也即刻取得信托财产所有权。因此,从所有权的法律角度来看,无论遗产的类型是动产还是不动产,不管是债权还是股权,都因遗嘱信托的生效而直接发生变动,而不需要进行动产的交付或者不动产的转移登记。

在接受担任受托人之后,其第一职责,是归集遗嘱中明确属于信托财产的部分。因此,对于动产,要求该项动产由保管人转移至受托人占有;对于不动产、车船、股权等需要登记的财产,则依法进行转移登记至受托人名下;对于债权,则应当通知债务人向其进行清偿。

信托财产的转移,是实现遗嘱信托目的的重要保障。

以(2016)京 02 民终 9935 号案件为例:被继承人在遗嘱中载明,(4 位遗嘱执行人)每年从我在汇丰银行北京分行的账户中支取人民币陆万元作为林某 1 全年生活费用,直至其去国外求学为止。林某 1 年满 20 周岁后,每月可支取 1000 美元,由林某 2 会同其余三名遗嘱执行人中任何一人共同签字从我账户中支取。

在本案中,根据整体的遗嘱内容,4 位遗嘱执行人也可以解释为遗嘱信托的受托人。

遗嘱人的设想是其银行账户在其去世之后依然得以使用,且管理处分的权限归 4 位遗嘱执行人(受托人)。为满足遗嘱人这一合理、合法的诉求,我们可以从法律角度,进行两个可能性的解释。

可能性一:附义务的遗嘱。本案如果解释为附义务的遗嘱,则继承人有义务将账户(或者对应的遗产)的处分权交给 4 位遗嘱执行人。但是,如果解读为附义务的遗嘱,将会遇到如果义务人不履行义务,遗产归属为谁的问题。

可能性二:遗嘱信托。本案如果解释为遗嘱信托,则由 4 位遗嘱执行人取得遗产的所有权,遗产本身转化为信托财产,各共同受托人按照遗嘱指示进行分配。

对比两种解释,我们可以看到,在第一种解释中,从人性角度,要求继承人履行此项义务是违背其人性的,即将自己的金钱交给其他人管理并且限制其使用,因此,不履行义务是一个大概率的事件。从技术上讲,金钱一旦归继承人所有,其他人则很难规制。如果解释为第二种路径,即信托的受托人取得所有权,那么其定期分配的权利是当然的,并不需要受益人(继承人)的配合。

二、信托财产的管理

受托人对信托财产的管理,需要受信托文件及信托法律关系的双重约束。

首先,信托文件即遗嘱中如果有明确的信托财产的管理规则,受托人则有义务依据遗嘱的内容管理财产。例如,如果遗嘱明确受托人对遗嘱人生前的债务通过信托财产进行清偿;又如,遗嘱中明确了信托财产的组成部分及股权的投票权行使规则。这些内容只要遗嘱中有明确规定并且可以执行,则受托人有义务予以执行。

受托人管理信托财产,遗嘱人不仅可以对作为义务进行明示,也可以约定不作为的义务:典型的如,在继承开始之后3年内不得出售公司股权;又如明确不得将信托财产用于风险投资或者其他高风险的品类。

其次,信托财产管理,依然受信托法律关系的约束,主要体现在如下两个方面。

一是确保信托财产的独立性,即受托人应当将信托财产独立于其自身的财产、独立于其他信托财产并进行管理。这意味着受托人对信托财产要进行独立记账。

二是为受益人利益管理信托财产。受托人虽然是名义上的所有权人,但限于信托关系,其并不享有普通物权中的受益权。因此,在管理信托财产时,需要考虑受益人的利益。例如,对于受益人长期稳定居住的不动产,原则上在信托存续期间不得出售变卖。

在英美法上,信托的受托人负有典型的信义义务。我国现行立法与司法,对于信义义务的具体内容并没有明确成熟的论述。在遗嘱信托中,受托人应当本着诚实信用的原则,秉持为受益人利益考量的原则,管理信托财产。因为受托人管理信托财产,往往具有长期性,并且遗嘱人很难在遗嘱中给予面面俱到的指示,因此,受托人拥有一定的自由裁量权,这是遗嘱信托的当然之意。当然,这种自由裁量权,依然受上述原则的约束。具体而言,即使受托人未被禁止自我交易或者进行关联交易,但基于其受托人的特殊地位,原则上应当禁止受托人进行自我交易或者关联交易,即将信托财产出售给自己或者出售给自己的近亲属。

三、信托财产的分配

信托财产的管理是阶段性的,遗嘱信托设立的终极目标,是将信托财产向受益人进行分配。本书前文已经提到,不同于遗嘱继承或法定继承中的遗产瞬间归属于继承人,遗嘱信托设立的动机,就是避免这种瞬间归属可能产生的矛盾与风险。

信托财产的分配,可以是长期持续性的,如每个月向受益人支付特定的金额;也可以是一次性的。这些都是根据遗嘱信托设立的目的之不同而作不同的设定。

例如,在彭某某、叶某1委托合同纠纷一案[1]中,遗嘱人明确:(1)本人现在委任梁某锦为本遗嘱之执行人及信托人(以下称为信托人)。(2)本人将全部遗产,无论其坐落或存放在什么地方,都一概交与信托人,而信托人须将本人之全部遗产以信托方式作下列处理:①本人所持有佳能工业有限公司(香港特别行政区注册公司)之股份共250,000股及已投入该公司之资金馈赠予彭某某及本人儿子叶某1两人平均分配。②信托人有权变卖本人之所有其他的遗产并且可动用变卖所得之款项支付本人所欠之债项、税项、遗产税(包括上述①项之馈赠,而被香港特别行政区税务局要求支付有关本人之遗产税)、殓葬费、身后事有关之费用,以及办理遗产承办之支出及法律费用。③在扣除②项之支出后,信托人须将全部余下之动产与不动产(包括香港特别行政区、中华人民共和国国境内及海外之动产与不动产)馈赠予林某玲及本人另外两个儿子叶某2及叶某3共3人平均分配。

此项遗嘱信托属于典型的一次性分配模式,根据其设立遗嘱信托的目的是简化继承,将资产的分配交给专业人士,由专业人士完成相关债务的清偿与税务的申报,最终将"净资产"交给指定的家人。

---

[1] 参见广东省高级人民法院民事判决书,(2016)粤民终1827号。

信托财产分配完毕后,则遗嘱信托完成使命,信托终止。受托人有义务向全体受益人提供一份清算报告,受益人表示接受的,则推定信托受托人完成职责,不再有任何义务与责任。如果受益人不认可清算报告,如认为其他受益人多分了而自己少分了,或者认为受托人有损害信托财产的行为,则可以提起相应的诉讼。

第四节 遗嘱信托的其他问题

一、遗嘱信托与债权人撤销权

在非遗嘱信托的继承模式下,被继承人生前的债权人有权要求继承人或者受遗赠人在所继承遗产的范围内承担被继承人的债务。若被继承人生前设立了遗嘱信托,则遗嘱归入信托受托人名下,继承人与受遗赠人未能直接继承所有遗产,但享有信托的受益权,这对债权人并不公平。

举例说明:假设 A 因交通肇事去世,且因该肇事行为形成 100 万元的侵权责任,即受害人 E 因此享有了 100 万元的金钱债权。假设 A 留有现金 20 万元,价值 200 万元的不动产。A 的法定继承人是 B 与 C。

假设此时 A 没有遗嘱,则 B、C 继承了 A 所有的遗产,并且向 E 承担了总额 100 万元的债务。此时遗产大于债务,E 能获得正常清偿。

假设此时 A 立有遗嘱信托,信托受托人为 D。在 A 去世之后,依据遗嘱 B、C 取得现金的继承,而 D 获得不动产的所有权,并且将该不动产的租金每个月都平均支付给 B 与 C。此时若 E 起诉,似乎只能在 20 万元的现金内获得清偿。根据限定继承的规则,B、C 不需要再进行额外的清偿,即使他们在现阶段能获得该项不动产的全部收益。

这对于债权人是极其不公平的。对此,我国《信托法》提供了救济途径。《信托法》第 12 条第 1 款规定:"委托人设立信托损害其债权人利益的,债权人有权申请人民法院撤销该信托。"

略有疑问的是,债权人撤销该信托,应当解释为撤销信托的全部,抑或是在其未受清偿的范围内要求信托将部分遗产予以返还?从目的解释的角度看,如果信托财产远远大于债权人未受清偿的债权,而撤销信托导致整个信托的不成立,并不合理。我国现行立法中并没有部分撤销制度,但从解释的角度,部分撤销权可能更为合适。

二、遗嘱信托与必留份制度

《民法典》对遗嘱自由进行了合理的限制,限制之一是必留份制度,即《民法典》第 1141 条的规定即"遗嘱应当为缺乏劳动能力又没有生活来源的继承人保留必要的遗产份额。"第 1155 条规定:"遗产分割时,应当保留胎儿的继承份额。胎儿娩出时是死体的,保留的份额按照法定继承办理。"因此,遗嘱信托作为遗嘱之一种,必然受上述必留份规范的约束。

判断遗嘱信托的设立,是否违反必留份制度,需要从形式与实质上进行双重判断。如果设立了遗嘱信托,并且遗嘱中并未将拟设立信托之外的其他遗产保留给《民法典》所明确特定的人,那么形式上存在违反必留份的风险。此时需要进一步对遗嘱信托的受益人进行审查,如果信托的受益人中包括"缺乏劳动能力又没有生活来源的继承人",或者包括胎儿的份额,那么遗嘱信托并未实质性违反必留份的规定,应当解释为遗嘱有效。

违反必留份规定的法律后果,是遗嘱全部无效,回归到法定继承模式,还是从遗嘱信托中进行扣减?现行立法并没有明确的规定,从尽量满足遗嘱人意愿的角度,扣减模式可能更合理,可以实现法律的伦理要求与遗嘱自由之间的平衡。

考虑遗嘱信托的特殊性,以及信托受托人应有的自由裁量权,如果信托的受托人得知存在法律需要特别保护的继承人,酌情从信托财产中予以分配,那么此时也应当认定遗嘱信托的效力并不受影响。

第三章 遗 赠

第一节 遗赠的概念

一、概述

《民法典》继承编第 1133 条第 3 款规定:"自然人可以立遗嘱将个人财产赠与国家、集体或者法定继承人以外的组织、个人。"据此,遗赠是自然人以遗嘱方式将个人财产无偿给予国家、集体或者法定继承人以外的组织、个人,并于自然人死亡时发生效力的遗产转移方式。其中,遗嘱人就是遗赠人,基于遗嘱指定接受遗产的人是受遗赠人。

根据我国现行法相关规定,遗赠具有以下特征。

第一,遗赠以遗嘱方式作出,属于死因行为、要式行为、单方行为的内容。

一般而言,遗嘱的内容包括指定继承人、指定遗产的分割方法和份额、遗赠、对继承人和受遗赠人设置义务、指定遗嘱执行人等。因此,遗赠必须以遗嘱方式作出,属于遗赠的具体内容,表现为遗嘱中的遗赠条款。遗嘱不生效的,遗赠条款当然也不生效。遗嘱人在订立遗嘱时不具有完全民事行为能力的,遗嘱无效,遗赠条款自然也无效。由于遗嘱是死因行为,因此,在遗嘱人死亡前,遗赠不发生效力;由于遗嘱也是要式行为,遗嘱不符合法定形式要求的,遗赠也不发生效力。此外,由于遗嘱是单方行为,以遗嘱人的单方意思表示为成立要件,因此,遗赠的成立也无须受遗赠人的意思表示,但在继承开始后,受遗赠人应当在知道受遗赠后 60 日内,作出接受或者放弃受遗赠的表示。

第二,遗赠是将财产利益给予国家、集体或者法定继承人以外的组织、个人的方式。

根据我国《民法典》继承编的规定,受遗赠人必须是国家、集体或者法定继承人以外的组织、个人。也就是说,法定继承人取得遗产只能经由遗嘱继承的方式,法定继承人以外的组织、个人才能通过接受遗赠方式取得遗产。于是,接受遗产的人是否属于法定继承人,是区分遗嘱继承和遗赠的标准。在我国,遗嘱继承人限于法定继承人且为自然人,但是受遗赠人不限于自然人。

在遗赠生效时,受遗赠人须具有民事权利能力。因此,遗赠生效时生存的自然人均可表示接受遗赠。胎儿可以作为受遗赠人由法定代理人接受遗赠,但是胎儿娩出时为死体的,不具有民事权利能力,不能成为受遗赠人。依据《民法典》第 1154 条第 3 项的规定,受遗赠人是自然人的,倘若受遗赠人先于遗嘱人死亡的,遗赠涉及的财产利益按照法定继承处理。受遗赠人在继承开始后表示接受遗赠的,如果受遗赠人在遗产分割前或实际接受遗赠前死亡的,受遗赠人接受遗赠的权利由其继承人继承。受遗赠人是法人的,如果受遗赠人在遗嘱人死亡前终止,遗赠涉及的财产利益也按照法定继承处理。但是,由于捐助行为能以遗嘱方式实施,所以遗嘱人可以遗赠方式实施捐助行为,因此,遗嘱人可以将尚未成立的基金会指定为受遗赠人。

遗赠是将财产利益给予受遗赠人的方式。财产利益的给予,既包括财产权利的给予使受遗赠人的积极财产增加,也包括免除受遗赠人的债务,即消极财产之减少。具体而言,遗赠人可以将物权或债权遗赠给受遗赠人,如祖父在遗嘱中将个人所有的房屋、将对他人之金钱债权遗赠给孙子女。遗赠人也可以在遗嘱中要求继承人从遗赠人的银行账户中支取存款若干遗赠给受遗赠人。在我国,债务免除系债权人的单方法律行为,但债务人可以拒绝免除。因此,应当允许遗赠人在遗嘱中免除受遗赠人对遗赠人负担的债务,受遗赠人也可拒绝接受遗赠。然而,债务免除的生效时点为免除行为生效时,基于遗赠而免除债务的时点为受遗赠人表示接受遗赠时。

遗赠是遗嘱的内容,于遗赠人死亡时发生效力。因此,在遗赠法律关系中,可能存在多个民事主体,通常包括设立遗嘱的遗赠人(遗嘱人或被继承人)、受遗赠人、执行遗赠条款的遗赠义务人。遗赠义务人通常是遗赠人的继承人。

第三,遗赠是无偿给予他人财产利益的方式。

遗赠人通过遗嘱给予受遗赠人财产利益,并不能获得任何对价。即使遗赠人在遗嘱中给受遗赠人设置一定的义务,该义务仍然不属于遗赠的对价。也就是说,附义务的遗赠与附义务的赠与一样,均属于无偿给予他人财产利益的方式。

二、遗赠与遗嘱继承、赠与的区别

(一)遗赠与遗嘱继承的区别

遗赠和遗嘱继承都是遗嘱人通过遗嘱安排自己财产在自己去世后归属的方式,但二者存在以下区别。

第一,主体范围不同。在我国,受遗赠人只能是法定继承人以外的人,且不限于自然人,包括国家、集体和其他组织;遗嘱继承人必须是法定继承人,且限于自然人。

第二,接受和放弃权利的形式和时间要求不同。受遗赠人必须作出接受遗赠的意思表示才能取得受遗赠权。依据《民法典》第1124条第2款的规定,受遗赠人应当在知道受遗赠后60日内,作出接受或者放弃受遗赠的表示;到期没有表示的,视为放弃受遗赠。与此相对,遗嘱继承人接受继承无须额外作出意思表示,但放弃继承需要额外作出意思表示。具体来说,继承开始后,继承人放弃继承的,应当在遗产处理前,以书面形式作出放弃继承的表示;没有表示的,视为接受继承。因此,受遗赠人在知道受遗赠后沉默的,视为放弃受遗赠;遗嘱继承人在继承开始后沉默的,视为接受继承。

第三,取得遗产的方式不同。遗嘱在遗嘱人死亡时生效,受遗赠人向遗产管理人或继承人表示接受继承后,遗产管理人或继承人对受遗赠人负担给付义务。遗产管理人或继承人履行给付义务后,受遗赠人的受遗赠权得以实现。与此相对,基于直接继承原则,遗嘱人死亡时遗产转移给继承人。在遗产管理人按照遗嘱实际分割遗产前,继承人已经成为遗产的权利人。多个继承人形成继承人共同体,对遗产形成共同共有关系。遗产管理人按照遗嘱实际分割遗产后,多个继承人对遗产的共同共有关系消灭,转化为各个继承人的各自所有。

第四,是否承担遗产债务不同。遗嘱继承人在取得遗产权利的同时,应当清偿被继承人的债务。分割遗产前,遗产管理人或继承人应当清偿被继承人依法应当缴纳的税款和债务。然而,基于限定继承原则,继承人以所得遗产实际价值为限清偿被继承人依法应当缴纳的税款和债务。与此相对,受遗赠人原则上无须清偿遗赠人生前所负债务。由于受遗赠人系无偿取得财产权利,受遗赠人一般劣后于遗产债务的普通债权人获得保护。《民法典》第1162条规定:"执行遗赠不得妨碍清偿遗赠人依法应当缴纳的税款和债务。"因此,在程序上,遗产管理人或继承人应当先清偿遗赠人的债务,再履行对受遗赠人的给付义务。如果遗产管理人或继承人先履行了对受遗赠人的给付义务,导致剩余遗产不足以清偿全部遗产债务的,受遗赠人可能需要承担遗产债务。对此,《民法典》第1163条规定,先由法定继承人以法定继承所得遗产清偿遗产债务,超过法定继承遗产实际价值部分,由遗嘱继承人和受遗赠人按比例以所得遗产清偿。

(二)遗赠与赠与的区别

遗赠与赠与都是以无偿的方式将财产权益给予他人,两者区别如下。

第一,性质不同。遗赠是遗嘱的内容,而遗嘱是死因行为、单方行为、要式行为;赠与是有名合同的一种,是生前行为、双方行为、不要式行为。因此,受遗赠人能否取得受遗赠权取决于遗嘱是否符合法定形式要求、遗赠人是否死亡。遗嘱不符合法定形式要求的,遗赠条款无效;即使遗嘱符合法定形式要求,在遗赠人死亡前,遗赠条款尚未生效,受遗赠人尚未取得受遗赠的权利。与此相对,赠与合同的成立取决于赠与人、受赠人双方的合意,需要赠与人、受赠人双方的意思表示,无须满足特殊的形式要求,在赠与人生前已经生效。赠与合同一旦生效,受赠人即取得赠与债权。此外,由于遗赠系无相对人的意思表示、赠与包括两个有相对人的意思表示,遗赠条款的解释注重探求遗赠人的内心真实意思,赠与的解释则遵循客观解释规则。

第二,效果不同。遗赠人在订立遗嘱后,将遗赠指向的特定物转让给他人的,构成对遗赠条款的撤回。赠与人在订立赠与合同后,将赠与标的物转让给他人的,须对受赠人承担违约责任。不仅如此,遗嘱人以遗嘱处分了国家、集体或者他人财产的,应当认定该部分遗嘱无效,因此,遗赠人以他人财产实施遗赠的,遗赠条款无效。然而,赠与人既可以将自己的财产权益赠与他人,也可以将他人的财产权益赠与他人,赠与合同的效力不会因赠与人欠缺处分权而受影响,但赠与人可能因无法履行赠与义务而承担违约责任。此外,遗赠指向的特定物在遗嘱人死亡时已经灭失的,应当探求遗赠人的内心真意,判断遗赠人是否具有将代位物遗赠给受遗赠人的意思。赠与合同生效后,即使赠与人死亡,继承人对受赠人仍应承担赠与债务并可能因债务不履行而承担违约责任。

第三,法定限制不同。在民事行为能力方面,遗赠必须通过遗嘱为之,遗嘱的生效以遗嘱人具有完全民事行为能力为前提,因此,不具有完全民事行为能力的自然人无法实施遗赠;赠与合同不要求赠与人、受赠人具有完全民事行为能力,赠与人既可以是限制民事行为能力人也可以是完全民事行为能力人,而受赠人具备限制民事行为能力即可。在给予的财产方面,遗赠是遗嘱的内容,遗嘱应当为缺乏劳动能力又没有生活来源的继承人保留必要的遗产份额,因此,受遗赠人的权利劣后于缺乏劳动能力又没有生活来源的继承人享有的必留份请求权;法律一般对赠与财产不作限制,赠与人订立赠与合同导致自己无法履行对他人债务的,债权人可以行使撤销权。

第四,法律对遗赠人、赠与人的保护不同。遗赠人在生前可以随时撤回遗嘱,从而受遗赠人不享有受遗赠权,而且,依据《民法典》第1125条第3款的规定,受遗赠人具有故意杀害遗赠人等事由时丧失受遗赠权;与此相对,赠与人在赠与财产权利转移给受赠人之前享有任意撤销权,并依据《民法典》第 663 条的规定享有法定撤销权。遗赠系将财产无偿给予他人的方式,且遗赠生效时遗赠人已经死亡,无法亲自就遗赠主张救济。因此,法律应确保遗赠出于遗赠人的真实意思。倘若遗赠人存在意思表示瑕疵,遗赠条款因遗赠人死亡而生效,此时,遗赠人已经无法再亲自主张救济,故受遗赠人以欺诈、胁迫手段迫使遗赠人设立遗赠的,遗赠条款无效,受遗赠人不享有受遗赠权;受赠人以欺诈、胁迫手段迫使赠与人订立赠与合同的,赠与人可以撤销赠与合同。

第二节 遗赠的形态

一、单纯遗赠与非单纯遗赠

单纯遗赠,是指不附条件、不附义务的遗赠,即遗赠人仅通过遗嘱给予受遗赠人财产利益,既不附任何条件,也不附任何义务的遗赠。单纯遗赠自遗赠人死亡时发生效力。

非单纯遗赠,是指附条件或附义务的遗赠。

虽然我国《民法典》继承编没有规定附条件的遗赠,但是附条件的遗赠符合《民法典》总则编中附条件民事法律行为的规定,且司法实践认可附条件的遗赠。附条件的遗赠,包括附停止条件的遗赠和附解除条件的遗赠。附停止条件的遗赠,是指遗赠在遗赠人死亡时暂时不发生效力,而是等待遗赠设置的条件成就时才发生效力的遗赠。比如,爷爷立下遗嘱将个人所有的房屋遗赠给孙女,但遗赠在孙女长大结婚时才能生效。[1] 又如,先于奶奶去世的爷爷立下遗嘱将个人所有的房屋遗赠给孙子,但遗赠在爷爷去世时暂时不生效,而是以孙子对奶奶尽到了赡养义务为停止条件,孙子对奶奶尽到赡养义务的,遗赠才生效。[2] 附停止条件的遗赠,在遗赠人死亡前停止条件已经成就的,遗赠视为不附条件,从而在遗赠人死亡时生效;在遗赠人死亡前停止条件确定不成就的,遗赠条款不发生效力,遗赠条款涉及的遗产可能需要适用法定继承。[3] 附解除条件的遗赠,是指遗赠在遗赠人死亡时发生效力,但在解除条件成就时遗赠失去效力的遗赠。附解除条件的遗赠,在遗赠人死亡前解除条件已经成就的,遗赠条款不生效力;在遗赠人死亡前解除条件确定不成就的,遗赠条款视为不附条件,从而在遗赠人死亡时生效。

《民法典》第 1144 条规定:"遗嘱继承或者遗赠附有义务的,继承人或者受遗赠人应当履行义务。没有正当理由不履行义务的,经利害关系人或者有关组织请求,人民法院可以取消其接受附义务部分遗产的权利。"按照该规定,遗赠可以附义务。

附义务的遗赠,也被称为附负担的遗赠,是指遗赠人通过遗嘱为受遗赠人设置一定义务的遗赠。

附义务的遗赠不同于附停止条件的遗赠。附义务的遗赠于遗赠人死亡时发生效力,附停

---

[1] 广西壮族自治区桂林市中级人民法院民事判决书,(2015)桂市民一终字第 376 号。
[2] 天津市第二中级人民法院民事判决书,(2020)津 02 民终 2365 号。
[3] 参见林秀雄:《继承法讲义》(第 8 版),台北,元照出版有限公司 2019 年版,第 309 页;陈棋炎、黄宗乐、郭振恭:《民法继承新论》(修订 11 版),台北,三民书局 2019 年版,第 354 页。

止条件的遗赠则在停止条件生效时发生效力。因此,爷爷将个人所有的房产遗赠给孙子,要求孙子在尽到对奶奶的赡养义务后才能获得遗赠,是附停止条件的遗赠;爷爷将个人所有的房产遗赠给孙子,要求孙子在接受遗赠时须尽到对奶奶的赡养义务,否则丧失接受遗赠的权利,是附义务的遗赠。也就是说,附义务的遗赠在遗赠人死亡时发生效力,即使受遗赠人尚未履行遗赠附带的义务,也可以通过接受遗赠获得受遗赠的权利。反之,附停止条件的遗赠在遗赠人死亡时尚不发生效力,而是等待停止条件成就时才发生效力,即使停止条件的成就取决于受遗赠人的意愿和行为,在停止条件成就之前,受遗赠人并无接受遗赠权利的可能,而是须等待停止条件成就之后才能接受遗赠。

附义务的遗赠也不同于附解除条件的遗赠。附义务的遗赠和附解除条件的遗赠,都在遗赠人死亡时发生效力,受遗赠人即可表示接受遗赠。两者的区别在于受遗赠人丧失受遗赠权的方式不同。在附义务的遗赠中,受遗赠人无正当理由不履行遗赠所附义务的,经利害关系人或者有关组织请求,人民法院可以取消其接受附义务部分遗产的权利;在附解除条件的遗赠中,解除条件的成就可能取决于受遗赠人的意愿和行为,一旦解除条件成就,遗赠自动失去效力,受遗赠人自动丧失受遗赠权,无须利害关系人或者有关组织向人民法院提出请求。

一项遗赠属于附义务的遗赠还是附条件的遗赠,须经由意思表示的解释确定。在操作上,应当探求遗赠人的内心真实意思。如果经由意思表示的解释仍无法确定遗赠的性质,应当推定为附义务的遗赠,以避免遗赠的效力因附条件而处于不确定的状态。[1]

附义务的遗赠也不同于遗赠扶养协议。附义务的遗赠属于遗赠的具体类型,遗赠属于作为单方法律行为、死因行为的遗嘱的具体内容,因此,附义务的遗赠本质上属于单方行为、死因行为的内容,须遵循遗嘱的形式要件。遗赠扶养协议则属于双方法律行为,需要遗赠人和扶养人双方达成合意,无须严格遵循遗嘱的形式要件。

受遗赠人应当履行遗赠指定的义务,属于遗赠所附义务的履行主体。在遗赠人死亡时,遗嘱生效,遗嘱中的遗赠条款也生效。遗赠生效后,受遗赠人在作出接受或者放弃受遗赠的意思表示之前死亡的,如果遗赠所附义务不具有高度人身性,基于转继承的法理,受遗赠人的法律地位由受遗赠人的继承人继承,因此,受遗赠人的继承人可以作出接受或者放弃受遗赠的意思表示。当然,受遗赠人的继承人可以表示放弃继承,从而无须表示接受或者放弃遗赠。受遗赠人的继承人一旦表示接受遗赠,须履行遗赠所附的义务。然而,经由补充解释原则推测遗赠人的意思,上述原则仍存在例外。具体来说,通过补充解释探求遗赠人假定的内心真意,如果遗赠人知道受遗赠人在作出接受或者放弃受遗赠的意思表示之前死亡就不愿意受遗赠人的继承人接受遗赠,那么,受遗赠人的继承人既无法接受遗赠,亦无须履行遗赠所附义务。

《民法典继承编解释(一)》第 38 条规定了转遗赠制度。按照该规定,继承开始后,受遗赠人表示接受遗赠,并于遗产分割前死亡的,其接受遗赠的权利转移给他的继承人。[2] 据此,遗嘱生效后,受遗赠人在作出接受遗赠的意思表示后、实际接受遗赠前死亡的,由于受遗赠人已经取得了受遗赠的权利、承担了遗赠指定的义务,受遗赠的权利、遗赠所附义务成为受遗赠人的遗产由受遗赠人的继承人继承。受遗赠人的继承人放弃继承受遗赠人遗产的,不享受接受

---

[1] 参见陈棋炎、黄宗乐、郭振恭:《民法继承新论》(修订 11 版),台北,三民书局 2019 年版,第 372 页。
[2] 房绍坤、范李瑛、张洪波:《婚姻家庭继承法》(第 7 版),中国人民大学出版社 2021 年版,第 231 页。

遗赠的权利、不履行遗赠所附的义务。但是，如果遗赠所附义务具有高度人身性，[1]如义务的履行高度依赖受遗赠人的个人技能，如绘画，此时受遗赠人死亡导致该义务发生事实不能。反之，遗嘱生效后，受遗赠人已经放弃接受遗赠的，受遗赠人的继承人不享有接受遗赠的权利，也无须履行遗赠所附的义务。

在附义务的遗赠中，受遗赠人在遗嘱生效后作出接受遗赠的意思表示的，受遗赠人取得受遗赠的权利，同时负担遗赠所附的义务。受遗赠人负担的义务应当是具有履行可能性的给付，但无须具备经济价值，[2]甚至可能是与遗赠涉及的财产利益完全无关的事项。[3] 比如，为遗赠人处理后事，[4]照顾遗赠人的近亲属，[5]照料遗赠人的墓地等。但是，对受遗赠人在为人处世上的要求，如诚实守信、避免铺张浪费，不属于义务。[6]

在附义务的遗赠中，受遗赠人需要履行的义务也被称为遗托。遗赠所附义务应当具有可履行性且不得违背公序良俗。[7] 受遗赠人负担的义务因违背公序良俗而履行不能的，遗赠不会因此而无效。在这种情形下，应当采取补充解释规则探求遗赠人的内心真意，观察遗赠人在受遗赠人不负担义务时是否仍然愿意作出遗赠。[8] 倘若遗赠人在知道受遗赠人不负担义务时就不会作出遗赠，则遗赠条款无效；倘若遗赠人在知道受遗赠人不负担义务时仍会作出遗赠，则遗赠条款有效，遗赠成为单纯遗赠。这一立场也适用于遗赠所附义务发生自始不能的情形。[9] 据此，遗赠人设置的义务在遗赠生效前已经发生事实不能的，受遗赠人不负该义务。进而，倘若遗赠人在知道受遗赠人不负担义务时就不会作出遗赠，则遗赠条款无效；倘若遗赠人在知道受遗赠人不负担义务时仍会作出遗赠，则遗赠条款有效，遗赠成为单纯遗赠。

由于遗赠本身属于无偿给予他人财产利益的恩惠行为，故遗嘱为受遗赠人设置的义务不得超过受遗赠人获得的财产利益，否则对受遗赠人无异于构成不利益。也就是说，遗赠所附义务附随于遗赠给予的财产权益，在价值上，遗赠所附义务原则上不得超过遗赠给予的财产利益。遗赠所附义务的价值超过遗赠给予的财产利益的，受遗赠人仅需在遗赠给予的财产利益范围内履行遗赠所附义务，从而可以拒绝履行超过遗赠财产权利部分的义务。[10] 为了避免受遗赠人蒙受不利益，遗赠所附义务价值是否超过遗赠给予财产利益的价值，应当以受遗赠人履行义务的时间为判断时点，[11]即遗赠所附义务到期时。因此，即使受遗赠人在接受遗赠时遗赠所附义务的价值低于遗赠给予财产利益之价值，倘若受遗赠人在履行义务时，因市场行情波动等因素导致义务的价值已经远远高于遗赠给予财产利益的价值，受遗赠人在义务价值超过

---

[1] 参见林秀雄：《继承法讲义》（第8版），台北，元照出版有限公司2019年版，第317页。
[2] 参见陈甦、谢鸿飞主编：《民法典评注·继承编》，中国法制出版社2020年版，第205页。
[3] 参见陈棋炎、黄宗乐、郭振恭：《民法继承新论》（修订11版），台北，三民书局2019年版，第372页。
[4] 参见浙江省杭州市中级人民法院民事判决书，(2020)浙01民终9483号，江苏省泰州市中级人民法院民事判决书，(2021)苏12民终2603号。
[5] 参见海南省第一中级人民法院民事判决书，(2018)琼96民终1303号。
[6] 参见史尚宽：《继承法论》，中国政法大学出版社2000年版，第544页。
[7] 参见张平华、刘耀东：《继承法原理》，中国法制出版社2009年版，第329页。
[8] 参见张平华、刘耀东：《继承法原理》，中国法制出版社2009年版，第329页；陈棋炎、黄宗乐、郭振恭：《民法继承新论》（修订11版），台北，三民书局2019年版，第373页。
[9] 参见林秀雄：《继承法讲义》（第8版），台北，元照出版有限公司2019年版，第317页；陈甦、谢鸿飞主编：《民法典评注·继承编》，中国法制出版社2020年版，第206页。
[10] 参见陈甦、谢鸿飞主编：《民法典评注·继承编》，中国法制出版社2020年版，第206页。
[11] 参见陈棋炎、黄宗乐、郭振恭：《民法继承新论》（修订11版），台北，三民书局2019年版，第376页。

遗赠给予财产利益价值的范围内,可以拒绝履行遗赠所附义务。倘若遗赠所附义务不可分,受遗赠人可以拒绝履行全部义务。

尽管遗赠人与遗赠所附义务的履行最具利害关系,但遗赠人已经因死亡丧失民事权利能力,因此,遗赠人的继承人系遗赠人利益的代表,[1]与遗赠所附义务的履行具有利害关系。[2]遗赠人的继承人属于《民法典》第1144条意义上的利害关系人。[3]据此,受遗赠人与遗赠人的继承人之间形成债权债务关系,继承人可以请求受遗赠人履行遗赠所附义务,即继承人对受遗赠人享有履行请求权。[4]遗嘱执行人为了贯彻遗赠人的意志,也可以请求受遗赠人履行遗赠所附义务。遗产管理人负有处理被继承人的债权债务、按照遗嘱或者依照法律规定分割遗产的职责,也可以请求受遗赠人履行遗赠所附义务。继承人与受遗赠人之间的关系依据《民法典》第468条可以适用《民法典》合同编的一般规定。据此,受遗赠人不履行遗赠所附义务的,依据《民法典》第577条承担债务不履行的责任。然而,由于附义务的遗赠不得使受遗赠人蒙受不利益,因此,受遗赠人仅在受遗赠财产利益的价值范围内承担债务不履行责任。此外,继承人与受遗赠人之间的债权债务关系并非双务合同发生的债权债务,受遗赠人负担的义务与受遗赠的权利之间没有对价关系,故继承人为实现受遗赠人的受遗赠权利而负担的债务与受遗赠人的义务之间没有履行抗辩权之适用余地。因此,即使受遗赠人拒绝履行遗赠所附的义务,继承人亦不得拒绝履行对受遗赠人的债务。

受遗赠人负担的义务可能具有受益人。受益人可能是遗赠人的继承人,也可能是社会上的第三人。比如,遗赠人将房屋遗赠给受遗赠人,并且明确房屋的用途是解决素食老人的居住问题,即用作素宅。[5]在这种情形下,受遗赠人负担义务的受益人即社会上念佛吃素的老人。但是,受遗赠人不适当履行遗赠所附义务的,可能会导致受益人的固有利益受损。此时,受遗赠人对受益人承担的损害赔偿责任,不受遗赠财产权益价值的限制。

存在争议的是,受益人对受遗赠人是否享有履行请求权。对此,学界存在"肯定说"[6]、"否定说"两种立场。[7]本书持"肯定说",主张受益人为遗赠人的继承人以外的特定第三人时,对受遗赠人享有履行请求权。采"肯定说"的理由在于,倘若继承人怠于对受遗赠人行使履行请求权,不承认受益人对受遗赠人的请求权,那么受益人基于遗赠所附义务所享有的利益难以实现。实际上,依据《民法典继承编解释(一)》第29条的规定,附义务的遗赠,如果义务能够履行,但受遗赠人无正当理由不履行,经受益人或者其他继承人请求,人民法院可以取消其接受附义务部分遗产的权利,由提出请求的继承人或者受益人负责按遗嘱人的意愿履行义务,接受遗产。既然受益人享有形成诉权,可以请求人民法院取消受遗赠人接受遗赠的权利,那么,赋予受益人对受遗赠人的履行请求权在逻辑上也是成立的。也就是说,附义务的遗赠,受遗赠

---

[1] 参见史尚宽:《继承法论》,中国政法大学出版社2000年版,第548页。
[2] 参见陈棋炎、黄宗乐、郭振恭:《民法继承新论》(修订11版),台北,三民书局2019年版,第374页。
[3] 参见陈甦、谢鸿飞主编:《民法典评注·继承编》,中国法制出版社2020年版,第207页。
[4] 参见张平华、刘耀东:《继承法原理》,中国法制出版社2009年版,第327页;陈甦、谢鸿飞主编:《民法典评注·继承编》,中国法制出版社2020年版,第207页。
[5] 江苏省高级人民法院民事裁定书,(2015)苏审二民申字第00008号。
[6] 参见林秀雄:《继承法讲义》(第8版),台北,元照出版有限公司2019年版,第319页;陈棋炎、黄宗乐、郭振恭:《民法继承新论》(修订11版),台北,三民书局2019年版,第375页。
[7] 参见戴炎辉、戴东雄、戴瑀如:《继承法》,台北,元照出版有限公司2021年版,第285页。

人无正当理由不履行义务的,受益人可以请求受遗赠人继续履行,受遗赠人拒不履行的,受遗赠人可以请求人民法院取消受遗赠人接受遗赠的权利。

依据《民法典继承编解释(一)》第 29 条的规定,受遗赠人无正当理由拒不履行遗赠所附义务的,受益人或者继承人可以请求人民法院取消受遗赠人接受附义务部分遗产的权利。人民法院经审理后,取消受遗赠人接受遗赠的权利的,如果继承人愿意秉承遗赠人的遗愿、按照遗赠人的意愿履行遗赠所附义务,人民法院可以判决由继承人继承遗产并履行遗赠所附义务。[1] 据此,特定的受益人、继承人享有请求人民法院取消受遗赠权的形成诉权。受遗赠人接受遗赠的权利一旦被人民法院取消,遗赠的财产利益溯及既往地自继承开始时即归属于遗产,由继承人继承。也就是说,受遗赠人接受遗赠的权利一旦被人民法院取消,发生遗赠无效或者遗赠被拒绝接受的法律效果。除遗赠所附义务发生履行不能外,继承人仍须履行遗赠所附义务,以实现遗赠人的意愿。[2]

在司法实践中,受遗赠人是否构成无正当理由拒不履行遗赠所附义务,不易判断。比如,遗赠人在遗嘱中要求受遗赠人赡养年迈的继承人,但遗赠人的继承人拒绝接受受遗赠人的赡养。[3] 在这种情形下,受遗赠人很难构成无正当理由拒不履行遗赠所附义务,人民法院也不应根据继承人、受益人的申请取消受遗赠人接受遗赠的权利。

二、概括遗赠与特定遗赠

概括遗赠,也被称为包括遗赠,是遗赠人将全部遗产或者遗产的份额遗赠给受遗赠人的遗赠类型。概括遗赠的特点在于,遗赠的客体不仅包括遗赠人的积极财产,也包括遗赠人的消极财产,即包括权利和义务的遗赠。

特定遗赠,是遗赠人以特定的财产为标的的遗赠。特定遗赠的特点在于,遗赠的客体为权利或其他财产利益,即遗赠的客体限于积极财产,不包括消极财产。

日本法区分了概括遗赠与特定遗赠。《日本民法典》第 964 条规定:"遗嘱人得以概括或者特定的名义,处分其财产的全部或者部分。但不得违反特留份之相关规定。"概括遗赠的特点在于,受遗赠人的法律地位与继承人相同。比如,依据《日本民法典》第 990 条的规定,概括遗赠的受遗赠人有与继承人相同的权利义务。

我国《民法典》是否承认了概括遗赠,学界存在"肯定说"[4]、"否定说"两种立场,[5] "否定说"系我国学界的主流观点。"肯定说"的依据是《民法典》第 1133 条没有否认概括遗赠,第 1163 条规定受遗赠人与遗嘱继承人均负有清偿遗产债务的义务。否定说的理由在于,根据身

---

[1] 江苏省高级人民法院民事裁定书,(2015)苏审二民申字第 00008 号。
[2] 参见史尚宽:《继承法论》,中国政法大学出版社 2000 年版,第 552 页。
[3] 新疆维吾尔自治区阜康市人民法院民事判决书,(2019)新 2302 民初 156 号。
[4] 参见刘春茂主编:《中国民法学 财产继承》(修订版),人民法院出版社 2008 年版,第 368 页;李永军:《论遗赠在继承中的法律效力》,载《清华法学》2023 年第 1 期;汪洋:《中国法上基于遗赠发生的物权变动——论〈民法典〉第 230 条对〈物权法〉第 29 条之修改》,载《法学杂志》2020 年第 9 期。
[5] 参见郭明瑞、房绍坤:《继承法》(第 2 版),法律出版社 2004 年版,第 173 页;杨大文主编:《亲属法与继承法》,法律出版社 2014 年版,第 378 页;蒋月主编:《婚姻家庭与继承法》(第 3 版),厦门大学出版社 2014 年版,第 366 页;张玉敏:《继承法律制度研究》(第 2 版),华中科技大学出版社 2016 年版,第 178 页;李永军主编:《中国民法学·第四卷 婚姻继承》,中国民主法制出版社 2022 年版,第 298 页;杨立新:《婚姻家庭与继承法》,法律出版社 2021 年版,第 268 页;房绍坤:《遗赠效力再探》,载《东方法学》2022 年第 4 期;张平华、刘耀东:《继承法原理》,中国法制出版社 2009 年版,第 344 页。

份区分遗嘱继承和遗赠是我国一直以来的传统,受遗赠人不能是继承人,承认概括遗赠无异于实质上取消了受遗赠人和继承人之间的区别。

三、补充遗赠与后位遗赠

补充遗赠,是指遗嘱人在遗嘱中指定,在受遗赠人放弃受遗赠、丧失受遗赠权或者先于遗嘱人死亡时,受遗赠人应取得的遗赠财产利益应当遗赠给其他人的遗赠。在受遗赠人放弃受遗赠、丧失受遗赠权或者先于遗嘱人死亡时,根据遗嘱获得遗赠权的其他人被称为补充受遗赠人。

后位遗赠,又称后继遗赠,是指受遗赠人应取得的遗赠财产利益因某种条件成就或期间届至应当转移给其他人的遗赠。该他人就是后位受遗赠人。

虽然我国《民法典》没有规定补充遗赠、后位遗赠,但基于遗嘱自由原则,我国学界多认为应当承认补充遗赠和后位遗赠。[1]

第三节　遗赠的效力

一、遗赠的生效要件

遗赠须满足特定的要件才能发生效力。这些要件包括:(1)遗嘱已经生效;(2)受遗赠人于遗嘱生效时尚存在;(3)遗赠的财产须于遗赠人死亡时属于遗产;(4)受遗赠人须未丧失受遗赠权。现分述如下。

第一,遗嘱已经生效。遗赠是遗嘱的内容,因此,遗嘱不生效,遗赠也不可能生效。因此,遗赠生效以遗嘱生效为前提,即遗嘱须满足生效要件。具体来说,遗赠人在订立遗嘱时须为完全民事行为能力人,具有遗嘱能力;遗嘱须满足法定的形式要件;遗嘱不得违反公序良俗和法律、行政法规的效力性强制性规定,如遗赠人须满足必留份的要求,即已经为缺乏劳动能力又没有生活来源的继承人保留了必要的遗产份额。

第二,受遗赠人于遗嘱生效时尚存在。

受遗赠人在遗嘱生效时已经死亡或者终止的,遗赠不生效。依据《民法典》第1154条第3项,受遗赠人为自然人的,如果受遗赠人先于遗嘱人死亡,遗赠所涉财产利益按照法定继承处理;受遗赠人为法人、非法人组织的,如果受遗赠人在遗嘱人死亡前已经终止,遗赠所涉财产利益按照法定继承处理。根据这一规定,在遗嘱生效时或继承开始时,受遗赠人须存在:作为自然人的受遗赠人在这一时点须尚生存,作为受遗赠人的法人、非法人组织在这一时点须仍然存在。这一立场的理由在于,受遗赠人在遗嘱生效时已经死亡或者终止的,不再具有民事权利能力。在这种情形下,受遗赠人既不可能作为权利主体承受遗赠的财产利益,也不可能再表示接受遗赠,从而遗赠不生效。受遗赠人为自然人的,如果受遗赠人与遗嘱人同时死亡,或者受遗赠人与遗嘱人同时丧失民事权利能力,遗赠也不可能生效。需要注意的是,遗赠是基于被继承人的意思而处分遗产的方式,因此,不同于法定继承,没有类似于代位继承规则的适用空间。

---

[1] 参见马忆南:《婚姻家庭继承法学》(第5版),北京大学出版社2023年版,第331页;张平华、刘耀东:《继承法原理》,中国法制出版社2009年版,第331页。

但是，倘若遗嘱人在遗嘱中指定，受遗赠人先于遗嘱人死亡时由受遗赠人的继承人接受遗赠，这一指定即构成补充遗赠，仍为有效的遗赠。

遗赠人可以指定胎儿为受遗赠人。依据《民法典》第16条的规定，我国就胎儿的民事权利能力采纳了"附解除条件说"。据此，涉及遗产继承、接受赠与等胎儿利益保护的，胎儿视为具有民事权利能力。但是，胎儿娩出时为死体的，其民事权利能力自始不存在。单纯遗赠仅给予受遗赠人财产利益，将胎儿指定为受遗赠人不会损害胎儿利益，因此，胎儿可以作为受遗赠人。典型的情形为遗赠人在遗嘱中指定已经受孕的儿媳腹中的胎儿为受遗赠人。受遗赠人是否为胎儿，以遗嘱生效时为判断时点。因此，受遗赠人即使在遗赠人订立遗嘱时尚未受胎，仍可被遗赠人指定为受遗赠人，只要在遗嘱生效时受遗赠人已经成为胎儿即可。[1]

第三，遗赠的财产须于遗赠人死亡时属于遗产。

《民法典继承编司法解释（一）》第26条规定，遗嘱人以遗嘱处分了国家、集体或者他人财产的，应当认定该部分遗嘱无效。据此，倘若遗赠人将他人财产作为遗赠财产设立遗赠，遗赠条款无效。

遗赠人立遗嘱时遗赠财产属于遗产的，遗赠人立遗嘱后将遗赠财产转让给他人的，依据《民法典》第1142条第2款的规定，遗赠人的行为构成对遗嘱中遗赠条款的撤回。但是，倘若遗赠人立遗嘱时明知遗赠财产不属于遗产，仍然就该遗赠财产指定受遗赠人的，实际上是给继承人施加了义务，遗赠仍属有效。据此，作为遗赠义务人，继承人有义务以继承的遗产实际价值为限取得遗赠财产，并转移给受遗赠人。因此，这种遗赠方式实际上是遗托和遗赠的结合，体现了遗嘱自由原则。[2] 继承人不愿履行遗赠义务的，可以放弃继承。对于这种情形，有学者认为，遗赠义务人如果不能取得或取得费用过高时，可以支付价额以免除遗赠义务。[3]

具体来说，遗赠义务的履行在继承开始时已经自始不能的，如作为遗赠财产的特定物已经灭失，或者遗赠义务的履行构成法律不能，遗赠不生效力。遗赠义务的履行在继承开始后嗣后不能的，如作为遗赠财产的特定物灭失，遗赠义务消灭。此时，遗赠义务人对受遗赠人可能承担债务不履行的损害赔偿责任，或因遗赠义务消灭所生的不当得利返还义务。在遗赠义务履行费用过高时，依据《民法典》第580条第1款第3项的规定，遗赠义务人的遗赠义务并不消灭，但遗赠义务人得对受遗赠人的履行请求行使抗辩权，从而拒绝履行遗赠义务。一旦遗赠义务人行使抗辩权，为了避免作为遗赠义务人的继承人因既不履行对受遗赠人的遗赠义务，又因遗嘱继承取得遗产获得双重利益，基于诚实信用原则，应当肯定受遗赠人对遗赠义务人享有价额补偿请求权。

第四，受遗赠人须未丧失受遗赠权。

依据《民法典》第1154条第2项的规定，受遗赠人在遗赠人死亡时已经丧失受遗赠权的，遗赠无效，遗赠财产按照法定继承处理。受遗赠人丧失受遗赠权的事由依据《民法典》第1125条第3款确定，具体包括：故意杀害遗赠人；为争夺遗产而杀害遗赠人的继承人、其他受遗赠人，如孙子为争夺祖父遗产而杀害叔叔、姑姑，又如补充遗赠中处于第二顺序的补充受遗赠人为了争夺遗赠财产杀害受遗赠人；遗弃被继承人，或者虐待被继承人情节严重，如有负担能力

---

[1] 参见林秀雄：《继承法讲义》（第8版），台北，元照出版有限公司2019年版，第305页。
[2] 张平华、刘耀东：《继承法原理》，中国法制出版社2009年版，第324页。
[3] 陈棋炎、黄宗乐、郭振恭：《民法继承新论》（修订11版），台北，三民书局2019年版，第363页。

的孙子女遗弃子女已经死亡的祖父母;伪造、篡改、隐匿或者销毁遗嘱,情节严重;以欺诈、胁迫手段迫使或者妨碍遗赠人设立、变更或者撤回遗嘱,情节严重。

受遗赠权丧失之后能否恢复,学界存在不同认识。有观点认为,相较继承权,受遗赠权是纯粹的财产性权利,与受遗赠人的身份无关,因此,被继承人若想使该受遗赠人再次获得受遗赠权,只需在其受遗赠权丧失后重新设立遗赠遗嘱即可,从而不存在受遗赠权恢复的问题。[1]与此相对,也有观点认为,受遗赠权亦有恢复的可能,即类推适用继承权丧失的规则,根据遗赠人是否宽恕来确定。[2]

遗赠条款可能附条件,因此条件是否成就也会影响遗赠的效力。附停止条件的遗赠,在遗赠人死亡前停止条件确定不成就的,遗赠条款不生效力;附停止条件的遗赠,在停止条件成就之前受遗赠人已经死亡的,遗赠条款也不生效力,但遗赠人在遗嘱中设置了补充遗赠的除外;附解除条件的遗赠,在遗赠人死亡前解除条件已经成就的,遗赠条款不生效力。[3]

二、遗赠的标的

遗赠的标的可以是物的所有权,也可以是债权、居住权,甚至是债务的免除。遗赠的标的是特定物的,该特定物无须在遗赠人订立遗嘱时即已经属于遗赠人的个人财产,而是在遗赠生效时属于遗赠人的遗产即可。遗赠的特定物在遗赠生效时不属于遗赠人的遗产的,遗赠不生效力,但遗赠人明知此情形且要求继承人取得该特定物并遗赠给受遗赠人的除外。

遗赠标的物为特定物且在继承开始后、受遗赠人表示接受或者拒绝接受遗赠前毁损、灭失的,如第三人侵权导致遗赠标的物灭失而承担的损害赔偿金、保险公司因遗赠标的物灭失而赔付的保险金,属于遗赠标的物的物上代位物。[4] 进而,受遗赠人可以表示接受遗赠,从而取得遗赠标的物的物上代位物。

遗赠标的物在继承开始时已经具有权利瑕疵、物之瑕疵的,继承人作为遗赠义务人不负瑕疵担保责任,不负有除去瑕疵的义务,但遗赠人在遗嘱中有相反意思的除外。就权利瑕疵而言,遗赠标的物在继承开始时可能已经成为租赁合同之标的物、用益物权或担保物权之客体,如房屋已经被出租给他人、已经设立了居住权或抵押权。继承人作为遗赠义务人无须承担瑕疵担保责任、不负有除去瑕疵的义务,理由为:遗赠属于无偿给予受遗赠人的财产利益,因此,原则上不产生瑕疵担保责任;遗赠人在订立遗嘱后、遗嘱生效前明知遗赠标的物具有瑕疵但未除去瑕疵的,可以推定遗赠人具有将附带瑕疵的标的物遗赠给受遗赠人的意思,即以瑕疵状态的标的物为遗赠的意图,从而继承人作为遗赠义务人不负有除去瑕疵的义务。实际上,依据社会的一般观念,受遗赠人只能取得遗赠人所有之物,即遗赠财产在继承开始时属于遗产。因此,遗赠标的物处于何种状态,受遗赠人就只能取得何种状态的遗赠标的物。

遗赠的标的是种类物的,继承人作为遗赠义务人与受遗赠人之间的债务即属于种类之债。基于种类之债的法理,即使继承开始时在遗产范围内不存在遗赠标的物,遗赠债务并不发生给付不能,遗赠义务人仍须购置种类物以交付受遗赠人。[5] 遗赠人未确定种类物的品质时,遗

---

[1] 参见陈甦、谢鸿飞主编:《民法典评注·继承编》,中国法制出版社2020年版,第51页。
[2] 参见林秀雄:《继承法讲义》(第8版),台北,元照出版有限公司2019年版,第308页。
[3] 参见张力主编:《婚姻家庭继承法学》(第4版),群众出版社2021年版,第280页。
[4] 参见陈棋炎、黄宗乐、郭振恭:《民法继承新论》(修订11版),台北,三民书局2019年版,第363页。
[5] 参见陈棋炎、黄宗乐、郭振恭:《民法继承新论》(修订11版),台北,三民书局2019年版,第363页。

赠义务人应以中等品质的种类物履行。遗赠标的物具有权利瑕疵或者物的瑕疵的,遗赠义务人承担瑕疵担保责任。在限定种类之债或者库存之债中,遗赠义务人可能因给付不能而免于修理、更换义务。

遗赠标的为一定数额的金钱给付时,作为遗赠义务人的继承人以应当继承的遗产价值为限对受遗赠人承担金钱给付义务。

三、遗赠的效力

遗赠自继承开始时发生效力,受遗赠人即取得受遗赠权。问题在于,遗赠标的物的权属如何变动?具体而言,受遗赠人表示接受遗赠的,遗赠标的物自继承开始时即归属于受遗赠人,抑或自遗赠义务人交付遗赠标的物或完成遗赠标的物权属的变更登记时才归属于受遗赠人,对此学界存在分歧。具体来说,学界存在以下观点。

第一,"债权效力说"。该说是我国学界通说。持该说的学者主张,现行法不承认概括遗赠,因此,在我国遗赠只有特定遗赠,并且特定遗赠仅发生债权效力。[1] 按照这一立场,遗赠使继承人作为遗赠义务人对受遗赠人负担交付遗赠标的物、转移遗赠标的物权属的债务。因此,如果遗赠标的物为动产,经过遗赠义务人的交付,受遗赠人才能取得遗赠标的物的所有权;如果遗赠标的物是不动产,在遗赠义务人和受遗赠人办理所有权变更登记后,受遗赠人才能取得遗赠标的物的所有权。在继承开始后,即使受遗赠人表达接受遗赠也不能直接成为遗赠标的物的权利人,而是遗产债务的债权人。

第二,"物权效力说"。持该说的学者认为,我国现行法可以解释概括遗赠,因此,我国现行法承认的遗赠类型包括概括遗赠和特定遗赠。在此基础上,没有必要区分概括遗赠和特定遗赠分别判断其效力,因此,不仅概括遗赠发生物权效力,而且特定遗赠也发生物权效力。按照这一立场,受遗赠人也属于"继承人"的范围,从而遗赠引起的物权变动经历了两阶段:第一阶段遗赠人死亡,遗产由继承人和受遗赠人组成的遗产继受人共同体共有;第二阶段是在遗产继受人之间发生物权变动,依法或依据遗嘱上的意思表示对遗产进行分割,自交付或登记时生效。[2] 持"物权效力说"的学者实际上以《民法典》第1163条为基础,认为第1163条没有承认受遗赠人是遗产债务的债权人,从而现行法没有从遗产债务清偿角度区分遗嘱继承与遗赠。既然受遗赠人不是遗产债务的债权人,那么就只能是遗赠财产的所有人。

第三,"区分说"。持该说的学者认为,《民法典》第1133条的文义没有否认概括遗赠,因此,我国遗赠类型包括概括遗赠和特定遗赠。在此基础上,应当区分概括遗赠和特定遗赠认定遗赠的效力。具体来说,概括遗赠发生物权效力,特定遗赠仍发生债权效力。[3]

遗赠效力之争,很大程度上源于《民法典》物权编规则和继承编规则的冲突。《民法典》第230条改变了原《物权法》第29条的立场,似乎不再承认遗赠的物权变动效力。原《物权法》第

---

[1] 参见杨立新:《婚姻家庭与继承法》,法律出版社2021年版,第271页;房绍坤:《遗赠效力再探》,载《东方法学》2022年第4期;房绍坤、范李瑛、张洪波:《婚姻家庭继承法》(第7版),中国人民大学出版社2021年版,第229页;马忆南:《婚姻家庭继承法学》(第5版),北京大学出版社2023年版,第333页;王歌雅主编:《中国民法典继承编释论》,法律出版社2022年版,第149页;张平华、刘耀东:《继承法原理》,中国法制出版社2009年版,第349页;庄加园:《试论遗赠的债物两分效力》,载《法学家》2015年第5期。

[2] 参见汪洋:《中国法上基于遗赠发生的物权变动》,载《法学杂志》2020年第9期;刘家安:《民法物权》,中国政法大学出版社2022年版,第104页。

[3] 参见李永军:《论遗赠在继承中的法律效力》,载《清华法学》2023年第1期。

29 条规定："因继承或者受遗赠取得物权的,自继承或者受遗赠开始时发生效力。"《民法典》第 230 条则规定："因继承取得物权的,自继承开始时发生效力。"因此,学界多认为,《民法典》第 230 条实际上采纳了遗赠的"物权效力说"。然而,《民法典》第 1163 条规定："既有法定继承又有遗嘱继承、遗赠的,由法定继承人清偿被继承人依法应当缴纳的税款和债务;超过法定继承遗产实际价值部分,由遗嘱继承人和受遗赠人按比例以所得遗产清偿。"依据这一规定,受遗赠人仍有义务清偿遗产债务。这与遗赠债权效力说似乎存在矛盾:按照"债权效力说",受遗赠人本身也是遗产债务的债权人,与其他遗产债务的债权人地位一样,因此,即使认为受遗赠人无偿取得遗赠财产导致遗赠债务的清偿顺序具有劣后性,基于债权的平等性,受遗赠人也不应直接对遗产债务负责。

笔者支持学界通说的立场,主张我国《民法典》没有承认概括遗赠,同时遗赠仅具有债的效力。[1] 采纳这一立场的理由有以下考量:第一,从体系解释的角度来看,《民法典》继承编有意识地区别对待受遗赠人和继承人,并配置了不同的权利义务。承认概括遗赠,意味着受遗赠人至少在概括遗赠的情形中与继承人的地位相当。然而,《民法典》继承编第四章遗产的处理部分很明显对继承人、受遗赠人作了区别对待。比如,《民法典》第 1145 条没有将受遗赠人列为遗产管理人,第 1148 条和第 1154 条明确将继承人、受遗赠人作为两类主体对待,第 1162 条也凸显了受遗赠人地位的特殊性。第二,就遗赠采纳"物权效力说"可能会导致法律关系的复杂化,甚至与一般生活观念不符。承认受遗赠人与继承人在继承开始时对遗产形成共同共有关系,意味着受遗赠人、继承人均为共同共有人,从而受遗赠人依据《民法典》第 301 条对遗产的处分享有表决权。同时,依据《民法典》第 302 条、第 307 条,受遗赠人须承担遗产管理费用、在遗产中的建筑物和物件致人损害时作为连带债务人对受害人承担侵权损害赔偿责任。

据此,遗赠生效后,受遗赠人表示接受遗赠的,对遗赠义务人享有履行请求权,得请求遗赠义务人交付遗赠财产。遗赠义务人不履行的,受遗赠人可以请求遗赠义务人承担债务不履行的责任。《民法典》第 1163 条只是一项为了保护债权人利益而设置的特别规定,适用范围需要进行目的论限缩:仅在遗赠义务人或遗产管理人违反《民法典》第 1162 条规定,未清偿遗赠依法应当缴纳的税款和债务即执行遗赠时,无偿取得遗赠财产的受遗赠人才需要对债权人负责。在顺序上,先由法定继承人清偿被继承人依法应当缴纳的税款和债务,其次由遗嘱继承人和受遗赠人按比例以所得遗产清偿。

四、遗赠的接受与放弃

遗赠作为遗嘱的内容在遗赠人死亡时生效,但是,受遗赠人能否最终取得遗赠财产,还取决于受遗赠人是否表示接受遗赠。尽管遗赠是使受遗赠人获得财产利益的行为,但是法律不得强制受遗赠人受益,故受遗赠人也应享有拒绝受恩惠的自由。尤其是倘若遗赠附有义务,受遗赠人可以通过拒绝接受遗赠来拒绝履行义务。因此,基于私法自治原则,受遗赠人可以表示接受或者放弃受遗赠。

《民法典》第 1124 条第 2 款规定,受遗赠人应当在知道受遗赠后 60 日内,作出接受或者放弃受遗赠的表示;到期没有表示的,视为放弃受遗赠。根据这一规定,受遗赠人需要积极地作出意思表示才能接受遗赠,否则被认定是被放弃受遗赠。因此,接受遗赠和接受继承不同:受

---

[1] 参见林秀雄:《继承法讲义》(第 8 版),台北,元照出版有限公司 2019 年版,第 309 页;陈棋炎、黄宗乐、郭振恭:《民法继承新论》(修订 11 版),台北,三民书局 2019 年版,第 359 页。

遗赠人接受遗赠的,须于法定期间内作出接受遗赠的意思表示;继承人接受继承的,无须作出接受继承的意思表示,继承人在遗产处理前沉默的,视为接受继承。受遗赠人接受遗赠的意思表示,可以以明示方式向遗产管理人作出,如书面形式、口头形式,[1]也可以以默示方式作出,如受领遗产管理人为履行遗赠义务而为的给付。[2]

受遗赠人接受遗赠或者放弃受遗赠的意思表示,系形成权的行使。也就是说,自继承开始时,受遗赠人已经取得了受遗赠权。接受遗赠或者放弃受遗赠的意思表示,系受遗赠权的内容,属于行使受遗赠权的方式。[3] 既然受遗赠人接受遗赠或者放弃受遗赠的意思表示属于形成权的行使,那么接受遗赠或者放弃受遗赠的意思表示则不得附条件。[4] 此外,由于遗赠作为遗嘱的内容在遗赠人死亡时已经发生效力,受遗赠人在这一时点已经取得受遗赠权,因此,接受遗赠的意思表示只是维持遗赠的效力而已。[5] 然而,放弃遗赠的效果作为形成权的行使应具有溯及力,溯及继承开始时受遗赠人不为受遗赠人。[6] 因此,受遗赠人放弃受遗赠的,视为自始未受遗赠,遗赠财产自继承开始时仍属于遗产。

为了确保法律关系的清晰明确,避免受遗赠人长时间不表示接受或者放弃受遗赠导致遗产的处理久拖不决,受遗赠人须在知道受遗赠后的60日内作出接受或者放弃受遗赠的表示。接受或者放弃受遗赠的表示系有相对人的意思表示,以继承人、遗嘱执行人、遗产管理人为相对人。受遗赠人不知受遗赠之事实的,自然不可能作出接受或者放弃受遗赠的表示。因此,遗嘱执行人、遗产管理人对受遗赠人负有通知义务,即及时告知受遗赠人受遗赠的事实。受遗赠人须在继承开始后作出接受或者放弃受遗赠的表示。在继承开始前,遗赠作为遗嘱的内容没有生效,从而受遗赠人尚未取得受遗赠权,不可能以行使受遗赠权的方式作出接受或者放弃受遗赠的表示。

受遗赠人是无民事行为能力人的,接受或者放弃受遗赠的表示由法定代理人作出。受遗赠人是限制民事行为能力人的,对于单纯遗赠来说,接受遗赠的意思表示构成纯获利益的单方法律行为,得由限制民事行为能力人单独为之;[7]对于附义务的遗赠来说,除非接受遗赠的意思表示与限制民事行为能力人的年龄、智力、精神健康状况相适应,否则接受遗赠的意思表示应由法定代理人作出。

受遗赠人在继承开始后未表示接受或者放弃受遗赠的意思即死亡的,原则上应由受遗赠人的继承人表示接受或者放弃受遗赠的意思,但遗赠人在遗嘱中明确表示遗赠仅归属于受遗赠人本人或者安排补充遗赠的除外。

---

[1] 参见夏吟兰主编:《婚姻家庭继承法》(第3版),中国政法大学2021年版,第279页。
[2] 参见陈棋炎、黄宗乐、郭振恭:《民法继承新论》(修订11版),台北,三民书局2019年版,第380页。
[3] 参见陈苇主编:《婚姻家庭继承法学》(第4版),中国政法大学2022年版,第371页;张平华、刘耀东:《继承法原理》,中国法制出版社2009年版,第350页。
[4] 参见陈甦、谢鸿飞主编:《民法典评注·继承编》,中国法制出版社2020年版,第40页。
[5] 参见陈棋炎、黄宗乐、郭振恭:《民法继承新论》(修订11版),台北,三民书局2019年版,第384页。
[6] 参见陈甦、谢鸿飞主编:《民法典评注·继承编》,中国法制出版社2020年版,第42页;房绍坤、范李瑛、张洪波:《婚姻家庭继承法》(第7版),中国人民大学出版社2021年版,第231页。
[7] 参见陈棋炎、黄宗乐、郭振恭:《民法继承新论》(修订11版),台北,三民书局2019年版,第381页。

第四章　遗赠扶养协议

第一节　遗赠扶养协议的概念

《民法典》第 1158 条规定："自然人可以与继承人以外的组织或者个人签订遗赠扶养协议。按照协议，该组织或者个人承担该自然人生养死葬的义务，享有受遗赠的权利。"根据该规定，遗赠扶养协议是被扶养人(遗赠人)与扶养人订立的，扶养人承担被扶养人生养死葬义务，被扶养人将财产遗赠给扶养人的协议。

遗赠扶养协议是具有我国特色的制度，最初旨在解决农村"五保户"的扶养问题。依据 2006 年《农村五保供养工作条例》第 6 条的规定，老年、残疾或者未满 16 周岁的村民，无劳动能力、无生活来源又无法定赡养、抚养、扶养义务人，或者其法定赡养、抚养、扶养义务人无赡养、抚养、扶养能力的，享受农村五保供养待遇。据此，农村"五保户"，是指无劳动能力、无生活来源又无法定赡养、抚养、扶养义务人，或者法定赡养、抚养、扶养义务人无赡养、抚养、扶养能力的老年、残疾或者未满 16 周岁的村民。在我国农村地区，"五保户"长期以来由集体经济组织供养，即集体经济组织在吃、穿、住、医、葬方面给予村民生活照顾和物质帮助。依据 1994 年原《农村五保供养工作条例》第 18 条、第 19 条，"五保"对象的个人财产，其本人可以继续使用，但是不得自行处分；其需要代管的财产，可以由农村集体经济组织代管。"五保"对象死亡后，其遗产归所在的农村集体经济组织所有；有"五保"供养协议的，按照协议处理。1994 年原《农村五保供养工作条例》的上述规定与原《继承法》第 31 条、最高人民法院《继承法意见》第 55 条的规定不完全一致，最高人民法院以批复的形式确认，农村五保对象死亡后，其遗产按照国务院《农村五保供养工作条例》第 18 条、第 19 条的有关规定处理。[1]

然而，1994 年原《农村五保供养工作条例》的上述规则没有被 2006 年《农村五保供养工作条例》接受。因此，依据原《继承法》第 31 条，"五保户"可以基于自愿与集体经济组织订立遗赠扶养协议。遗赠扶养协议的适用范围不限于农村"五保户"。2012 年，全国人民代表大会常务委员会修订了《老年人权益保障法》，并在第 36 条规定："老年人可以与集体经济组织、基层群众性自治组织、养老机构等组织或者个人签订遗赠扶养协议或者其他扶助协议。负有扶养义务的组织或者个人按照遗赠扶养协议，承担该老年人生养死葬的义务，享有受遗赠的权利。"遗赠扶养协议制度也为后来 2018 年修正的《老年人权益保障法》所接受，并成为《民法典》继承编的一部分。总之，遗赠扶养协议制度是我国养老、扶老制度的重要补充。[2]

---

[1]　最高人民法院《关于如何处理农村五保对象遗产问题的批复》(法释〔2000〕23 号，已失效)。
[2]　参见陈苇主编：《婚姻家庭继承法学》(第 4 版)，中国政法大学出版社 2022 年版，第 374 页。

根据《民法典》继承编的相关规定,遗赠扶养协议具有以下特征。

第一,遗赠扶养协议的主体具有限定性。遗赠扶养协议中的扶养人必须是遗赠人法定继承人以外的组织或者个人。这一限制旨在避免遗赠人的法定继承人借助遗赠扶养协议规避自己的法定扶养义务。也就是说,遗赠人的法定继承人通常对遗赠人负有法定扶养义务,无须签订遗赠扶养协议亦须履行生养死葬的义务。我国学界多认为,在遗赠人的第一顺序法定继承人健在时,遗赠人的第二顺序法定继承人可以作为扶养人与遗赠人订立遗赠扶养协议。[1]

第二,遗赠扶养协议是双方法律行为。遗赠扶养协议是遗赠人(被扶养人)与扶养人订立的合同,存在两个民事主体、两个意思表示,从而与作为遗嘱内容的遗赠不同。因此,遗赠扶养协议的订立,可以适用《民法典》合同编合同订立的规则。

第三,遗赠扶养协议是诺成行为、要式行为。遗赠扶养协议无须以物之交付作为成立要件,双方当事人意思表示合致即可成立,从而是诺成行为。遗赠扶养协议是要式行为,须以书面的形式订立。尽管《民法典》继承编没有明确规定遗赠扶养协议必须满足书面形式,但是《民法典》第1158条规定,"自然人可以与继承人以外的组织或者个人签订遗赠扶养协议"。在《民法典》中,当法条包含"签订"这一措辞时,通常表明签订的协议须具有书面形式,如《民法典》第221条第1款的房屋买卖合同、第491条第1款的合同确认书、1076条第1款的离婚协议、第1105条第3款的收养协议。因此,从体系解释的角度来看,"签订"遗赠扶养协议意味着遗赠扶养协议须具备书面形式。这一立场有助于清晰双方当事人的权利义务,提醒双方当事人谨慎思考之后再订立协议,并在双方当事人产生争议时发挥证据功能。

第四,遗赠扶养协议是供养协议与遗赠协议的结合,生养死葬条款组成的供养协议于遗赠人生前生效,遗赠条款构成的遗赠协议于遗赠人死亡时生效。[2] 传统理论多认为,遗赠扶养协议是双务有偿合同。[3] 也就是说,生养死葬条款在遗赠人生前即可生效,学界并无异议;遗赠条款何时生效,学界存在分歧。然而,有偿行为、无偿行为系理论上负担行为的具体类型,双务行为则是有偿行为的下位概念,因此,双务有偿协议是生前行为的概念。将遗赠扶养协议中的遗赠条款理解为生前行为,可能与社会观念不符。只要认为扶养人于遗赠人死亡后才能依约取得遗赠财产、遗赠扶养协议中的遗赠条款是自然人对自己死亡后遗产的一种处置方式,那么,遗赠条款本身就是死因行为而非生前行为。此外,将遗赠条款理解为生前生效会导致法律适用上的困难。[4] 遗赠人虽然在遗赠扶养协议中设置了遗赠条款,但是在生前并不负有执行遗赠的义务,遗赠财产在遗赠人死亡后才能转移给扶养人。因此,生养死葬条款于遗赠人生前

---

[1] 参见李永军主编:《中国民法学·第四卷 婚姻继承》,中国民主法制出版社2022年版,第274页;张平华、刘耀东:《继承法原理》,中国法制出版社2009年版,第389页。

[2] 参见李永军:《论遗赠在继承中的法律效力》,载《清华法学》2023年第1期;房绍坤、范李瑛、张洪波:《婚姻家庭继承法》(第7版),中国人民大学出版社2021年版,第233页;缪宇:《遗赠扶养协议中的利益失衡及其矫治》,载《环球法律评论》2020年第5期。

[3] 参见杨立新:《婚姻家庭与继承法》,法律出版社2021年版,第278页;陈苇主编:《婚姻家庭继承法学》(第3版),高等教育出版社2022年版,第292页;陈苇主编:《婚姻家庭继承法学》(第4版),中国政法大学出版社2022年版,第375页;房绍坤、范李瑛、张洪波:《婚姻家庭继承法》(第7版),中国人民大学出版社2021年版,第232页;夏吟兰主编:《婚姻家庭继承法》(第3版),中国政法大学出版社2021年版,第280页;马忆南:《婚姻家庭继承法学》(第5版),北京大学出版社2023年版,第334~335页;王歌雅主编:《中国民法典继承编释义》,法律出版社2022年版,第151页;张力主编:《婚姻家庭继承法学》(第4版),群众出版社2021年版,第281页。

[4] 参见缪宇:《遗赠扶养协议中的利益失衡及其矫治》,载《环球法律评论》2020年第5期。

生效,遗赠条款于遗赠人死亡时生效,遗赠条款实际上为扶养人给继承人、遗嘱执行人或遗产管理人设置了遗赠义务。当然,在遗赠人生前,遗赠条款虽然未生效,但对遗赠人具有一定的拘束力。作为双方法律行为的内容,依据《民法典》第136条第2款的规定,遗赠条款在生效前,其拘束力突出体现在任何一方当事人不能擅自变更或解除遗赠条款,使遗赠扶养协议中的遗赠条款与遗嘱不同,不得由遗赠人单方任意变更或撤回。

据此,尽管扶养和遗赠相互依赖、密不可分,但是遗赠扶养协议系生前行为和死因行为的结合,从而导致扶养人和遗赠人权利产生具有异时性,即遗赠扶养协议内容的实现具有次序性。[1] 遗赠人在生前享有接受扶养的权利,但不承担义务;扶养人须先依约履行扶养义务、安葬义务,才能在遗赠人死后取得对其继承人、遗嘱执行人或遗产管理人的遗赠请求权。在遗赠人生前,遗赠条款没有生效、遗赠请求权尚未产生,因此,先履行的扶养人面临无法获得遗赠财产的风险。

第五,遗赠扶养协议在适用上具有优先性。《民法典》第1123条规定:"继承开始后,按照法定继承办理;有遗嘱的,按照遗嘱继承或者遗赠办理;有遗赠扶养协议的,按照协议办理。"《民法典继承编解释(一)》第3条规定:"被继承人生前与他人订有遗赠扶养协议,同时又立有遗嘱的,继承开始后,如果遗赠扶养协议与遗嘱没有抵触,遗产分别按协议和遗嘱处理;如果有抵触,按协议处理,与协议抵触的遗嘱全部或者部分无效。"按照这一规定,遗赠扶养协议优先于遗赠、遗嘱继承和法定继承,遗嘱不得与遗赠扶养协议抵触。遗赠扶养协议具有优先性的理由在于,遗赠、遗嘱继承、法定继承都是无偿取得遗赠人、被继承人遗产的方式,而遗赠扶养协议的扶养人在遗赠人、被继承人生前尽到了生养死葬义务的,已经付出了一定代价,应当在遗产分配上优先获得保护。[2] 如果不承认遗赠扶养协议在适用上的优先性,遗赠扶养协议本身承担社会保障功能可能难以实现。[3]

基于上述特征,遗赠扶养协议与遗赠存在明显区别。

(1)在性质上,遗赠扶养协议是双方法律行为,遗赠是作为单方行为的遗嘱的内容。因此,遗赠扶养协议成立以后具有形式拘束力,依据《民法典》第136条第2款的规定,遗赠扶养协议任何一方当事人非依法律规定或者未经对方同意,不得擅自变更或者解除遗赠扶养协议。与此相对,自然人通过遗嘱设置遗赠,在死亡前可以随时撤回、变更自己所立的遗嘱。

(2)遗赠扶养协议实质上是扶养人通过承担遗赠人的生养死葬交换遗赠人的遗产,属于扶养人有所代价地取得遗赠人遗产的方式;而遗赠是无偿给予他人财产利益的方式,遗赠所附义务不构成遗赠的对价。

(3)在生效时间上,遗赠扶养协议中的生养死葬条款在遗赠人生前生效,遗赠条款在遗赠人死亡时生效;而遗赠属于死因行为遗嘱的内容,于遗赠人死亡时生效。

(4)在形式上,遗赠扶养协议须满足书面形式,但无须满足遗嘱的法定形式;遗赠作为遗嘱的内容,以遗嘱满足法定形式为前提。

(5)在效力上,遗赠扶养协议优先于遗赠适用。《民法典继承编解释(一)》第3条规定:"被继承人生前与他人订有遗赠扶养协议,同时又立有遗嘱的,继承开始后,如果遗赠扶养协议

---

[1] 参见王歌雅主编:《中国民法典继承编释论》,法律出版社2022年版,第151页。
[2] 参见房绍坤、范李瑛、张洪波:《婚姻家庭继承法》(第7版),中国人民大学出版社2021年版,第233页。
[3] 参见李永军主编:《中国民法学·第四卷 婚姻继承》,中国民主法制出版社2022年版,第274页。

与遗嘱没有抵触,遗产分别按协议和遗嘱处理;如果有抵触,按协议处理,与协议抵触的遗嘱全部或者部分无效。"扶养人系有所付出地取得遗赠财产,因此,扶养人的受遗赠权优先于受遗赠人的受遗赠权而实现。同时,遗赠扶养协议的遗赠人死亡时,扶养人无须表达接受或者放弃受遗赠的意思表示。

第二节　遗赠扶养协议的成立和效力

一、遗赠扶养协议的成立和生效要件

遗赠扶养协议作为双方法律行为,系扶养人和遗赠人双方意思表示合致的结果,其成立通常需要经过要约和承诺的两个阶段。一般来说,遗赠扶养协议的成立要件包括:(1)存在扶养人、遗赠人双方当事人;(2)双方当事人订立遗赠扶养协议的意思表示合致;(3)遗赠扶养协议具备书面形式。

遗赠扶养协议的生效要件一般包括:(1)扶养人、遗赠人在订立遗赠扶养协议时具有完全民事行为能力;(2)双方当事人的意思表示真实;(3)遗赠扶养协议不违反法律、行政法规的强制性规定,不违背公序良俗,尤其是没有违反必留份的规定。遗赠扶养协议包含生养死葬条款和遗赠条款。其中,如果生养死葬条款没有附停止条件或者附始期,生养死葬条款于遗赠人生前发生效力;如果遗赠条款没有附停止条件,遗赠条款自遗赠人死亡时发生效力。因此,遗赠扶养协议的两个部分生效时间不同:遗赠扶养协议一旦成立,生养死葬条款即生效,遗赠人取得扶养请求权;遗赠人死亡时,遗赠条款生效,扶养人取得受遗赠权。

二、遗赠扶养协议中扶养人的权利和义务

遗赠扶养协议的生养死葬条款一旦生效,扶养人(受遗赠人)就负担遗赠人生养死葬的义务。生养死葬的标准,依据遗赠扶养协议的约定确定。需要注意的是,在遗赠人死亡前,扶养人对遗赠人负有扶养的义务,遗赠人对扶养人享有扶养的权利。扶养人尽管负担了处理遗赠人后事、安葬遗赠人的义务,但是由于遗赠人死亡时已经失去民事权利能力,扶养人不是对遗赠人负担处理后事和安葬义务,而是对继承人负担处理遗赠人后事、安葬遗赠人的义务。因此,遗赠人的继承人、遗嘱执行人、遗产管理人可以依据遗赠扶养协议请求继承人履行处理遗赠人后事、安葬遗赠人义务。遗赠人没有继承人的,由于扶养人是否尽到生养死葬的义务会影响扶养人能否依约获得遗赠财产,扶养人无法依约获得全部遗赠财产时,遗赠人的部分遗产会成为无人继承无人接收遗赠的财产,从而归国家或集体所有制组织所有。据此,遗赠人没有继承人的,民政部门、集体所有制组织作为利害关系人可以请求扶养人履行处理遗赠人后事、安葬遗赠人的义务。

遗赠人死亡时,如果遗赠条款没有附停止条件,遗赠扶养协议的遗赠条款生效,扶养人取得受遗赠的权利,从而得请求遗赠人的继承人、遗嘱执行人、遗产管理人交付遗赠财产。扶养人取得受遗赠的权利,并非遗赠人单方的恩惠行为,因此,扶养人受遗赠权利不适用《民法典》第1125条的继承权、受遗赠权丧失的规定。扶养人有《民法典》第1125条第1款规定行为的,依据违约责任规则和侵权责任规则处理。因此,扶养人故意杀害遗赠人的,遗弃、虐待遗赠

的,均构成侵权责任与违约责任的竞合。

三、遗赠扶养协议中遗赠人的权利和义务

遗赠扶养协议订立之后,由于生养死葬条款先生效,遗赠人在生前即取得了对扶养人的扶养请求权。

遗赠扶养协议订立之后,遗赠人不得再实施与遗赠条款相抵触的死因处分,如以遗嘱的方式对遗赠扶养协议约定的遗赠财产另行处分。所谓抵触,是指从法律的角度来看,在继承开始时,若遗嘱生效,扶养人未来的遗赠请求权会受到损害,即权利内容减少或受到限制。如果遗赠人在订立遗赠扶养协议后设立了内容冲突的遗嘱,但遗赠请求权并未受到损害,扶养人法律地位得到强化的,遗嘱相关内容即不会因抵触遗赠扶养协议而不生效力。

在先遗嘱不得与遗赠扶养协议抵触的理由在于,遗赠扶养协议构成对遗嘱的撤回。依据《民法典》第1142条第2款的规定,遗赠人以遗嘱设定遗赠后又针对同一财产订立遗赠扶养协议的,即实施了与遗嘱内容相反的民事法律行为,构成对遗嘱相关内容的撤回。在先遗嘱与遗赠扶养协议相抵触的内容,即不发生效力。

在后遗嘱不得与遗赠扶养协议抵触的理由在于,扶养人作为有偿法律行为的债权人,应当优先获得保护。具体而言,在遗赠扶养协议成立后,遗赠人就同一财产以遗嘱设定遗赠的,扶养人的遗赠请求权优先。一方面,遗赠是单方、无偿法律行为的内容。遗赠无法实现的结果,只是受遗赠人的财产应增加而未增加,受遗赠人的法律地位不会恶化。即使遗赠附义务,如果遗赠无法实现,受遗赠人无须履行相应的义务,其法律地位不会弱于接受遗赠前的法律地位。另一方面,扶养人的遗赠请求权是双方、有偿法律行为的效果,系生养死葬义务的对价。倘若扶养人的遗赠请求权因遗嘱所设遗赠无法实现,在限定继承的背景下,扶养人的履约成本可能无法从剩余遗产中得到补偿,从而,扶养人的法律地位可能弱于遗赠扶养协议订立前的法律地位。因此,在后遗赠与遗赠扶养协议的内容发生抵触的,遗赠扶养协议效力优先,在后遗赠在与遗赠扶养协议抵触的范围内不生效力。

遗赠扶养协议订立之后,遗赠人对遗赠财产的生前处分原则上不受限制。按照《遗赠扶养协议公证细则》第14条的规定,遗赠扶养协议公证后,未征得扶养人的同意,遗赠人不得另行处分遗赠的财产。然而,对于未办理公证的遗赠扶养协议,现行法并未限制遗赠人的生前处分权限。[1] 因此,围绕遗赠人生前对遗赠财产是否享有处分权限,我国学界存在"肯定说"和"否定说"两种立场。"肯定说"主张,遗赠人对遗赠财产当然享有处分权。[2] "否定说"则认为,为了保护扶养人的利益,避免扶养人在尽到生养死葬义务后无法获得遗赠财产,应当限制遗赠人对遗赠财产的生前处分。[3]

如果遗赠财产不特定,即遗赠人在遗赠扶养协议中表示将去世时的全部财产遗赠给扶养

---

[1] 参见黄薇主编:《中华人民共和国民法典继承编解读》,中国法制出版社2020年版,第153页。
[2] 参见张玉敏:《继承法律制度研究》(第2版),华中科技大学出版社2016年版,第183页;杨立新:《婚姻家庭与继承法》,法律出版社2021年版,第280页。
[3] 参见陈苇主编:《婚姻家庭继承法学》(第3版),高等教育出版社2022年版,第293页;陈苇主编:《婚姻家庭继承法学》(第4版),中国政法大学出版社2022年版,第379页;夏吟兰主编:《婚姻家庭继承法》(第3版),中国政法大学出版社2021年版,第282页;马忆南:《婚姻家庭继承法学》(第5版),北京大学出版社2023年版,第336页;王歌雅主编:《中国民法典继承编释论》,法律出版社2022年版,第154页;张力主编:《婚姻家庭继承法学》(第4版),群众出版社2021年版,第282页。

人,遗赠人对遗赠财产的生前处分当然不受限制,遗赠人为了满足生活需要可以自由处分其个人财产。反之,倘若遗赠财产并非金钱债权且已特定化,如遗赠人名下的不动产或古玩字画,也不宜限制遗赠人的生前处分权限。遗赠扶养协议本质上是以生养死葬交换财产利益。对于这种交换性质的合同,即使是买卖合同订立后,出卖人对买卖合同标的物的处分权限都不受影响,那么,遗赠扶养协议中遗赠人对遗赠财产的处分权限也不应当受影响。为了保护扶养人的利益,针对遗赠人擅自处分遗赠标的物的风险,扶养人可以要求在协议中加入"遗赠人不得擅自处分遗赠标的物"的条款,从而使遗赠人负有不得处分遗赠标的物的义务。这一不作为义务仅针对房屋之类的特定标的物,而非遗赠人的全部财产,但仅具有债的效力。进而,遗赠人违反该不作为义务的,尽管善意第三人仍能取得遗赠标的物的权属,但扶养人可请求遗赠人承担违约损害赔偿责任。在遗赠人死亡时,该违约损害赔偿属于被继承人生前债务,由继承人负责清偿。[1]

第三节 遗赠扶养协议的履行和解除

一、遗赠扶养协议的履行以及违约责任

遗赠扶养协议成立后,对扶养人、遗赠人均具有法律拘束力。扶养人基于已经生效的生养死葬条款负有生养死葬的义务。其中,扶养义务原则上自生养死葬条款生效时起发生,且为继续性债务。扶养的具体内容,由当事人约定,一般包括扶养费的给付、对遗赠人在生活上的照料和精神上的慰藉。因此,扶养人在遗赠人生前须持续稳定地依约提供生活照顾和扶养扶助;安葬义务自遗赠人死亡时届至,扶养人必须依约处理遗赠人的后事、安葬遗赠人。

在遗赠人生前,扶养人未依约履行扶养义务的,遗赠人可以请求扶养人承担违约责任。扶养义务是遗赠扶养协议中扶养人的主给付义务,可能包括扶养费的给付、劳务的投入、食宿的供给甚至精神上的慰藉,因此,针对扶养人拒绝履行、迟延履行、不完全履行,遗赠人可以根据不履行的具体内容依据《民法典》有关条款请求扶养人继续履行、采取补救措施、承担损害赔偿责任和承担第三人替代履行的费用。

在遗赠人死亡时,扶养人须依约履行安葬义务。此时,遗赠人的继承人是该安葬义务的债权人。因此,如果扶养人未依约履行安葬义务,遗赠人的继承人、遗产管理人可以请求扶养人承担违约责任。

在遗赠人死亡时,遗赠扶养协议中的遗赠条款生效,扶养人在履行生养死葬义务后依约取得受遗赠权,从而得请求遗赠人的继承人、遗产管理人交付遗赠财产。遗赠人的继承人、遗产管理人以遗产的实际价值为限对扶养人负责。

二、遗赠扶养协议的解除

遗赠扶养协议的解除,通常包括遗赠人和扶养人协商一致解除、一方当事人无正当理由不履行导致的单方解除。遗赠扶养协议是双方法律行为,遗赠人和扶养人可以依据《民法典》第

---

[1] 参见缪宇:《遗赠扶养协议中的利益失衡及其矫治》,载《环球法律评论》2020年第5期。

562 条第 1 款协商一致解除遗赠扶养协议。此外,《民法典继承编解释(一)》第 40 条规定了无正当理由不履行导致的单方解除。依据该规定,扶养人签订遗赠扶养协议后,无正当理由不履行,导致协议解除的,不能享有受遗赠的权利,其支付的供养费用一般不予补偿;遗赠人无正当理由不履行,导致协议解除的,则应当偿还扶养人已经支付的供养费用。

据此,扶养人无正当理由不履行导致遗赠扶养协议解除的,原则上不能主张扶养费用的返还。就扶养义务不履行的解除而言,如果扶养人拒绝履行扶养义务、扶养人迟延履行扶养义务且经催告后在合理期限内仍未履行,遗赠人可依据《民法典》第 563 条第 1 款第 2 项、第 3 项解除协议。扶养人不完全履行扶养、照顾义务导致遗赠人走失或者遭遇意外身故的,遗赠扶养协议目的即不能实现,遗赠人的监护人、继承人可以依据《民法典》第 563 条第 1 款第 4 项解除协议。与此类似,扶养人遗弃、虐待遗赠人的,亦构成不履行扶养义务,遗赠人可以解除协议。不仅如此,在遗赠人死亡后,如果扶养人没有依约履行安葬义务,导致遗赠扶养协议目的不能实现的,遗赠人的继承人也可以解除遗赠扶养协议。[1] 当然,为了避免解除权是否成立的争议,遗赠人也可以与扶养人在协议中约定解除协议的事由,尤其是就迟延履行和不完全履行设置解除权条款,如扶养人无理由 3 个月未支付扶养费,遗赠人可以解除协议。

由于扶养的内容包括扶养人对遗赠人在精神上的照顾、扶养人和遗赠人在感情上的沟通,[2]且遗赠扶养协议的订立以遗赠人与扶养人特别的信任关系为基础,[3]因此,遗赠扶养协议具有一定的人身性。[4] 进而,即使遗赠人拒绝受领扶养人依约提出的扶养,也不能强制遗赠人接受扶养,[5]只能解除遗赠扶养协议。[6] 遗赠扶养协议的订立和履行高度依赖于双方当事人的特别信任关系。与买卖这种一次性给付不同,扶养具有长期性和反复性,扶养人和遗赠人之间的信任是扶养人愿意承担扶养义务的原因之一。由于丧葬在我国文化中具有重要意义,遗赠人指定扶养人处理自己的身后事务,体现了遗赠人对扶养人的信任。因此,遗赠扶养协议属于以当事人之间特别信任关系为基础的合同。准此,如果遗赠扶养协议双方当事人之间的信任关系已经丧失,应当允许任何一方解除协议,即双方当事人享有任意解除权。[7] 遗赠人无正当理由拒绝接受扶养人依约提供的扶养的,表明遗赠人对扶养人失去了信任,遗赠人可以行使任意解除权,但依约履行的扶养人可以请求返还已经支出的扶养费用。不仅如此,由于扶养人提供的劳务在性质上无法返还,遗赠人应当依不当得利规则承担客观价额的返还义务。

扶养人丧失信任的典型情形,如遗赠人生前擅自处分遗赠财产导致扶养人在遗赠人死亡时无法取得遗赠财产,此时,扶养人可以解除遗赠扶养协议。[8] 遗赠人擅自处分遗赠财产的,

---

[1] 参见陈苇主编:《婚姻家庭继承法学》(第 4 版),中国政法大学出版社 2022 年版,第 380 页。
[2] 参见浙江省宁波市中级人民法院民事判决书,(2022)浙 02 民终 2874 号。
[3] 参见浙江省杭州市中级人民法院民事判决书,(2019)浙 01 民终 9866 号。
[4] 参见上海市第一中级人民法院民事判决书,(2018)沪 01 民终 1989 号。
[5] 参见北京市第三中级人民法院民事判决书,(2016)京 03 民终 4673 号。
[6] 参见马忆南:《婚姻家庭继承法学》(第 5 版),北京大学出版社 2023 年版,第 336 页;陈苇主编:《婚姻家庭继承法学》(第 4 版),中国政法大学出版社 2022 年版,第 379~380 页;王歌雅主编:《中国民法典继承编释论》,法律出版社 2022 年版,第 155 页。
[7] 参见陈志伟、闫莉:《遗赠扶养协议的当事人具有任意解除权》,载《人民司法》2014 年第 22 期;浙江省杭州市中级人民法院民事判决书,(2019)浙 01 民终 9866 号。
[8] 参见王歌雅主编:《中国民法典继承编释论》,法律出版社 2022 年版,第 155 页。

虽然扶养人在遗赠人生前对遗赠财产并无权利,但是遗赠人擅自处分遗赠财产的,破坏了扶养人基于遗赠扶养协议所生的合理期待:遗赠人应当为了扶养人的利益妥善维持遗赠财产的现状,以便依约履行义务的扶养人能在遗赠人死后获得遗赠财产。因此,遗赠人生前处分遗赠财产的行为,妨碍了扶养人遗赠请求权的实现,破坏了遗赠人和扶养人之间的特殊信任关系,从而,扶养人可以依据《民法典继承编解释(一)》第40条解除协议。不仅如此,依约履行的扶养人还可以请求遗赠人返还扶养费用。遗赠人隐藏、转移、毁损遗赠财产的,扶养人亦可解除遗赠扶养协议。[1]

---

[1] 参见缪宇:《遗赠扶养协议中的利益失衡及其矫治》,载《环球法律评论》2020年第5期。

第七编

遗产的处理

第一章　遗产处理概述

遗产处理,是指为处理自然人死亡时遗留的遗产和债务所进行的有关遗产管理、债务清偿、遗产分割等系列活动。遗产处理与遗产相关权利人利益的实现以及遗产最终的公平有效分配密切相关,是整个继承过程的关键环节,在继承法律制度中占据重要的法律地位。

本章阐述的主要内容有两个方面:一是遗产处理程序的基本构造;二是遗产处理的基本原则。

第一节　遗产处理程序的基本构造

遗产处理程序的基本构造包括遗产管理程序的启动、遗产债务的清偿、遗产的分割等环节,各个环节是遗产处理目标达成的重要组成条件。

一、遗产管理程序的启动

基于遗产继承的现实诉求与司法实践的适用需要,我国《民法典》在继承编第四章"遗产的处理"中第1145条至第1149条对遗产管理的内容进行了首次规定。遗产管理,是指在继承开始后,由依据遗嘱或者法律规定而选任的遗嘱执行人或遗产管理人对待继承的遗产进行编制遗产清单、报告遗产情况、妥善处置遗产、清偿遗产债务、完成遗产分割等行为的活动。遗产管理是遗产处理程序的重要环节之一,有利于保障遗产的完整性和安全性以及遗产公平、有序地分配。[1] 依据遗产具体继承情形的不同,遗产管理程序的启动分为不同的适用情况。

其一,遗嘱指定的遗产管理人,启动遗产管理程序。根据《民法典》第1145条的规定,继承开始后,遗嘱执行人为遗产管理人。基于意思自治原则,充分地尊重被继承人的遗愿,其可以在遗嘱中依据自己的意志处理财产,如其指定了遗嘱执行人的,则应该由指定的遗嘱执行人承担管理遗产的任务,以此启动遗产管理程序。

其二,继承人担任或推选遗产管理人,启动遗产管理程序。根据《民法典》第1145条的规定,继承开始后,没有遗嘱执行人的,继承人应当及时推选遗产管理人;继承人未推选的,由继承人共同担任遗产管理人。这意味着如果被继承人在死亡之前没有确立遗嘱或所确立的遗嘱没有法律效力,选择继承的继承人在没有遗产管理人的情况下,应该自己承担遗产管理的职责,以此启动遗产管理程序。继承人为多人时,为便于遗产的有效、便捷管理,继承人应当相互协商在继承人中推选一名遗产管理人或数名遗产管理人,推选的遗产管理人应该是有继承权

---

[1] 参见夏吟兰主编:《婚姻家庭继承法》(第3版),中国政法大学出版社2021年版,第287~288页。

的继承人。[1] 另外,为保障遗产的公平、合理分割,在继承人未推选遗产管理人的情况下,应该由全体继承人共同担任遗产管理人,并在遗产管理过程中以多数原则决定遗产管理事项。由继承人担任遗产管理人,主要是基于继承人与被继承人之间特殊的亲缘关系,而且在一般情况下,继承人通常实际控制和掌管着遗产,对遗产的具体情况以及遗产债务往来更为了解,由其担任遗产管理人有利于维护遗产的价值、便于遗产的有效管理。

其三,由被继承人生前住所地的民政部门或者村民委员会担任遗产管理人,启动遗产管理程序。根据《民法典》第1145条的规定,继承开始后,没有继承人或者继承人均放弃继承的,由被继承人生前所在地的民政部门或者村民委员会担任遗产管理人。为防止遗产受到损毁、保护遗产权利人的利益、顺利实现遗产的分割,在没有遗嘱执行人,也没有继承人,甚至继承人都放弃继承的情况下,应该由与居民生活联系较为紧密的民政部门或者村民委员会担任遗产管理人,启动遗产管理程序。

其四,法院指定遗产管理人,启动遗产管理程序。根据《民法典》第1146条的规定,对遗产管理人的确定有争议的,利害关系人可以向人民法院申请指定遗产管理人。这表明,在对遗产管理人的确定有争议的情况下,如没有遗嘱执行人而继承人选任遗产管理人有异议的,或者没有遗嘱执行人而又无人愿意担任遗产管理人,或者多名继承人争当遗产管理人等情形下,法院可以依据继承人、遗产债权人、受遗赠人等遗产利害关系人的申请指定遗产管理人,启动遗产管理程序。

二、遗产债务的清偿

遗产债务清偿,是指根据法律规定或约定,由接受遗产的人对被继承人的债务进行清偿的行为。根据现代继承法有关继承遗产与清偿债务相统一的理念,继承人继承的是财产权利和财产义务的统一体,其不能只接受财产权利,而不承担财产义务。被继承人死亡后,其生前无法偿还的债务,由继承人或受遗赠人在接受遗产的实际价值范围内负责清偿。[2] 广义上的遗产债务主要有三种类型:一是被继承人生前所欠的个人债务;二是继承费用;三是继承开始时产生的债务。遗产债务清偿规则的设立,旨在规范遗产债务的有序清偿,保障遗产债权的顺利实现,体现了对继承人以及遗产债务人利益的平等保护,具有定分止争的功能。

三、遗产的分割

遗产分割,是指继承开始后各遗产继承人以及其他遗产取得权人按照各自应得的遗产份额,进行分配遗产的法律行为。遗产分割的行为,通常发生在多数继承人共同继承的场合,以共同继承人的地位及应继份额的确定为前提,是遗产在各继承人以及其他遗产取得权人之间的实际分配。继承开始后,遗产通常会有一段时间处于共有状态,即共同继承人或者继承人与其他遗产取得权人共同享有遗产所有权。在遗产分割之前,存有遗产的人,应当妥善保管遗产,任何人不得侵吞或者争抢。但是,遗产经过分割,遗产的共有关系即告结束,遗产上的权利义务分别归属于各继承人和遗产所有权人享有。遗产分割主要遵行尊重被继承人意愿原则,遗产分割自由原则,均等原则和适当照顾原则,保留胎儿的继承份额原则,物尽其用原则,互谅

---

[1] 参见最高人民法院民法典贯彻实施工作领导小组主编:《中华人民共和国民法典婚姻家庭编继承编理解与适用》,人民出版社2020年版,第620页。
[2] 参见房绍坤主编:《中国民法典评注:继承编》,人民法院出版社2021年版,第198页。

互让、协商处理原则。[1] 在遗产分割后,将产生遗产分割后遗产的归属效力以及各共同继承人相互间对遗产的担保责任。

第二节 遗产处理的基本原则

法律原则,是指能够作为法律规则基础或本源的原理或准则。根据其适用性质的划分,又分为法律的基本原则和具体原则,其中,法律的基本原则体现为法律的本质和根本价值,决定法律的统一性与稳定性,反映了法律的基本精神,是整个法律的出发点。[2] 遗产处理的基本原则作为处理被继承人的遗产所应遵循的根本准则和标准,贯穿于遗产处理过程的始终,对遗产处理制度的制定、实施、遵守与研究都具有重要的指导作用,体现着遗产处理的基本精神和价值导向。[3] 目前,我国《民法典》继承编对遗产处理的基本原则没有进行明确的规定;但毋庸置疑,作为遗产处理的基本原则,其应该是遗产处理规则的基本价值取向与行为准则。根据遗产处理相关的法律规则及其法律原理,结合继承法律制度的基本特性和理论,通常而言,遗产处理的基本原则包括以下 4 项。

一、平等保护遗产权利人利益原则

平等原则是民法针对民事主体地位确定的最高规则,其强调在法律适用过程中,民事主体的法律地位平等且受法律的平等保护。[4] 就遗产处理关系而言,遗产处理应秉持"平等保护遗产权利人利益原则",即继承开始后,在遗产处理过程中涉及的继承人、受遗赠人、遗产债权人、酌分遗产请求权人等主体,这些主体享有平等的法律地位,并且其合法的遗产权利受到法律的平等保护。该原则在《民法典》继承编中的具体体现如下。

第一,遗产权利人的法律地位平等。根据我国《民法典》第 1155 条的规定,遗产分割时,应当保留胎儿的继承份额。胎儿娩出时是死体的,保留的份额按照法定继承办理。基于《民法典》总则编第 16 条的规定,胎儿在遗产继承方面具有民事权利能力,也就意味着胎儿可以享有继承权,因此,该条规定表明胎儿与其他继承人在遗产继承上的法律地位平等。《民法典》第 1162 条规定,执行遗赠不得妨碍清偿遗赠人依法应当缴纳的税款和债务。遗赠是被继承人无偿赠与受遗赠人遗产的行为,虽然被继承人可以自由处分其遗产,受遗赠人可以依法获得遗赠物的权利,但这种无偿处分行为不应损害债权人的利益,这表明遗赠人和遗产债权人的法律地位平等。此外,《民法典》第 1158 条规定,遗赠扶养协议中的扶养人承担自然人生养死葬的义务并享有受遗赠的权利,体现了遗赠扶养协议双方当事人的权利义务平等,具有平等的法律地位。上述《民法典》继承编的相关规定,有利于平等保护各种遗产利害关系人包括继承人、遗产债权人、遗赠扶养协议当事人等的合法权益,彰显了平等保护遗产权利人利益原则的价值

---

[1] 参见石宏主编:《中华人民共和国民法典解释与适用:婚姻家庭继承编》,人民法院出版社 2020 年版,第 249~250 页。
[2] 参见高其才:《法理学》(第 4 版),清华大学出版社 2021 年版,第 49~50 页。
[3] 参见陈苇主编:《中国遗产处理制度系统化研究》,中国公安大学出版社 2019 年版,第 22 页。
[4] 参见杨立新:《民法总则》,法律出版社 2013 年版,第 107 页。

理念。

第二,遗产权利人的合法权益受到法律的平等保护。根据我国《民法典》第1157条的规定,夫妻一方死亡后另一方再婚的,有权处分所继承的财产,任何组织或者个人不得干涉。这表明在世的配偶一方不论是否再婚,都有权处分自己继承取得的财产,是法律对在世配偶继承权利的平等保护。根据《民法典》第1130条第3款的规定,对被继承人尽了主要扶养义务或者与被继承人共同生活的继承人,可以在分配遗产时多分,彰显了对继承人以及酌分遗产请求权人合法权益的平等保护。根据《民法典》第1161条的规定,继承人以所得遗产实际价值为限清偿被继承人依法应当缴纳的税款和债务。超过遗产实际价值部分,继承人自愿偿还的不在此限。继承人放弃继承的,对被继承人依法应当缴纳的税款和债务可以不负清偿责任。该条规定首先明确了继承人在遗产实际范围内偿还遗产债务的义务,而后从权利义务相一致原则出发,规定放弃继承的继承人可以不负清偿责任。该规定不仅体现了对继承人合法继承权利的肯定,也是对遗产债权人利益的平等保护,兼顾了遗产继承人和遗产债权人利益的平等保护,是遗产处理制度之平等保护遗产权利人利益原则的彰显,符合民法的平等原则和私法自治理念。

二、尊重遗产权利人意思自治原则

意思自治原则是我国民法的基本原则之一,也是私法的本质所在,其强调民事主体可以按照自己的意思自主决定自己的权利义务。[1] 遗产处理制度作为《民法典》继承编的重要组成部分,亦应当以意思自治原则为价值准则,在遗产处理过程中坚持尊重遗产权利人意思自治原则。该原则在《民法典》继承编中的具体体现如下。

第一,尊重被继承人和继承人的意思自治。首先,根据《民法典》第1133条第1款的规定,自然人可以依照本法规定立遗嘱处分个人财产,并可以指定遗嘱执行人。这表明遗产处理应当尊重被继承人的意思自治,如果被继承人生前立有遗嘱的,应当优先尊重被继承人对遗产的自由处分意愿,确保其生前的遗产处理意愿的顺利实现。其次,根据《民法典》第1124条第1款的规定,继承开始后,继承人放弃继承的,应当在遗产处理前,以书面形式作出放弃继承的表示;没有表示的,视为接受继承。这表明法律赋予继承人享有接受继承与放弃继承的权利,确保继承人自由继承意愿的达成。此外,根据《民法典》第1132条的规定,在遗产处理过程中,遗产分割的时间、办法和份额,由继承人协商确定;协商不成的,可以由人民调解委员会调解或者向人民法院提起诉讼。这表明继承开始后各继承人既可以依据法定应继份分配遗产,也可以由继承人协商确定各自的份额以及分割的时间、份额及方法等,彰显了法律对继承人协商处理遗产自由意愿的尊重。

第二,尊重遗产债权人、受遗赠人、遗赠扶养协议人等相关权利人的意思自治。根据《民法典》第1146条的规定,对遗产管理人的确定有争议的,利害关系人可以向人民法院申请指定遗产管理人。由于遗产管理涉及诸多人的利益,难免会因为选任谁担任遗产管理人而发生争议,此时为保障利害关系人的法律权利,赋予其申请指定遗产管理人的自由权。该法条中的利害关系人主要是指遗嘱执行人、继承人之外的与遗产有利害关系的当事人,其中就涉及与遗产有利害关系的遗产债权人、受遗赠人等主体。因此,该条规定彰显了法律对遗产债权人、受遗赠

---

[1] 参见李永军:《民法总则》,中国法制出版社2018年版,第65页。

人等是否申请指定遗产管理人自由权利的保障。根据《民法典》第1158条的规定,自然人可以与继承人以外的组织或者个人签订遗赠扶养协议。按照协议,该组织或者个人承担该自然人生养死葬的义务,享有受遗赠的权利。遗赠扶养制度是一项具有中国特色的法律制度,随着我国人口老龄化的加深,人民群众的养老需求多样化,该条通过法律规定赋予自然人依据自己的意志发挥财产养老功能的自由权利,其可以与继承人以外的组织或者个人签订遗赠扶养协议,只要双方当事人意思表示达成一致方能成立,就对双方当事人都有法律约束力。该条规定不仅顺应了时代形式多样化的养老需求,也彰显了立法对于自然人依据其意愿自由处理财产的保障。

三、充分发挥遗产的扶养功能原则

家庭作为现代社会的最基本生产和生活单位,仍然担负生育以及维持家庭成员的生活供养等职能。虽然"意思自治"以及"所有权神圣不受侵犯"是民法赋予民事主体的基本权利,但是在具有强烈伦理属性的婚姻家庭中,家庭成员间有千丝万缕的血缘关联与亲情牵系,相互之间并非孤立的个体而是彼此担负相应的责任和义务。因此,在遗产处理的全过程中应该贯穿充分发挥遗产的扶养功能原则,既尊重被继承人的生前意愿,又保障家庭成员的基本生活,尤其要兼顾老人年、未成年子女及病残者等弱势群体的利益,合理配置遗产,实现资源效用最大化的目标,有效发挥遗产的扶养功能。该原则在《民法典》继承编中的具体体现如下:

第一,法定继承中的遗产照顾与酌情分配规则。根据《民法典》第1130条第2款、第3款的规定,对生活有特殊困难又缺乏劳动能力的继承人,分配遗产时,应当予以照顾。对被继承人尽了主要扶养义务或者与被继承人共同生活的继承人,分配遗产时,可以多分。该规定考虑对继承中特别需要遗产的弱势群体以及对被继承人所尽义务较多的人利益的考量,体现出遗产在被继承人死亡后继续发挥扶养继承人的功能,防止了绝对的平均主义,既符合我国的实际情况,又有利于发扬中华民族的优良传统,促进家庭的和睦团结。根据《民法典》第1131条的规定,对继承人以外的依靠被继承人扶养的人,或者继承人以外的对被继承人扶养较多的人,可以分给适当的遗产。该条在保留原《继承法》第14条的基础上,删除了依靠被继承人扶养的继承人以外的人分得适当遗产须符合"缺乏劳动能力又没有生活来源"这一条件。依据该条规定,继承人以外的人,只要其与被继承人之间具有扶养关系,无论有无劳动能力或缺乏生活来源,均可以分得适当的遗产份额,扩大了酌情分得遗产的适用主体范围,充分发挥了遗产的扶养功能。[1]

第二,遗嘱继承和遗产债务清偿中的必留份规则。根据《民法典》第1141条的规定,遗嘱应当为缺乏劳动能力又没有生活来源的继承人保留必要的遗产份额。该条规定的立法目的是保障缺乏劳动能力又没有生活来源的继承人的基本生存权。虽然被继承人享有遗嘱自由的权利,但是遗产应当发挥对弱势群体扶养的功能,保障有特殊困难的继承人的基本生活需要,因此,对遗嘱自由设置一定的限制,即遗嘱应当对缺乏劳动能力又没有生活来源的继承人保留必要的遗产份额。这既是维护家庭基本职能以及保护家庭弱势群体利益的需要,也是中华民族传统美德的彰显。根据《民法典》第1159条的规定,分割遗产,应当清偿被继承人依法应当缴纳的税款和债务;但是,应当为缺乏劳动能力又没有生活来源的继承人保留必要的遗产。这意

---

[1] 最高人民法院民事审判第一庭编著:《最高人民法院民法典继承编司法解释(一)理解与适用》,人民法院出版社2022年版,第193页。

味着,遗产必留份具有优先于税款和债务的效力,无论是以遗产缴纳所欠税款还是偿还所负债务,都必须为缺乏劳动能力又没有生活来源的继承人保留必要的遗产,以保护家庭中的弱势继承人的利益,满足其基本的生活需要。[1] 上述立法规定体现了遗产处理中对缺乏劳动能力又没有生活来源的继承人的照顾,有利于实现遗产的扶养职能。

四、互谅互让和协商处理遗产原则

遗产处理主要涉及家庭内部成员间的利益分配,基于家庭成员间的特殊亲情血缘联系,在处理遗产继承以及清偿遗产债务的过程中,既要考虑维护继承人的继承权利,更应该注重维护家庭的团结和睦,维系家庭成员间的亲情关系。因此,在遗产处理过程中有必要贯彻互谅互让和协商处理遗产的原则,尊重继承人对遗产处理的意思自治,在互谅互让的基础上和谐、有效地处理遗产。该原则在《民法典》继承编中具体体现如下。

第一,遗产的继承份额可以自由协商。根据《民法典》第1130条的规定,同一顺序继承人继承遗产的份额,一般应当均等。继承人协商同意的,也可以不均等。这表明我国立法充分尊重当事人之间的意思自治,原则上法定继承时同一顺序的法定继承人的份额应当均等,但是各法定继承人本着互谅互让、和睦团结的精神,经协商一致,同意不均分遗产的,继承份额也可以不均等。该条规定既弘扬了优良家风家德的道德风尚,也遵循了互谅互让和协商处理遗产的原则。

第二,遗产的分割时间和方式可以自由协商。根据《民法典》第1132条的规定,继承人对于遗产分割的时间、办法和份额,可以协商确定,协商不成的,可以由人民调解委员会调解或者向人民法院提起诉讼。《民法典》第1156条规定,遗产分割应当有利于生产和生活需要,不损害遗产的效用。不宜分割的遗产,可以采取折价、适当补偿或者共有等方法处理。上述立法规定表明,在遗产处理过程中,继承人有二人或者多人的,为了保障遗产的及时、有效分割,继承人可以协商确定遗产的分割时间、办法和份额。这主要是基于法定继承人之间具有特殊的亲属关系,为了避免因遗产处理方式不当而破坏家庭的和睦、团结和稳定,立法规定继承人之间可以在互谅互让、和睦团结的理念指导下协商处理遗产。该规定不仅是互谅互让和协商处理遗产原则在我国立法中的具体化,也是践行社会主义核心价值观和优良家风倡导性规范的体现。

---

[1] 参见房绍坤主编:《中国民法典评注:继承编》,人民法院出版社2021年版,第200页。

第二章　遗产管理人

　　遗产管理人,是指在继承开始后,由遗嘱指定或依照法律规定产生的对被继承人遗产担负清理、保护、管理、分割等职责的主体。我国《民法典》继承编在第四章"遗产处理"第1145条至第1149条首次对遗产管理人的产生、职责、法律责任以及享有报酬的权利进行了规定。《民法典》出台前,原《继承法》仅在第16条、第24条原则性地规定了遗嘱执行人和遗产保管人的内容,并未对"遗产管理人"进行规定。《民法典》继承编对遗产管理人的规定,是立法的重大进步与创新,填补了我国1985年原《继承法》未设立遗产管理人内容的空白,为遗产管理提供了明确的法律途径和法律保障。遗产管理制度的确立实现了制度的规范化与体系化,满足了多年来民众与司法实务中对可继承遗产的管理诉求,适应了社会经济发展下社会财富对增值保值以及顺利完成代际传承的需求,有利于保护继承人、受遗赠人与被继承人的债权人的合法权益,确保遗产的公平分配。[1]

　　本章阐述的主要内容有4个方面:一是遗产管理人的产生;二是遗产管理人的职责;三是遗产管理人的权利;四是遗产管理人的损害赔偿责任。

第一节　遗产管理人的产生

　　《民法典》第1145条规定:"继承开始后,遗嘱执行人为遗产管理人;没有遗嘱执行人的,继承人应当及时推选遗产管理人;继承人未推选的,由继承人共同担任遗产管理人;没有继承人或者继承人均放弃继承的,由被继承人生前住所地的民政部门或者村民委员会担任遗产管理人。"第1146条规定:"对遗产管理人的确定有争议的,利害关系人可以向人民法院申请指定遗产管理人。"

　　根据《民法典》第1145条、第1146条的规定,遗产管理人的产生主要有如下5种方式。

一、依遗嘱指定遗产管理人

　　遗嘱执行人是被继承人生前在遗嘱中指定的执行遗嘱事务的人。依据《民法典》第1145条的规定,被继承人在遗嘱中指定了遗嘱执行人的,继承开始后,被指定人即为遗产管理人。遗嘱执行人担任遗产管理人的前提是遗嘱合法有效,而且遗嘱执行人是被继承人在遗嘱中指定的主体,因此,遗嘱执行人只能适用于遗嘱继承,而不得适用于法定继承。一方面,该规定保障了被继承人的意志自由,彰显了遗产处理中尊重遗产权利人意思自治原则;另一方面,由遗

---

[1]　参见石婷:《〈民法典〉遗产管理制度释论:演绎逻辑与制度再构》,载《私法研究》2021年第1期。

嘱执行人担任遗产管理人具有一定的便利性和合理性。因为通常情况下,被继承人指定的遗嘱执行人主要是其信赖之人,由遗嘱执行人管理遗产更符合被继承人的意愿,而且遗嘱执行人更了解被继承人的遗产状况,由其直接担任遗产管理人也更为便利,有利于遗产及时、有效地分配。

二、继承人推选遗产管理人

根据《民法典》第1145条的规定,没有遗嘱执行人的,继承人应当及时推选遗产管理人。这意味着遗嘱未指定遗嘱执行人,或指定的遗嘱执行人无法履行管理义务的,继承人应当及时推选遗产管理人。该规定主要考虑现实生活中可能存在被继承人生前没有立遗嘱,或者虽然立有遗嘱但并未指定遗嘱执行人,或者虽然指定了遗嘱执行人,但是因为遗嘱的无效或者遗嘱执行人丧失遗产管理能力或死亡等情形出现,导致遗嘱执行人无法履行管理遗产职责的。在没有遗嘱执行人或遗嘱执行人无法履行管理职责的情况下,立法规定可以由与被继承人具有亲情血缘联系的继承人推选遗产管理人,这既符合我国财产继承的常理,也便于继承人及时地处理遗产债权债务关系、进行遗产分割等善后事务。

继承人应当及时推选遗产管理人,该"推选"通常是指全体继承人共同推举出其中一名或者数名继承人为遗产管理人。[1] 至于继承人是否可以经过协商的方式推选继承人以外的第三人担任遗产管理人,我国立法并未明确规定。笔者认为,为便于遗产的及时、有效管理,可以由继承人协商推荐继承人以外的具有管理能力的第三人管理遗产。对于具体的推选规则,可以由继承人协商确定,或者按照少数服从多数的推选规则,也可以采取全体一致同意的推选方式。

另外,值得注意的是,《民法典》第1145条中规定的"继承人应当及时推选遗产管理人",是否理解为立法默许遗产管理程序为继承的必经程序。笔者认为,如以此理解,便赋予了继承人法定的遗产管理权利,这会让本已债务缠身或者试图挥霍遗产的继承人有了正当管理权。当该遗产为与在世父或母的共同房产或其他共有财产时,可能会侵犯在世父或母的继承权和财产所有权,还会使老年父母老无所依、老无所住。显然,这与我国民间坚守的"父母一方在世不分家财"的传统继承习惯与家庭伦理相违背,[2]与《民法典》倡导的"家庭应当树立优良家风、弘扬家庭美德"的核心价值观理念相冲突。域外诸多大陆法系国家遗产管理程序亦非继承的必经程序,而是在维护家庭伦理性与制度法律性相统一的前提下,有条件地赋予遗产管理程序的启动,如《德国民法典》规定,继承人或遗产债权人依据法定条件向遗产法院申请遗产管理的命令,以此启动遗产管理程序。[3] 因此,遗产管理程序并不是遗产处理的必经程序,可由享有继承权利的继承人根据继承需要自由选择是否适用遗产管理程序。[4]

三、继承人共同担任遗产管理人

根据《民法典》第1145条的规定,继承人未推选遗产管理人的,由继承人共同担任遗产管

---

[1] 参见黄薇主编:《中华人民共和国民法典继承编解读》,中国法制出版社2020年版,第113页。
[2] 我国有学者组织了近年来中国10个省、市民众财产继承观念与遗产处理习惯的实证调查,近九成地区的继承习惯都是父或母一方去世后,遗产房屋不立即分割,而由该被继承人的生存配偶继续居住,待其父或母去世后继承人才对此房进行遗产分割。参见陈苇:《中国遗产处理制度系统化构建研究》,中国人民公安大学出版社2019年版,第434页。
[3] 《德国民法典》第1981条至第1984条。
[4] 参见石婷:《〈民法典〉遗产管理制度释论:演绎逻辑与制度再构》,载《私法研究》2021年第1期。

理人。这表明,在没有遗嘱执行人的情况下,继承人又未推选出合适的遗产管理人,则由全体继承人共同担任遗产管理人。在现实生活中,有时难免存在继承人人数少而不愿推选遗产管理人,或者继承人无法推选出共同认可的遗产管理人等情况,因此,立法规定可以由全体继承人共同担任遗产管理人。由对遗产的实际状况和遗产债权债务等情况更为了解的继承人担任共同遗产管理人,可以保障遗产的公平、合理分割。全体继承人担任遗产管理人时,对遗产管理事务的决策权可以由全体继承人协商确定,按照多数原则决议或者全体共同同意原则决议。

四、民政部门或者村民委员会担任遗产管理人

根据《民法典》第1145条的规定,没有继承人或者继承人均放弃继承的,由被继承人生前住所地的民政部门或者村民委员会担任遗产管理人。这意味着被继承人死亡后如没有遗嘱执行人,而唯一继承人或全部继承人又均放弃继承的,承担遗产管理职责的是被继承人生前住所地的民政部门或村民委员会。民政部门或村民委员会担任遗产管理人的具体情形,主要依据被继承人生前住所地的不同而作出不同的选择。如果被继承人生前是城镇居民的,通常由民政部门担任遗产管理人;如果被继承人生前是农村集体所有制组织成员的,通常由村民委员会担任遗产管理人。民政部门或村民委员会担任遗产管理人主要是基于我国的特殊国情:村民委员会是兼具农村社区服务功能的基层组织,与农村居民的生活、生产以及日常事务办理联系最为紧密,最了解本村居民的家庭情况和财产关系等,由其担任农村居民无人继承遗产的遗产管理人,具有便利性和服众性;民政部门则是主管社会福利救助、救灾救济、优抚保障等民间社会事务的行政部门,与群众联系较紧密,比较了解辖区内居民的家庭情况,由其担任无人继承遗产的遗产管理人,具有权威性和普遍适用性。继承人下落不明时,在司法实践中通常可以参照没有继承人或继承人均放弃继承的情形,由被继承人生前住所地的民政部门或村民委员会担任遗产管理人。[1]

目前,我国立法并未规定居民委员会能担任无人继承遗产的遗产管理人。有学者指出,在城市中民政部门基于职能优势比居民委员会更能胜任遗产管理人的工作。[2] 但是笔者认为,在当前城镇化不断深入的背景下,可以赋予居民委员会管理无人继承遗产的资格,因为《民法典》第101条明确了居民委员会和村民委员会都具有基层群众性自治组织法人资格,增加居民委员会管理遗产的规定,不仅可以降低民政部门的工作负荷,而且可以推进城市无人继承遗产的管理效率。

五、法院指定遗产管理人

根据《民法典》第1146条的规定,对遗产管理人的确定有争议的,利害关系人可以向人民法院申请指定遗产管理人。这表明在遗产管理人的确定有争议的情形下,如遗嘱执行人不愿担任,或继承人无法推选出遗产管理人,或多人争当遗产管理人,或其他利害关系人对遗产管理人的确定有异议等,利害关系人可以申请人民法院指定遗产管理人。但是值得注意的是,遗产管理人的产生应遵循《民法典》第1145条规定的递进顺序,先由遗嘱执行人或继承人按照法律规定的顺序选任遗产管理人,只有在选任遗产管理人发生争议时,才可由利害关系人向法院申请指定遗产管理人。所谓利害关系人,是指与遗产有利害关系的当事人,一般包括遗嘱执行

---

[1] 参见最高人民法院民法典贯彻实施工作领导小组主编:《中华人民共和国民法典婚姻家庭编继承编理解与适用》,人民出版社2020年版,第620页。
[2] 参见杨立新:《我国继承制度的完善与规则适用》,载《中国法学》2020年第4期。

人、继承人、被继承人生前住所地的民政部门或者村民委员会,以及受遗赠人等与遗产有利害关系的人。继承开始后,利害关系人就遗产管理人的确定有异议,均可以请求人民法院指定遗产管理人,以实现遗产及时、公平、有序地分割和流转。

对于申请指定遗产管理人的管辖法院,根据《民事诉讼法》第34条第3项的规定,因继承遗产纠纷提起的诉讼,由被继承人死亡时住所地或者主要遗产所在地人民法院管辖。由该规定可知,确定遗产管理人的纠纷属于因继承遗产引发的纠纷,因此,申请指定遗产管理人的管辖法院,应是被继承人死亡时的住所地或者主要遗产所在地法院。

对于法院指定遗产管理人的范围,我国立法并未明确规定。但依据《民法典》第1145条规定的有关遗产管理人的选任范围,笔者认为,法院可以在遗嘱执行人、继承人、民政部门或者村民委员会中指定遗产管理人,而且司法实践中有些法院也是在此范围内指定遗产管理人。[1] 至于法院是否可以依据利害关系人的申请指定律师担任遗产管理人,立法并未明确,目前司法实务中存在不同的处理方式。[2]

对于法院指定遗产管理人的标准,我国立法并未规定遗产管理人是否应该具备民事行为能力,也未明确具体的指定要求。笔者认为,遗产管理涉及遗产清查、债权债务处理、遗产分割等繁杂事务,对遗产管理人的管理能力具有一定的挑战。能够独立实施民事法律活动的主体通常是完全民事行为能力人。因此,遗产管理人资格的基本要求必须是完全民事行为能力人。此外,法院在指定遗产管理人时,应该从有利于顺利推进遗产管理工作和化解继承纠纷的角度,最大化地体现出被继承人的生前意志,同时,结合遗产管理人自身的履职能力、信用度与公信力以及与被继承人的亲疏关系等确定遗产管理人,以充分维护继承人、受遗赠人、债权人及其他利害关系人的合法权益。[3]

第二节　遗产管理人的职责

遗产管理人的职责是遗产管理人制度的核心所在。在继承开始后至遗产分割前的时间内,会涉及遗产清点、遗产保管、遗产债务清偿等系列继承活动,遗产管理人的职责在此期间就显得尤为重要,其关涉遗产的安全和完整以及继承人和遗产债权人等主体权利的顺利实现。我国《民法典》第1147条规定:"遗产管理人应当履行下列职责:(一)清理遗产并制作遗产清

---

[1] 如《海南日报》2023年9月14日发文《海南省首例法院指定民政部门为遗产管理人》,该案中海口一男子去世后无继承人,债权人为了顺利实现其债权,向法院申请指定民政局担任该男子的遗产管理人,便于遗产管理人行使职责,清理遗产并处理债权债务,最终该申请获法院判决支持。参见《海南省首例法院指定民政部门为遗产管理人》,载人民网,http://hi.people.com.cn/n2/2023/0914/c231190-40569728.html。
[2] 如四川省成都市武侯区人民法院审理的一个案件,在继承人均放弃继承遗产的情况下,继承人和利害关系人申请指定律师事务所为遗产管理人,但是法院的判决是被继承人的遗产应该由其生前住所地的民政部门担任遗产管理人,申请人的申请不符合法律规定,不予支持[参见四川省成都市武侯区人民法院(2021)川0107民特142号]。但是浙江省天台县人民法院则根据当事人的申请,指定浙江众安律师事务所担任债务人李某某的遗产管理人[参见浙江省天台县人民法院(2019)浙1023破22号之二]。
[3] 有学者亦认为,遗产管理人除应当具备完全民事行为能力,还应当具有良好的人品和信誉,同时应该具有较高的组织协调能力和财产管理能力。参见刘国先:《公证视角下的遗产管理人制度》,载《中国公证》2020年第12期。

单;(二)向继承人报告遗产情况;(三)采取必要措施防止遗产毁损、灭失;(四)处理被继承人的债权债务;(五)按照遗嘱或者依照法律规定分割遗产;(六)实施与管理遗产有关的其他必要行为。"根据该条规定,遗产管理人的职责主要包括以下方面。

一、清理遗产并制作遗产清单

继承开始后,遗产管理人要管理遗产,必须确定遗产的范围,因此,遗产管理人的首要职责就是清理遗产并制作遗产清单。

清理遗产,是指遗产管理人对被继承人的财产范围进行清查的行为。遗产管理人清理遗产需要清点、核查被继承人生前遗留的所有遗产,其中,既包括积极遗产,如房产、存款、汽车等;也包括消极遗产,如遗产债务、依法缴纳的税款等。遗产管理人在清理遗产时,应该清点、核查遗产,如向占有遗产的继承人、利害关系人了解情况并要求其转交遗产,查询并确认被继承人的银行存款情况,明确被继承人投资公司的财务状况等,其他相关主体应当予以配合,确保遗产管理人能够依法履行职责。在清理遗产的过程中,遗产管理人应当注意将遗产与家庭共有财产区别开来,将遗产与夫妻共同财产区别开来,将遗产与其他共同共有财产区别开来,如合伙共有财产等。

制作遗产清单,是指遗产管理人在清查和确认所有遗产的范围后,在此基础上制作完整、详细的遗产清单并列明遗产的具体形式及价值等行为。清理并查验被继承人的财产状况后,遗产管理人在此基础上应当制作清晰完整的书面遗产清单,详细列明被继承人遗留的所有财产情况、债权债务情况等。对于遗产清单的制作时间与制作要求,我国立法未作规定,但在司法实践中通常要求在清点遗产后应尽快制作遗产清单,而且制作遗产清单时应有两名以上的见证人在场见证并签名。[1]

二、向继承人报告遗产情况

遗产管理人在管理遗产的过程中,为了保障继承人及时知晓遗产的管理状况以及确保其继承权益不受侵犯,必须向继承人及时报告遗产情况。

对于报告的主体范围,遗产管理人应当向全体继承人报告,其中既包括遗嘱继承人,也包括法定继承人,但是已经明确表示放弃继承的继承人,可以不向其报告遗产情况。至于遗产管理人是否应该向与遗产继承权利有密切关系的受遗赠人、遗产债权人等利害关系人报告遗产情况。《民法典》第1147条第2项并未规定遗产管理人必须向债权人、受遗赠人报告遗产情况,因此,在遗产管理的过程中遗产管理人的法定报告对象仅限于继承人,而不包括受遗赠人和遗产债权人。

对于报告的形式,通常而言,遗产管理人报告遗产情况应当采用书面形式。因为根据《民法典》第1147条第1项的规定,遗产管理人有制作遗产清单的责任,遗产清单主要是以书面形式固定和表现的,因此在制作完毕遗产清单后,遗产管理人应当以书面形式向继承人报告遗产情况。但是,考虑遗产管理过程的复杂性以及继承人了解遗产状况的及时性,笔者认为,遗产管理人在管理遗产的整个过程中,基于继承人的要求,除书面形式外,也可以通过口头方式辅助报告遗产管理的情况。

对于报告的内容,遗产管理人应当向继承人全方位地报告遗产的所有情况,其中既包括遗

---

[1] 我国遗产清单制度尚存在需要完善之处,对于具体的学理建议,参见陈苇、刘宇娇:《中国民法典继承编之遗产清单制度系统化构建研究》,载《现代法学》2019年第5期。

产的具体范围和价值,即遗产包含的内容、具体表现形式、类型以及市场价值等;也应该包括遗产的具体现状,即遗产的占有者是谁、遗产是否需要采取特别的保管或处理措施、遗产的折旧程度情况等。

三、采取必要措施防止遗产毁损、灭失

采取必要措施防止遗产毁损、灭失,是遗产管理人管理遗产的重要职责体现。为了妥善地管理遗产,遗产管理人应当根据遗产的不同种类、性质和用途等,采取合理的管理和处分措施,以防止遗产毁损、灭失[1]。通常而言,在与继承人商议的情况下,遗产管理人可以对遗产采取必要的措施进行改良和利用,该限度应以不改变遗产的所有权性质以及最大化保留其价值为限,大体可有如下几类。

其一,将不宜长期保存的遗产及时出售。遗产管理人在管理遗产的过程中,发现遗产属于易于毁损、灭失或长期保存将消耗其价值的,如容易腐烂、不宜长期保存的水果、食物等,可以进行及时的变卖处理以保存其价值。

其二,为了防止遗产价值损毁而进行修理维护。如遗产管理人可以对年久失修的破旧房屋、家用电器、汽车等进行必要的维修和护理,防止遗产毁损、灭失的风险扩大。

其三,及时处理可能遭受侵害的遗产。对于遗产可能遭受外来侵害而减损其价值的,可以采取必要的措施以确保遗产不遭受非法侵害,如将可能遭受他人窃取或不正当占有的动产及时收回或者出售。另外,如果遗产是股票或者基金,遗产管理人可否在股市动荡期将其出售以防止贬值,通常认为,在没有全体继承人同意的情况下,遗产管理人对此类遗产不宜有太大处分权,只要确保遗产处于正常状态,不至于毁损、灭失即可。

其四,继续被继承人生前的营业行为。遗产管理人在管理过程中,有必要继续进行死者生前的相关营业行为,如收取出租房屋的房租、收取合伙经营的收益以及参与支付该经营中的工资等。

四、处理被继承人的债权债务

遗产不仅包括被继承人遗留的动产和不动产等积极财产,还包括遗产债务此种类型的消极财产。为平等地保护继承人及遗产债权人的合法权益,遗产管理人的重要职责之一,就是处理被继承人的债权债务。

其一,遗产管理人向遗产债务人主张债权。遗产管理人在清理遗产的过程中,发现被继承人生前存有债权的,应当及时、依法向遗产债务人主张债权。对于偿还的方式,遗产管理人可以采取直接请求遗产债务人偿还,也可以采取诉讼的方式依法请求遗产债务人偿还。

其二,遗产管理人向遗产债权人清偿债务。在分割遗产之前,遗产管理人如果发现被继承人生前负有债务的,应当及时以遗产偿还此债务。

对于遗产管理人处理债权债务的时限要求,以及是否应该优先通知债权债务人申报,我国立法暂无相应的规定。大陆法系国家在遗产管理规则中,大多确立有公示催告遗产债权债务人申报债权债务的配套规定,如《德国民法典》第1970条至第1974条、《瑞士民法典》第582条和第590条详细规定了遗产债权债务公示催告的流程。有学者认为,遗产债权债务公示催告程序有利于保护继承人、遗产债权人、受遗赠人等利害关系人的合法权益,应该增加遗产管理

---

[1] 参见黄薇主编:《中华人民共和国民法典继承编解读》,中国法制出版社2020年版,第120页。

人对债权债务公示催告的职责。[1]

五、按照遗嘱或者依照法律规定分割遗产

按照遗嘱或者依照法律规定分割遗产,是指在清偿完遗产债务后还有剩余遗产的,应当依据遗嘱或法律规定在各继承人之间进行分配。除有遗赠扶养协议的外,遗产管理人分割遗产的首要依据是遗嘱,没有遗嘱的,则按照法定继承进行办理。

其一,依据遗嘱分割遗产。被继承人生前留有遗嘱的,遗产管理人应该按照遗嘱的指示分割遗产,如遗嘱明确将遗产按照不同的份额指定给不同的继承人的,遗产管理人应当按照遗嘱指定将该遗产分配给特定的继承人;如遗嘱明确将遗产赠与特定的组织或个人的,遗产管理人应当遵从遗嘱要求将该遗产交由指定的受遗赠个人或组织,而不得擅自变更遗嘱处理遗产的规定。

其二,依据法律规定分割遗产。如果被继承人生前未留有遗嘱或遗嘱未指定遗产处理的,遗产管理人应该按照法定继承规则中继承人的范围、顺序、分配原则以及遗产必留份等分配剩余的遗产。值得注意的是,根据《民法典》第1123条的规定,如果被继承人生前签订有遗赠扶养协议,遗产管理人应优先按照遗赠扶养协议的约定处理遗产。

六、实施与管理遗产有关的其他必要行为

实施与管理遗产有关的其他必要行为,是指遗产管理人为遗产的保值、增值,或为清偿债务等所为的事实行为或法律行为。[2] 该规定是遗产管理人职责的兜底规定,为确保遗产得到妥善有效的管理,该"其他必要行为"包含为清查、保护、管理遗产以及排除妨碍等进行的一切必要的处置行为。同时,依据《民法典》第1133条第4款的规定,"自然人可以依法设立遗嘱信托",该规定中的遗嘱信托管理亦应属于"其他必要行为"的职责类型。

但"其他必要行为",是否包含遗产管理人以诉讼主体身份起诉应诉,我国立法并未给予明确解释。有学者认为,遗产管理人以自己的名义起诉应诉属于《民法典》第1147条规定的"其他必要行为",该行为是实体处分权能和程序诉讼担当权能的综合体现。[3] 然而,该扩大性解释并不能作为法律依据。而且按照诉讼担当论,在继承人均放弃继承时,"遗产"本身不足以承担被担当人资格,在我国立法未采用"遗产法人说"的情况下,诉讼担当论难以成立。[4] 因此,为了使遗产管理人更好地履行职责,立法应该进一步明确和完善遗产管理人职责的规定。[5]

---

[1] 参见吴国平:《民法典遗产管理人制度的规则适用与立法完善》,载《法治现代化研究》2022年第2期。
[2] 参见陈苇主编:《婚姻家庭继承法学》(第3版),高等教育出版社2022年版,第301页。
[3] 参见王葆莳、吴云焜:《〈民法典〉遗产管理人制度适用问题研究》,载《财经法学》2020年第6期。
[4] 参见陈杭平:《论债务人的继承人放弃继承之程序进行》,载《现代法学》2020年第2期。
[5] 值得注意的是,根据最高人民法院的答疑,认为遗产管理人及受托人在收集遗产过程中遇到障碍,无法及时收集并有效管理遗产时,有权以自己名义对相关民事主体提起民事诉讼以保证遗产安全。但遗产管理人享有相对独立的诉权,这种诉权的行使应当被限定于遗产管理人的职责履行范围之内;与履行遗产管理职责无关的诉讼主张,不应得到支持。在法律、司法解释未明确遗产管理人的独立诉权之前,有必要对"遗产管理人在民事诉讼中的独立主体地位"持审慎态度,避免给大量继承诉讼带来实操层面的困难。在司法实践中,不同的案件还需结合案件事实情况后再分析适用。

第三节　遗产管理人的权利

《民法典》第1149条规定："遗产管理人可以依照法律规定或者按照约定获得报酬。"这表明,遗产管理人在管理遗产过程中付出了相应的劳动和时间,其有权利获得一定的报酬,该立法规定不仅是对遗产管理劳动价值的承认,也符合权利与义务相一致的原则,能促使遗产管理人积极、妥善地管理遗产事务。[1]《民法典》虽然规定了遗产管理人有权获得报酬,但并未对其进行细化规定。笔者认为,对于遗产管理人报酬权的具体适用,可以从以下方面予以展开。

一、遗产管理人报酬权的权利来源

根据《民法典》第1149条的规定,遗产管理人报酬权的权利来源分为两种:一是依法律规定,如依据《民法典》第1146条的规定,利害关系人申请法院指定遗产管理人的,法院在指定遗产管理人的同时可以酌情确定遗产管理人的报酬。二是按照约定获得报酬。在遗产管理过程中,遗产权利人之间可以约定遗产管理人获得报酬,遗产管理人经此获得报酬的权利。如果经过遗产管理人本人同意,遗产权利人也可以约定遗产管理人不收取遗产管理报酬。

二、遗产管理人报酬的支付标准

对于遗产管理人报酬的支付标准,如果当事人有约定的,可以按照当事人的约定;如果没有约定的,可以通过以下因素确定遗产管理人报酬的支付标准:其一,参照遗产的标的额以及遗产管理工作的复杂性,按照一定比例确定遗产管理人的报酬;其二,参照遗产管理人的实际工作贡献以及承担的风险和责任确定遗产管理人的报酬;其三,参照遗产管理案件所在地的物价水平、劳务市场价值以及居民可支配收入确定遗产管理人的报酬。当然,在遗产管理过程中,遗产管理人的报酬标准也可以根据当事人的约定、具体管理情况以及遗产管理人的履职情况进行相应调整。[2]

三、遗产管理人报酬权的适用主体

根据《民法典》第1145条的规定,有关遗产管理人的产生方式不同,遗嘱执行人、继承人推选的人、继承人或者民政部门、村民委员会担任遗产管理人时,其获得报酬的方式也可能存在一定的差别。

其一,遗嘱执行人担任遗产管理人的报酬权利。遗嘱执行人,是被继承人生前在遗嘱中指定由其执行遗嘱并对遗产进行管理的主体。基于尊重遗产权利人意思自治原则,遗嘱执行人必须按照遗嘱的指示进行必要的遗产管理行为,如果遗嘱中约定有遗嘱执行人管理遗产的具体报酬份额,应该按照此方式发放报酬。如果遗嘱对于遗嘱执行人的标准没有约定的,经过全体继承人和受遗赠人的协商同意,也可以重新约定遗产管理人的报酬。

其二,继承人推选的人担任遗产管理人的报酬权利。如没有遗嘱执行人,继承人推选的遗产管理人是否享有报酬权利,可以依据遗产管理人和继承人之间的协议进行确定。协议约定

---

[1] 参见石婷:《遗产管理制度研究》,群众出版社2016年版,第227页。
[2] 参见最高人民法院民法典贯彻工作领导小组主编:《中华人民共和国民法典婚姻家庭编继承编理解与适用》,人民出版社2020年版,第642页。

遗产管理人有报酬的,可以按照约定确定报酬份额。如没有约定的,遗产管理人可否请求其他继承人给予报酬,我国立法对此没有明确规定。笔者认为,我国《民法典》为了保障遗产管理人的权利明确其享有报酬权利,因此,根据权利义务相一致原则,遗产管理人可以享有报酬请求权。

其三,继承人共同担任遗产管理人的报酬权利。在继承人共同担任遗产管理人的情形下,遗产管理人进行的遗产管理事务,其实质就是为促成其及时、有效地获得遗产继承利益,该行为是继承人为自己的利益而为。因此,针对此种情形,遗产管理人原则上不需要支付报酬,但继承人之间另有约定的除外。

其四,民政部门、村民委员会担任遗产管理人的报酬权利。民政部门和村民委员会是国家为了社会治理而设立的社会组织,其进行的遗产管理行为是在行使其本职的行政职权。根据《民法典》第1160条的规定,无人继承又无人受遗赠的遗产,最终将归国家所有,用于公益事业,如果死者生前是集体所有制组织成员的,则归所在集体所有制组织所有。因此,民政部门、村民委员会担任遗产管理人时,其原则上不享有报酬权利。

其五,法院指定的遗产管理人的报酬权利。根据《民法典》第1146条的规定,法院依据遗产利害关系人的申请可以指定遗产管理人,但被指定的遗产管理人是否享有报酬,立法并未明确。通常情况下可以依据《民法典》第1149条的规定,肯认被指定的遗产管理人的报酬权,并按照遗产管理的具体情况酌情确定遗产管理人的报酬。当然,被指定的遗产管理人的报酬,也可以经过全体继承人和受遗赠人的商议确定。

第四节　遗产管理人的损害赔偿责任

遗产管理人的损害赔偿责任,是指遗产管理人在履行法定管理职责时,因故意或者重大过失造成继承人、受遗赠人、债权人损害的,应当依法承担不利的法律后果。《民法典》第1148条规定:"遗产管理人应当依法履行职责,因故意或者重大过失造成继承人、受遗赠人、债权人损害的,应当承担民事责任。"从此条规定可知,遗产管理人在管理遗产的过程中,应当依法忠实、勤勉地履行管理职责。如果未依法履职,因故意或者重大过失造成继承人、受遗赠人、债权人损害的,应当承担民事责任。参照民事损害赔偿责任的规定,遗产管理人的损害赔偿责任的构成要件和具体表现形式如下。

一、遗产管理人承担损害赔偿责任的构成要件

第一,遗产管理人在客观上实施了不当的遗产管理行为。根据《民法典》第1148条的规定,遗产管理人应当依法履行职责,如果实施了违背遗产管理职责的不当行为,则可能承担损害赔偿责任。进言之,遗产管理人承担损害赔偿责任的构成要件之一是在客观上实施了不当的遗产管理行为。对于何为不当行为,我国立法未明确规定,通常而言,主要是指遗产管理人实施了违反法律规定或公序良俗的行为,如未尽到妥善保管义务造成遗产毁损、故意侵占或转移遗产、未按法定顺序分配遗产、未为胎儿以及相关权利主体保留必要继承份额等。另外,该不当的管理行为必须是在实施遗产管理过程中给继承人、受遗赠人、债权人造成了损害。如果遗产管理人造成了遗产利害关系人利益的损失，并不是实施不当遗产管理行为导致，而是管理行为以外的其他原因引起，则不依据此条承担民事责任，而是根据侵权责任编或者其他法律的规定承担责任。

第二，遗产管理人在主观上有故意或者重大过失。遗产管理人在主观上有故意或者重大过失，是其承担损害赔偿责任的主观构成要件。这表明，遗产管理人实施了不当的遗产管理行为必须存在故意或重大过失，如果是因为一般过失或者意外事件导致遗产利害关系人利益受损的，则遗产管理人不承担损害赔偿责任。所谓故意，是指遗产管理人明知其管理行为不当且会侵害他人权益，仍故意为之，如故意不给胎儿留继承份额、故意不按照法定清偿顺序清偿遗产债务等。所谓重大过失，是指遗产管理人虽然不是故意进行不当的遗产管理行为，但是其对该不当管理行为的发生存在重大的过错，如在清查遗产过程中未能尽谨慎注意义务，导致遗漏了遗产管理人的重要遗产。[1]

第三，遗产管理人的不当管理行为给继承人、受遗赠人、债权人造成了损害。遗产管理人承担损害赔偿责任的重要构成要件之一就是遗产管理人的不当管理行为侵害了继承人、受遗赠人、债权人的利益，进而产生了损害后果。该损害后果必须是客观发生的，如果仅仅是存在可能损害的风险，则不适用于损害赔偿责任的规定。而且遗产管理人的不当管理行为必须使继承人、受遗赠人、债权人的权益遭受损害，才依据该条规定来承担民事责任，如果是其他主体利益遭受损害，则不适用该条的规定。

二、遗产管理人承担损害赔偿责任的具体形式

遗产管理人对继承人、受遗赠人、债权人造成损害的，依据民法侵权的相关规定，其承担损害赔偿责任的形式主要有以下几种。

第一，返还财产。在遗产管理过程中，如遗产管理人非法转移、侵占或不当处分遗产，应将被侵占的财产返还给继承人、受遗赠人或用于清偿债务。如遗产管理人已收取报酬但未尽到管理职责，对遗产利害关系人造成损害的，除承担损害赔偿责任外，继承人还可要求其返还全部或部分报酬。

第二，恢复原状。遗产管理人由于自己的原因造成遗产毁损的，可以通过修理、重作、更换等方式弥补自己的过错，减少对继承人、受遗赠人和债权人等利害关系人的损害。如遗产是房屋，因保管不善造成破损的，可以通过修缮进行恢复。

第三，损害赔偿。遗产管理人因故意或者重大过失未尽法定职责，给继承人、受遗赠人或债权人造成损害的，应当进行损害赔偿，损害赔偿数额应大体相当于继承人、受遗赠人或债权人遭受的损害数额。如果共同侵权的，应由共同侵权人共同承担赔偿责任，如遗产管理人和部分继承人串通，隐匿、转移或变卖遗产，损害其他继承人和遗产债权人利益的，受损害的继承人和债权人有权要求遗产管理人和部分继承人共同承担侵权赔偿责任。如果是遗产管理人和继承人串通，损害债权人利益的，债权人有权要求遗产管理人和继承人共同承担赔偿责任。

---

[1] 参见杨立新：《论遗产管理人失职损害赔偿责任》，载《湖湘法学评论》2023年第3期。

第三章 遗产债务清偿

遗产债务清偿,是指根据法律规定或约定由接受遗产的人对被继承人债务进行清偿的行为。遗产的范围既包括财产权利又包括财产义务,根据现代继承法有关继承遗产与清偿债务相统一的理念,接受遗产的人继承的是财产权利和财产义务的统一体,其不能只接受财产权利,而不承担财产义务。因此,被继承人死亡后,其生前无法偿还的债务,由继承人或受遗赠人在接受遗产的实际价值范围内负责清偿。遗产债务清偿规则的设立,旨在规范遗产债务的有序清偿,保障遗产债权的顺利实现,体现了对继承人以及遗产债务人利益的平等保护,具有定分止争的功能。

本章阐述的主要内容有两个方面:一是遗产债务的类型;二是遗产债务的清偿顺序。

第一节 遗产债务的类型

关于遗产债务的类型,我国立法并未进行具体的划分,学者观点各异[1]。但通常依据遗产债务的发生时间和性质划分,分为广义和狭义两种类型。广义的遗产债务是指被继承人死亡前遗留的个人债务以及继承开始后需要用遗产予以负担的继承费用、必留份与遗赠等遗产之债。广义上的遗产债务主要有3种类型:一是被继承人生前所欠的个人债务;二是继承费用;三是继承开始时产生的债务。狭义的遗产债务是指被继承人生前欠下的用于其个人生产、生活所需或依法由其个人承担的债务。我国《民法典》第1162条、第1163条将遗产债务与遗赠并列规定,在解释上应认定我国《民法典》中的遗产债务采狭义的遗产债务概念[2]。但是本节主要探讨广义上的遗产债务。

一、被继承人生前所欠的个人债务

被继承人生前所欠的个人债务为继承开始前产生的债务,包括被继承人生前所欠的税款及其他为满足个人需要所欠的个人债务。为满足被继承人个人需要所欠的个人债务,是指与家庭共同生活需要或增加家庭共有财产、偿还家庭共同债务无关,仅仅是基于个人需要而产生的债务。被继承人生前所欠债务往往由两部分构成:以被继承人名义发生的,由其个人承担的债务;在共同债务中,由被继承人个人承担的债务。判断债务的性质是否为被继承人的个人债

---

[1] 如有学者认为,继承开始是区分被继承人债务和继承人债务的分界点,只有被继承人生前所欠的债务才为遗产债务,继承开始后所欠下的与遗产有关的债务(遗产管理费用、遗产继承费用)都是非遗产债务。参见郭明瑞、房绍坤:《婚姻家庭继承法》(第7版),中国人民大学出版社2021年版,第240页。

[2] 参见肖峰、刘耀东:《中华人民共和国民法典继承编条文释义与疑难适用》,人民法院出版社2022年版,第337页。

务,关键应看负债的原因或该债款的用途,而不能只看以谁的名义负债。因为被继承人以个人名义欠下的债务并非全部为遗产债务,还要注意区分被继承人个人债务与夫妻或者家庭共同债务。如果是为夫妻或者家庭共同生活需要、为增加夫妻或者家庭共同财产、为偿还夫妻或者家庭共同的债务等所欠的债务,无论是以谁的名义欠下的,都是夫妻或者家庭共同债务,应当先用夫妻共有财产或者家庭共同财产偿还。

此外,在现实生活中,有些债务虽在名义上、形式上是被继承人债务,但是不能机械地认定为被继承人的个人债务。如由于继承人不尽扶养、抚养、赡养义务,使被继承人迫于生活需要而欠债的,此部分债务就不属于被继承人生前遗留的债务。

二、继承费用

继承费用,是指在被继承人死亡后,因料理其后事、处理与继承相关的事务而产生的费用。通常包括下列类型。

第一,遗产管理费用。在遗产管理过程中为管理和保存遗产所产生的费用,如遗产清查以及制作遗产清单的费用、处理以及保管遗产所产生的额外费用、因管理遗产需要所为的起诉应诉费用等,均属于遗产管理费用,应该用遗产进行清偿。

第二,遗嘱执行费用。遗嘱执行人依据遗嘱的指示,在遗嘱执行过程中产生的费用,如遗嘱告知费用,依据遗嘱处分和管理遗产的费用,以及遗嘱中指定执行人的报酬等,都属于遗嘱执行费用的范畴,应该用遗产进行清偿。

第三,遗产分割费用。在遗产分割过程中,用于有效分割遗产而产生的相关费用,如将不动产分配给继承人过程中产生的运输、搬运费用等,应该用遗产进行清偿。

第四,丧葬费用。对于丧葬费用是否属于遗产债务,学者有不同的见解,笔者认为,丧葬费用是因安葬被继承人而产生的费用,如被继承人生前有法定继承人的,根据权利义务相一致原则,参照我国民间习俗,应该由法定继承人承担相应的偿还责任。如果没有法定继承人的,则丧葬费用属于遗产债务,应该用遗产予以清偿。[1]

三、继承开始时产生的债务

继承开始时产生的债务主要包括酌给遗产之债、必留份之债和遗赠之债等遗产负担。

1. 酌给遗产之债。在继承开始后,对被继承人尽了主要扶养义务或者与被继承人共同生活的人,依法分给其适当的遗产。对被继承人以外依靠被继承人扶养的人,或者继承人以外的对被继承人扶养较多的人,可以分给适当遗产,使遗产在被继承人死亡后继续发挥扶养功能。

2. 必留份之债。必留份是指遗嘱人在立遗嘱时,必须依法为一定范围的法定继承人保留一定的遗产份额。必留份的设立体现了家庭本位的选择,其宗旨在于保障被继承人的近亲属的权益,发挥遗产的扶养功能,实现家庭养老育幼的职能。一般而言,享有必留份的法定继承人都是需要被继承人扶养的人或者扶养过被继承人的法定继承人,如被继承人的配偶、子女、未出生的胎儿等。

3. 遗赠之债。遗赠自被继承人死亡时生效,因此,遗赠之债属于继承开始时产生的债务。遗赠包括被继承人以遗嘱指定给予某人某项积极财产,或免除某些债务。遗赠具有无偿的性

---

[1] 值得注意的是,《民法典继承编(草案)》(2018年4月征求意见稿)第40条首次规定了"遗产分割前,应当支付丧葬费、遗产管理费、清偿被继承人的债务、缴纳所欠税款"。但最终稿之《民法典》第1159条删除了"丧葬费从遗产中支付"的规定。

质,是被继承人对受遗赠人无偿的财产给予。其与被继承人生前所欠债务不同,无论是在概括继承还是限定继承中给付遗赠都仅以遗产为限。换言之,遗赠是遗产所负的债务,继承人不以自己的固有财产进行清偿。

第二节 遗产债务的清偿顺序

我国《民法典》第1161条只是原则性地规定了遗产债务的清偿,并未具体规定遗产债务的清偿顺序。在学界,对于遗产债务的清偿顺序,学者存在不同的见解。[1] 笔者认为,根据我国《民法典》第1159条和第1161条的规定,以及结合其他法律的相关规定,遗产债务清偿顺序应当坚持以遗产实际价值为限清偿遗产债务、清偿债务优于执行遗赠、优先保留必留份的基本规则。对于不同类型的具体遗产清偿顺序,需要综合考虑遗产债务的性质、立法目的以及衡量不同利害关系人的利益等因素,进而确定遗产债务的清偿顺序。

一、遗产债务清偿顺序的基本规则

(一)以遗产实际价值为限清偿遗产债务

《民法典》第1161条第1款规定,"继承人以所得遗产实际价值为限清偿被继承人依法应当缴纳的税款和债务。超过遗产实际价值部分,继承人自愿偿还的不在此限"。由此可知,我国采用的是无条件限定继承原则,即继承人在接受继承后,对于被继承人生前依法应当缴纳的税款和个人债务,继承人仅仅在遗产的实际价值范围内承担清偿义务,超过遗产实际价值的部分,继承人不负清偿责任。遗产实际价值,是指被继承人死亡时遗产的实际价值,而非遭受侵害或损坏后遗产分割时的实际价值。以遗产实际价值为限清偿遗产债务的规定是民法公平原则在继承法中的具体体现,彰显了对继承人和遗产债权人利益的平等保护。

(二)法定继承人优先清偿遗产债务

《民法典》第1163条规定,"既有法定继承又有遗嘱继承、遗赠的,由法定继承人清偿被继承人依法应当缴纳的税款和债务;超过法定继承遗产实际价值部分,由遗嘱继承人和受遗赠人按比例以所得遗产清偿"。由此可知,在法定继承、遗嘱继承以及遗赠多种法律继承方式并存的情况下,应该首先由法定继承人在遗产实际价值范围内用其所得遗产清偿被继承人的债务,只有在法定继承人的继承份额不足以清偿遗产债务时,才由遗嘱继承人和受遗赠人按比例以所得遗产清偿债务。因为法定继承人并非基于被继承人的意思表示取得遗产,而是基于其与被继承人的特定身份关系以及法律的规定而获得遗产继承权,故应由其优先承担清偿被继承人债务的责任。该规定既保护了遗产债权人的利益,又贯彻了民法意思自治的原则,充分保障了被继承人的遗嘱自由和财产自由处分权利。

(三)清偿债务优先于执行遗赠

《民法典》第1162条规定,"执行遗赠不得妨碍清偿遗赠人依法应当缴纳的税款和债务"。

---

[1] 关于我国遗产债务清偿的顺序,我国学界有不同的观点,主要有"三顺序说""四顺序说""五顺序说""六顺序说""八顺序说""十顺序说",参见陈苇:《我国遗产债务清偿顺序的立法构建》,载《法学》2012年第8期。

由此可知,尽管被继承人有权自由处分自身财产,可以选择将财产遗赠给继承人,但遗赠不能影响其债务的偿还和税款的缴纳,不得损害债权人权益。在处理遗产时,应当首先清偿被继承人的债务,清偿债务后有剩余的遗产,才可以执行遗赠。这是因为,遗赠实际上是被继承人在其遗产上设立的死后债务,其效力应后位于被继承人的生前债务。该立法规定可以防止遗赠人通过遗赠的形式转移财产或者逃避对债权人的债务,能有效保护遗产债权人的合法权益,维护经济交易安全。[1]

（四）优先保留必留份

《民法典》第1159条规定,"分割遗产,应当清偿被继承人依法应当缴纳的税款和债务;但是,应当为缺乏劳动能力又没有生活来源的继承人保留必要的遗产"。同时《民法典》第1130条第2款规定,"在法定继承的遗产分配中,应当对生活有困难又缺乏劳动能力的继承人予以照顾";第1141条规定,"在遗嘱继承中,明确遗嘱应当为缺乏劳动能力又没有生活来源的继承人保留必要的遗产份额"。由上述立法规定可知,继承人中有缺乏劳动能力又没有生活来源的人,即使遗产不足清偿债务,也应为其保留适当遗产,以满足其基本生活需要,然后再清偿债务。[2] 这表明,虽然遗产债权人的利益受法律的保护,但是立法更侧重于实现人的基本生存权以及对弱势群体基本生活的保障,这不仅体现了立法积极发挥遗产的养老育幼功能,更是法律对人权最基本保护的彰显。

二、遗产债务清偿的具体顺序

我国《民法典》缺乏对不同类型遗产债务清偿顺序的规定,笔者认为,遗产债务清偿顺序与继承中各利害关系人的利益密切相关,在综合考虑遗产债务的性质、立法目的等基础上,根据我国《民法典》继承编的规定,以及结合《企业破产法》第109条及第113条的规定,可以采取如下清偿顺序。

（一）继承费用

继承费用,是在遗产继承中支出的相关费用或成本,如遗产管理费用、死亡宣告费用、公示催告费用、遗产清算费用、遗嘱执行费用、诉讼费用等。继承费用的功能在于保障遗产的顺利分配,是遗产本身的消耗,在性质上属于共益费用。[3] 因此,为顺利、有效地处理继承事宜,将其置于优先清偿顺位较为合理。

（二）为维持生存所需的特定遗产之债

为维持生存所需的特定遗产之债,主要包含必留份之债以及被继承人在生前从事经营活动中所欠的职工工资、生活费等债务。此类债务主要是为了维护特定人员的生活和生存,根据我国《宪法》的规定,生存权是最基本的人权,法律应该予以优先保障,而且由遗产承担必留份之债也符合被继承人的生前意愿。另外,从维护社会稳定角度看,此类债务多涉及社会弱势群体。[4] 因此,在遗产债务的清偿顺序中时,应当优先清偿具有保障弱势群体生存权功能的特定遗产之债。

---

[1] 另外,对于遗赠扶养协议的遗赠与普通的遗赠的清偿顺序及其理由,有学者作出了相应的学理建议,参见姜大伟:《我国遗产债务清偿顺序探析》,载《湖北社会科学》2012年第10期。

[2] 参见陈甦、谢鸿飞主编:《民法典评注·继承编》,中国法制出版社2020年版,第304页。

[3] 参见梁慧星:《中国民法典草案建议稿》,法律出版社2013年版。

[4] 参见王巍:《民法典编纂视阈下遗产债务清偿顺序制度的理论评析与路径重塑》,载《河北法学》2019年第3期。

（三）所欠税款

对于被继承人生前所欠税款如何清偿，我国《民法典》继承编并未作出具体规定。但是我国《税收征收管理法》第45条已经对其予以明确，即如果债权没有担保，欠缴的税款应当优先于其他债务清偿；如果债权有担保，则根据二者的产生时间决定清偿顺序。当欠缴税款的发生早于抵押权、质权、留置权的设立时，那么依然是税款优先受偿。当担保物权的设立先于税款的欠缴时，则享有担保的债权在较前顺序受偿。而且，税款代表的是国家利益，是政府财政来源的重要组成部分，如果将税收放在普通债务之后受偿，不仅与现行税收体制衔接不当，而且与生活中公民实际所得工资往往都已经被优先扣除税收的现实不契合。

（四）有物上担保的债权

有抵押权、质权和留置权等物上担保的债权优先于普通债权，这是由担保物权的优先效力所决定的。故为保障物权法与继承法的协调性，遗产债务清偿就应当优先满足有担保债权人的利益，使其先于普通债权受偿。当然，有物上担保的债权的债权人行使担保物权后，不足清偿的部分，仍应当与普通债权处于同一顺序受偿。换言之，按照物权先于债权的一般性原则，有担保的债权按担保物价值优先受偿。当担保物价值低于债权金额时，其超出部分算作普通债权。[1]

（五）普通债权

普通债务通常包括合同之债、不当得利之债、无因管理之债、侵权之债等。在清偿前述4类债权后，剩余遗产可以用来清偿普通债权。如果剩余遗产足以清偿全部的普通债权，则无须确定普通债权的顺序和比例；如果剩余遗产不足以清偿全部的普通债权，则各普通债权人应就剩余的遗产按其债权的比例平均受偿，这是债权平等性理念所决定的。

值得注意的是，普通债权人亦包括继承人，但是为了保护继承人的利益，继承人的债权不能因为其成为遗产的共同共有人而发生混同的后果。因为如果发生混同，无异于作为债权人的继承人用自己固有的财产清偿遗产债务。当然，如果继承人是被继承人的债务人，为保护其他债权人利益，继承人的债务也不因其成为遗产的共同共有人而发生混同。另外，对于债权人未申报的普通债权，继承人和遗产管理人在清偿遗产债务时并不知道其存在的，只能以清偿完上述债权后剩余的财产予以清偿。[2]

---

[1] 刘文：《继承法律制度研究》，中国政法大学出版社2016年版，第357页。
[2] 郭明瑞、房绍坤：《婚姻家庭继承法》（第7版），中国人民大学出版社2021年版，第243页。

第四章 遗产分割

遗产分割,是指继承开始后各遗产继承人以及其他遗产取得权人按照各自应得的遗产份额,分配遗产的法律行为。遗产分割的行为,通常发生在多数继承人共同继承的场合,以共同继承人的地位及应继份额的确定为前提,是遗产在各继承人以及其他遗产取得权人之间的实际分配。[1] 继承开始后,遗产通常会有一段时间处于共有状态,即共同继承人或者继承人与其他遗产取得权人共同享有遗产所有权。在遗产分割之前,存有遗产的人应当妥善保管遗产,任何人不得侵吞或者争抢。但是,遗产经过分割,遗产的共有关系即告结束,遗产上的权利义务分别归属于各继承人和遗产所有权人享有。

本章阐述的主要内容有4个方面:一是遗产分割的原则;二是遗产分割的效力;三是遗产分割前的转继承;四是应继份。

第一节 遗产分割的原则

遗产分割原则是遗产进行分割时的基本准则,对于保证遗产分割公平合理具有重要意义,直接关涉遗产继承人的切身利益。依据《民法典》继承编的规定和相关司法解释的精神,遗产分割应遵循以下原则。

一、尊重被继承人意愿原则

尊重被继承人意愿原则,是指在被继承人留有遗嘱时,遗嘱中对于遗产分割的方法已有指定或者已委托他人代为决定的,只要是遗嘱人真实的意思表示,并且不违反法律、社会公共利益和社会主义道德的,应当认定为有效,应当尊重被继承人的意愿,按遗嘱指定的方式进行分割。

二、遗产分割自由原则

遗产分割自由原则,是指各共同继承人在继承开始后可以随时行使遗产分割请求权,任何继承人不得拒绝分割遗产,但有遗嘱指定或法律规定限制的除外。所谓随时可以请求分割遗产,是指继承开始后,任何一个继承人不论什么时候,也无论什么原因都可以请求分割遗产,其他继承人不得拒绝,负有协助分割的义务。遗产共有只是一种暂时性的共有关系,以遗产分割为终局目的和结果。遗产分割请求权从性质上说属于形成权,继承人可以随时行使,不因时效而消灭。

---

[1] 参见马俊驹、余延满:《民法原论》(下册),法律出版社1998年版,第974页。

三、均等原则和适当照顾原则

均等原则和适当照顾原则,是指在法定继承时遗产分割应当依法均等或者在必要情况下予以适当照顾。[1]《民法典》第1130条第1款规定:"同一顺序继承人继承遗产的份额,一般应当均等。"该规定是指各继承人条件大致相同的情况下均等分割遗产,特殊情况下可以不均等。依据该条第2款至第5款的规定,不均等分割遗产的情形主要有:(1)对生活有特殊困难又缺乏劳动能力的继承人,分配遗产时,应当予以照顾;(2)对被继承人尽了主要扶养义务或者与被继承人共同生活的继承人,分配遗产时,可以多分;(3)有扶养能力和有扶养条件的继承人,不尽扶养义务的,分配遗产时,应当不分或者少分;(4)继承人协商同意的,也可以不均等。

另外,《民法典》第1131条规定:"对继承人以外的依靠被继承人扶养的人,或者继承人以外的对被继承人扶养较多的人,可以分给适当的遗产。"根据该规定,继承人以外的人请求分得适当遗产,只能为两类特定主体:一是依靠被继承人扶养的人,二是继承人以外的对被继承人扶养较多的人。所谓分给适当的遗产,依据《民法典继承编解释(一)》第20条的规定,是指按具体情况可以多于或者少于继承人。并且,依据《民法典继承编解释(一)》第43条的规定,人民法院对故意隐匿、侵吞或者争抢遗产的继承人,可以酌情减少其应继承的遗产。

四、保留胎儿的继承份额原则

保留胎儿的继承份额原则,是指继承人中有未出生胎儿的,无论其是否出生,分割遗产时应当为胎儿保留一定的遗产份额。《民法典》第1155条规定:"遗产分割时,应当保留胎儿的继承份额。胎儿娩出时是死体的,保留的份额按照法定继承办理。"《民法典继承编解释(一)》第31条规定:"应当为胎儿保留的遗产份额没有保留的,应从继承人所继承的遗产中扣回。为胎儿保留的遗产份额,如胎儿出生后死亡的,由其继承人继承;如胎儿娩出时是死体的,由被继承人的继承人继承。"换言之,对于遗产的分割,无论是依照遗嘱的指定分割或由当事人协商分割或由人民法院判决分割,都应当首先保留胎儿的继承份额。[2]

五、物尽其用原则

《民法典》第1156条规定:"遗产分割应当有利于生产和生活需要,不损害遗产的效用。不宜分割的遗产,可以采取折价、适当补偿或者共同共有等方法处理。"依据该规定,在分割遗产中的房屋、生产资料和特定职业所需要的财产时,应当从有利于生产和生活需要,物尽其用,兼顾各继承人的利益进行处理,不能损害遗产的效用。因此,在实际分割遗产时,宜将生产资料尽可能分配给有生产经营能力的继承人;对生活资料的分割,要考虑继承人的实际需要,首先分配给有特殊需要的继承人。

六、互谅互让、协商处理原则

《民法典》第1132条规定:"继承人应当本着互谅互让、和睦团结的精神,协商处理继承问

---

[1] 对于法定应继份,大陆法系各国或地区主要存在两种立法模式:一是均等份额主义,即同一顺序继承人继承遗产的份额,原则上应当均等;二是比例份额主义,即当配偶、父母与子女都固定为第一顺序继承人时,且没有按照亲系确定继承人时,应继份一般采均等份额主义。若配偶的继承顺序不固定,血亲继承人的继承顺序以亲系和亲等为依据。典型立法例如《日本民法典》第900条。
[2] 该规定的主要法理在于继承开始当时,已死亡或尚未出生者,即无继承人之资格,此谓之同时存在原则。如严格贯彻此原则,则于继承开始时尚未出生的胎儿,将不得为继承人,这既影响胎儿的利益,也违反被继承人之希望及继承制度的本旨。胎儿之于将来出生,乃可期待之当然事实,如果不予以特别保护,势将造成不合理之结果。参见陈棋炎、黄宗乐、郭振恭:《民法继承新论》(修订11版),台北,三民书局2019年版,第29页。

题。遗产分割的时间、办法和份额,由继承人协商确定。协商不成的,可以由人民调解委员会调解或者向人民法院提起诉讼。"这一原则是指继承人可以主动灵活地自行协商确定关于遗产分割的时间、方法和份额等操作性规则,在遗产分割的过程中贯彻此原则,有利于促进家庭和谐、社会稳定。

第二节 遗产分割的效力

遗产分割的效力,是指遗产分割后各继承人取得属于自己的财产权利,对其产生的法律约束力,主要包括遗产分割后遗产的归属效力以及各共同继承人相互间对遗产的担保责任。

一、遗产分割后的归属效力

遗产分割后,各继承人获得遗产的单独所有权利或其他权利。该继承人获得的单独权利是从遗产分割时开始,还是从继承开始时开始,就是遗产分割后的归属效力问题。[1] 目前,域外继承法对此效力的认定主要有两种立法主义。

1. 转移主义,又称不溯及主义。转移主义主张遗产自分割时起发生归属和转移的效力。古罗马法认为,遗产分割的效力为归属的转移,即将分割看作一种交换,各继承人因分割而互相让与各自的应有部分,从而取得分配于自己财产的单独所有权。德国、瑞士、葡萄牙、西班牙等国采取转移主义。例如,依据《德国民法典》第2042条的规定,遗产分割适用普通共同共有财产分割规则,明确了遗产分割适用的是转移主义。

2. 宣告主义,又称溯及主义。宣告主义主张遗产分割溯及继承开始时发生效力,继承人不是从遗产处取得权利,而是直接从被继承人处取得权利。因为在遗产分割前,各继承人对遗产所享有的应继份额已经确定,只有在遗产分割后,各继承人对其应继份额的潜在的所有权才转化为现实的所有权。法国、日本、意大利和荷兰等国采取宣告主义。[2] 如《日本民法典》第909条规定:"遗产分割溯及于继承开始时发生效力,但不得侵害第三人的权利。"

我国《民法典》继承编未明确规定遗产分割的法律效力,但司法实践中通说采用溯及主义。因为我国采取的是当然继承主义,继承开始后继承人就直接享有遗产的所有权,遗产分割只是将继承人的应继份予以确认,并不是重新设立继承人的权利。也就是说,从继承开始到遗产分割之前,各继承人对于遗产只是暂时的共有关系,遗产分割后继承人所取得的财产为直接继承的遗产,区别于一般的共有物分割,因此,可以推断出我国对遗产分割后的归属效力采取的是溯及主义。

二、遗产分割后各共同继承人相互间对遗产的担保责任

域外采取转移主义和宣告主义的国家,均规定了遗产分割后各共同继承人相互间对遗产的担保责任。我国《民法典》继承编目前没有规定遗产分割后共同继承人相互间对遗产的担保责任。在现实生活中,有时会出现遗产分割后一些继承人所分得的遗产有瑕疵,或被追夺,或债权无法偿付等情况。为了保护各共同继承人的利益,使遗产的分割公平合理,各共同继承人

---

[1] 参见杨立新、朱呈义:《继承法专论》,高等教育出版社2006年版,第310页。
[2] 参见张玉敏:《继承法律制度研究》(第2版),华中科技大学出版社2016年版,第111~112页。

相互之间对分得的遗产应当承担一定的担保责任。对于遗产分割后各共同继承人相互间对遗产的担保责任,主要有以下 3 种情况。

1. 对遗产瑕疵的担保责任

对遗产瑕疵的担保责任,是指遗产分割后,各共同继承人对其他继承人因分割所得的遗产的瑕疵,在一定条件下负有担保责任。承担此担保责任必须具备的条件是:(1)遗产的瑕疵必须是在遗产分割前就已经存在;(2)遗产的瑕疵必须是非因分得该遗产的继承人本人的过失而产生;(3)遗产的瑕疵必须是分得该遗产的继承人在遗产分割时不知其存在;(4)各共同继承人之间对遗产的瑕疵的担保责任,未经被继承人用遗嘱予以免除,也未被各共同继承人通过契约加以限制。

2. 对遗产被追夺的担保责任

对遗产被追夺的担保责任,是指遗产分割后,各共同继承人对其他继承人所分得的遗产,承担因遗产被追夺的担保责任。之所以出现此情况,可能是因为其分得的财产并不是被继承人的财产,或虽是被继承人的财产,但被继承人生前对该财产已经进行了合法处理,而在遗产分割时,各继承人对此不知情,误认为属于遗产加以分割,以致出现某继承人分得的遗产被追夺,对此,其他共同继承人应负担保责任。

3. 对债权的担保责任

各共同继承人对其他继承人所分得的债权应负的担保责任,有以下两种情况:(1)对未附停止条件而已届清偿期或不定期的债权,各共同继承人就遗产分割时债务人的支付能力,承担担保责任;(2)对附有停止条件或尚未到期的债权,各共同继承人对分得此种债权的继承人,仅就条件成立时或清偿期到来时债务人的支付能力,承担担保责任。[1]

第三节　遗产分割前的转继承

一、转继承的概念和特征

(一)转继承的概念

转继承,是指继承人在继承开始后(被继承人死亡后)、遗产分割前死亡,其应继承的遗产份额转由他的继承人继承。《民法典》第 1152 条规定:"继承开始后,继承人于遗产分割前死亡,并没有表示放弃继承的,该继承人应当继承的遗产份额转给其继承人,但是遗嘱另有安排的除外。"在转继承法律关系中,死亡的继承人称为原继承人,原继承人的继承人称为转继承人。当数个同一顺序转继承人共同继承时,应由他们共同继承和分割原继承人享有的遗产份额。[2]

转继承为本位继承,这一点没有异议。但转继承的客体究竟是继承权还是遗产份额? 对此,学说上有不同主张:一种观点认为,转继承只是继承遗产的权利的转移,因而不应将被转继

---

[1] 参见陈苇主编:《婚姻家庭继承法学》(第 4 版),中国政法大学出版社 2022 年版,第 390～391 页。
[2] 多数域外国家对于转继承也有相应的立法规定,如《德国民法典》第 781 条规定,应当继承遗产的人死亡,死前并未明示或默示放弃或接受遗产,该人的继承人得以其名义接受或放弃之。《瑞士民法典》第 542 条规定,继承人在继承开始时死亡的,其继承权由其继承人继承。

承人应继承的遗产份额视为其同配偶的共同财产;另一种观点认为,转继承只是被转继承人应继承的遗产份额转由其继承人接受,因此,应将被转继承人应继承的遗产份额作为其与配偶的共同财产。[1]

笔者赞同第二种观点,转继承的客体是遗产份额而非继承权。首先,继承权是具有人身专属性的财产权利,不能转让、继承。继承权是从被继承人的财产权利到继承人的财产权利的中间过渡形式,其包含对遗产的权利。虽然继承权本身不能被继承,但其中包含的对遗产的权利可以继承。其次,将被转继承人应继承的遗产份额视为其同配偶的共同财产更符合我国法律的规定。我国采取当然继承主义,继承开始后,继承人没有表示放弃继承的,就视为接受继承,被继承人原享有的财产权利义务在继承开始时就由继承人承受,在被继承人死亡后遗产分割前,继承人应得的遗产份额就已经是继承人的财产。《民法典》第1062条和第1063条规定,除夫妻另有约定外,夫妻一方继承所得的财产为夫妻在婚姻关系存续期间所得的财产,归夫妻共同所有。《民法典》第1153条第1款也规定,夫妻共同所有的财产,除有约定的以外,遗产分割时,应当先将共同所有的财产的一半分出为配偶所有,其余的为被继承人的遗产。因此,在转继承中,应先将被转继承人应继承的遗产份额作为其与配偶的夫妻共同财产进行分割,而后,属于被转继承人的部分,再由其合法继承人继承。

(二)转继承的特征

第一,转继承的发生是基于原继承人于继承开始后、遗产分割前死亡,这是转继承发生的时间条件。被继承人死亡后,原继承人只要没有明确表示放弃继承,其依法应当享有继承被继承人遗产中应继份的权利。如果该原继承人于遗产分割前死亡,其继承应继份的权利就转由其合法继承人继承,此亦谓二次继承或再继承。

第二,原继承人须未明确表示放弃继承。如果原继承人于继承开始后及自身死亡前已明确表示放弃继承,其继承权已经抛弃,转继承法律关系无从产生。

第三,转继承人须是原继承人的合法继承人,其可继承的是原继承人的应继份额。原继承人如在死亡前已就该部分应继份订立遗嘱,则按遗嘱继承办理;如未立遗嘱处分,则按法定继承办理,原继承人的法定继承人依法定继承顺序,继承原继承人的应继份。

二、转继承的条件

依据《民法典》第1152条的规定,转继承的发生应当具备以下条件。

(一)被转继承人于继承开始后、遗产分割前死亡

转继承是因继承人于实际取得被继承人的遗产前死亡才发生的法律现象。继承人对遗产的权利是体现在应继承的份额上,而不是体现在对具体遗产的所有权上。继承人于继承开始后、遗产分割前死亡的,继承人应当承受的遗产份额由其继承人继承。如果继承人在继承开始前死亡,则发生代位继承;如果继承人在遗产分割之后死亡,也不会发生转继承,因其所得的遗产已经确定并具体接受,继承权已转化为特定财产的单独所有权,其继承人可以直接继承。[2]

---

[1] 参见周水森:《转继承只是继承权利的转移》,载《法学》1987年第1期;房绍坤、范李瑛、张洪波:《婚姻家庭与继承法》,中国人民大学出版社2020年版,第195页;杨立新:《中国民法典释评·继承编》,中国人民大学出版社2020年版,第209页。

[2] 参见蒋月、何丽新:《婚姻家庭与继承法》,厦门大学出版社2013年版,第346页;马骏驹、余延满:《民法原论》,法律出版社2016年版,第925页。

(二)被转继承人未丧失继承权或者放弃继承权

转继承是应继承份额的转移,是将被转继承人继承下来的遗产应继份额转由其继承人承受,因此,转继承必须建立在被转继承人接受继承、享有遗产应继份额的基础上。如果丧失或者放弃继承权,则被转继承人不能再继承被继承人的遗产,因而也就不可能发生转继承。[1]

(三)遗嘱没有另外安排

在通常情况下,具备上述两个条件,转继承就可以发生。但是,如果遗嘱中有另外安排的,则可以排除转继承的适用。例如,被继承人在遗嘱中指定遗产由甲继承,但同时指定:在甲死亡后,指定的遗产由甲的儿子乙继承。这就是后位继承制度。可见,《民法典》有条件地承认了后位继承,即仅限于在继承开始后、遗产分割前这段时间内承认后位继承。在遗产分割后,不再发生后位继承。

三、转继承与代位继承的区别

代位继承和转继承是两种不同的继承方式,因其产生的前提条件的不同,在其适用范围、继承主体等方面都存在差异,其主要区别表现如下。

第一,发生条件不同。代位继承发生的条件是被代位继承人先于被继承人死亡;转继承发生的条件则是原继承人在被继承人死亡后但遗产尚未分割前死亡。

第二,被代位人与原继承人的范围不同。在代位继承中,被代位人仅限于被继承人的子女或被继承人的兄弟姐妹。转继承,原继承人可以是一切合法继承人和受遗赠人,包括被继承人的直系晚辈血亲,也包括被继承人的配偶、父母等其他继承人。

第三,适用的范围不同。代位继承只适用于法定继承;转继承既适用于法定继承,又适用于遗嘱继承。也就是说,无论是法定继承还是遗嘱继承,只要在继承开始后,继承人未表示放弃继承而于遗产分割前死亡的,原继承人继承遗产的权利即可由其合法继承人继承,但要注意的是,遗嘱继承另有安排的除外。

第四节 应 继 份

应继份是法定继承人依法承受被继承人所遗留的财产权利和义务的份额。[2] 应继份的确定直接关涉继承人的切身利益,是法定继承的重要问题之一。各国法律关于应继份的确定大体有两种不同方式:一种是分股原则,即区分血亲继承人和配偶继承人作不同规定,而且应继份按股计算。不将配偶列入固定顺序继承人的国家通常采用这种立法例,如德国、日本等。另一种是均分原则,即不分血亲继承人和配偶继承人,同一顺序的继承人应继份相等。将配偶列为固定顺序继承人的国家通常采用此种立法例,我国是此立法模式的典型代表。[3]

---

[1] 参见张平华、刘耀东:《继承法原理》,中国法制出版社2009年版,第211页。
[2] 应继份包括法定应继份和指定应继份。其中,指定应继份,是指通过遗嘱确定遗产份额,无须依据法律分配。本节所指的应继份,主要是指法定应继份。
[3] 参见房绍坤、范李瑛、张洪波:《婚姻家庭继承法》(第7版),中国人民大学出版社2021年版,第240页。

一、应继份的特征

第一,应继份是由法律明确规定的。法定应继份则是法律直接规定的,法定应继份是法定继承时分配遗产和债务的依据。

第二,应继份是财产权利和义务的统一体。应继份既是享受财产权利的比例,也是承担财产义务的比例。只要继承人之间没有另外的约定,就应当按法定应继份分配死者的权利和义务。

第三,应继份是继承人接受和放弃继承的标的。继承人接受继承意味着对被继承人财产权利和义务的接受,放弃继承则意味着既不享受死者的财产权利,也不承担死者的财产义务。但是,无论是接受继承还是放弃继承,其对象都只能是自己的应继份。

第四,应继份可以由全体继承人以协议改变。法定应继份是法律根据社会经济生活条件和传统习惯所作的规定,但这一规定不具有强制性。如果全体继承人一致同意。改变遗产的分配比例,按照意思自治原则,也应当承认其有效。这里的关键是须继承人全体一致同意,只要有一个继承人不同意,协议便不能成立,只能按法定应继份继承。[1]

二、应继份的适用规则

我国《民法典》继承编对应继份的规定采取原则均等并结合灵活分配的方式。根据《民法典》第 1130 条第 1 款的规定,同一顺序继承人继承遗产的份额以均等为原则。但是为了充分发挥遗产的养老育幼功能,同时第 1130 条第 1 款至第 5 款、第 1131 条又规定特定情况下一些继承人可以多分、少分或者不分遗产。应继份的具体适用规则如下。

(一)同一顺序继承人的应继份额一般应当均等

我国《民法典》第 1130 条第 1 款规定:"同一顺序继承人继承遗产的份额,一般应当均等。"该规定表明同一顺序继承人的应继份额应当是均等的。例如,被继承人有配偶、父母和 1 名子女,则每一个继承人的继承份额应为被继承人的遗产的 1/4。再如,被继承人死亡后既无第一顺序继承人,也无代位继承人,仅有第二顺序的法定继承人兄弟 1 人、外祖父和外祖母,此时,第二顺序的 3 个继承人每人的应继份额为遗产的 1/3。同一顺序的法定继承人,在经济条件、劳动能力以及对被继承人履行扶养义务等情形大体相同时,其继承遗产的份额应当均等。公平分割遗产,是各国遗产分割制度的立法趋势之一。[2]

(二)对生活有特殊困难的缺乏劳动能力的继承人予以照顾多分

我国《民法典》第 1130 条第 2 款规定:"对生活有特殊困难的缺乏劳动能力的继承人,分配遗产时,应当予以照顾。"该条规定体现了遗产继续发挥对家庭成员的扶养作用,也是我国家庭成员间团结互助优良传统的体现。继承人年幼、年老,疾病或身残等原因,缺乏经济来源或欠缺劳动能力导致其生活困难,难以维持当地最低生活水平时,应当适当照顾其多分遗产,以优先照顾弱势继承人的利益,充分实现遗产的扶养职能。对于继承人是否有特殊困难,是否缺乏劳动能力,应以遗产分割时的情况为判断标准。

(三)对被继承人尽了主要扶养义务或者与被继承人共同生活的继承人可以多分

我国《民法典》第 1130 条第 3 款规定:"对被继承人尽了主要扶养义务或者与被继承人共

---

[1] 参见张玉敏:《继承法律制度研究》(第 2 版),华中科技大学出版社 2016 年版,第 138 页。
[2] 参见陈苇主编:《中国遗产处理制度系统化构建研究》,中国人民公安大学出版社 2019 年版,第 487 页。

同生活的继承人,分配遗产时,可以多分。"从该条规定可知,继承人对被继承人尽扶养义务的情况可以确定其继承遗产的份额。根据《民法典继承编解释(一)》第19条的规定,对被继承人生活提供了主要经济来源,或者在劳务等方面给予了主要扶助的,应当认定其尽了主要赡养义务或主要扶养义务。尽了主要扶养义务的继承人可以多分,是对积极履行扶养义务的继承人的褒扬,其主要目的在于弘扬民族优良传统,促进家庭和睦团结,保护老人的合法利益,使之能在晚辈的关心照顾下安度晚年,而不是对继承人的报偿。

(四)有扶养能力和有扶养条件的继承人不尽扶养义务的不分或少分

我国《民法典》第1130条第4款规定:"有扶养能力和扶养条件的继承人,不尽扶养义务的,分配遗产时,应当不分或者少分。"但《民法典继承编解释(一)》第23条的规定则是"可以不分或少分"。从上述规定可知,有扶养能力和扶养条件的继承人,虽然与被继承人共同生活,但对需要扶养的被继承人不尽扶养义务,分配遗产时,可以少分或者不分。此外,根据《民法典继承编解释(一)》第22条的规定,继承人有扶养能力和扶养条件,愿意尽扶养义务,但被继承人因有固定收入和劳动能力,明确表示不要求其扶养的,分配遗产时,一般不应因此而影响其继承份额。值得注意的是,不分或少分遗产应符合两个条件:第一,被继承人需要扶养。被继承人因有固定收入和劳动能力,不需要继承人扶养的,继承人虽未扶养,亦不能因此少分或不分遗产。第二,继承人有扶养条件和扶养能力。继承人如果缺乏劳动能力,没有收入来源,本身生活困难,没有条件和能力扶养被继承人,不应因此少分或不分遗产。

(五)继承协商同意的可以不均等

我国《民法典》第1130条第5款规定:"继承人协商同意的,也可以不均等。"从该条款规定可知,同一顺序法定继承人经平等协商、互谅互让,自愿达成遗产分配协议的,遗产分配也可以不均等。无论是否均等,都是其意思自治的结果,是继承人对自己权利的处分,法律对此应予充分尊重。但是在协商处理过程,应当注意:第一,必须全体继承人一致同意,不能实行少数服从多数。遗产分割协议是共同法律行为,须全体当事人意思表示一致才能成立。多数人意见一致,少数人反对,持反对意见的继承人可以诉诸法院以裁判分割遗产。第二,不得损害其他利害关系人的合法权利。例如,继承人协议对某个继承人只分给债务而不分给积极财产,从而降低其偿债能力。根据债的保全的一般原理,债权人对这种损害债权人利益的遗产分割协议可以诉请法院撤销。[1]

---

[1] 参见张玉敏:《继承法律制度研究》(第2版),华中科技大学出版社2016年版,第142页。